순암 안정복의
만물유취

1712(숙종 38)년에 태어나 1791(정조 15)년에 80세를 일기로 세상을 떠났다. 본관은 광주(廣州)이며 자는 백순(百順)이고 호는 순암(順庵)이다. 성호(星湖) 문하에 들어가 권철신(權哲身) 등과 함께 성호학파를 이끌었다. 학문적 성향이 성리학 전통에 따르며 서학에 대해 비판적 태도를 지녀 성호학파 내에서 보수적인 우파로 분류되지만, 유학의 실천적 실용정신에 대단히 철저한 인물이었다. 유학의 전통적 경학에 바탕을 둔 경세치용의 실천적 지향은 성호를 발전적으로 계승하였으며, 방대한 저술을 통해 그 성과를 보여주고 있다.

옮긴이

박지현 · 서울대학교 철학과 박사과정 수료

실시학사
실학번역총서
03

만물유취 순암 안정복의

안정복 지음
박지현 옮김
재단법인 실시학사 편

사람의무늬

實學飜譯叢書를 펴내며

  실시학사(實是學舍)에서 실학연구총서(實學研究叢書)를 발간하여 학계에 공헌하면서 뒤이어 실학번역총서(實學飜譯叢書)를 내기로 방침을 세운 것은 벌써 2년 전의 일이다. 실시학사가 재단법인으로 발전하면서 그 재정적 바탕 위에 여러 가지 사업을 수행하는 가운데 실학(實學)에 관한 우리나라 고전들을 골라, 한문으로 된 것을 우리글로 옮겨서 대중화 작업을 시도하기로 한 것이다.

  여기, 이 기회에 나는 다시 몇 마디 말씀을 추가할 것이 있다. 이 실학번역총서를 낸다는 말을 전해 듣고 모하(慕何) 이헌조(李憲祖) 형이 앞서 거액을 낸 것 외에 다시 적지 않은 돈을 재단에 출연해 주었다. 나는 그의 학문에 대한 열정에 오직 감동을 느꼈을 뿐, 할 말을 잊었다. 오늘날 우리나라에서 사회문화에 대한 허심탄회(虛心坦懷)로 아낌없이 투자해 줄 인사가 계속해서 나와 준다면 우리 학계가 얼마나 다행할까 하는 생각을 금(禁)할 수 없었다.

실(實)은 실시학사가 법인으로 되기 전부터, 나는 성균관대학교에서 정년퇴임한 뒤에 진작 서울 강남에서 학사(學舍)의 문을 열고 젊은 제자들과 함께 고전을 강독하면서 동시에 번역에 착수하였고, 그 뒤 근교 고양(高陽)으로 옮겨온 뒤에도 그대로 계속하여 적지 않은 책들을 간행하였다. 예를 들면 경학연구회(經學研究會)가 다산 정약용(茶山 丁若鏞)의 『정체전중변(正體傳重辯)』, 『다산과 문산(文山)의 인성논쟁』, 『다산과 석천(石泉)의 경학논쟁』, 『다산과 대산(臺山)·연천(淵泉)의 경학논쟁』, 『다산의 경학세계(經學世界)』, 『시경강의(詩經講義)』 5책 등을 번역 출판하였고, 고전문학연구회(古典文學研究會)가 영재 유득공(泠齋 柳得恭)의 『이십일도회고시(二十一都懷古詩)』와 『열하기행시주(熱河紀行詩註)』 각 1책, 낙하생 이학규(洛下生 李學逵)의 『영남악부(嶺南樂府)』 1책, 그리고 『조희룡전집(趙熙龍全集)』 5책, 『이옥전집(李鈺全集)』 5책, 『산강 변영만(山康 卞榮晚)전집』 3책, 유재건(劉在建)의 『이향견문록(里鄕見聞錄)』 1책 등을 모두 번역 출판하였다. 이 열거한 전집들 중에는 종래 산실(散失) 분장(分藏)된 것이 적지 않아서 그것을 수집하고 재편집하는 데 많은 노력을 기울였다. 이 과정에서 제자들은 어려운 생활 속에서도 세월 따라 능력이 성장해 왔고 나는 그것을 보면서 유열(愉悅)을 느껴, 스스로 연로신

쇠(年老身衰)해 가는 것도 잊고 있었다.

　그런데 이제 번역 사업이 본격화되면서 많은 역자(譯者)가 한꺼번에 나오게 되고 나는 직접 일일이 참여할 수 없게 되고 보니 한편 불안한 점이 없지도 않다. 나는 지난날 한때 민족문화추진회(民族文化推進會, 韓國古典飜譯院의 前身)의 회장직을 맡아, 많은 직원들, 즉 전문으로 번역을 담당한 분들이 내놓은 원고들을 하나하나 점검할 수도 없어 그대로 출판에 부쳐 방대한 책자를 내게 되었다. 물론 역자들은 모두 한문 소양이 상당하고 또 성실하게 우리글로 옮겨 온 분들이지만 당시 책임자였던 나로서는 그 자리에서 물러난 지 오래된 지금에 와서도 마음 한 구석에 빚이 되어 있는 것이 사실이다. 그런데 지금 또 실시학사에서 전건(前愆)을 되풀이하게 되는 것이 아닐까 걱정이 앞서기 때문이다.

　그러나 이미 화살은 날았다. 이제 오직 정확하게 표적(標的)에 맞아 주기를 바랄 뿐이다.

2013년 초하(初夏)

李佑成

차 례

實學飜譯叢書를 펴내며 ·· 5

해제(解題) ··· 13

『만물유취(萬物類聚)』 제1편 천도류(天道類)

1   천지(天地) ··· 19

2   태극(太極) ··· 23

3   음양(陰陽) ··· 27

4   오행(五行) ··· 31

5   조화(造化) 천지만물(天地萬物) ······················· 34

6   천문(天文) ··· 45

7   귀신(鬼神) ··· 49

8   사시(四時) ··· 52

9   춘(春) ··· 54

10 하(夏) ··· 55

11 추(秋) ··· 56

12 동(冬) ··· 57

13 한서(寒暑) ··· 59

14 주야(晝夜) ··· 62

15 사방(四方) ··· 64

16 원형이정(元亨利貞) ······································· 65

17 일월(日月) 일식(日蝕), 월식(月蝕) ·· 66

18 성신(星辰) ·· 69

19 풍(風) ·· 74

20 운(雲) ·· 77

21 뇌전(雷電) ·· 79

22 무지개〔虹霓〕 ·· 82

23 비〔雨〕 ·· 83

24 우박과 눈〔雹雪〕 ·· 85

25 상로(霜露) ·· 87

26 무하(霧霞) ·· 88

27 연화(煙火) ·· 89

28 얼음〔氷〕 ·· 91

29 수재(水災) ·· 93

30 한재(旱災) ·· 95

31 지진(地震) ·· 97

32 재이(災異) ·· 98

33 상서(祥瑞) ·· 102

34 변화(變化) 물요(物妖) ·· 108

35 기수(氣數) ·· 110

36 역상(曆象) 기형(璣衡), 누각(漏刻) ·· 115

37 윤법(閏法) ·· 127

38 삼재(三才) ·· 129

39 응천(應天) ·· 131

40 감응(感應) ·· 134

41 복선화음(福善禍淫) 음보(陰報) ··· 136

42 법천(法天) ·· 141

43 천시(天時)와 인사(人事) ·· 144

44 영절(令節) ·· 146

45 동지(冬至) ·· 147

46 원일(元日) ·· 149

47 인일(人日) ·· 150

48 상원(上元) ·· 151

49 한식(寒食) 청명(清明) ······································ 152

50 사일(祀日) 상사(上巳) ······································ 154

51 단오(端午) 복일(伏日) ······································ 156

52 칠석(七夕) 중원중양(中元重陽) ···························· 157

53 납(臘) 제석(除夕) ··· 159

54 명절제사〔節祀〕 ·· 161

55 성절(聖節) 생일(生日) ······································ 162

順庵 『만물유취(萬物類聚)』 제2편 지리류(地理類)

1 지형(地形) ·· 167

2 구역(區域) 지도(地圖), 군현(郡縣) ······················ 171

3 분야(分野) 조선(朝鮮) ······································ 177

4 국도(國都) ·· 182

5 해(海) 조석(潮汐), 수로(水路) ··························· 190

6 강과 하천 호수와 못 ······································ 196

7 정천(井泉) 탕천(湯泉) ······································ 199

8 산악(山岳) 산수유람(山水遊覽) ·························· 201

9 산거(山居) 원림교야(園林郊野) ·························· 206

10 석니진사(石泥塵沙) ·· 209

11 도로(道路) ·· 211

12 역려(逆旅) 저역(邸驛) ······································ 217

13 교량(橋梁) ·· 220

14 궁전(宮殿) 누대(樓臺), 제택문호(第宅門戶) ············ 223

15 사관(寺觀) 토목(土木) ······································ 232

16 험조(險阻) 성지(城池) ······································ 235

『만물유취(萬物類聚)』 제3편 동식류(動植類)

1	초(草)	249
2	난초(蘭草)와 지초(芝草) 파초(芭蕉)	254
3	나무〔木〕	256
4	송백(松柏), 버드나무〔楊柳〕	258
5	대나무〔竹〕	261
6	꽃〔花〕	263
7	매화(梅花)	266
8	국화(菊花)	269
9	연꽃〔蓮花〕	271
10	과(果)	272
11	귤감(橘柑)	274
12	오이〔瓜〕, 여지(荔枝), 앵도(櫻桃), 배〔李〕, 모과〔木瓜〕	275
13	채(菜)	277
14	다(茶)	282
15	금수(禽獸) 다양한 동물과 각종 조류	286
16	범〔虎〕	302
17	소〔牛〕	304
18	말〔馬〕, 나귀〔驢〕	310
19	양(羊)과 돼지〔豕〕	318
20	개〔犬〕, 닭〔鷄〕	320
21	기린(麒麟)	323
22	봉황(鳳凰)	326
23	어별(魚鼈) 게〔蟹〕, 고래〔鯨〕, 점액어(點額魚)	328
24	용(龍)	334
25	거북〔龜〕	336
26	고기잡이〔漁釣〕	338
27	전렵(田獵) 망고(網罟)	342

28 충(蟲) ··· 346

29 꿀벌〔蜜蜂〕 ··· 356

順庵 부록

천도류 원문 ··· 361

지리류 원문 ··· 393

동식류 원문 ··· 411

찾아보기 ··· 436

해 제 (解題)

『만물유취(萬物類聚)』는 순암(順庵) 안정복(安鼎福, 1712~1791)이 편 찬한 유서(類書)이다. 안정복은 다양한 분야에 걸쳐 많은 저술을 남겼 다. 특히 1754년부터 1771년까지는 부친상으로 고향에 머물면서 그 뒤 에 계속 연구와 저술에 몰두한 시기이다. 『동사강목(東史綱目)』을 비롯 하여 『열조통기(列朝通紀)』, 『임관정요(臨官政要)』 등 대표적인 저작들 이 이 시기에 이루어진 것이다. 『만물유취』도 이 시기에 편찬한 것으로 추정되지만 확인할 수 있는 기록이 거의 남아 있지 않다. 「순암선생연 보(順庵先生年譜)」와 「하학지남(下學指南)」의 말미에 수록된 '저술목록' 중에는 이 책의 제목이 없고, 안정복의 문집 중에서도 이 책에 대한 언 급은 찾아볼 수 없다. 다만 '저술목록' 중에 『동국사문유취(東國事文類 聚)』가 있는데, 이 책을 『만물유취』의 다른 제목으로 추정한다.[1]

『만물유취』 이외에도 『잡동산이(雜同散異)』, 『소빈국(笑嚬局)』, 『성호

사설유선(星湖僿說類選)』 등이 안정복의 저작 중에 유서로 분류될 수 있다. 『만물유취』는 다른 저작과 달리 완성된 형태가 아니라 후에 다시 정리하여 편찬하려고 한 초고가 그대로 남아 있는 것으로 보인다. 서문이나 발문이 없고, 일반적으로 자신의 견해를 나타내는 안설(案說) 등도 없다. 이러한 이유 때문에 '저술목록'에 수록되지 않았을 것이다.

안정복은 성호(星湖) 이익(李瀷)의 문하에 들어간 뒤 이익의 문인 소남(邵南) 윤동규(尹東奎), 정산(貞山) 이병휴(李秉休), 두산(斗山) 이맹휴(李孟休) 등과 학문적 교류가 활발하였다. 특히 이익의 외아들인 이맹휴와 학문적으로 매우 돈독하였다. 이맹휴의 유사(遺事)[2]에 의하면 안정복은 그와 함께 우리나라의 문헌을 집성한 『문헌통고(文獻通考)』나 『사문유취(事文類聚)』 같은 책을 만들어 보려 했지만 이맹휴가 병을 얻어 일찍 세상을 떠나고 말았다. 안정복은 그가 남긴 범례(凡例)를 정한 초고(草稿)가 있을지도 모르겠다고 했지만, 초고를 찾았다거나 안정복이 그것을 이어 완성했는지는 확인할 수 없다. 그런데 이맹휴가 세상을 떠난 것이 1751년으로, 이 해는 이중환의 『택리지』가 출간된 때이기도 하다. 이중환의 『택리지』는 『만물유취』 건권(乾卷) 지리류(地理類) 편에서 다수 인용되고 있다. 그러므로 안정복이 이 책의 편찬에 착수한 것은 1751년 이후로 볼 수 있다. 또한 곤권(坤卷) 신도문(臣道門) 편의 청납(聽納) 조항에 "전하께서 즉위한 후 40년간인데"라는 구절이 있는데, 영조 40년은 1764년이다. 그러므로 『만물유취』의 편찬 시기는 1754년부터 1771년 사이로 추정할 수 있다.

이 책은 건권(乾卷)과 곤권(坤卷)으로 되어 있다. 건권은 천도류(天道

---

2 「이만경순수유사(李萬頃醇叟遺事)」, 『순암선생문집』 제27권.

類)·지리류(地理類)·동식류(動植類)로, 곤권은 신도문(臣道門)·추관문(秋官門)·동관문(冬官門)으로 크게 분류하고 다시 다양한 항목을 열거하고 항목마다 관련 자료들을 인용하였다. 이러한 체제는 사류(事類)에 따라 부(部)와 류(類) 등으로 나누어 편찬한 유편유서(類編類書)를 따르고 있는 것이다.

건권의 첫머리에 건권과 곤권의 목록이 실려 있으며, 본문 첫 장 천도류(天道類) 제목 아래 '순암 안정복 집선(順庵 安鼎福 輯選)'이라고 적혀 있다. 자연 현상에서 사회 제도에까지 잡다한 지식을 정리한 것으로 인용된 기사의 출전은 매우 다양하다. 특히 『태평어람(太平御覽)』, 『사문유취(事文類聚)』, 『예문유취(藝文類聚)』 등 방대한 유서의 기사를 인용한 경우가 많다.

현재 이 책은 『순암전집(順庵全集)』(여강출판사, 1984) 제4권에 수록되어 있는데, 영남대학교 동빈문고(東濱文庫)와 이화여자대학교 도서관에서 각각 건권과 곤권을 나누어 소장하고 있던 것을 합쳐서 대본으로 삼았다고 한다. 곤권은 초서세자(草書細字)이므로 그것을 해자(楷字)로 정서해 둔 서벽외사(栖碧外史) 벽오동정관본(碧梧桐亭館本)을 인출(印出)한 것이다.[3]

박 지 현

---

3 이우성, 앞의 책.

제1편

천도류(天道類)

1 　 천지(天地)

　　정자(程子)[1]가 말했다. "천지의 항상됨[常]은 그 마음으로 온갖 사물에 두루 미치지만 사사로운 마음이 없고, 성인의 항상됨[常]은 그 정(情)으로 모든 일에 순응하지만 사사로운 정이 없다."[2]

　　하늘로 하늘을 살피는 것은 마음으로 하늘을 살피는 것만 같지 못하다. 그러므로 일월성신(日月星辰)이 변화하는 하늘의 현상이 높고 밝음은 바로 이 마음의 높고 밝음이다. 하늘의 현상이 환히 비추고 있는 것은 바로 이 마음이 환히 비추고 있는 것이다.

　　소자(邵子)[3]가 말했다. "하늘에는 춘하추동의 사시(四時)가 있고 땅에는 동서남북의 사방(四方)이 있고 사람에게는 팔다리의 사지(四肢)가 있다. 그래서 손가락 마디로 하늘을 볼 수 있고, 손바닥 무늬로 땅을 살필 수 있다."[4]

---

1 정호(程顥, 1032~1085)를 말한다. 정호는 자가 백순(伯淳)이고 호는 명도(明道)이다. 송대 낙양(洛陽 : 지금의 하남성 낙양) 사람으로 아우 정이(程頤)와 함께 '이정(二程)'이라 일컬어진다. 「식인편(識仁篇)」, 「정성서(定性書)」 등을 지었으며 『문집(文集)』이 있다.
2 양시(楊時) 편(編), 『이정수언(二程粹言)』 권9, 「심성편(心性篇)」.
3 소옹(邵雍, 1011~1077) : 자는 요부(堯夫), 호는 안락선생(安樂先生), 소문산(蘇文山) 백원(百源)가에 은거하여 백원선생(百源先生)이라고도 불렸다. 시호는 강절(康節). 송대 범양(範陽 : 지금의 하북성 탁현) 사람으로 만년에는 낙양에 살았으며, 사마광(司馬光)·여공저(呂公著)·부필(富弼) 등과 교류하였다. 저서는 『황극경세서(皇極經世書)』, 『이천격양집(伊川擊壤集)』 등이 있다.
4 소옹(邵雍), 『황극경세서(皇極經世書)』 권14, 「관물외편(觀物外篇)」 하.

『회남자(淮南子)』[5]에 말했다. "우(禹)임금이 태장(太章)[6]을 시켜 동쪽 끝으로부터 서쪽 끝까지 걷게 하였는데, 2억 2만 3천5백 리요, 수해(竪亥)[7]를 시켜 북극으로부터 남극까지 걷게 하였는데, 2억 3만 3천5백 리 75보였다."[8]

봄은 창천(蒼天)이고 여름은 호천(昊天)이고 가을은 민천(旻天)이고 겨울은 상천(上天)이다. 봄에는 색(色)을 말하고 여름에는 기(氣)를 말하고 가을에는 정(情)을 말하고 겨울에는 위(位)를 말하니 서로 갖추어진 것이다.[9]

정자가 말했다. "형체가 있는 것을 천(天)이라 하고 주재하는 것을 제(帝)라 하고 묘용(妙用)을 신(神)이라 하고 공용(功用)을 귀신(鬼神)이라 하고 성정(性情)을 건(乾)이라고 한다. 실제로는 하나일 뿐이지만 비롯되는 바에 따라 이름 붙이는 것이 다르다. 천(天)을 오로지 말하면 도(道)이다."[10]

---

5 『회남자(淮南子)』: 중국 전한의 회남왕(淮南王) 유안(劉安 : 기원전 179~122)이 유학자들과 함께 지은 잡가서(雜家書)이다. 회남자라는 명칭은 후대의 양(梁)나라 오균(吳均)의 『서경잡기(西京雜記)』에 처음 보이며, 이전에는 『유씨지서(劉氏之書)』 또는 『홍렬(鴻烈)』 등으로 불렸다. 내편 21권, 외편 33권으로 총 54권인데 내편만이 현재 전하고 있다.
6 태장(太章) : 우임금 때 걸음을 잘 걷던 사람이다. 『회남자(淮南子)』 권4, 「지형훈(地形訓)」. 高誘 注 : "太章竪亥善行人, 皆禹臣也."
7 수해(竪亥) : 우임금 때 걸음을 잘 걷던 사람이다.
8 유안(劉安), 『회남자(淮南子)』 권4, 「지형훈(地形訓)」.
9 『이아(爾雅)』 권8, 「석천(釋天)」 ; 축목(祝穆), 『고금사문유취(古今事文類聚)』 전집(前集) 권2, 「천도부(天道部)」, 〈천(天)〉.
10 『이정수언(二程粹言)』 권6, 「천지편(天地篇)」.

20 ◉ 순암 안정복의 만물유취

호치당(胡致堂)[11]이 말했다. "땅으로부터 그 위로는 하늘이 아닌 것이 없다. 옛사람들은 기가 쌓인 것으로 그 형상을 이름 지었다."[12]

정자가 말했다. "성인(聖人)은 천지의 작용이다."[13]

구준(丘濬)[14]이 말했다. "건괘(乾卦)의 세 획〔☰〕은 만세(萬世) 문자의 조상이고, 원형이정(元亨利貞) 네 글자는 만세 의리의 으뜸이다."[15]

주자(朱子)[16]가 말했다. "고요하여 한순간도 중(中)이 아님이 없으면

---

11 호인(胡寅, 1098~1156)의 호가 치당(致堂)이다. 자는 명중(明仲). 송나라 건녕(建寧) 숭안(崇安) 사람. 호안국(胡安國)의 조카로 그의 양자가 되었다. 선화(宣和) 연간에 진사(進士)가 되었고, 관직은 휘유각직학사(徽猷閣直學士)에 이르렀다. 북송(北宋) 고종 때 금(金)이 침입해 오자 소를 올려 주전론(主戰論)을 주장하였다. 휘종(徽宗)과 영덕황후(寧德皇后)가 사망하였을 때 상복문제로 소를 올렸다가 정국을 장악하고 있던 진회(秦檜)의 미움을 사서 좌천되었다. 저서로『독사관견(讀史管見)』,『논어상설(論語詳說)』,『비연집(斐然集)』 13권 등을 남겼다.

12 『성리대전(性理大全)』 권26, 「이기(理氣)」 1, 〈천지(天地)〉.

13 『이정수언(二程粹言)』 권10, 「인물편(人物篇)」;『이정외서(二程外書)』 권3.

14 구준(丘濬, 1420~1495) : 자는 중심(仲深), 호는 심암(深菴) 또는 경산(瓊山), 시호(諡號)는 문장(文莊). 효종(孝宗) 때 예부상서(禮部尚書)로 문연각태학사(文淵閣太學士)를 겸하여 정무에 참여하여 시폐(時弊)를 직언하였다. 주자학과 전고(典故)에 밝았다. 저서로는『대학연의보(大學衍義補)』,『가례의절(家禮儀節)』,『주자학적(朱子學的)』 등이 있다.

15 구준(丘濬), 『대학연의보(大學衍義補)』 권157, 「치국평천하지요(治國平天下之要)」.

16 주희(朱熹, 1130~1200) : 자는 원회(元晦)·중회(仲晦), 호는 회암(晦庵)·고정(考亭)·자양(紫陽) 등. 송대 무원(婺源 : 지금의 강서성 무원현) 사람으로 建陽(건양 : 지금의 복건성 건양현)에서 살았다. 1148년 진사에 급제하여 동안주부(同安主簿)·비서랑(秘書郞)·지남강군(知南康軍)·강서제형(江西提刑)·보문각대제(寶文閣待制)·시강(侍講) 등을 역임했다. 『정씨유서(程氏遺書)』,『정씨외서(程氏外書)』,『이락연원록(伊洛淵源錄)』,『고금가제례(古今家祭禮)』,『근사록(近思錄)』 등을 편찬하고『사서집주(四書集注)』,『서명해(西銘解)』,『태극도설해(太極圖說解)』,『통서해(通書解)』,『사서혹문(四書或問)』,『시집전

내 마음이 바르고 천지의 마음도 또한 바르다. 그러므로 음양 동정이 각각 제자리를 얻고 천지가 여기에서 자리 잡는다. 움직여 한 가지 일도 화(和)가 아님이 없으면 나의 기가 순응하고 천지의 기도 또한 순응한다. 그러므로 가득 차서 틈이 없고 기쁘게 서로 소통하여 만물이 여기에서 길러진다."[17]

(詩集傳)』, 『주역본의(周易本義)』, 『역학계몽(易學啓蒙)』, 『효경간오(孝經刊誤)』, 『소학서(小學書)』, 『초사집주(楚辭集注)』, 『자치통감강목(資治通鑑綱目)』, 『팔조명신언행록(八朝名臣言行錄)』 등을 지었다. 막내아들 주재(朱在)가 편찬한 『주문공문집(朱文公文集)』(100권, 속집 11권, 별집 10권)과 여정덕(黎靖德)이 편찬한 『주자어류(朱子語類)』(140권)가 있다.
17 주희(朱熹), 『중용혹문(中庸或問)』 1-9.

주자가 말했다. "온 산이 푸르고 누렇고 짙푸른 것은 태극이 아님이 없다."[18]

소자가 말했다. "마음이 태극이 되고 도가 태극이 된다."[19]

주자가 말했다. "복희(伏羲)가 괘(卦)를 긋고 문왕(文王)이 역(易)을 부연해 설명할 때 태극(太極)을 말한 적이 없으나, 공자(孔子)가 그것을 말했다.[20] 주공(周公)이 역의 단사(彖辭)를 짓고 공자가 찬술할 때 무극 (無極)을 말한 적이 없으니[21] 주돈이(周惇頤)[22]가 그것을 말했다.[23] 앞의 성인과 뒤의 성인이 그 헤아림은 한 가지이다."[24]

---

18 여정덕(黎靖德) 편(編), 『주자어류(朱子語類)』 권94, 「주자지서(周子之書)」; 『朱子全書』 권49, 「태극」.

19 『황극경세서(皇極經世書)』 권5, 「관물외편(觀物外篇)」 상.

20 공자가 십익(十翼)을 지은 것으로 보고 「계사(繫辭)」에서 "역유태극(易有太極)"이라고 한 것을 가리킨다.

21 무극(無極)을 말한 적이 없으나: 본문에는 "孔子讚易, 未嘗言太極."이라고 되어 있다. 여기서 '태극'은 '무극'의 오기이므로 고쳤다.

22 주돈이(周惇頤, 1017~1073): 자는 무숙(茂叔), 호는 염계(濂溪). 원래 이름은 돈실(惇實) 이었는데, 북송 제5대 황제인 영종(英宗, 1063~1067)의 옛 이름인 조종실(趙宗實)을 피하 여 돈이(惇頤)로 고쳤다. 이정(二程)의 스승이다. 저서는 「태극도설(太極圖說)」, 『통서(通書)』, 「애련설(愛蓮說)」 등이 있다.

23 주돈이가 그것을 말했다: 주돈이가 「태극도설(太極圖說)」에서 "무극이태극(無極而太極)" 이라고 한 것을 가리킨다.

24 『회암집(晦庵集)』 권36, 「답육자정(答陸子靜)」; 『성리대전(性理大全)』 권1, 「태극도부록 (太極圖附錄)」, 〈총론(總論)〉, "伏羲作易, 自一畫以下, 文王演易, 自乾元以下, 皆未嘗言 太極也, 而孔子言之. 孔子贊易, 自太極以下, 未嘗言無極也, 而周子言之. 夫先聖後聖, 豈 不同條而共貫哉."

소자가 「무명공전(無名公傳)」에서 말했다. "능히 만물을 만들어 낼 수 있는 것은 천지이다. 능히 천지를 만들어 낼 수 있는 것은 태극이다. 태극이라는 것이 어찌 이름을 붙일 수 있는 것이겠는가? 그러므로 억지로 이름 붙여 태극이라 한 것이다. 태극은 그 이름을 붙일 수 없는 것을 말하는 것이다."[25]

주자가 여자약(呂子約)[26]에게 답하는 편지에서 말했다. "지극히 고요한 때에는 다만 지각할 수 있는 것[能知能覺者]만 있고 지각된 것[所知所覺者]은 있지 않다. 이것은 『주역』의 괘에서는 순수한 곤괘(坤卦)이나 양(陽)의 상(象)이 없는 것은 아니다."[27]

주자가 옥산(玉山)에 있을 때[28] 내한(內翰)[29] 홍경로(洪景盧)[30]가 편찬한 『국사(國史)』[31]를 빌려 「염계전(濂溪傳)」에 실려 있는 「태극설」을 보았는데, "무극으로부터 태극이 된다[自無極而爲太極]."라고 하였으니 이

---

25 『황극경세서(皇極經世書)』 권7, 외서(外書), 「무명공전(無名公傳)」.
26 여조검(呂祖儉, ?~1200) : 자는 자약(子約). 여대기(呂大器)의 아들이다. 형 여조겸(呂祖謙)과 함께 이택서원(麗澤書院)을 창건하고 강학하였다. 저서로 『대우집(大愚集)』이 있다.
27 『회암집(晦庵集)』 권48, 「답여자약(答呂子約)」 38.
28 1188년(戊申年)이다.
29 내한(內翰) : 한림(翰林)을 말한다.
30 홍매(洪邁, 1123~1202) : 자는 경로(景盧), 호는 용재(容齋)·야처옹(野處翁). 송대 파양(鄱陽 : 지금의 江西省 上饒縣) 사람. 지무주(知婺州), 단명학사(端明學士) 등을 역임했다. 저서에 『사기법어(史記法語)』, 『남조사정어(南朝史精語)』, 『용재수필(容齋隨筆)』 등이 있다.
31 『국사(國史)』 : 『사조국사(四朝國史)』를 말한다. 송나라 정사가 쓰여지기 전 남송의 제2대 효종 순희(淳熙, 1174~1189) 연간에 홍매가 편찬하였다. 북송의 정치적 안정을 누렸던 네 황제의 집권 기간을 서술한 역사기록이다. 이 기록의 「염계전(濂溪傳)」에 「태극도설」의 내용이 소개되어 있다.

두 글자가 보태진 것[32]은 선현들에게 누를 끼치고 후학들에게 의문을 품게 한다고 여겼다.[33]

세상이 열리기 전에 하늘과 땅이 분화되지 않은 한 덩어리의 혼돈 상태이니 큰 시초가 이와 같은 것은 태극(太極)이 그렇게 하는 것이다. 세상이 열린 뒤에 하늘과 땅이 존재하고 사람과 사물이 존재하니 이와 같은 것은 태극이 그렇게 하는 것이다. 세상이 열린 뒤에 사람이 완전히 사라져 버리고 사물이 다 없어져 버리면 하늘과 땅이 다시 한 덩어리로 합쳐져 혼돈 상태가 되는 것도 또한 태극이 그렇게 하는 것이다. 언제나 이와 같아서 늘어남도 없고 줄어듦도 없다.[34]

주자가 말했다. "만물에는 각각 태극이 있다."[35]

진서산(眞西山)[36]이 말했다. "주돈이는 사람들이 태극을 하나의 사물로 여길 것을 염려했기 때문에 무극(無極)이라는 두 글자를 그 위에 더한 것이다. 본래 어떤 사물도 없고 단지 이 이(理)만 있을 뿐이라고 말

---

32 두 글자가 보태진 것 : 「태극도설」의 본문 첫구절은 "무극이태극(無極而太極)"으로 되어 있는데, 이것을 "자무극이위태극(自無極而爲太極)"이라 하여 '자(自)'와 '위(爲)' 두 글자를 넣은 것을 말한다.
33 『성리대전(性理大全)』 권1, 「태극도부록(太極圖附錄)」, 〈총론(總論)〉.
34 『성리대전(性理大全)』 권26, 「태극(太極)」.
35 『주자어류(朱子語類)』 권1, 「이기(理氣)」 상, 〈태극천지(太極天地)〉 상.
36 진서산(眞西山) : 서산은 진덕수(眞德秀, 1178~1235)의 호이다. 자는 희원(希元)·경원 (景元)·경희(景希). 송대 포성(浦城) 사람. 어려서는 주희의 문인 첨체인(詹體仁)에게 배우고, 스스로 '주희를 사숙하여 얻은 것이 있다.'라고 하였다. 저서는 『대학연의(大學衍義)』, 『사서집편(四書集編)』, 『서산문집(西山文集)』 등이 있다.

한 것과 같다."[37]

　　명나라 조단(曺端)[38]이 말했다. "배우는 사람이 성인의 도에 이르기를
바란다면 반드시 태극으로부터 기초를 세워야 한다."[39]

---

37 진덕수(眞德秀), 『서산문집(西山文集)』 권31, 「문태극중용지의(問太極中庸之義)」.
38 조단(曺端, 1376~1434) : 자는 정부(正夫). 학자들 사이에서 월천선생(月川先生)이라 불
　　렸다. 지방의 교관으로 일생을 보냈고, 주희의 학설을 신봉하면서 도덕 수양에 주력하였
　　다. 인륜(人倫)의 일상적인 일로서 시행할 만한 것을 조목별로 뽑은 『야행촉(夜行燭)』이라
　　는 책을 지었으며, 『태극도설술해(太極圖說述解)』, 『통서술해(通書述解)』, 『서명술해(西
　　銘述解)』 등의 저서가 있다.
39 황종희(黃宗羲), 『명유학안(明儒學案)』 권44, 제유학안(諸儒學案) 상2, 「학정조월천선생
　　단(學正曺月川先生端)」.

3　음양(陰陽)

　　정자가 말했다. "음양의 기가 항상 간직되어 있으면서 흩어지지 않는
것은 해와 달이고, 쇠하여 사라짐과 성(盛)하여 자라남이 있으면서 끊임
이 없는 것은 추위와 더위이다."[40]

　　주자가 말했다. "천지간에 양립하는 이치는 없으니, 음이 양을 이기지
않으면 양이 음을 이긴다."[41]

　　쥐는 앞발에 발톱이 네 개이고, 뒷발에 발톱이 다섯 개이다.[42] 그래
서 음양이 절반씩[43] 되기가 이 물건만한 것이 없기 때문에, 한밤중에 음
이 다하고 양이 생기는 뜻을 취해서 자(子)로 12시의 첫머리를 삼은 것이
다.[44]

　　동지(冬至)의 날에는 양(陽)이 나아가고 하지(夏至)의 날에는 음(陰)
이 이른다. 그러므로 『설문해자(說文解字)』에서 진(晉)[45]이라고 하였다.

---

40 『이정수언(二程粹言)』 권6, 「천지편(天地篇)」.

41 『주자어류(朱子語類)』 권65, 「역(易)」 1, 강령상지상(綱領上之上), 〈음양(陰陽)〉.

42 쥐 : 설치류, 쥐류(rodent)는 보통 발가락이 다섯 개이지만 앞발의 엄지발가락이 퇴화하고
흔적만 남아 있는 것이 많아서, 쥐의 앞발가락은 4개, 뒷발가락은 5개라고 한다(지제근,
『알기 쉬운 의학용어 풀이집』, 고려의학, 2004, 648쪽 참조).

43 음양이 절반씩 : 4는 음수이고 5는 양수이므로 음양이 한 몸뚱이에 절반씩 있다고 한
것이다.

44 이덕형(李德泂), 『죽창한화(竹窓閑話)』; 유희춘(柳希春), 『미암선생집(眉巖先生集)』 부
록(附錄) 권19, 「명신록(名臣錄)」(『죽창한화』 재인용).

45 진(晉) : 『설문해자(說文解字)』, "晉(晉), 進也. 日出萬物進, 从日从㮛. 易曰, '明出地上
晉'."

진(晉)은 이지(二至)[46]의 날이다.[47]

주자가 유승상(留丞相)에게 보내는 편지에서 말했다. "세상일의 형세는 소장빈주(消長賓主)의 다름이 있다. 『주역(周易)』으로 말하자면, 그 회복하여 일의 형세가 성장할 때 하나의 양(陽)[48]이 아래에서 주인이 되면 다섯의 음(陰)이라도 능히 막아낼 수 없다. 사세가 소멸할 때를 만남에 이르러서는 다섯 마리 용[49]이 위에서 꿈틀대며 기세 떨쳐 일어나도 음(陰) 하나를 당할 수 없다. 연약한 돼지가 날뛰려는 것[50]은 매우 두려워할 만하다."[51]

명나라 융경(隆慶)[52] 6년(1572년) 태학사(太學士) 장거정(張居正)[53]이 『제감도설(帝鑒圖說)』[54]을 바치니 목종(穆宗)[55]이 기꺼이 받아들여 사관

---

46 이지(二至) : 동지(冬至)와 하지(夏至)를 말한다. 『左傳』, 「昭公」 21년, "二至二分, 日有食之, 不爲災." 杜預 注 : "二至, 冬至夏至."

47 심명원(沈明遠), 『우간(寓簡)』 권2, 「정문(正文)」.

48 『주역』 제24괘 「복괘(復卦)」를 말한다.

49 『주역』 제44괘 「구괘(姤卦)」를 말한다. 구(姤)의 의미가 '만나다〔遇〕'이다.

50 연약한 돼지가 날뛰려는 것 : 「구괘(姤卦)」 초육(初六)의 효사 "羸豕孚蹢躅"을 말하는 것이다. 돼지를 음(陰)하고 경박한 것에 비유하여 음이 아무리 미약하더라도 소홀히 해서는 안 된다는 의미이다.

51 『회암집(晦庵集)』 권28, 「여유승상서(與留丞相書)」 22.

52 융경(隆慶) : 명(明) 목종(穆宗)의 연호(年號). 1567년부터 1572년까지.

53 장거정(張居正, 1525~1582) : 자는 숙대(叔大), 호는 태악(太嶽), 시호는 문충(文忠). 만력제(萬曆帝, 재위 1572~1620)의 신임을 얻어 황제가 즉위한 직후부터 10년 간 수보(首輔)의 자리에 앉아 대내외적으로 쇠퇴의 조짐을 보이던 명나라의 세력을 만회하는 데 성과를 거두었으나, 지나치게 가혹한 치정(治政)으로 반감을 불러일으키기도 하였다. 저서에 『서경직해(書經直解)』(8권), 『장태악집(張太嶽集)』(47권) 등이 있다.

54 『제감도설(帝鑒圖說)』 : 장거정(張居正)이 직접 편수하여 당시 10세이던 소황제(小皇帝) 신종(神宗)에게 바쳐서 읽도록 한 교과서이다. 여러 편의 짧은 고사(故事)로 구성되어

(史館)에 보내서 우리 군신의 서로 수양하는 의리를 밝히라고 하였다. 그 도설의 큰 체계는 두 가지이다. 첫째는 「성철방규(聖哲芳規)」로 81 조목의 선행이니 양(陽)이 되고 길(吉)이 되므로 구(九)를 쓴 것이니 구는 양(陽)의 수로부터 나온 것이다. 둘째는 「광우복철(狂愚覆轍)」로 그 조목이 모두 36가지 악행이니 음(陰)이 되고 흉(凶)이 되므로 육(六)을 쓴 것이니 육은 음(陰)의 수로부터 나온 것이다.

소자가 말했다. "무극(無極) 이전에는 음이 양을 머금고 있다. 형상이 있고 난 뒤에 양이 음에서 분화된다. 음은 양의 어머니가 되고 양은 음의 아버지가 된다. 그러므로 어머니는 장남을 잉태하여 복괘(復卦)가 되고 아버지는 장녀를 낳아서 구괘(姤卦)가 된다. 그래서 양은 복(復)에서 일어나고 음은 구(姤)에서 일어난다."[56]

동자(董子)[57]가 말했다. "양은 덕이 되고 음은 형벌이 된다. 형벌은 죽이는 것을 주로 하고 덕은 살리는 것을 주로 한다. 이러므로 양은 항상

있으며 일일이 고사에 맞는 삽도(揷圖)를 그려 넣었다. 상·하 두 편으로 되어 있는데, 상편 「성철방규(聖哲芳規)」는 역대 제왕이 치정에 힘쓴 것을 들어 강술했고, 하편 「광우복철(狂愚覆轍)」은 역대 제왕의 잘못된 정사가 끼친 화에 대해 분석하였다.

55 목종(穆宗) : 명나라의 황제(재위 1566~1572). 이름은 주재후(朱載垕, 1537~1572).
56 『황극경세서(皇極經世書)』권13, 「관물외편(觀物外篇)」상.
57 동중서(董仲舒, 기원전 200~기원전 140 추정)를 말한다. 하북(河北) 출신으로 일찍부터 『공양전(公羊傳)』을 익혔으며 경제(景帝) 때는 박사가 되었다. 무제(武帝)가 즉위하여 크게 인재를 구하므로 현량대책(賢良對策)을 올려 인정을 받았으며 유교(儒敎)에 의해 사상계를 통일할 것을 주장하여 유교국교화의 기초를 만들었다. 학교 교육의 실시, 과거(科擧) 제도의 제정을 주장하고 군국(郡國)에 명하여 우수한 인물을 천거하게 하였는데, 이러한 인재 등용 방법은 정치에 좋은 결과를 가져왔다. 저서에 『동자문집(董子文集)』, 『춘추번로(春秋繁露)』등이 있다.

한여름에 거처하며 생육하고 길러줌을 일로 삼고 음은 항상 한겨울에 거처하며 텅 비고 쓰이지 않는 곳에 쌓는다. 이것으로 보건대 하늘은 덕을 맡기지 형벌을 맡기지 않는다."[58]

주자가 말했다. "풀은 음기를 얻은 것이고 나무는 양기를 얻은 것이다. 그러므로 풀은 유연하고 나무는 단단하다. 짐승은 음기를 얻은 것이고 새는 양기를 얻은 것이다. 그러므로 짐승은 풀에 숨어 살고 새는 나무에 둥지를 튼다. 그러나 도리어 음 중에 양이 있고 양 중에 음이 있는 것이 있다."[59]

천지 사이에 하나의 기(氣)뿐이지만 나뉘어 음이 되고 나뉘어 양이 되니 바로 두 가지의 것이다.[60]

---

58 『한서(漢書)』 권56, 「동중서전(董仲舒傳)」.
59 『주자어류(朱子語類)』 권4, 「성리(性理)」 1, 〈인물지성기질지성(人物之性氣質之性)〉.
60 『회암집(晦庵集)』 권38, 「답원기중별폭(答袁機仲別幅)」 5.

4

오행(五行)

　『백호통(白虎通)』[61]에 말했다. "수(水)는 평평하게 하는 것〔准〕이니 은택을 고루 적셔 길러낸다. 목(木)은 부딪친다〔觸〕는 의미이니 양기가 활발하게 움직이는 것이다. 화(火)는 순순히 따른다〔委隨〕는 의미이니 만물이 변화를 펼치고 베푸는 것이다. 금(金)은 그치게 한다〔禁〕는 의미이니 음기가 비로소 일어나 만물을 그치게 한다. 토(土)는 토해 낸다〔吐〕는 의미이니 중앙에 있으면서 만물을 품었다가 토해 낸다는 말이다."[62]

　오덕의 운행은 황색(黃色)이 적색(赤色)을 이어가고 백색(白色)이 황색(黃色)을 계승한다.[63]

　소자가 말했다. "태유(太柔)는 물이 되고 태강(太剛)은 불이 되고 소유(少柔)는 흙이 되고 소강(少剛)은 돌이 되니, 물과 불과 흙과 돌이 서로 땅의 본모습을 다하게 된다. 물은 비가 되고 불은 바람이 되고 흙은 이슬이 되고 돌은 우레가 되니, 비와 바람과 이슬과 돌이 서로 땅의 변화를 다하게 된다. 비는 사물의 달리는 것이 되고 바람은 사물의 나는 것이 되고 이슬은 사물의 풀이 되고 우레는 사물의 나무가 되니 달리는 것과 나는 것과 풀과 나무가 서로 동물과 식물에 응하는 것을 다하게

61　『백호통(白虎通)』: 후한의 장제(章帝)가 건초(建初) 4년(79)에 북궁(北宮) 백호관(白虎觀)에 박사(博士)와 유생들을 불러 모아 오경(五經)을 논하게 한 후 장제가 친히 결론을 내린 내용을 기록한 『백호통덕론(白虎通德論)』을 바탕으로 반고(班固, 32~92)가 칙령(勅術)을 받아 편찬한 것이다. 일명 『백호통의(白虎通義)』라고 한다.
62　반고(班固), 『백호통의(白虎通義)』 권상, 「오행(五行)」, 〈총론오행(總論五行)〉.
63　『후한서(後漢書)』 권43, 「공손술전(公孫述傳)」.

된다."[64]

푸른 물가 산 아래에 맑고 푸른 물이 솟아나니 쇠와 돌은 끝내 가라
앉지 않는다.[65]

선왕이 음악을 제정함에 오행의 기를 갖추었지만 수(水)와 화(火)는
쓸 수 없었다. 그러므로 화(火)는 쇠붙이에 머물게 하고 수(水)는 돌에
머물게 했다. 부씨(鳧氏)[66]가 만든 종(鐘)은 화(火)의 지극한 것이고, 사
수(泗水) 가에 떠 있는 경석(磬石)[67]은 수(水)의 지극한 것이다.[68]

구씨(丘氏)[69]가 말했다. "오행에서 다만 토신(土神)을 후(后)라고 칭하
는 것은 후(后)는 임금이니 중앙에 거처하며 사방의 운행을 통솔하여 다
스리기 때문에 임금이라고 칭한다."[70]

주자가 말했다. "연월일시(年月日時)는 오행의 기(氣)가 아닌 것이 없

---

64 『황극경세서(皇極經世書)』 권11, 「관물외편(觀物外篇)」 51.
65 『연감유함(淵鑑類函)』 권13, 지부(地部) 8.
66 부씨(鳧氏) : 종을 제작하는 일을 맡았던 관직 이름이다. 『주례(周禮)』, 「고공기(考工記)」,
   〈부씨(鳧氏)〉, "鳧氏爲鍾."
67 사수(泗水) 가에 떠 있는 경석(磬石) : 물가에 드러난 돌이 물에 떠 있는 것같이 보이기
   때문에 부경이라 한 것이다. 『서경(書經)』 권3, 「하서(夏書)」, 〈우공(禹貢)〉 34, "泗濱
   浮磬."
68 고염무(顧炎武), 『일지록(日知錄)』 권5, 「팔음(八音)」.
69 구광정(丘光庭) : 오대(五代, 907~960) 오정(烏程 : 지금의 절강성 호주시) 사람이다. 당
   말엽에 태학박사(太學博士)를 지냈다. 저작이 매우 많았으나, 『겸명서(兼明書)』 5권, 『해
   조론(海潮論)』 1권과 『전당시(全唐詩)』에 시 2수가 전할 뿐이다.
70 위식(衛湜), 『예기집설(禮記集說)』 권43, 〈기제황제기신후토(其帝黃帝其神后土)〉.

다. 사람이 태어날 때 우연히 그때의 기를 만나 맑은 것을 얻을 수도 있고 탁한 것을 얻을 수도 있다. 귀함과 천함, 장수하고 요절하는 것이 모두 그러한 것이다. 그러므로 들쭉날쭉하여 가지런하지 않다."[71]

---

71 『주자어류(朱子語類)』 권1, 「이기(理氣)」 상, 〈태극천지(太極天地)〉 상.

5

조화(造化) 천지만물(天地萬物)

허노재(許魯齋)[72]는 일찍이 「천지만물조화론(天地萬物造化論)」[73] 한 수를 지었으니, 풍부하고 넓으며 깊고 다양하게 정미함을 모두 구비하여 만물의 근거를 본원으로부터 추구하고 조화의 숨겨진 오의를 밝혀 드러냈다.

「천지만물조화론」에서 말했다. "천지가 아직 갈라지기 전에는 태역(太易)이 있고, 태초(太初)가 있고, 태시(太始)가 있고, 태소(太素)가 있다. 태역은 기(氣)도 아직 나타나지 않은 상태이고, 태초는 기가 나타나기 시작한 상태이고, 태시는 형체가 이루어지기 시작한 상태이고, 태소

---

72 허형(許衡, 1209~1281)을 말한다. 원(元)나라 세조 때 집현대학사 겸 영태사원사(集賢大學士兼領太史院事)로서 수시력(授時曆) 편찬을 주도한 사람이다. 후에 공자(孔子)의 묘정(廟庭)에 종사되었고, 노재(魯齋) 선생으로 불렸다. 그의 학풍은 실천적인 성향의 것으로서 여말 선초(麗末鮮初) 신진 사대부들의 학문에 영향을 끼쳤다. 「천지만물조화론」은 허형(許衡)의 작품이 아니고 왕백(王柏)이 지은 것이다. 왕백도 호가 '노재(魯齋)'로 허형의 호와 같다. 이 때문에 착오가 생긴 것으로 보인다.
왕백(王柏, 1197~1274) : 송나라 금화(金華) 사람. 어려서 제갈량을 사모하여 스스로 장소(長嘯)라고 호를 지었으나 30세 이후 노재(魯齋)로 호를 고쳤다. 자는 회지(會之), 시호는 문헌(文憲). 하기(何基, 1188~1269), 김이상(金履祥, 1232~1303), 허겸(許謙, 1270~1337)과 더불어 북산의 사선생이라 일컬어졌으며, 모두 금화에 살아서 금화학파라 불렸다. 왕백은 저술이 대단히 풍부하였지만 시문집 『갑인고(甲寅稿)』를 비롯하여 「시의(詩疑)」, 「서의(書疑)」 등은 대부분 없어졌다. 『노재집(魯齋集)』과 「연기도(研幾圖)」 1권, 「천지만물조화론(天地萬物造化論)」 1권 등이 있다.
73 「천지만물조화론」 : 왕백의 「천지만물조화론」은 1480년에 주옹(周顒)이 주석을 붙인 것을 저본으로 1503년 다시 판각한 목판본이 조선에서 널리 유통되었으며, 다양한 필사본들이 만들어졌다. 이렇게 유통되면서 「천지만물조화론」은 조선 후기까지 많은 학자들에게 관심과 영향을 미쳤는데, 유교 경전에 대한 왕백의 독창적인 해석과 주장으로 인해 왕백의 학문적 경향과 저술은 학자들 사이에서 적지 않은 논란이 되었다.

는 성질(質)이 갖추어지기 시작한 상태이다. 기와 형체와 성질이 갖추어져서 떨어져 분리되지 않았으므로 그것을 혼돈(混沌)이라고 말한다."[74]

하늘이 한 바퀴 도는 주천(周天)의 천도(天度)[75]는 2천9백3십2리이고, 둘레는 107만 9백1십3리이고, 직경은 35만 6천9백7십1리이다.[76]

하늘은 형체에 의지하므로 태허(太虛)를 운행하여 아득하고 막막한 즈음에도 멈추지 않는다. 땅은 기(氣)에 붙으므로 세차게 부는 바람에 굳게 묶여 있어 빙빙 돌아가는 중에도 추락하지 않는다.[77]

---

74 태역(太易)이 있고 …… 혼돈(混沌)이라고 말한다 : 이 구절은 『열자(列子)』, 「천서(天瑞)」에서 인용한 것이다.

75 천도(天度) : 경위(經緯)의 도수(度數). 하루 낮과 밤에 걸쳐 하늘이 움직이는 단위를 하늘의 1도로 하고 달력의 하루로 한다.

76 「천지만물조화론」에서 "동쪽 끝에서 서쪽 끝까지는 2억 3만 5백리 75보(東極至西極, 二億三萬五百里七十五步)"라고 하였는데, 조선시대 한여유(韓汝愈)가 의문을 제기하면서 천도를 계산한 내용이다.
한여유(韓汝愈), 『둔옹선생문집(遯翁先生文集)』 권4, 「제노재선생천지만물조화론후(題魯齋先生天地萬物造化論後)」, "大抵天度抱地, 故又餘六十五度四分度之一也. 愚曰: 一度之長, 二千九百三十二里. 故周天三百六十五度四分度之一, 凡一百七萬九百十三里也. 三分之一爲徑, 則其徑三十五萬六千九百七十一里, 東西南北皆然."
한여유(韓汝愈, 1642~1709) : 본관 곡산(谷山). 자는 상보(尙甫). 호는 둔옹(遯翁). 송시열(宋時烈)의 문하생. 1673년(선조 6) 지평(持平)을 지내고 장령(掌令)·집의(執義)를 거쳐 판결사(判決事)·중추부첨지사(中樞府僉知事)를 지냈다. 상수(象數)·병법(兵法)·음률(音律)에도 밝았다. 영조 때 지평에 추증되었다. 저서에 「선후천도설(先後天圖說)」, 「건곤변(乾坤辨)」, 「삼십육궁해(三十六宮解)」, 「왕노재조화론설(王魯齋造化論說)」, 「중용혹문후설(中庸或問後說)」, 「대학결규론장(大學潔規章)」, 「주례직방씨의(周禮職方氏議)」 등과 문집 『둔옹집』이 있다.

77 『신자(愼子)』, 「외편(外篇)」.

성(星)이 빛이 있는 것은 1천5백2십 개이다. 진(晉)나라 태사령 진탁(陳卓)[78]은 감덕(甘德),[79] 석신(石申),[80] 무함(巫咸)[81]의 삼가(三家)를 총합하여 성도(星圖)를 지었는데, 모두 1천4백6십4 성(星)으로 기(紀)를 정하였다. 지금 그 밝게 빛나는 것을 볼 수 있다고 한다.[82]

해는 하루에 천 리(千里)를 간다. 왕기(王畿)[83]가 사방으로 천 리라는 것은 해에서 상(象)을 취한 것이다.[84] 대개 시각을 측정하기 위해 입표(立表)[85]하면 대략 2촌(二寸)이 땅에서는 천 리가 된다. 이것으로 정한 것이다.

---

78 진탁(陳卓, 265~280년 간 활동) : 전국시대의 천문학자로 감덕 · 석신 · 무함 삼가의 성도를 각기 적 · 흑 · 백의 세 가지 색깔로 구분하면서 총 283관 1464성을 수록한 천문도를 그렸다고 하나 전하지는 않는다.

79 감덕(甘德) : 초한시대(楚漢時代)에 제(齊)나라의 사관(史官)으로, 천문(天文)과 점성(占星)을 관장했다.

80 석신(石申) : 위(魏)나라의 천문관(天文官) 석신부(石申夫). 감덕과 석신이 천문에 능하였으므로 합칭하여 감석술(甘石術)이라 일컫기도 하는데 천문학(天文學)을 뜻하는 말로 쓰인다. 또한 감덕이 지은『천문성점(天文星占)』8권과 석신이 지은『천문(天文)』8권을 합한 것을『감석성경(甘石星經)』이라 하는데 줄여서『성경』으로 부른다.

81 무함(巫咸) : 황제(黃帝) 때의 귀신 같은 무당〔神巫〕인 계함(季咸)을 줄여서 무함이라 한다.『열자(列子)』,「황제(黃帝)」에 "귀신 같은 무당〔神巫〕이 제(齊)나라로부터 정나라로 와서 살았는데 이름을 계함이라 했다. 사람들의 사생(死生) · 존망(存亡) · 화복(禍福) · 수요(壽夭) 등의 운명을 마치 귀신처럼 잘 알아맞혔다〔有神巫自齊來處於鄭命日季咸〕."라는 말이 나온다.

82『진서(晉書)』,「지(志)」제1,〈천문(天文)〉상, 천문경성(天文經星), "張衡雲:'微星之數蓋萬有一千五百二十. 庶物蠢蠢, 鹹得系命. 不然, 何得總而理諸?'後武帝時, 太史令陳卓總甘石巫鹹三家所著星圖, 大凡二百八十三官, 一千四百六十四星, 以爲定紀, 今略其昭昭者, 以備天官云."

83 왕기(王畿) : 왕도(王都) 부근의 지역.

84『주례주소(周禮注疏)』권10, "畿方千里, 取象於日, 一寸爲正."

85 입표(立表) : 수직으로 나무 막대를 세우고 해의 움직임에 따라 그림자가 이동하는 것을 관찰하여 시각을 측정하는 방법으로 일종의 해시계를 말한다.

낮과 밤이 한 번 거쳐 지나가는 것을 1도라고 한다. 중하(仲夏 : 음력 5월)에는 동정(東井 : 이십팔수의 스물두째 별자리)의 궤도가 북극에 가까워지니 낮은 길고 밤이 짧다. 중동(仲冬 : 음력 11월)에는 남두[南斗 : 남쪽 하늘에 있는 두성(斗星), 이십팔수의 열째 별자리]의 궤도가 북극에서 멀어지니 낮은 짧고 밤이 길다.[86]

달은 은환(銀丸)[87]과 같으니 해가 있는 곳을 향하여 절반은 항상 빛난다. 16일[88]의 달은 더불어 해와 상대가 되고 사람은 그 가운데 처하였기 때문에 달의 온전한 모습을 보고, 해는 그 곁에 있어서 아래로부터 보이기 때문에 다만 한 층이 있는 것같이 보인다.

해가 처음 뜰 때는 서늘하고, 해가 한가운데 있으면 뜨겁다. 천도가 거침없이 내려오면 해는 약해져서 아래에 임하기 때문이다.

달은 27일을 운행하여 하늘의 궤도를 한 바퀴 돌고 다시 2일을 운행하여 해와 만난다.

낮과 밤은 100각(刻)이고 하루는 12시이다. 그러므로 8각과 28분으로 1시를 만든다.[89] 주에 말했다.[90] "초초각(初初刻)은 십분이고, 초일각

---

86 이 구절은 『신자』, 「외편」의 내용인데 「천지만물조화론」에서 그대로 재인용했다.
87 은환(銀丸) : 하얗게 빛나는 둥근 달을 달리 표현하는 말.
88 16일 : 음력으로 매달 16일을 기망(旣望)이라고 하는데, 이미 망월(望月 : 15일)이 지났다는 뜻이다.
89 왕백(王柏), 「천지만물조화론」.
90 주에 말했다 : 주옹(周顒)의 「천지만물조화론」 주석을 말한다.

(初一刻)에서 초사각(初四刻)은 각 십분이다. 정초각(正初刻)은 십분이고 정일각(正一刻)에서 정사각(正四刻)은 각각 육십분이다."⁹¹

하늘과 땅은 서로 8만 4천 리 떨어져 있고 충화(冲和)의 기가 그 안에 있다. 절반은 양위(陽位)가 되고 절반은 음위(陰位)가 된다.

비해(裨海)⁹²는 중국 밖을 감싸고 있는 작은 바다이다. 적현신주(赤縣神州) 같은 것이 아홉 개이고, 큰 바다 영해(瀛海)⁹³가 있어 그 바깥을 둘러싸고 있으니 하늘과 땅의 경계이다. 북경(北景)은 제주(齊州)의 남쪽에 있기 때문에 북쪽 문을 열어 햇볕을 맞이한다. 천축(天笁)은 중국의 서쪽에 있기 때문에 동쪽 창을 열어 태양을 맞이한다. 온청지(溫淸地)는 손유(巽維)⁹⁴에 해당하니 해가 처음 뜰 때는 매우 덥지만 정오가 지나면 따뜻해진다. 골리간(骨利幹)은 북쪽 지역에 치우쳐 있는데 양의 어깨뼈가 알맞게 익으면⁹⁵ 해가 다시 뜬다.⁹⁶ 오대(五臺)는 6월에도 산

---

91 이것은 하루를 12시(時), 100각(刻)으로 설명하는 백각법을 말한다. 1시(時)는 8과 1/3각(刻)이고, 매시(每時)는 초(初)와 정(正)으로 이등분(二等分), 각각 4와 1/6각(刻)이라 한다. 1/6각(刻)은 초(初)와 정(正)의 초각(初刻)으로 삼아 초초각(初初刻) 그리고 정초각(正初刻)이라 하고, 나머지 4각(刻)은 초일각(初一刻)에서 초사각(初四刻) 그리고 정일각(正一刻)에서 정사각(正四刻)으로 불렀다.
92 비해(裨海) : 중국 밖의 작은 바다 즉 구주(九州)를 말한다(『사기(史記)』 권74, 「맹자순경열전(孟子荀卿列傳)」).
93 영해(瀛海) : 추연이 중국을 적현신주(赤縣神州)라고 하고, 중국 밖에 적현신주와 같은 것이 아홉 개 있으니 그것을 구주(九州)라고 하며, 구주와 그 바깥을 둘러싸고 있는 바다를 영해(瀛海)라고 하였다(『사기』 권74, 「맹자순경열전」).
94 손유(巽維) : 동남방(東南方)을 말한다. 『양서(梁書)』, 「심약전(沈約傳)」, "臨巽維而騁目, 卽堆塚而流眄."
95 양의 어깨뼈가 알맞게 익으면 : 『통전(通典)』에 따르면 변방(邊防) 골리간(骨利幹) 조에

에 차가운 눈발이 날리므로 추운 북쪽 지방[氷天]이라고 한다. 한해의 벽기(壁記)[97]를 납량(納凉)이라고 하므로 무더운 남쪽 바다라고 한다. 태산에 해가 보이면 닭이 울고 해가 이미 읍루(挹婁)에 오르면 골짜기에 처하니 아홉 개의 사다리가 잇닿아 있어 기세가 매우 깊어진다. 동쪽 바다는 가없는 곳으로 흘러들어가니 물이 흐르는 기세가 이에 낮아지므로 근해라고 하고 바다 한복판 미려(尾閭)[98]에서는 물이 한없이 새어나간다. 하늘의 남쪽은 바람의 기세가 적당한 것이 북극과 매번 서로 비슷하기 때문에 북으로 돌아가서 남으로 간다고 말한다.[99]

보이는데, 이곳은 위치가 북해에 가까워 낮은 길고 밤은 짧아서, 양의 어깨뼈를 삶을 시간이면 벌써 동이 튼다고 한다. 『당서(唐書)』, 「회흘전(回紇傳)」에는 "몽고(蒙古)의 사막 북쪽에 골리간이라는 곳이 있다. 이곳에서는 해가 지고 나서 양고기를 삶기 시작해서 고기가 익을 때쯤이면 해가 뜬다[唐書回紇傳曰, 瀚海之北, 骨利幹之地, 日沒而烹羊胛, 旣熟而日出]."라고 하였다. 이 내용은 『성호사설』(제29권, 「시문문(詩文門)」, 〈양갑중주(羊胛中酒)〉)과 『다산시문집(茶山詩文集)』(11권, 「온성론(穩城論)」)에 각각 인용되어 있다.

96 북경(北景)은 제주(齊州)의 남쪽에 …… 해가 다시 뜬다 : 남급(南礏, 1592~1671)의 『병정일기(丙丁日記)』, 1637(인조 15년), 2월 8일조에 "南京在齊州之南, 故開北戶而向日. 天竺在神州之西, 故啓東牖而迎陽. 溫淸地異維, 日初出極熱, 而午乃凉骨利幹, 僻在北際, 羊胛適熟, 而日復出."라고 쓴 것이 있다. 그런데 여기서는 '북경(北景)'이 '남경(南京)'으로 되어 있다. 『병정일기』는 병자년(1636)과 정축년(1637) 간의 기록으로 청나라가 우리나라를 침입할 당시의 전후사정을 기록하고 있으며, 특히 왕을 호위하면서 목격한 군주의 고통과 조정의 대응책들을 자세하게 기록해 놓고 있다. 남급은 자가 탁부(卓夫), 호는 유유헌(由由軒)으로 정경세(鄭經世)의 문인이다. 1624년 사마시(司馬試)에 합격하였으며, 명유(名儒)로 침랑(寢郎)에 천거되었다. 병자호란 때 인조를 남한산성으로 호위하였으며, 의흥현감(義興縣監)에 제수되었다. 봉암서원(鳳巖書院)에 신주가 모셔졌다.

97 벽기(壁記) : 시(詩)나 기문(記文) 같은 글들을 새겨서 벽에 걸어 놓은 것을 가리킨다.

98 미려(尾閭) : 바다 한복판에 있으면서 물이 한없이 새는 곳을 말한다. 이 때문에 바닷물은 넘치지 않는다고 한다(『장자(莊子)』, 「추수편(秋水篇)」).

99 장현광(張顯光), 『역학도설(易學圖說)』 권2, 「본원(本原)」, 〈천지(天地)〉.

주나라 때에 낙양에 입표하여 땅의 가운데 지점을 구하였으니 지금 하남(河南) 등봉현(登封縣)에 있다.

낮에 생겨나는 것은 아비의 종류이고, 밤에 생겨나는 것은 어미의 종류이다.[100]

단단한 땅에서 태어난 사람은 강하고 부드러운 땅에서 태어난 사람은 살찌고, 기름진 검은 흙에서 태어난 사람은 장대하고 모래땅에서 태어난 사람은 가냘프고, 비옥한 땅에서 태어난 사람은 아름답고 척박한 땅에서 태어난 사람은 못생겼고, 토질이 푸석한 지역의 사람은 질병이 많고 토질이 끈적한 지역의 사람은 굼뜨다.[101]

『역학도설(易學圖說)』: 조선 중기 장현광(張顯光, 1554~1637)이 역학에 관한 견해를 도설한 책. 9권 9책. 목판본. 1645년(인조 23) 경상감사 임담(林墰)이 간행했다. 도설은 모두 이미 나온 책에서 취한 것이지만, 간간이 자기의 의견을 증보하였다. 권1은 총괄편, 권2는 본원편(本原篇), 권3은 교저편(巧著篇), 권4는 체용 상편(體用上篇), 권5는 체용 하편(體用下篇), 권6은 유구편(類究篇), 권7은 조술편(祖述篇), 권8은 방행편(旁行篇), 권9는 말규편(末窺篇)으로, 총 9권, 355건의 도식으로 구성되어 있다. 현재 규장각·국립중앙도서관에 소장되어 있다.

100 『대대례기(大戴禮記)』, 「역본명(易本命)」.

101 이 구절은 『대대례기』, 『공자가어』, 『회남자』 등에서 인용한 것인데, 그 내용이 각각 조금씩 차이가 있다. 『대대례기(大戴禮記)』, 「역본명(易本命)」, "是故堅土之人肥, 虛土之人大, 沙土之人細, 息土之人美, 耗土之人醜."; 『공자가어(孔子家語)』, 「집비(執轡)」, "是故堅土之人剛, 弱土之人柔, 壚土之人大, 沙土之人細, 息土之人美, 耗土之人醜."; 『회남자(淮南子)』, 「지형훈(墬形訓)」 12, "輕土多利, 重土多遲, 清水音小, 濁水音大, 湍水人輕, 遲水人重, 中土多聖人. (중략) 是故堅土人剛, 弱土人肥, 壚土人大, 沙土人細, 息土人美, 毛土人醜."

솔개가 날고 물고기가 뛰노는 것[102]은 본성에 맞는 것이다. 까마귀가 울고 메뚜기가 뛰어오르며 기어 다니고 부리로 숨 쉬며[103] 빙빙 돌며 날아오르고 꿈틀꿈틀 움직이는 것은 모두 하나의 본성이다. 벌이 나누고 개미가 다투는 것은 의(義)와 비슷하다. 닭이 장차 새벽이 오는 것을 알고 학이 한밤중이 되는 것을 아는 것[104]은 신(信)과 같은 종류가 아니겠는가. 사람이 물새를 가까이 벗하며 물욕을 잊고, 개가 도둑을 보고 짖으며 기심(機心)을 드러내는 것은 지(智)의 종류가 아니겠는가. 범이 울부짖으면 바람이 일고, 용이 신음하면 구름이 일어난다.[105] 장차 비가 오려 하면 물고기가 뻐끔거리고 바람이 불려고 하면 까치가 내려앉으니 감응하는 종류가 아니겠는가? 제비는 무기(戊己)의 방향을 피할 줄 알고 범은 중요한 곳을 칠 줄 알고 둥지에 사는 것들은 바람 불 것을 알고 굴을 파고 사는 것들은 비가 올 것을 아니 먼저 기미를 아는 것이 아니겠는가. 자벌레가 몸을 굽히는 것은 펴기 위한 것[106]이고 원숭이가 끊어버리는 것은 살기 위한 것이니 스스로 온전하기를 바라는 종류가 아니

---

102 솔개가 날고 물고기가 뛰노는 것 : 『시경(詩經)』, 「대아(大雅)」, 〈한록(旱麓)〉, "솔개는 날아서 하늘에 이르고 고기는 뛰어 연못에 놀도다〔鳶飛戾天, 魚躍于淵〕."

103 기어 다니고 부리로 숨 쉬며 : 새와 벌레를 말한다. 『회남자』, 「원도훈(原道訓)」, "기어 다니고 부리로 숨 쉰다〔跂行喙息, 蠉飛蝡動〕."

104 닭이 장차 …… 아는 것 : 『회남자』, 「설산훈(說山訓)」, "닭은 새벽이 되는 것을 알고 학은 한밤중이 되는 것을 알지만 결국은 모두 솥에 삶기고 도마 위에 올라가는 신세를 면하지 못한다〔雞知將旦, 鶴知夜半, 而不免於鼎俎〕."

105 범이 울부짖으면 …… 구름이 일어난다 : 『회남자』, 「천문훈(天文訓)」에 "범이 울부짖으면 계곡바람이 일고, 용이 솟구쳐 오르면 상서로운 구름이 일어난다〔虎嘯而穀風至, 龍舉而景雲屬〕."라는 구절이 있다.

106 자벌레가 몸을 …… 위한 것 : 『주역』, 「계사전(繫辭傳)」 하에 "자벌레가 몸을 굽혀 움츠리는 것은 장차 몸을 펴기 위함이요, 용과 뱀이 숨는 것은 자신의 몸을 보전하기 위함이다〔尺蠖之屈, 以求信也. 龍蛇之蟄, 以存身也〕."라는 말이 나온다.

겠는가? 까치는 앞으로 오는 일은 알지만 이미 지나간 일은 알지 못하고 성성이는 지나간 일은 알지만 앞으로 오는 일은 알지 못한다.[107]

곰은 수천 리 산길을 가면서 각각 바위굴과 덤불 사이에 숨어 있을 곳이 있어서 산속의 사람들이 웅관(熊館)이라고 부른다. 범이나 표범은 백 리 밖으로 나아가면 예전의 길을 잃어버린다.[108]

참새가 바다로 들어가 조개가 되니[109] 형상이 다르게 바뀐 것이다. 거북이는 이미 신령하니 뼈를 뚫어 영험함을 나타낸다. 구욕(鸜鵒)새[110]가 노나라 땅으로 들어오니 인사(人事)의 감응을 아는 것이다. 두견새가 낙양에 들어와 우니[111] 지기(地氣)가 옮겨갈 것을 징험한 것이다.[112]

---

107 왕백(王柏), 주옹(周顒) 주(註), 「천지만물조화론(天地萬物造化論)」; 장현광(張顯光), 『역학도설(易學圖說)』 권2, 「본원(本原)」, 〈물류(物類)〉.
108 팽승(彭乘)〔宋〕, 『묵객휘서(墨客揮犀)』 권9.
　　『묵객휘서(墨客揮犀)』: 송나라 팽승(彭乘)이 찬한 것으로, 10권이다. 송나라의 유문(遺聞)·일사(逸事) 및 시화(詩話)·문평(文評)에 대해 기술하였다.
109 참새가 바다로 들어가 조개가 되니 : 한로(寒露)를 말한다. 한로는 양력 10월 8~9일 무렵이 입기일(入氣日)이며 태양이 황경 195도의 위치에 올 때이다. 음력으로는 9월의 절기로서 공기가 차츰 선선해짐에 따라 이슬〔寒露〕이 찬 공기를 만나 서리로 변하기 직전의 시기이다. 『예기(禮記)』, 「월령(月令)」, "爵入大水爲蛤."; 『회남자(淮南子)』, 「시칙훈(時則訓)」, "候雁來, 賓雀入大水爲蛤, 菊有黃華, 豺乃祭獸戮禽."; 『일주서(逸周書)』, 「시훈해(時訓解)」, "寒露之日, 鴻鴈來賓, 又五日, 爵入大水爲蛤, 又五日, 菊有黃華."
110 구욕(鸜鵒)새 : 북방에 사는 새로 남쪽의 제수(濟水)를 넘어오지 않는데, 노(魯) 땅에 들어와 둥지를 트니 이를 '구욕입처(鸜鵒入處)'라 하여 이변(異變)이 있을 징조라고 했다(『사기(史記)』, 「노주공세가(魯周公世家)」).
111 두견새가 낙양에 들어와 우니 : 송(宋)나라 소옹(邵雍)이 낙양(洛陽)의 천진교(天津橋) 위에서 그동안 접하지 못했던 두견새의 울음소리를 듣고는 몇 년 안에 나라가 혼란스러워질 것이라고 예언하였는데 과연 그렇게 되었다는 '천진교상문두견(天津橋上聞杜鵑)'의 고사가 전한다(『소씨문견전록(邵氏聞見前錄)』 권19).

계수나무 가지 아래에는 풀이 자라지 못하고 마황(麻黃)의 뿌리에는 눈이 쌓이지 않는다. 나무를 살펴서 날씨가 개거나 비가 올 것을 증험한다. 주석에 말했다. "정(椵 : 능수버들)은 나무 이름이다. 우사(雨師)가 장차 비를 내리려 하면 그 잎사귀가 물기를 머금는다." 풀을 점쳐서 장마와 가뭄을 알 수 있다. 주석에 말했다. "가뭄에는 가뭄을 견디는 풀이 자라고 장마에는 물을 견디는 풀이 자란다."[113]

감(芡 : 가시연)[114]은 양기(陽氣)를 가까이 하여 성질이 따뜻하고, 능(菱 : 마름)[115]은 해를 등져서 성질이 차갑다.[116]

유성이 떨어지면 바다에 큰 해일이 일어나고,[117] 동산(銅山 : 구리쇠가 매장되어 있는 산)이 서쪽에서 무너지면 영종(靈鐘 : 신령스러운 구리쇠 종)

---

112 장현광(張顯光), 『역학도설(易學圖說)』, 「물류도설(物類圖說)」.
113 왕백, 「천지만물조화론」.
114 감(芡) : 가시연. 수련과에 속하는 일년생 수초(水草). 생김새가 닭의 머리 같다고 하여 일명 계두실(鷄頭實) · 계옹(鷄雍)이라고도 한다. 열매와 잎에 뾰족한 가시가 나 있어 가시연이라고 명명되었다. 연잎의 지름은 약 100cm 정도 되는 것도 있고 광택이 있다. 일본 · 만주 · 중국 · 인도 등지에 분포하며 우리나라에는 남한과 북한에 각각 극소수가 남아 있는 것으로 밝혀졌다. 종자는 강장 약재로서 한약재로도 쓴다.
115 능(菱) : 마름. 전국에 자생하는 1년생 수생 관엽식물. 일본 · 중국 · 유럽 등지에 분포한다. 볕이 잘 드는 늪지나 물속에 자생한다. 진흙 속에 뿌리를 박고 가늘고 긴 줄기는 수면까지 자라나 잎을 펼친다. 잎몸은 마름모꼴 비슷한 삼각형이며 잔 톱니가 있다. 7~8월에 잎겨드랑이에서 나온 꽃자루에 흰색 꽃이 핀다. 열매는 견과로 검고 딱딱하다. 열매는 식용할 수 있는데 성질이 차가우며 속을 편안하게 하고 오장을 도와준다.
116 왕백(王柏), 주옹(周顒) 주(註), 「천지만물조화론(天地萬物造化論)」.
117 유성이 떨어지면 …… 해일이 일어나고 : 『회남자(淮南子)』, 「천문훈(天文訓)」, "누에가 실을 토해 내면 상음(商音)의 현(弦)이 끊어지고 유성이 떨어지면 큰 바다에 해일이 인다〔蠶珥絲而商弦絕, 賁星墜而勃海決〕."

이 동쪽에서 울리는 것은 서로 다른 종류가 감응하는 것이다. 자석이 쇠를 끌어당기고 호박이 겨자를 거두어들이는 것은 같은 종류가 감응하는 것이다.[118] 오목거울로 햇볕에서 불을 일으키는 것과 구리그릇[119]으로 달빛 아래에서 물을 채취하는 것은 정이 없는 자연물이 감응하는 것이다.

---

118 자석이 쇠를 …… 감응하는 것이다 : 『주역(周易)』, 「건괘(乾)」의 "同聲相應, 同氣相求 …… 則各從其類也."에 대한 공영달소(孔穎達疏)에 "亦有異類相感者, 若磁石引針, 琥珀拾芥."라고 한 것이 있다.

119 오목거울과 구리그릇 : 감수(鑑燧)라고 하는데, 양수(陽燧)와 방저(方諸)를 말한다. 양수(陽燧)는 고대에 햇볕을 이용해 불을 일으켰던 도구로 오목한 형태를 한 일종의 구리거울이다. 구리거울의 오목한 곳에 마른 쑥을 올려놓고 햇볕에 쬐이면 불이 붙는다고 하였다. 『주례(周禮)』의 「추관(秋官)」에서 말하는 '부수(夫遂)', 『예기(禮記)』의 「내측(內則)」에서 말하는 '금수(金燧)'가 이것에 해당된다. 방저는 고대에 달〔月〕 아래에서 이슬을 채취하던 도구이다. 상고시대에는 조개껍질을 이용하였고, 후대에는 구리 그릇을 사용했다고 한다. 받아진 물은 방저수(方諸水) 또는 명수(明水)라고 하는데, 가장 맑고 깨끗하여 제사지내는 데 쓰였다고 한다. 『태평어람(太平御覽)』 권56, 한(漢) 위굉(衛宏)의 말, "漢舊儀 : 以鑑燧取水於月, 以陽燧取火於日."을 인용한 것이다.

6

천문(天文)

정(鄭)나라 자산(子産)이 말했다. "천도는 멀고 인도는 가깝다. 비조 (裨竈)[120]가 어찌 천도를 알겠는가?[121]" [122]

연왕(燕王) 모용황(慕容皝)[123]은 고후(高詡)[124]가 천문(天文)을 잘 보는 것을 알고 그에게 말하기를 "경(卿)은 좋은 책을 가졌으면서 나에게 보여 주지 않으니 어찌 충성스럽다고 하겠는가?"라고 하였다. 고후가 대답했다. "신이 듣건대 임금은 요체를 장악하고 신하는 직책을 맡는다고 했으니 직책을 맡는 것은 수고로운 것입니다. 그러므로 후직(后稷)이 곡식을 심어도 요임금은 참여하지 않았습니다. 천문을 살펴 길흉을 점치는 것은 임금께서 몸소 할 만한 일이 못됩니다."[125]

육가(陸賈)[126]가 『신어(新語)』에 말했다. "요임금과 순임금은 해와 달

---

120 비조(裨竈) : 춘추시대 정(鄭)나라 대부. 점술에 능하고 천문학에 정통하였다.

121 알겠는가 : 본문에는 '如'로 되어 있는데, 『춘추좌전』에 근거하여 '知'로 고쳤다.

122 『춘추좌전(春秋左傳)』, 「소공(昭公)」 18년.

123 모용황(慕容皝) : 16국시대 전연(前燕)의 초대 왕(재위 337~348). 자는 현진(玄眞). 모용외(慕容廆)의 아들이다. 모용외가 죽자 요동군공(遼東郡公)의 자리를 이어받아 선정을 펴고, 중국문화 보급에 힘썼다. 후조(後趙)와 손을 잡고 선비족인 단부(段部)를 멸망시켜 그 땅을 빼앗았다. 이어 후조(後趙)와 싸워 이겨 세력이 하북지방으로 신장했다. 함강(咸康) 3년(337) 동진(東晉)에 대한 종속적 관계를 끊고 스스로 연왕(燕王)이라 칭하여 조양(朝陽)에 도읍을 정하고 문무백관을 두었다.

124 고후(高詡) : 전연(前燕)의 신하.

125 양이증(楊爾增), 『양진비사(兩晉秘史)』(다른 이름 『동서양진지전(東西兩晉志傳)』), 제197, 「연왕황멸우문(燕王皝滅宇文)」(명(明) 1612년), "詡善天文, 皝嘗謂曰 : '卿有佳書而不見與, 何以爲忠?' 詡曰 : '臣聞人君執要, 人臣執職; 執要者逸, 執職者勞, 故后稷播谷, 堯不與焉. 占候天文, 晨夜辛苦, 非至尊之所宜親, 陛下將安用之?'"

이 바뀌지 않았는데도 흥성했고, 걸임금과 주임금은 별빛이 바뀌지 않았는데도 멸망했다. 천도는 변하지 않았지만 인도가 바뀐 것이다."[127]

관로(管輅)[128]의 아우 관진(管辰)은 일찍이 관로를 따라 천문을 관찰하는 기술을 배우려고 하니 관로가 말했다. "『효경(孝經)』과 『논어(論語)』를 배우면 삼공(三公)이 되기에 충분하다. 천문을 관찰하는 기술을 아는 것은 쓸모없다."[129]

천문(天文)에 관한 학문은 소략하면 소략할수록 적중하는 것이 많고, 치밀하면 치밀할수록 적중하지 않는 것이 많다. 춘추시대에 천문을 말하는 것은 근본의 분야(分野)[130]에 지나지 않았으니 오행(五行)을 합하고

---

126 육가(陸賈) : 전한 초기 초(楚)나라 사람. 변설에 능했다. 고조(高祖) 유방(劉邦)을 좇아 천하를 통일하는 데 크게 공헌했다. 고조가 진(秦)나라가 멸망한 까닭에 대해 묻자 『신어(新語)』 12편을 지어 올렸다. 시서(詩書)를 좋아하고 문무병용(文武併用) 정치의 필요성을 역설했다. 『신어』는 도기(道基)·술사(術事)·보정(輔政)·무위(無爲)·변혹(辨惑)·신미(愼微)·자집(資執)·지덕(至德)·회려(懷慮)·본행(本行)·명계(明誡)·사무(思務) 등 12편으로 구성되었는데 덕에 의한 왕도정치(王道政治)를 존중하고, 힘에 의한 패도정치(覇道政治)를 배격하여 정치의 요체는 수신(修身)에 있다고 주장했다(『한서(漢書)』 권43, 「육가전(陸賈傳)」).
127 육가(陸賈), 『신어(新語)』 제11편, 「명계(明誡)」.
128 관로(管輅, 209~256) : 삼국시대 위(魏)나라 평원(平原) 사람. 술사(術士). 자는 공명(公明). 어려서부터 별자리 살피기를 좋아하였으며 풍각(風角)과 점상(占相)에 정통했다. 제왕(齊王) 조방(曹芳) 정시(正始) 9년(248) 수재(秀才)로 천거되었다. 용모가 추하고 술을 좋아해서 언행에 거친 면이 있었지만, 『주역』과 산술에 정통하고 관상술에 능했다. 재주는 높지만 장수하지 못하고 높은 관직에 오르지 못한 사람의 전형으로 여겨지는 인물이다.
129 『삼국지(三國志)』, 「위서(魏書)」 제29, 「방기전(方技傳)」.
130 분야(分野) : 중국을 중심으로 한 지상(地上)의 영역을 하늘의 이십팔수(二十八宿)에 배당하여 나눈 칭호로, 천문학에서 쓰는 용어이다.

일식(日蝕)을 증험하고 혜성(彗星)과 같은 종류일 뿐이었다. 세성(歲星 : 목성),[131] 형혹(熒惑 : 화성), 태백(太白 : 금성), 진성(辰星 : 수성), 진성(鎭星 : 토성) 다섯 가지 위성 중에 단지 세성(歲星)만 언급하고 나머지 넷은 점치지 않은 것은 어째서인가. 간략함이 좋기 때문이니 그 상세한 바는 임금과 경(卿) · 대부(大夫)의 언어동작과 위의(威儀) 및 인사(人事)의 치란, 공경과 태만에 달려 있다. 그러므로 그 설명은 알기 쉽지만 그 징험함은 명백하지 않다. 양웅(揚雄)이 『법언(法言)』에서 말했다. "사관(史官)은 하늘로 사람의 일을 점치고, 성인(聖人)은 사람으로 하늘의 일을 점친다."[132]

삼대 이전의 사람들은 사람마다 모두 천문을 알았다. "칠월에 심성(心星)이 서쪽으로 내려간다〔七月流火〕."[133]라고 한 것은 농부의 말이고, "삼성(三星)이 동쪽 하늘에 떠 있다〔三星在天〕."[134]라고 한 것은 부인(婦人)의 말이고, "달이 필성(畢星)에 걸려 있다〔月離于畢〕."[135]라고 한 것은

---

131 세성(歲星) : 목성(木星)을 말한다. 목성이 하늘을 12등분한 구획인 12차를 차례로 1년에 하나씩 거쳐서 간다고 생각했기 때문에 목성을 세성이라 하였다. 즉, 목성이 머무는 12차의 별자리 이름으로 그해의 이름을 지었는데, 이를 세성기년법(歲星紀年法)이라 한다.

132 양웅(揚雄), 『법언(法言)』, 「오백(五百)」, "史以天占人, 聖人以人占天."

133 유화(流火) : 음력 7월을 말한다. 『시경(詩經)』, 「빈풍(豳風)」, 〈칠월(七月)〉, "칠월에 심성(心星)이 서쪽으로 내려가거든 구월에 핫옷을 만들어 주느니라〔七月流火 九月授衣〕." 심성(心星)은 이십팔수(二十八宿)의 다섯째 별자리의 별들로 매년 음력 5월의 황혼 무렵이면 하늘 정남쪽 한가운데의 가장 높은 곳에 위치하고, 6월 이후에는 점점 서쪽으로 기울면서 무더위도 점차 약해진다.

134 『시경』, 「당풍(唐風)」, 〈주무(綢繆)〉, "나뭇단을 묶노라니 삼성이 동쪽 하늘에 떴네〔綢繆束薪, 三星在天〕."

135 『시경』, 「소아(小雅)」, 〈삼삼지석(漸漸之石)〉, "돼지가 발이 흰데 여러 마리가 물결을 건너며 달이 필성(畢星)에 걸려 있으니 비가 주룩주룩 내리리로다〔有豕白蹢, 烝涉波矣.

수자리 사는 병졸이 지은 것이며, "미성(尾星)이 진(辰)에 숨었다〔龍尾伏辰〕."[136]라고 한 것은 어린아이들의 노래이다.

구준(邱濬)이 말했다. "하늘에는 천문(天文)이 있고 사람에게는 인문(人文)이 있다. 임금은 위로는 천문을 살피고 아래로는 인문을 관찰한다. 그러므로 하늘에는 일월(日月)과 성신(星辰)이 있고 사시(四時)와 육기(六氣)가 있다. 그 형체와 모양은 밝고 뚜렷하며 그 기의 운행은 이리저리 뒤엉켜 있지만 모두 문이 있어 살필 수 있다. 사람에게는 삼강(三綱)과 육기(六紀)[137]가 있고 예절과 법도가 있으니 그 이륜(彝倫)은 질서정연하고 그 법칙은 찬연하니 모두 문(文)이 있어 살필 수 있는 것이다.[138]

月離于畢, 俾滂沱矣〕."
136 『좌전』, 「희공(僖公)」 5년, 진(晉)나라가 괵(虢)나라를 칠 때 동요에 다음과 같은 것이 있다. "병자일 새벽에 미성이 진에 숨었는데, 다같이 군복을 입고 괵나라 깃발을 휘어잡네. 순성은 빛나는데 천책은 왜 희미한지, 불빛 속에서 진을 치면 괵나라 임금 도망쳐 가리〔丙之晨龍尾伏辰, 均服振振取虢之旂. 鶉之賁賁天策焞焞, 火中成軍虢公其奔〕."
137 육기(六紀) : 제부(諸父 : 아버지와 한 항렬의 당내(黨內) 친속) · 형제 · 족인(族人) · 제구(諸舅) · 사장(師長) · 붕우(朋友) (『백호통(白虎通)』).
138 구준(邱濬), 『대학연의보(大學衍義補)』 권67.

7　귀신(鬼神)

「정몽(正蒙)」에 말했다. "귀신이란 것은 음양 이기의 양능이다." 이것을 풀이하여 다음과 같이 말했다. "귀신이라는 것은 바로 음양 두 기가 굽히고 펴며 오고 가는 것이다. 기가 바야흐로 오는 것은 모두 양에 속하고 이것이 신(神)이다. 기가 반대로 굽히는 것은 모두 음에 속하고 이것이 귀(鬼)이다. 오전(午前)은 신이고 오후(午後)는 귀이며, 초하루부터 이후는 신이고 십육일부터 이후는 귀이다."[139]

육경(六經)에서 귀신을 언급했지만 구분해 놓지는 않았는데, 유흠(劉歆)[140]이 드디어 천신(天神)·지지(地祇)·인귀(人鬼)로 갈라놓았다. 정씨〔鄭玄〕는 또 말하길 "성인(聖人)의 정기(精氣)는 신(神)이 되고 현인(賢人)과 지인(智人)의 정기는 귀(鬼)가 된다."[141]고 하니 괴이함이 심하다.

자식의 기는 바로 부모님이 남겨 주신 것이다. 자식이 능히 정성을 다하여 그것에 감응하면 저절로 무(無)로부터 유(有)가 된다.

---

139 귀신이라는 것은 …… 이후는 귀이다 : 『주자어류(朱子語類)』 권63, 「중용(中庸)」 제16장.
140 유흠(劉歆, 기원전 53?~23) : 전한 말기 패현(沛縣) 사람으로 문학가이자 목록학자이다. 자는 자준(子駿), 유향(劉向)의 아들. 나중에는 이름을 수(秀), 자를 영숙(穎叔)으로 고쳤다. 성제(成帝) 때 함께 황문랑(黃門郎)이 된 왕망(王莽)과 친교를 나눴다. 하평(河平) 4년(기원전 26)에 부친과 함께 비서(秘書)를 교정하라는 명을 받고 육경(六經)·전기(傳記)·제자(諸子)·시부(詩賦)·술수(術數)·방기(方技) 등의 서적을 모두 연구했다. 왕망이 제위를 찬탈한 뒤 국사(國師)가 되었으나 남양(南陽)에서 병란이 일어나자 왕망 주살을 모의했다가 일이 발각되어 자살했다. 그는 부친 유향의 『별록(別錄)』을 개편하여 『칠략(七略)』을 지었는데, 『한서(漢書)』, 「예문지(藝文志)」는 바로 이것을 바탕으로 완성된 것이다. 『삼통역보(三統曆譜)』를 지었고, 『유자준집(劉子駿集)』이 남아 있다.
141 『예기주소(禮記注疏)』 권37, 「악기(樂記)」, "聖人之精氣謂之神, 賢知之精氣謂之鬼."

『설원(說苑)』에 다음과 같이 기록했다. 자공(子貢)이 공자에게 묻기를 "죽은 사람은 지각이 있습니까? 지각이 없습니까?"라고 하니, 공자가 대답했다. "내가 죽은 사람에게 지각이 있다고 말하면 효자(孝子)와 순손(順孫)들이 사는 데 거리껴 죽은 이를 보내는 데 지나치게 할까 두려우며, 죽은 사람에게 지각이 없다고 하면 불효한 자손들이 죽은 이를 내다버리고 장사지내지 않을까 두렵다."[142]

우리나라 문종대왕(文宗大王)은 일찍이 집현전(集賢殿)에서 올린 글에 몇 마디 말을 썼는데, 해주에 여귀(癘鬼)가 심하여 제사한 글인 극성제문(棘城祭文)이다. 대략 이르기를 "정(情)이 없는 것을 음양(陰陽)이라 이르고, 정이 있는 것을 귀신이라 이른다. 정이 없는 것은 더불어 말할 수 없으나, 정이 있는 것이라면 이치로써 깨우칠 수 있다."라고 하였다.[143]

진서산(眞西山)이 말했다. "음양 두 기가 천지 사이에 유행하니 만물이 이에 의지하여 생성한다. 이것이 이른바 귀신이다. 지금 사람들은 단지 흙으로 빚은 형상만을 귀신이라고 여기거나, 아득하고 어두워서 볼 수 없는 것을 귀신이라고 여긴다. 비록 산이 우뚝 솟고 하천이 흐르며 해가 비추고 비가 적시며 우레가 치고 바람이 흩어지는 것을 알지 못하지만 분명하게 자취가 있는 귀신이다."[144]

---

142 『설원(說苑)』 권18, 「변물(辨物)」.
143 서거정(徐居正) 찬(撰), 『필원잡기(筆苑雜記)』 권1, "文宗睿藻精到, 集賢殿嘗製棘城祭文以進, 文宗賜覽以朱筆抹之, 御書數語. 其略曰 : 無情之謂陰陽, 有情之謂鬼神. 無情不可與語, 有情則可以理曉."
144 진덕수(眞德秀), 『서산문집(西山文集)』 권30, 「문비기귀이제장(問非其鬼而祭章)」.

주자가 동숙중(董叔重)[145]에게 답한 편지[答董叔重]에서 말했다. "귀신의 이치는 성인이라도 말하기 어려워했다. 참으로 어떤 존재 하나 있다고 말해도 안 되고, 참으로 어떤 존재 하나가 있는 것이 아니라고 해도 안 되니, 우선 말하지 않고 제쳐 두는 것이 좋다."[146]

<hr />

145 동숙중(董叔重): 동수(董銖, 1152~1214)의 자가 숙중이다. 송나라 요주(饒州) 덕흥(德興) 사람. 호는 반간(盤澗). 처음에는 정순(程洵)을 배우다가 나중에 주희(朱熹)의 문인이 되었다. 영종(寧宗) 경원(慶元) 연간에 주희가 귀향하여 강연(講筵)하여 제생(諸生)들과 학문을 논할 때 주희의 명령으로 그 일을 관장했다. 학자가 오면 주희가 반드시 먼저 그와 변론하게 하고, 이를 절충했다. 만년인 가정(嘉定) 연간에 진사(進士)가 되어 금화위(金華尉)에 이르렀다. 종사랑(從事郞)을 지낸 뒤 죽었다. 저서에 『역서주(易書注)』와 『성리주해(性理注解)』가 있다.
146 『회암집(晦庵集)』 51, 「答董叔重」 5.

8　**사시(四時)**

소옹이 말했다. "하늘의 사부(四府)는 춘하추동(春夏秋冬)이고, 성인(聖人)의 사부(四府)는 역(易)·서(書)·시(詩)·춘추(春秋)이다."[147]

전목재(錢牧齋)[148]가 말했다. "천지의 운행은 때를 따라 변하지만 사계절의 경치는 본래 아름답고 추함이 없다. 저 기쁘고 즐거운 사람이 그것을 만나면 아름다운 경치가 되고, 근심스럽고 슬픈 사람이 그것에 닿으면 나쁜 기후가 된다. 임금으로 하여금 바꾸어 교화하게 하여 봄의 생기가 가득차게 하면 비록 여름이 덥고 가을이 서늘하고 겨울이 사나워도 백성들이 그것을 화락함으로 여기니 모두 봄이다."

하늘과 땅의 호흡(呼吸)은 동지(冬至) 뒤가 호(呼)가 되고 하지(夏至) 뒤가 흡(吸)이 되는데, 이것이 한 해의 호흡이다.[149]

정명도(程明道 : 정호)가 말했다. "중니(仲尼)는 원기요, 안자(顏子)는 봄의 생기요, 맹자(孟子)는 추살(秋殺)의 기상까지 아울러 다 드러난다."[150]

---

147 소옹(邵雍), 『황극경세서(皇極經世書)』 권11, 「관물편(觀物篇)」 53.
148 전목재(錢牧齋) : 목재는 전겸익(錢謙益, 1582~1664)의 호이다. 명말(明末)의 문인(文人). 자는 수지(受之). 벼슬이 예부상서(禮部尙書)에 이르렀다. 명나라가 망하자 청나라에 벼슬하여 『명사(明史)』 편찬에 참여하였다. 시문(詩文)에 뛰어났으며, 저서에 『초학집(初學集)』, 『유학집(有學集)』, 『국초군웅사략(國初群雄史略)』, 『열조시집(列朝詩集)』 등이 있었는데 건륭제(乾隆帝) 때 변절을 문제 삼아 『이신전(貳臣傳)』에 편입시키고 저작을 불태우는 등 여러 차례 금서(禁書) 조치를 받았다(『청사(淸史)』 권483, 「전겸익열전(錢謙益列傳)」).
149 소옹(邵雍), 『황극경세서(皇極經世書)』 권14, 「관물외편(觀物外篇)」 하.

한나라 선제(宣帝) 때 위상(魏相)[151]이 주청하여 음양에 능통한 자 네 사람이 각각 주관하여 한 계절의 지극히 밝음을 말하는 것으로 직책을 삼게 하여 음양의 조화를 이루게 하였다. 마치 고제(高帝)[152] 때 알자(謁者) 조요(趙堯)에게 봄철의 정무(政務)를, 이순(李舜)에게 여름철의 정무를, 예탕(兒湯)에게 가을철의 정무를, 공우(貢禹)에게 겨울철의 정무를 맡기는 것과 같은 종류이니 선제가 그 말대로 했다.[153]

진북계(陳北溪)[154]가 말했다. "사계절은 비록 서로 다르지만 다 같이 봄에서 생겨난다. 봄에는 봄기운이 생기고 여름에는 봄기운이 자라고 가을에는 봄기운이 성숙하여 거두어들이고 겨울에는 봄기운이 간직된다."[155]

장자(莊子)가 말했다. "사계절이 기(氣)를 달리하지만 하늘은 한 계절에만 사사로운 혜택을 주지 않기 때문에 한 해[歲]가 이루어진다."[156]

---

150 주자(朱子) 편(編), 『이정유서(二程遺書)』 권5 ; 양시(楊時) 편(編), 『이정수언(二程粹言)』 권하, 「성현편(聖賢篇)」 ; 『근사록(近思錄)』 14권, 「총론성현(總論聖賢)」.

151 위상(魏相) : 한나라 선제(宣帝) 때의 재상(宰相). 자는 약옹(弱翁). 어려서부터 역(易)을 배워 『역경(易經)』에 매우 밝았다. 어사대부(御史大夫)가 되었을 때 처음으로 상소(上疏)의 부봉(副封)제도를 없앴다. 선제를 도와 한나라의 중흥을 이룩하여 고평후(高平侯)에 봉해졌다.

152 고제(高帝) : 한나라의 제1대 황제(재위 기원전 202~기원전 195) 유방(劉邦)을 말한다.

153 『한서(漢書)』 권74, 「위상전(魏相傳)」.

154 진북계(陳北溪) : 송(宋)나라 진순(陳淳, 1159~1223)의 호. 자는 안경(安卿), 시호는 문안(文安). 장주(漳州) 용계(龍溪) 사람. 주자가 장주태수(漳州太守)로 있을 때 나아가 수학하여 황간(黃榦)과 함께 고제(高弟)가 되었다. 저서에 『북계자의(北溪字義)』 등이 있다.

155 『회암집(晦庵集)』 권58, 「답진기지(答陳器之) : 문옥산강의(問玉山講義)」 ; 『성리대전(性理大全)』 권30, 「성리(性理)」 8, 〈인의예지(仁義禮智)〉.

156 『장자(莊子)』, 잡편(雜篇), 제25편, 「칙양(則陽)」.

춘(春)

동중서(董仲舒)가 말했다. "『춘추』에서 왕도의 단서는 정(正)에서 얻는다. 정(正)자를 왕(王)자 다음에 두고 왕(王)자를 춘(春)자 다음에 두었으니, 봄〔春〕은 하늘의 마음이고 바르게 함〔正〕은 왕이 행하는 바이다. 그 의미는 위로는 하늘이 행하는 바를 계승하고 아래로는 그 행하는 바를 바르게 하는 것이니 왕도의 단서가 바르다〔正〕고 말한 것이다."[157]

후한 때는 봄을 맞이하여 관대한 조칙(詔勅)을 내렸다.

소자가 「안락음(安樂吟)」에서 "온 세상의 봄을 거두어 마음속에 간직하였네."라고 하였다.[158]

관중(管仲)[159]이 말했다. "나는 따뜻한 봄바람을 다른 사람에게 불게 해줄 수 없고, 나는 시원한 여름비를 다른 사람에게 내리게 해줄 수 없으니 나는 곤경에 처한 것이 틀림없다."[160]

---

157 『한서(漢書)』 권56, 「동중서전(董仲舒傳)」.
158 소옹(邵雍), 『이천격양집(伊川擊壤集)』 권14, 「안락음(安樂吟)」.
159 관중(管仲) : 제나라 환공(桓公)의 신하. 이름은 이오(夷吾), 호는 중부(仲父). 환공(桓公)을 도와 패업(霸業)을 이루었다. 저서로 『관자(管子)』가 있다.
160 유향(劉向), 『설원(說苑)』, 「귀덕(貴德)」.

하(夏)

『백호통(白虎通)』에 말했다. "하지(夏至)에는 음기(陰氣)가 일어나기 시작하는데 오히려 날씨가 무척 더운 것은 어째서인가? 양기(陽氣)가 밀려나 위에 있기 때문에 날씨가 무척 더운 것이다."[161]

---

161 『백호통(白虎通)』 권4, 「간쟁(諫諍)」.

당나라 현종(玄宗)[162]이 「추풍사(秋風詞)」한 곡을 지었는데 매번 연주할 때마다 맑은 바람이 서서히 불어오고 뜨락의 나뭇잎이 떨어졌다.[163]

『회남자』에 말했다. "봄날의 여인은 슬퍼하고 가을날의 선비는 애통해하니 만물의 변화를 아는 것이다."[164]

---

162 당현종(唐玄宗): 당나라의 제6대 황제(재위 712~756)로 본명은 이융기(李隆基, 685~762). 예종(睿宗)의 셋째 아들. 명황(明皇)이라고도 부른다. 조모 측천무후(則天武后) 시대에 낙양(洛陽)에서 태어났고, 9세 때 임치왕(臨淄王)으로 봉해졌다. 28세 때 마침내 아버지의 양위로 즉위했다. 초기에는 정치를 잘해 개원(開元)과 천보(天寶) 시대 수십 년의 태평천하를 구가했으나 후에 정치를 등한시하고 도교(道敎)에 빠졌으며, 양귀비(楊貴妃)를 궁 안으로 들인 뒤 정사는 권신 이임보(李林甫)가 대신 맡아보았다. 천보 14년(755) 안록산(安祿山)의 난이 일어난 이듬해 아들 숙종(肅宗)에게 양위하고 은거하다 장안(長安)으로 돌아온 뒤 죽었다.

163 『태평어람(太平御覽)』, 「악부(樂部)」 21, 〈갈고(羯鼓)〉, "玄宗洞曉音律, 由之天縱. 凡是管弦, 悉造其妙; 若製作曲調, 隨意即成, 如不立章度, 取適長短, 應指發聲, 皆中點拍. (중략) 又制秋風高, 每至秋空迴徹, 纖塵不起, 即奏之, 必遠風徐來, 庭葉墜落, 其妙絶入神也如此."; 『옥당(玉讜)』, 「당어림(唐語林)」 권4, 〈호상(豪爽)〉, "嘗製秋風高, 每至秋空迴徹, 纖埃不起, 即奏之, 必遠風徐來庭葉墜, 下其神妙如此."

164 『회남자(淮南子)』, 「무칭훈(繆稱訓)」.

12 **동(冬)**

방씨(方氏)[165]가 말했다. "천기(天氣)는 위로 올라가고 지기(地氣)는 아래로 내려오니 하늘과 땅이 확연하게 나뉘어 각각 그 위치를 바르게 한다. 각각 그 위치를 바르게 하면 하늘과 땅이 통하지 않는다.[166] 그 통하지 않기 때문에 닫혀서 막힌다."[167]

진서산(眞西山)이 말했다. "어찌하여 겨울의 기(氣)를 보지 못하는가? 나무는 그 뿌리로 돌아가고 겨울잠을 자는 벌레들은 그 보금자리로 숨어든다. 얼어붙고 적막하여 아무런 조짐도 나타나지 않지만 조화와 발육의 미묘한 작용은 실로 그 안에 배태되었다. 대개 합(闔)은 벽(闢)의 기틀이고, 정(貞)은 원(元)의 근본이니 간괘(艮卦)가 만물의 시작과 끝이 되는[168] 이유이다."[169]

---

165 방씨(方氏) : 엄릉(嚴陵) 방씨(方氏), 방각(方慤)을 말한다. 자는 성부(性夫), 송나라 동려(桐廬) 사람. 선화(宣和) 연간에 진사가 되었고, 벼슬은 예부시랑을 지냈다. 저서에 『예기집해(禮記集解)』가 있다.

166 천기(天氣)는 위로 올라가고 지기(地氣)는 아래로 내려오니 : 『예기(禮記)』, 「월령(月令)」에 "是月也, 天子始裘. 命有司曰 : 天氣上騰, 地氣下降, 天地不通, 閉塞而成冬."라는 구절이 있다.

167 위식(衛湜), 『예기집설(禮記集說)』 권45.
위식(衛湜) : 송나라 가흥(嘉興) 화정(華亭) 사람. 자는 정숙(正叔), 세칭 역재선생(櫟齋先生). 이종(理宗) 보경(寶慶) 2년(1226) 자신이 지은 『예기집설(禮記集說)』을 올려 직비각(直秘閣)에 발탁되었다. 관직은 조산대부(朝散大夫)와 보모각직학사(寶謨閣直學士), 원주지주(袁州知州)를 역임했다

168 『주역(周易)』, 「설괘전(說卦傳)」, "艮, 東北之卦也, 萬物之所成終而所成始也."

169 진덕수(眞德秀), 『서산문집(西山文集)』 권33, 「야기잠(夜氣箴)」.

동지(冬至)에는 양(陽)이 처음 일어나는데 도리어 무척 추운 것은 어째서인가? 음기(陰氣)가 밀려서 위에 있으므로 날씨가 무척 추운 것이다.[170]

---

[170] 반고(班固), 『백호통덕론(白虎通德論)』 권4, 「주벌(誅伐)」, "冬至陽始起, 陰氣推而上, 故大寒也." ; 『태평어람(太平御覽)』, 「시서부(時序部)」 13, 〈동지(冬至)〉, "白虎通曰 : 冬至陽始起, 反大寒, 何也? 陰氣推而上, 故大寒."

주나라 무왕(武王)이 더위 먹은 사람을 나무 숲 그늘 아래로 옮기니, 천하 사람들이 그 덕에 귀의하였다.[171]

초나라 장왕(莊王)이 삼군(三軍)을 순찰하고 군사들을 위로하니 군사들이 모두 솜옷을 입은 듯 따스함을 느꼈다.[172]

곽숭도(郭崇韜)[173]가 당(唐)나라 장종(莊宗)[174]에게 말했다. "예전에 황하 가에 계실 때 강한 적을 만나 괴멸시키지 못했습니다. 때문에 비록

---

[171] 『회남자(淮南子)』, 「인간훈(人間訓)」, "주나라 무왕(武王)이 더위 먹은 사람을 나무 숲 그늘 아래로 옮기고는, 왼손으로 껴안고 오른손으로 부채질을 해 주니, 천하 사람들이 그 덕에 귀의하였다〔武王蔭暍人於樾下, 左擁而右扇之, 而天下懷其德〕."

[172] 『춘추좌전(春秋左傳)』, 「선공(宣公)」 12년 ; 『군서치요(群書治要)』 권5, 「춘추좌씨전중(春秋左氏傳中)」, 〈선공(宣公)〉 ; 『예문유취(藝文類聚)』 권5, 「세시하(歲時下)」, 〈한(寒)〉 ; 『통전(通典)』, 「병(兵)」 5, 「무사(撫士)」 ; 『태평어람(太平御覽)』, 「병부(兵部)」 11, 〈무사상(撫士上)〉.

[173] 곽숭도(郭崇韜) : 오대(五代) 때 대주(代州) 안문(雁門) 사람. 자는 안시(安時). 이존욱(李存勖)을 섬겨 중문부사(中門副使)가 되고, 이존욱이 후당(後唐)을 건국하자 추밀사(樞密使) 등을 지낸 뒤 좌명공신(佐命功臣)에 책훈되고 시중(侍中)에 올랐다. 국사(國事)에 충성을 다하고 매사에 간절히 간언을 하였다. 뒤에 유황후(劉皇后)의 사주를 받은 환관 마언규(馬彦珪)에 의해 살해되었다(『신오대사(新五代史)』 권24, 「당신전(唐臣傳)」, 〈곽숭도(郭崇韜)〉).

[174] 장종(莊宗, 885~926) : 후당을 건국한 이존욱(李存勖)을 말한다. 돌궐(突厥) 사타족(沙陀族) 출생으로 당나라 때 황소(黃巢)를 격파하여 진왕(晉王)에 봉해진 이극용(李克用)의 아들이다. 양(梁)나라를 멸망시키고 후당(後唐)을 건국하여 낙양(洛陽)을 도읍으로 삼았다. 뛰어난 무장이었으나 측근들에게 정치를 맡기고 사치에 빠지자, 자신이 발탁하여 종마직지휘사(從馬直指揮使)로 삼았던 영인(伶人) 곽종겸(郭從謙)이 모반을 일으켜 그의 손에 죽었다.

한여름의 무더위도 임금의 마음에는 개의함이 없으셨으니, 이제 오히려 어려운 시기를 당하면 무더운 기운이 저절로 사라질 것입니다."[175]

이덕유(李德裕)[176]가 한여름 햇살이 타는 듯이 내리쬐고 있을 때 황금 항아리에 담은 물로 백룡피(白龍皮)를 적셔 놓으니 답답하던 무더위가 모두 사라지면서 마치 맑은 가을날처럼 서늘해졌다.[177]

유송(劉松)이 원소(袁紹)[178]의 자제와 삼복(三伏) 더위에 밤낮으로 주연을 베풀어 취하도록 마시고 만사를 잊으며 더위를 피하였기 때문에 하삭(河朔)[179]에는 더위를 피하기 위해 마시는 술자리[180]가 있게 되었다.[181]

---

175 『자치통감(資治通鑑)』 제273권, 「후당기(後唐紀)」 2, 〈장종광성신민효황제중동광이년(莊宗光聖神閔孝皇帝中同光二年)〉. 갑신년, 924년이다.

176 이덕유(李德裕, 787~850) : 당나라 조군(趙郡) 사람. 자는 문요(文饒). 헌종(憲宗) 때의 재상 이길보(李吉甫)의 아들. 문필에 뛰어나 한림학사(翰林學士)·중서사인(中書舍人) 등을 지냈다. 중앙집권의 강화를 위해 힘썼으며 폐불(廢佛)을 단행하였다.

177 『태평광기(太平廣記)』, 「보육전(寶六錢)」, 〈이덕유(李德裕)〉, "煩暑都盡. 良久. 覺淸飆凜冽. 如涉高秋. 備設酒肴, 及昏而罷. 出戶則火雲烈日, 熇然焦灼. 有好事者, 求親信察問之. 云. 此日以金盆貯水. 浸白龍皮." 한치윤(韓致奫, 1765~1814)이 쓴 『해동역사(海東繹史)』 제27권, 「물산지(物産志)」 2, 〈어류(魚類)〉, '백룡 가죽[白龍皮]'에 자세한 내용이 실려 있다.

178 원소(袁紹) : 본문에는 '원술(袁術)'로 되어 있으나 원소(袁紹)의 고사이므로 고쳤다.

179 하삭(河朔) : 황하의 북쪽 지방이니, 하북(河北)을 말한다.

180 하삭의 술자리 : 이 고사에서 유래하여 무더운 여름철에 피서(避暑)한다는 명분으로 마련한 술자리를 하삭음(河朔飮)이라고 한다.

181 『초학기(初學記)』 권3, 「피서음(避暑飮)」, 주(注), "魏文帝典論曰 : 大駕都許, 使光祿大夫劉松北鎭. 袁紹軍與紹子弟日共宴飮, 常以三伏之際, 晝夜酣飮極醉, 至於無知, 云以避一時之暑. 故河朔有避暑飮."

포씨(鮑氏)가 말했다. "해가 땅 밑에 있으면 춥고, 해가 하늘 위에 있으면 덥다."[182]

두보(杜甫)가 시에서 "천하의 궁한 선비 모두 다 가려 주어 기쁜 얼굴 짓게 할까."라고 하였다.[183]

범질(范質)[184]은 부채에 "큰 더위에 혹리(酷吏)가 물러간다."라고 썼다.[185]

---

182 청(淸) 왕식(王植), 『황극경세서해(皇極經世書解)』 권12, 「관물외편(觀物外篇)」.

183 두보(杜甫), 『두소릉집(杜少陵集)』 권10, 「모옥위추풍소파가(茅屋爲秋風所破歌)」.

184 범질(范質, 911~964) : 오대(五代) 말기 북송 초 대명(大名) 종성(宗城 : 하북성 임서) 사람. 자는 문소(文素). 노국공(魯國公)에 봉해졌다. 저서에 문집과 『오대통록(五代通錄)』, 「옹관기(邕管記)」가 있다.

185 『문영(文瑩)』, 「옥호청화(玉壺淸話)」 권6.

소자가 『황극경세서(皇極經世書)』에 말했다. "양효(陽爻)는 낮의 수이고, 음효(陰爻)는 밤의 수이다. 하늘과 땅이 서로 맞물리고 음과 양이 서로 갈마들기 때문에 봄과 여름은 낮의 수가 많고 밤의 수가 적으며 가을과 겨울은 낮의 수가 적고 밤의 수가 많다."[186]

장자〔張載〕가 말했다. "낮과 밤은 하늘의 한 호흡이다. 추위와 더위는 하늘의 낮과 밤이다. 천도가 봄가을로 나뉘어 기가 다른 것은 마치 사람이 한번 잠들었다 깨어나면서 혼이 교차하는 것과 같다. 혼이 교차하여 꿈을 꾸게 되고 온갖 느낌이 어지럽게 일어난다. 꿈을 꾸고 있는 것을 깨어 있는 상태와 비교해서 말하면 한 몸의 밤과 낮이 된다. 기가 바뀌어서 봄이 되면 만물이 뒤섞이게 되는데 봄을 가을과 비교하여 말하면 하늘의 낮과 밤이 된다."[187]

채서산(蔡西山)[188]이 말했다. "성(星)은 낮이 되고 신(辰)은 밤이 된다.

---

186 소옹(邵雍), 『황극경세서(皇極經世書)』 권13, 「관물외편(觀物外篇)」 상.

187 장재(張載), 『張子全書』 권2, 「정몽(正蒙)」, 〈태화(太和)〉.

188 채서산(蔡西山) : 채원정(蔡元定, 1135~1198)의 호가 서산이다. 남송 건주(建州) 건양(建陽) 사람. 자는 계통(季通), 시호는 문절(文節). 벼슬에 나가지 않고 학문과 강학에 몰두했다. 어려서 아버지 채발(蔡發)에게 배웠고, 장성하여 이정(二程)과 소옹(邵雍), 장재(張載)의 학문을 배웠다. 나중에 주희(朱熹)를 찾아가 수학했다. 주희가 강우(講友)로 대우했다. 영종(寧宗) 경원(慶元) 연간에 심계조(沈繼祖) 등이 주희를 공격할 때 그도 연루되어 도주(道州)로 귀양을 갔다. 악률(樂律)에 조예가 깊어, 12율에 6개의 변률(變律)을 첨가해서 18악률을 개발했다. 상수학(象數學)과 의리학(義理學)을 종합하려는 입장을 취했으며, 아들 채연(蔡淵)에게 계승되어 가학으로 이어졌다. 저서에 『황극경세지요(皇極經世指要)』와 『홍범해(洪範解)』, 『대연상설(大衍詳說)』, 『팔진도설(八陣圖說)』, 『율

낮은 변하여 만물의 형상이 되고 밤은 변하여 만물의 체(體)가 되니 만물이 하늘의 변화에 감응하는 것이다."[189]

려신서(律呂新書)』,『발미고(發微考)』,『연악원변(燕樂原辨)』,『태현잠허지요(太玄潛虛指要)』,『서산공집(西山公集)』 등이 있다.

189 왕식(王植),『황극경세서해(皇極經世書解)』권수(卷首).
　　왕식(王植, 1681~1767) : 청나라 직례(直隷, 하북성) 심택(深澤) 사람. 자는 괴삼(槐三), 자호는 당사(戇思). 관직에 있으면서 청렴 강직하여 강항리(强項吏)로 불렸다. 86세로 죽었다. 정현(鄭玄)·공영달(孔穎達)의 설을 배격하고 조기(趙岐)·하안(何晏)·손석(孫奭)·형병(邢昺)의 설도 비루하게 여겼으며, 주돈이(周敦頤)·장재(張載)·소옹(邵雍)의 설을 추숭(追崇)했다. 음운(音韻)에 정밀했는데, 진책(陳策)·고염무(顧炎武)·강영(江永)의 설은 찬동하고 마백원(馬白援)·모기령(毛奇齡)의 설은 반대했다. 저서에『도학연원록(道學淵源錄)』과『정몽초의(正蒙初義)』,『염관삼서(濂關三書)』,『사서참주(四書參注)』,『독사강요(讀史綱要)』,『운학(韻學)』,『운학억설(韻學臆說)』,『황극경세서해(皇極經世書解)』 등이 있다.

소자가 말했다. "선천 팔괘의 방위는 진(震)에서부터 건(乾)에 이르기까지는 순수(順數)가 되고 손(巽)에서부터 곤(坤)에 이르기까지 역수(逆數)가 된다. 지나간 일을 아는 것이 순(順)이다. 순천(順天)하여 운행하면 왼쪽으로 도니 모두 이미 생겨난 괘이다. 앞으로 올 일을 아는 것이 역(逆)이다. 역천(逆天)하여 운행하면 오른쪽으로 가니 모두 아직 생기지 않은 괘이다."[190]

방씨(方氏)가 말했다. "진(秦)나라로부터 위로 서북쪽은 연장되었고 동남쪽은 막혔다. 진(秦)나라로부터 아래로 동남쪽은 펼쳐졌고 서북은 줄어들었다. 선왕이 융성하던 시기에도 사방이 각기 다 개척하지 못한 지역이 있다."[191]

---

[190] 임희원(林希元), 『역경존의(易經存疑)』 권12, 「설괘전(說卦傳)」.
임희원(林希元) : 명나라 복건(福建) 동안(同安) 사람. 자는 무정(茂貞) 또는 사헌(思獻), 호는 차애(次崖). 채청(蔡清)에게 수학했으며 『주역』을 좋아했다. 저서에 『역경존의(易經存疑)』와 『주자동집(朱子同集)』, 『임차애집(林次崖集)』, 『대학경전정본(大學經傳定本)』, 『사서존의(四書存疑)』 등이 있다

[191] 구준(丘濬), 『대학연의보(大學衍義補)』 권143, 「어이적(馭夷狄)」, 〈내외지한(內外之限)〉 상.

원형이정(元亨利貞)

주자가 말했다. "원형이정(元亨利貞)은 곡식에 비유하면 싹은 원(元)이고, 어린 모는 형(亨)이고, 이삭은 리(利)이고, 알곡은 정(貞)이다. 곡식의 알곡은 또다시 살아날 수 있다.[192]

원형이정(元亨利貞)을 쪼개어서 넷으로 나누면 사시(四時)가 되고, 합하여 둘로 하면 음양이 되고, 꿰어서 하나로 하면 혼연한 일원(一元)의 기이다.[193]

복희(伏羲)와 신농(神農)은 상고시대의 원(元)이고, 요임금과 순임금은 그 형(亨)이고, 우왕(禹王)과 탕왕(湯王)은 그 리(利)이고, 문왕(文王)과 무왕(武王) 그리고 주공(周公)은 그 정(貞)이다. 공부자(孔夫子)는 중고시대의 원(元)이 되고, 안자(顏子)는 형(亨)이 되고, 자사(子思)는 그 리(利)가 되고, 맹자(孟子)는 그 정(貞)이다. 주자(周子)는 송조(宋朝)의 원(元)이 되고 정자(程子)와 장자(張子)는 형(亨)이 되고, 주자(朱子)는 그 리(利)가 되는데 그 정(貞)은 아직 없다.[194]

---

192 『주자어류(朱子語類)』 권68, 「역(易)」 4, 〈건상(乾上)〉.

193 원(元) 해몽(解蒙), 『역정온대의(易精蘊大義)』 권1, 「상경일(上經一)」, 〈건원형이정(乾元亨利貞)〉; 장차중(張次仲), 『주역완사곤학기(周易玩辭困學記)』 권1, 「주역상편(周易上篇)」.

194 『원사(元史)』 권171, 「오징(吳澄)」.

정자가 말했다. "하늘에 해와 달이 있는 것은 사람에게 눈[目]이 있는 것과 같다. 사람의 눈은 등 쪽을 볼 수 없고 해와 달은 이면을 비출 수 없다."[195]

심괄(沈括)[196]이 말했다. "해와 달이 하늘에 있는 것은 마치 두 개의 거울이 서로 비추는 것 같고 땅이 그 가운데 거처하는데 둘레가 모두 공기와 물로 되어 있다. 그러므로 달 가운데 거무스름한 곳이 바로 거울 중에 비치는 대지의 그림자이다."

주자가 말했다. "일식은 본래 부족해서 변한 것이다. 다만 천문이 이 시기를 만나자마자 또한 음양이 재앙이 닥치는 고비가 되니 인사에 있어서 반드시 재앙이 된다. 그러므로 성인이 두려워한 것이다."[197]

소자가 말했다. "해는 하늘을 따라 돌고 달은 해를 따라 운행하고 별은 달을 따라 나타난다. 그러므로 별은 달을 본받고 달은 해를 본받고 해는 하늘을 본받는다. 하늘은 반은 밝고 반은 어두우며, 해는 반은 남고 반은 모자라며, 달은 반은 가득 차고 반은 이지러지며 별은 반은 움직이고 반은 고요하니 음양의 의(義)인 것이다."[198]

---

195 양시(楊時), 『이정수언(二程粹言)』 권하, 「천지편(天地篇)」.
196 심괄(沈括, 1031~1095) : 자는 존중(存中), 호는 몽계옹(夢溪翁). 사천감(司天監 : 천문대 장)이 되어 천체관측법·역법(曆法) 등을 창안하였다. 지방관을 지내며 요나라와의 국경 선 설정에 공을 세웠으며 『몽계필담(夢溪筆談)』 등을 남겼다.
197 『성리대전(性理大全)』 권27, 「이기(理氣)」 2, 〈천문(天文)〉, 일월(日月).

오씨[199]가 말했다. "달의 체(體)는 탄환과 같아서 그 해[日]를 거스르는 것은 항상 밝다. 항상 밝으면 항상 가득 차 있어서 이지러질 때가 없다. 보름이 되어서는 해가 달의 아래에 있어서 달의 밝은 쪽이 아래로 향하므로 사람들이 그 체의 가득 찬 모습을 본다. 그믐에 이르러서는 해가 달의 위에 있어서 달의 밝은 부분도 또한 위로 향하여 아래에서 보는 자는 그 밝은 부분을 온전히 보지 못한다. 혹은 태허를 나는 듯한 걸음으로 그 측면을 곁에서 바라보면 초승달은 마치 뗏목을 타고[200] 높은 하늘 위[201]로 올라가 위에서 굽어본 것과 같고 그믐의 달도 또한 보름달의 체가 항상 가득 찬 것 같다. 사람이 보지 못하는 바가 있어서 마침내 달이 이지러진 것으로 여긴다면 되겠는가?"

달의 정기가 사라지자 한나라 도가 밝아졌다. 막 떠오르는 아침의 빛[202]은 동소(東沼)[203]에서 교체되고, 지는 해[204]는 서쪽 골짜기[205]에서

198 『황극경세서(皇極經世書)』 권14, 「관물외편(觀物外篇)」 하.
199 오징(吳澄, 1249~1333) : 자는 유청(幼清) 또는 백청(伯清). 학자들은 초려선생(草廬先生)이라 불렀다. 시호는 문정(文正). 무주(撫州) 숭인(崇仁) 사람으로 한림학사를 지냈다. 북쪽의 허형(許衡)과 함께 남쪽의 오징은 유림의 영수로 활동했다. 주희의 사전제자(四傳弟子)이다. 「도통도(道統圖)」를 지어 주자 이후의 도통을 자신이 계승하였다고 했다. 저서에 『오경찬언(五經纂言)』, 『의례일경전(儀禮逸經傳)』, 『역찬언(易纂言)』, 『예기찬언(禮記纂言)』, 『오문정집(吳文正集)』 등이 있다.
200 뗏목을 타고 : 『박물지(博物志)』에 박망후(博望侯) 장건(張騫)이 황하의 근원지를 밝히려고 뗏목을 타고 가다가 하늘 궁전에 이르러 견우(牽牛)와 직녀(織女)를 만나고 왔다는 이야기가 있다.
201 높은 하늘 위 : '도영(倒景)'이라고 하는데 그림자가 거꾸로 비치는 곳이란 뜻으로 아주 높은 하늘 위를 말한다. 『안씨가훈(顏氏家訓)』, 「서증(書證)」에 "모든 그늘[陰景]은 빛으로 말미암아 생기기 때문에 빛[景]으로 썼다. 진(晉)나라 때에 이르러 갈홍(葛洪)의 『자원(字苑)』에 비로소 'ꜛ'을 더하여 영(影)으로 만들었다."라고 하였다.
202 막 떠오르는 아침의 빛 : 부상(扶桑)의 빛이라고 하는데, 부상은 동쪽 바다의 해 돋는

이어받는다.[206]

곳에 있다는 신목(神木)으로 해가 뜰 때 이 나뭇가지를 떨치고서 솟구쳐 올라온다고 한다.

203 동소(東沼) : 양곡(暘谷)을 말한다. 『서경』, 「요전(堯典)」에 "희중에게 따로 명하여 동쪽 바닷가에 살게 하니 그곳이 바로 해 뜨는 양곡인데, 해가 떠오를 때 공손히 맞이하여 봄 농사를 고르게 다스리도록 하였다〔分命羲仲 宅嵎夷 曰暘谷 寅賓出日 平秩東作〕."라는 말이 나온다. 또 『회남자(淮南子)』, 「천문훈(天文訓)」에 "해는 양곡에서 떠올라 함지에서 목욕한다〔日出於暘谷 浴於咸池〕."라는 말이 나온다. 『산해경(山海經)』, 「해외동경(海外東經)」에는 "탕곡(湯谷)은 그 위에 부상이 있고 열 개의 해가 그곳에서 목욕을 하는데 흑치국(黑齒國)의 북쪽에 있다〔湯谷上有扶桑 十日所浴 在黑齒北〕."라고 하였는데 '탕곡'이 '양곡'이다.

204 지는 해 : 약영(若英). 약목(若木)이라고도 하는데 서쪽 맨 끝의 해 지는 곳에 있다는 나무 이름이다. 전하여 지는 해를 가리킨다.

205 서쪽 골짜기 : 서명(西冥)이라고 하는데 해가 지는 서쪽 골짜기로 매곡(昧谷)을 말한다. 『서경(書經)』, 「요전(堯典)」에 "화중(和仲)에게 나누어 명하여 서쪽에 머물게 하시니, 매곡(昧谷)이라 하는 곳이다. 들어가는 해를 공경히 전송하여 가을 수확을 고르게 하니, 밤은 중간이고 별은 허수(虛宿)이다. 알맞은 중추(仲秋)가 되면 백성들은 평화롭고 조수(鳥獸)는 털갈이를 하여 윤택해진다〔分命和仲, 宅西, 曰昧谷. 寅餞納日, 平秩西成, 宵中星虛, 以殷仲秋, 厥民夷, 鳥獸毛毨〕."라는 말이 있다.

206 『문선(文選)』 권13, 사장(謝莊), 「월부(月賦)」.
사장(謝莊, 421~466) : 남조 송나라 진군(陳郡) 양하(陽夏) 사람. 자는 희일(希逸), 시호는 헌(憲). 외모가 아름다워 송문제(宋文帝)로부터 '남전생옥(藍田生玉)'이란 칭찬을 들었다. 효무제(孝武帝)가 즉위하자 시중(侍中)에 오르고 좌위장군(左衛將軍)으로 옮겼다. 전폐제(前廢帝) 때 금자광록대부(金紫光祿大夫)가 되었다. 부(賦)의 대가(大家)로 「월부(月賦)」가 대표작이다. 저서에 『사광록집(謝光祿集)』 1권이 있다.

18 성신(星辰)

주자가 말했다. "위성(緯星)²⁰⁷은 음 중의 양이고, 경성(經星)²⁰⁸은 양 중의 음이다. 대개 다섯 별은 모두 땅 위의 목·화·토·금·수의 기가 위로 올라가 뭉쳐서 이루어진 것이지만 도리어 해의 빛을 받는다. 경성은 양기의 나머지가 응결된 것이지만 경성은 반짝거리기 때문에 그 빛이 일정하지 않다. 위성은 그렇지 않다. 비록 빛줄기[芒角]가 있더라도 본체의 빛은 스스로 움직이지 않는다.²⁰⁹

북신(北辰 : 북극성)²¹⁰은 하늘의 지도리[樞]가 되니 마치 수레의 바퀴와 같고 맷돌의 배꼽[臍]과 같다. 비록 움직이고자 하여도 할 수 없지만 움직이지 않음에 뜻을 두고 있는 것도 아니다.²¹¹

『설문』에 말했다. "임금과 신하가 조화로우면 삼태성(三台星)²¹²이 나란히 나타나고 나라에 도가 있으면 경성(景星)²¹³이 밝고 현사를 등용하

---

207 위성(緯星) : 금성(金星)·목성(木星)·수성(水星)·화성(火星)·토성(土星) 다섯 별〔오성〕을 위성이라 하는데 이 별들은 떠돌이별이다. 5성이 오른쪽으로 선회하기 때문에 위성이라 한다.

208 경성(經星) : 28수를 말하는 것으로 한곳에 붙어 있는 붙박이별이다. 28수가 하늘을 따라 왼쪽으로 선회하기 때문에 경성이라 한다.

209 『주자어류(朱子語類)』 권2, 「이기(理氣)」 하, 〈천지(天地)〉 하.

210 북신(北辰) : 임금이 있는 곳을 말한다. 『논어(論語)』, 「위정(爲政)」에 "북극성이 자리를 잡고 있음에 뭇 별들이 그에게로 향한다[北辰居其所 而衆星共之].」라는 말이 나온다.

211 김시습(金時習), 『매월당문집(梅月堂文集)』 권17, 잡저(雜著), 「북신(北辰)」 제2.

212 삼태성(三台星) : 삼공(三公)을 상징하는 별. 큰곰자리에 있는 상태(上台)·중태(中台)·하태(下台)를 이름인데 별 이름에서 전하여 천자(天子)의 삼공(三公 : 중앙정부의 최고위 관직)에 비유된다. 조선시대에는 영의정·좌의정·우의정을 가리켰다.

면 소미성(少微星)²¹⁴이 커진다. 그러므로 백성들은 별과 같음을 알면²¹⁵
백성을 괴롭게 하는 정치는 없고 현인이 덕성(德星)²¹⁶이 됨을 알면 현
자를 등용하는 공이 있을 것이다."

『주례』의 보장씨(保章氏)²¹⁷는 일월성신(日月星辰)이 바뀌고 움직이는
것을 기록했다.²¹⁸

노인성(老人星)²¹⁹이 나타나서 수명과 창성을 주관하고, 남두성(南斗
星)²²⁰은 작록을 주관하고 동벽성(東壁星)²²¹은 문장을 주관한다. 규성

---

213 경성(景星) : 상서로운 별. 경운(慶雲)·감로(甘露)·기린(麒麟) 등과 함께 경사스러운
　　일이나 태평성대를 표시하는 징조로 나타난다고 한다. 전하여 어질고 재능 있는 사람,
　　곧 현인(賢人)을 가리킨다.
214 소미성(少微星) : 태미성(太微星)의 서쪽에 있는 4개의 별을 지칭하는 것으로, 처사(處
　　士)나 대부(大夫)를 상징한다고 전해진다. 이 별이 밝게 빛나면 현사(賢士)가 등용되는
　　것이고, 다른 별에 의해 가려지거나 빛을 잃게 되면 처사나 대신들에게 불길한 일이
　　생긴다고 한다(『진서(晉書)』 권11, 「천문지(天文志)」).
215 백성들은 별과 같음을 알면 : 『서경』, 「홍범(洪範)」에, "임금은 해를 살펴야 하고, 경사들
　　은 달을 살펴야 하고 …… 백성들은 별과 같다[王省惟歲 卿士惟月……庶民惟星]."라고
　　한 데서 온 말인데, 임금이 해를 살핀다는 것은 곧 임금의 잘하고 못한 데 대한 징험은
　　1년을 두고 나타나기 때문이라 한다.
216 덕성(德星) : 상서(祥瑞)의 징조로 나타나는 별. 목성(木星)을 말하기도 한다. 경성(景
　　星)·서성(瑞星)이라고도 하는데 모두 현인(賢人)을 비유하는 말이다.
217 보장씨(保章氏) : 주나라 때 춘관(春官)에 속한 관명. 하늘의 별을 관장하여 일월성신의
　　변동을 기록함으로써 천하의 변천을 관찰하고 그 길흉을 변별하였다.
218 『주례(周禮)』, 「춘관(春官)」, 〈보장씨(保章氏)〉.
219 노인성(老人星) : 남극(南極)에 있는 별 이름. 춘분(春分)과 추분(秋分) 때에 나타난다.
　　이 별을 보는 사람은 오래 산다고 한다. 옛날에 수명과 장수를 맡은 별로 남극노인성군(南
　　極老人星君)이 있다고 전해졌다(『사기(史記)』 권27, 「천관서(天官書)」).
220 남두(南斗) : 남방에 있는 별 이름이다. 이는 여섯으로서 『성경(星經)』에는 "천자의 수명
　　을 주관한다."라고 하였고, 양형(楊炯)의 『혼천부(渾天賦)』에는 "재상의 작록(爵祿)을

(奎星)은 큰 멧돼지가 되고 삼성(參星)[222]은 백호(白虎)가 되고[223] 위성(胃星)은 천창(天倉)이 되고 루성(婁星)에 여러 별들이 모인다. 모두(旄頭)[224]의 북쪽은 오랑캐를 재제하고 천필성(天畢星)의 그늘에서 우레와 구름이 모이고 흩어진다.

동방삭(東方朔)[225]이 말했다. "성신(星辰)이 동요하는 것은 백성의 노고에 응하는 것이다."[226]

전낙지(錢樂之)[227]는 붉은색 · 검은색 · 흰색으로 삼가(三家)의 성(星)을 구분하였고, 갈형(葛衡)[228]은 푸른색 · 흰색 · 누런 색으로 삼가(三家)

주관한다."라고 하였다. 『사기(史記)』, 「천관서(天官書)」에, "낭비지(狼比地)에 큰 별이 있는데 남극노인(南極老人)이라 부르며, 이 별이 나타나면 정치가 안정되고 나타나지 않으면 전쟁이 발생한다." 하였다.

221 동벽(東壁) : 문장(文章)을 맡아 주관한다는 별 이름. 전하여 왕실 도서(圖書)의 비부(祕府)라는 뜻으로 쓰이기도 한다(『대상(大象)』, 「열성도(列星圖)」).

222 삼성(參星) : 28수의 하나로, 서쪽의 백호칠수(白虎七宿) 끝에 있는 별이다.

223 백호가 되고 : 규성(奎星) · 영성(靈星) · 위성(胃星) · 귀성(歸星) · 필성(畢星) · 자성(紫星) · 삼성(參星)의 일곱 별은 서방(西方)에 있고 범의 모양과 같다 하여 백호칠수(白虎七宿)라 한다(『전한서(前漢書)』, 「천문지(天文志)」).

224 모두(旄頭) : 묘수(昴宿) 즉 오랑캐를 관장하는 호성(胡星)으로, 이 별이 떨어지면 오랑캐의 장수가 죽는다 한다.

225 동방삭(東方朔) : 한 무제의 신하. 자는 만청(曼倩). 말 잘하기로 유명하다.

226 반고(班固), 『한무고사(漢武故事)』.
『한무고사(漢武故事)』 : 1권으로 된 책 이름. 후한(後漢)의 반고(班固)가 찬(撰)한 것. 일설에는 남제(南齊)의 왕검(王儉)이 지었다고 하는데, 내용은 『사기(史記)』, 『한서(漢書)』와 서로 출입이 있고 또 허탄한 말들이 섞여 있다.

227 전낙지(錢樂之) : 남조(南朝) 송나라 문제(文帝) 때 사람으로 태사령(太史令)을 지냈고, 혼천의(渾天儀)를 다시 주조하였다(『송서(宋書)』, 「천문지(天文志)」).

228 갈형(葛衡) : 삼국시대 오(吳)나라 사람으로 천문가이다. 기존의 혼천의(渾天儀)를 더욱 크게 만들어 사람이 안에 들어가 천체를 관측하는 방법을 개발했다.

의 성을 구분하였으니 성수(星宿)를 살피는 것은 혼천의(渾天儀)가 아니면 할 수 없다.[229]

삼진(三辰)[230]이 강기(綱紀)를 주관하고 칠정(七政)[231]이 추기(樞機)[232]를 운용한다.

정자가 말했다. "덕이 융성하면 별이 덕을 따라서 나타나고 별이 융성하면 인사가 도리어 별을 따라서 응한다."[233]

방성(房星)[234]으로 인하여 명당을 정하고 허성(虛星)과 위성(危星)[235]으로 인하여 묘(廟)를 정하니 제도를 만든 것을 상고할 수 있다.[236]

---

229 『수서(隋書)』 권19, 「지(志)」 14, "宋元嘉中, 太史令錢樂之所鑄渾天銅儀, 以朱黑白三色, 用殊三家, 而合陳卓之數."
230 삼진(三辰) : 일(日)·월(月)·성(星 : 특히 북두칠성) 셋을 이르는 말.
231 칠정(七政) : 일(日)·월(月)과 금(金)·목(木)·수(水)·화(火)·토(土) 오성(五星)을 살펴 다스리는 정사. 순(舜)임금이 그 신하에게 "선기옥형(璇璣玉衡)을 두어 칠정을 잘 다스리라."라고 한 말이 있다(『서경(書經)』, 「순전(舜典)」).
232 추기(樞機) : 중추(中樞)가 되는 아주 중요한 것이나 자리, 또는 기관(機關).
233 『주자어류(朱子語類)』 권137, 「전국한당제자(戰國漢唐諸子)」 40, "蓋德隆則星隨德而見, 星隆則人事反隨星而應." 양웅(揚雄)의 『법언(法言)』, 「오백(五百)」의 "德隆則晷星, 星隆則晷德也."에 대한 주자의 설명을 기록한 것이다.
234 방성(房星) : 28수(宿)의 하나. 동남방에 있는 창룡칠수(蒼龍七宿)의 네 번째 별로, 이 별의 정기가 땅에 내려와 준마(駿馬)가 된다고 하여 거마(車馬)를 주관하는 별로 알려져 있다. 28수를 사방으로 나누어 한 방위마다 칠수(七宿)가 있는데, 각(角)·항(亢)·저(氐)·방(房)·심(心)·미(尾)·기(箕)는 동방에 있고, 두(斗)·우(牛)·여(女)·허(虛)·위(危)·실(室)·벽(壁)은 북방에 있으며, 규(奎)·누(婁)·위(胃)·묘(昴)·필(畢)·자(觜)·삼(參)은 서방에 있고, 정(井)·귀(鬼)·유(柳)·성(星)·장(張)·익(翼)·진(軫)은 남방에 있다.
235 허성(虛星)과 위성(危星) : 28수 중 북방의 일곱 별.

묘성(昴星)[237]이 밝으면 옥사(獄事)가 공평해지고, 견우성(牽牛星)[238]
이 밝으면 곡식이 풍년이 든다.[239]

236 『진서(晉書)』, 「천문지(天文志)」, "房四星爲明堂, 天子布政之宮也.";『성경(星經)』, "虛
四星在危南, 主袁陵寢廟, 非人居處.";『송사(宋史)』, 「천문지(天文志)」, "虛梁四星, 在危
宿南, 主園陵寢廟禱祝, 非人所處, 故曰虛梁."

237 묘성(昴星): 28수의 하나로 상서(祥瑞)를 맡는 별.

238 견우성(牽牛星): 28수의 하나. 북방 현무칠수(玄武七宿)의 두 번째 별자리로 은하(銀河)
의 동쪽에 있으며, 은하 서쪽의 직녀성(織女星)과 마주 대하고 있다.

239 『수서(隋書)』, 「천문지(天文志)」, "昴七星, 天之耳目也. 主西方, 主獄事 …… 昴明則天
下牢獄平."

태공(太公)이 물을 대는 둑을 쌓도록 명을 내렸는데, 일 년 동안 바람
이 나뭇가지를 울리지 않는다.[240][241]

천지(天地)의 기(氣)를 불어서 구름을 만들고 천지의 기를 토해 내어
바람을 만든다.

바다새 원거(爰居)가 노(魯)나라 동문(東門) 밖에 날아와 떠나지 않은
지 삼일이 되었으니,[242] 이해에는 바다에 큰 바람이 일었다.[243]

---

240 바람이 나뭇가지를 울리지 않는다〔風不鳴條〕:『염철론(鹽鐵論)』에 "주공(周公) 때에는
바람이 불어도 나뭇가지를 울리지 않을 정도로 부드럽게 불었고, 비가 내려도 흙덩이를
부술 수도 없을 만큼 가볍게 내렸다〔風不鳴條 雨不破塊〕."라는 말이 나온다. 왕충(王充)
의 『논형(論衡)』에서는 상서로운 징조를 논하며 "바람은 나뭇가지를 울리지 않고, 비는
농지를 파괴하지 않는다. 5일 만에 한바탕 바람이 불고, 10일 만에 한바탕 비가 온다〔風
不鳴條, 雨不破塊. 五日一風, 十日一雨〕."라는 말이 있다.

241 장화(張華),『박물지(博物志)』 권7, "太公爲灌壇令, 武王夢婦人當道夜哭, 問之曰 : 吾是
東海神女, 嫁於西海神童. 今灌壇令當道, 廢我行. 我行必有大風雨, 而太公有德, 吾不敢
以暴風雨過, 是毀君德. 武王明日召太公, 三日三夜, 果有疾風暴雨從太公邑外過. 原爲地
名. 後用以代指有德行之地方官吏." ; 『태평어람(太平御覽)』, 「거처부(居處部)」 23, 〈도
로(道路)〉 18, "博物志曰 : 文王以太公爲灌壇令, 其年, 風不鳴條. 文王夢一婦人甚麗, 當
道哭, 問其故曰 : 我東山女, 嫁爲西海婦, 行必以暴風雨, 今灌壇令當道有德, 吾不敢以風
雨過也."

242 원거가 노나라에 동문 밖에 날아와 : 『국어(國語)』, 「노어(魯語)」 상(上)에 바다새 원거
(爰居)가 노나라 동문 밖에 날아와 모여 삼일 동안이나 떠나지 않자 장문중(臧文仲)이
잘못 알고 신이라 여기고 국인(國人)들을 시켜 제사하게 하자 전금(展禽)이 그의 정치가
잘못되었음을 지적하는 내용이 있다(위소(韋昭) 주(注), 『국어(國語)』 권4, "海鳥曰爰
居, 止於魯東門之外三日. 臧文仲使國人祭之, 展禽曰: 越哉臧孫之爲政也.").
『장자(莊子)』, 「지락(至樂)」에 "해조(海鳥)가 노나라 교외에 내려앉자, 구소(九韶)의 음

마자재(馬子才)[244]가 「영동당기(迎董堂記)」에서 말했다. "바람이 살갗과 뼈를 파고드니 뱃속과 가슴속의 감흥을 깨끗이 쓸어내어 고르지 않은 것을 떨어내도 흩어져 잃어버림을 깨닫지 못하고 만물이 흔연히 기뻐함을 보게 된다. 마치 춘대의 사람은 고운 미소와 낯빛이 있고 수많은 곳에서 노래가 일어나는 것과 같으니 태평성대의 소리를 노래하는 것과 다르겠는가? 이 바람은 순의 효도가 하늘에 이르러 다섯 현 위에서 미동하니 상제가 떨치고 일어났으며, 탕임금 때 바람 불어 구름을 일으켜 무지개가 걸리고 세찬 장마비가 내렸을 것이다. 문왕·무왕·성왕(成王)·강왕(康王)은 천지의 조상이 평안하고 부유하도록 하였다. 한 문제 때는 우리 백성이 재물이 많으니 나라도 또한 부유하였다. 당나라 정관 연간에 이르러서는 삼대와 더불어 그 조화를 같이 하니 순임금으로부터 송에 이르기까지 3,100여 년 간 이 바람은 모두 여섯 번 왔다."

초봄부터 초여름까지 스물 네 번의 바람이 분다.

악과 태뢰(太牢)의 음식으로 대접하였는데, 새가 그만 현기증을 일으키고 근심과 슬픔에 잠겨[眩視憂悲] 삼일 만에 죽었다."는 말이 나온다. 춘추시대에 육예(六鷖)라는 여섯 개의 깃털을 가진 물새가 높이 날다가 거센 바람을 맞아 멈칫거리며 뒤로 밀리자 송(宋)나라 사람들이 재앙이 일어날 조짐으로 여겼다는 고사가 전해 온다(『춘추좌전(春秋佐傳)』, 「희공(僖公)」 16年).

243 『태평어람(太平御覽)』은 『국어』를 인용하여 "해조(海鳥)인 원거(爰居)가 노나라 동문 밖에 머물러 있는 것을 보고는, 전금(展禽)이 '이제 바다에 재앙이 있을 것이다. 대천(大川)에 사는 새와 짐승은 항상 재앙을 미리 알고서 피하는 법이다. 올해는 바다에 태풍이 많이 불고 겨울이 따뜻할 것이다.'라고 하였다[國語曰 : 海鳥曰爰居, 止於魯國東門之外, 臧文仲使國人祭之. 展禽曰 : 今玆海島有災乎? 夫廣川鳥獸, 恒知避其災也. 是歲也, 海多大風冬暖]."(『태평어람(太平御覽)』, 「천부(天部)」 9, 〈풍(風)〉).

244 마자재(馬子才) : 송나라 때의 문인 마존(馬存)의 자. 문장이 웅혼(雄渾)하고 강직(剛直)하다는 평이 있다.

바람이 생겨나는 것도 다르지 않다. 그러나 숨을 내쉬는 것, 숨을 들이쉬는 것, 울부짖는 것, 부르는 것이 그 소리가 서로 다르니 그 의지하고 있는 것이 사물이니 사물의 모양이 다르기 때문이다.

호령을 하여 민심이 합해지면 상서로운 바람이 불어온다.[245]

---

245 『예문유취(藝文類聚)』 권1, 「천부(天部)」 상, 〈풍(風)〉 6 ; 『태평어람(太平御覽)』, 「천부(天部)」 9, 〈풍(風)〉 18.

20　운(雲)

『춘추공양전(春秋公羊傳)』에 말했다. "바위에 부딪쳐 구름이 나와 조금씩 모여들어 아침이 끝나기도 전에 천하에 두루 비를 내리는 것은 오직 태산의 구름[246]뿐이다."[247]

『사기(史記)』, 「천관서(天官書)」에 말했다. "뭉게뭉게 솟아서 흩어졌다가 엉겼다가 하는 것을 경운(卿雲)이라 한다. 경운은 좋고[248] 기쁜 기운을 나타낸다."[249]

산에서 생기는 구름은 풀덤불 같고, 물에서 생기는 구름은 물고기 비늘 같고, 가물 때 생기는 구름은 연기와 같다.[250]

『주례』에서 보장씨(保章氏)는 다섯 가지 구름의 색[251]으로 길흉, 홍수와 가뭄, 풍년과 흉년의 기상을 점쳤다.[252]

---

246 태산의 구름: 『춘추공양전』 원문에는 '唯泰山爾'라고 되어 있고 구름이란 언급은 없다.
247 『춘추공양전(春秋公羊傳)』, 「희공(僖公)」 31년.
248 좋고〔善〕: 『사기』 원문에는 없다.
249 『사기(史記)』 권27, 「천관서(天官書)」 제5.
250 『회남자(淮南子)』, 「남명훈(覽冥訓)」; 『여씨춘추(呂氏春秋)』, 「유시람(有始覽)」, 〈응동(應同)〉.
251 다섯 가지 구름의 색〔雲物〕: 물(物)을 색(色)의 뜻으로 보아 구름의 다섯 가지 색깔인 청(靑)·백(白)·적(赤)·흑(黑)·황(黃)이라고 하는 설이 있고, 운(雲)은 오운(五雲), 즉 오색의 구름이고, 물(物)은 풍(風)·기(氣)·일(日)·월(月)·성(星)·신(辰)으로 보는 설이 있다. 고대에는 대(臺)에 올라서 운물을 관찰함으로써 길흉을 점쳤다(『춘추좌전(春秋左傳)』, 「희공(僖公)」 5년, 〈춘정월(春正月)〉).
252 『주례(周禮)』, 「춘관(春官)」, 〈종백(宗伯)〉, "以五雲之物, 辨吉凶, 水旱降, 豊荒之祲象.";

황제(黃帝)가 흥성하려 할 때 누런 구름이 당(堂)에 들어갔고, 우임
금²⁵³의 시기에는 검은 용이 구름을 타고 왔고, 천명(天命)이 탕임금에게
있을 때는 흰 구름이 방(房)에 들어갔다.²⁵⁴

이수광(李睟光), 『지봉유설(芝峯類說)』 권1, 「천문부(天文部)」, 〈풍운(風雲)〉, "周禮保章
氏, 以五雲之物, 卜吉凶水旱豊衰之祲象."
253 우임금〔文命〕: 문명은 우임금의 이름을 말한다. 『사기』 권2, 「하본기(夏本紀)」 첫머리
에 "하우(夏禹)는 이름을 문명(文命)이라 한다."라고 하였다.
254 『예문유취(藝文類聚)』 권1, 「천부(天部)」 상, 〈운(雲)〉 12.

송나라 왕철(汪澈)²⁵⁵이 말했다. "춘추시기 노나라 은공(隱公) 때 우레와 벼락이 크게 일어나고 이어서 비와 눈이 내렸다. 공자는 8일 동안에 큰 천재지변이 다시 일어난 것으로 인하여 삼가 그것을 기록했다."²⁵⁶

노나라 희공(僖公) 15년 9월 기묘(己卯)에 이백(夷伯)²⁵⁷의 사당에 벼락이 쳤는데, 좌씨가 "이백의 사당에 우레와 벼락을 친 것은 그에게 죄를 준 것이니 이때에 전씨(展氏)에게는 드러나지 않은 죄악이 있었다."라고 하였다.²⁵⁸

정자가 말했다. "우레는 음양이 서로 마찰하는 것이고, 번개는 음양이 서로 충돌하는 것이다."²⁵⁹

---

255 왕철(汪澈, 1109~1171) : 자는 명원(明遠), 시호는 장민(莊敏). 효종(孝宗) 건도(乾道) 7년에 16세의 나이로 진사(進士)에 급제하여 형주(衡州) 교수(敎授)가 되었고, 후에 벼슬이 참지정사(參知政事)에까지 이르렀다. 높은 벼슬에 있으면서도 청빈한 생활을 하여 포의재상(布衣宰相)으로 일컬어졌다. 문집(文集) 20권과 상소문 등이 『송사본전(宋史本傳)』에 수록되어 있다.

256 『송사(宋史)』 권23 상, 「송고종(宋高宗)」 18년, "汪澈言, 春秋魯隱公, 大雷震電繼以雨雪, 孔子以八日之間, 再有大變 謹而書之." ; 『춘추곡량전(春秋穀梁傳)』, 「은공(隱公)」 9년, "三月癸酉, 大雨震電. 震, 雷也. 電, 霆也. 庚辰, 大雨雪. 志疏數也. 八日之間再有大變, 陰陽錯行, 故謹而日之也."

257 이백(夷伯) : 노(魯)나라의 대부로 전씨(展氏)의 조부(祖父)이다. 이(夷)는 시호(諡號)이고, 백(伯)은 자(字)이다

258 『춘추좌전(春秋左傳)』, 「희공(僖公)」 15년 9월 기묘(己卯), "晦震夷伯之廟. 左氏曰 : 震伯夷之廟之也, 于是展氏有隱慝焉."

259 『이정유서(二程遺書)』 권2 하.

호치당(胡致堂)²⁶⁰이 말했다. "천지 사이에 음양이 모이고 흩어지며 열리고 닫힘으로 하지 않는 것이 없다. 신묘한 작용은 말할 수 있지만 형체를 논할 수는 없다. 이단에서 말하는 용거(龍車) · 석부(石斧) · 귀고(鬼皷) · 화편(火鞭)²⁶¹ 등은 말이 괴이하고 허탄해서 믿기 어려운 것과는 같지 않다."²⁶²

송나라 선화전(宣和展)에 세워진 원우간당비(元祐奸黨碑)²⁶³가 벼락을 맞고 부서졌다.²⁶⁴

....

260 호치당(胡致堂) : 치당(致堂)은 호인(胡寅, 1199~1157)의 호이다.
261 용거(龍車) · 석부(石斧) · 귀고(鬼皷) · 화편(火鞭) : 뇌신(雷神)이 타고 다닌다는 수레와 천둥과 번개를 일으키는 신물(神物) 등을 말한다. 고대에는 천둥 · 번개 · 비 · 바람 같은 기상현상(氣象現象)을 신의 조화라고 생각하였는데, 『산해경(山海經)』, 「해내동경(海內東經)」에 "뇌신은 곧 용신(龍神)으로서 머리는 사람과 같은 모양을 하고 있는데, 그 배를 북처럼 울려서 천둥을 치게 한다."는 기록과 뇌신의 그림을 실어 놓았고, 당(唐)나라 때 고금(古今)의 일화(逸話)를 모은 『운선잡기(雲仙雜記)』에도 "우레를 천고(天鼓)라고 하며, 그 신을 뇌공(雷公)이라 한다."는 기록이 있다.
262 유염(俞琰), 『주역집설(周易集說)』 권38, 「설괘전(說卦傳)」 3, "離爲火爲日爲電. 胡致堂曰: 蓋天地間, 無非陰陽聚散闔闢之所爲也, 可以神言, 不可以形論, 非如異學所謂龍車石斧鬼鼓火鞭, 怪誕之難信也."
263 원우간당비(元祐奸黨碑) : 원우당인비(元祐黨人碑)를 말한다. 1102년에 송나라 휘종(徽宗)이 채경(蔡京)을 정승으로 등용하고 왕안석(王安石)이 제창했던 신법(新法)을 받듦과 동시에 원우구당(元祐舊黨)의 명단을 작성하라고 하니 채경이 문언박(文彦博) · 사마광(司馬光) · 소식(蘇軾) 등 120명을 나열하고 그중에 신당(新黨) 육전(陸佃) 등을 포함하여 모두 간당이라 지목하자 휘종이 글씨로 그들의 성명을 돌에 새겨 단례문(端禮門)과 각 지방 관청에 세웠다(『송사(宋史)』, 「휘종본기(徽宗本紀)」).
264 『곡해총목제요(曲海总目提要)』 권9, 「몽뢰기(夢磊記)」, "宣和殿立元祐奸黨碑, 一日大風雨, 爲震雷擊碎."
『곡해(曲海)』 : 청대 희곡작가 황문양(黃文暘)이 자신이 본 잡극과 전기(傳奇)의 작자 이름과 극본의 대략적인 줄거리를 정리해 펴낸 책이다. 이 책은 완성을 보지 못하고, 현재는 청나라 이두(李頭)의 『양주화방록(揚州畫舫錄)』 속에 수록되어 있는 목록만을 주자가 천둥소리를 듣고 시를 지었다. "바라노니 우리 임금께서 하늘의 조화를 본받아 굳센 결단을 속히 내려 민심에 답하소서."[265]

두보(杜甫)의 시에 말했다. "위로 푸른 하늘이 오래도록 우레를 치지 않아도 호령이 어그러지지 않음에랴."[266]

진서산이 말했다. "『주역』에서 '만물을 고동시킨다.'[267]라고 일컬은 것이 우레보다 빠른 것은 없다. 그것은 해와 더불어 밝게 빛나며 비가 윤택하게 하고 바람이 흩어지게 하니 만물을 생하게 하는 것과 같을 뿐이다.[268]

볼 수 있어 보통 『곡해목(曲海目)』이라 한다.
「몽뢰기(夢磊記)」: 회계인(會稽人) 사반(史槃)이 찬하고 명나라 말기 소주부(蘇州府) 오현(吳縣) 사람 풍몽룡(馮夢龍)이 개정한 전기(傳奇). 송나라 휘종(徽宗) 때 원우당인비(元祐黨人碑)에 관련된 일을 기록하고 있으나 그 사적은 실제가 아니다.
265 『회암집(晦庵集)』권6, 시(詩), 「임자삼월이십칠일문신뢰유감(壬子三月二十七日聞迅雷有感)」.
266 두보(杜甫), 「하일탄(夏日嘆)」.
267 만물을 고동시킨다 : 『주역』, 「계사전(繫辭傳)」상(上)에 "인에 드러나며 용에 감추어져 만물을 고동시키되 성인과 함께 근심하지 않으니, 성한 덕과 큰 업이 지극하다〔顯諸仁, 藏諸用, 鼓萬物而不與聖人同憂, 盛德大業至矣哉〕."라고 한 것을 말한다.
268 진덕수(眞德秀), 『대학연의(大學衍義)』권25, 「격물치지지요(格物致知之要)」3, 〈심치체(審治體)〉, 덕형선후지분(德刑先後之分).

22　무지개〔虹霓〕

　　주자가 말했다. "무지개는 본래 단지 안개 같은 비가 해를 비추어 그림자를 만드는 것이다. 그러나 또한 형태가 있어서 물을 빨아들이고 술을 빨아들일 수 있다. 사람이 사는 집에 이것이 생기면 혹은 흉조가 되기도 하고 혹은 상서가 되기도 한다."[269]

　　한나라 영제(靈帝)[270] 때 기이한 검은 기운이 북궁(北宮) 온명전(溫明殿) 동쪽 뜰 앞에 떨어졌는데 그 모습이 용과 비슷했다. 채옹(蔡邕)[271]이 말하길, "이른바 하늘이 무지개를 보내 준 것이다."라고 하였다.[272]

269　『주자어류(朱子語類)』 권2, 「이기(理氣)」 하, 〈천지(天地)〉 하.

270　영제(靈帝) : 후한(後漢)의 제12대 황제. 이름은 유굉(劉宏, 156~189). 해독정후(解瀆亭侯) 유장과 동태후의 아들이다. 당숙인 제11대 황제인 환제(桓帝)가 자식이 없자 후계자로 지목되어 168년에 제위에 올랐고, 재위기간이 끝남과 동시에 군웅할거 시대가 열리게 되고 삼국시대로 이어졌다.

271　채옹(蔡邕, 132~192) : 자는 백개(伯喈). 진류(陳留) 사람. 박학하고 문장에 뛰어났으며 비백체(飛白體)를 창시하기도 하였다. 170년 영제(靈帝)의 낭중(郎中)이 되어 동관(東觀)에서 서지 교정에 종사하였으며, 175년 제경(諸經)의 문자평정(文字平定)을 주청하여 돌에 새긴 후 태학(太學)의 문 밖에 세웠는데 희평석경(熹平石經)이라 한다. 중상모략을 받고 유배되었다가 대사령(大赦令)을 받았으나 귀향하지 않고 오(吳)에서 10여 년을 머물다 동탁(董卓)에게 발탁되어 시어사(侍御史), 시중(侍中)에서 좌중랑장(左中郎將)까지 승급했다. 동탁이 죽임을 당한 후 투옥되어 옥중에서 사망하였다. 조정의 제도와 칭호에 대하여 기록한 『독단(獨斷)』, 『채중랑집(蔡中郎集)』이 있다.

272　『후한서(後漢書)』, 「지(志)」, 〈오행(五行)〉 35, "靈帝光和元年六月丁丑, 有黑氣墮北宮溫明殿東庭中, 黑如車蓋, 起奮訊, 身五色, 有頭, 體長十餘丈, 形貌似龍. 上問蔡邕, 對曰 : 所謂天投蜺者也."

23 비〔雨〕

비는 돕는 것이다. 때를 도와 생명을 기른다는 말이다.[273]

정자가 말했다. "『주역』, 「소축괘(小畜卦)」에 '소축은 형통하니 구름은 빽빽하나 비가 오지 않는 것은 나의 서교로부터 왔기 때문이다〔小畜, 亨. 密雲不雨, 自我西郊〕.'라고 했다. 지금 장안은 서풍이 불고 비가 오니 아마도 산의 기운이 그렇게 한 것이다."[274]

주자가 말했다. "비는 밥솥에 뚜껑이 있는 것과 같아서 그 증기가 막혀서 아래로 물이 스며드는 것이 비가 된다. 만일 밥솥에 뚜껑이 없으면 그 증기가 흩어져 모이지 않아 안개가 된다."[275]

수우(水雨)는 세차게 퍼붓는 비이고 화우(火雨)는 갑자기 사납게 내리는 비이고, 토우(土雨)는 가랑비가 내리는 것이고 석우(石雨)는 차가운 우박이 내리는 것이다.

태평한 시기에는 열흘에 한 번 비가 내리니 1년에 모두 36차례 비가 내린다.[276]

---

273 『석명(釋名)』, "雨, 水從雲下也. 雨者, 輔也. 言輔時而生養."
274 『이정유서(二程遺書)』권2 상.
275 『주자어류(朱子語類)』권100, 「소자지서(邵子之書)」.
276 『태평어람(太平御覽)』, 「천부(天部)」10, 〈우(雨)〉 상, "太平之時, 十日一雨, 凡歲三十六雨."

매달린 것을 좇아서 터를 옮기고, 노나라 임금이 무당을 불태워 빌었
고,[277] 상림(桑林)에서 여섯 가지로 기도하며 공경했으며,[278] 계씨(季氏)
의 가신은 두 번 기우제를 지내며 몸을 닦았다. 정성은 그 그윽함에 있
어서 반드시 관통하니 감동하는 것이 어찌 멀다고 미덥지 않겠는가.[279]

---

277 무당을 불태워 : 『좌전(左傳)』, 「희공(僖公)」 21년에 "夏, 大旱. 公欲焚巫尫."라는 말이
　　　나온다.
278 여섯 가지로 기도하며 : 성탕(成湯) 때 7년 동안 잇달아서 가뭄의 재변이 일어나자 임금은
　　　자신의 잘못 때문이라 여겨 상림에 나아가 비를 빌면서 말하기를, "정치가 고르지 못한가,
　　　백성이 생업을 잃었는가, 궁실이 지나치게 높고 화려한가, 여알(女謁)이 행하여지는가,
　　　뇌물이 행하여지는가, 참소하는 자가 세력을 얻고 있는가?"라고 여섯 가지 일로 자책하니,
　　　말이 채 끝나기도 전에 큰비가 내렸다고 한다(『여씨춘추(呂氏春秋)』, 「순민(順民)」).
279 『예문유취(藝文類聚)』 권2, 「천부(天部)」 하, 〈우(雨)〉.

정자〔伊川〕가 말했다. "세상 사람들이 우박은 석척(蜥蜴 : 도마뱀)이 토해 내어 만든 것이라고 이야기한다. 이것은 기가 서로 감응하여 이와 같이 그것을 만들어 내도록 한 것이다."[280]

주자가 말했다. "큰 눈은 풍년의 조짐이 된다는 것은 눈이 풍년이라는 것이 아니다. 대개 얼어붙은 양기(陽氣)가 땅속에 있다가 다음해에 발달하여 만물을 생장시킨다."[281]

정자가 말했다. "우박의 양 끝은 모두 뾰족하니 음양이 서로 다투다가 이와 같이 산산이 부서져 버린 것이다. 박(雹)이라는 글자는 우(雨)자와 포(包)자를 따르니, 기를 에워싸고 있어서 우박이 되는 것이다."[282]

주자가 말했다. "눈꽃이 나오는 것은 대개 싸리눈이 내린 것인데 사나운 바람에 부딪쳐서 여섯 모양〔六出 : 눈의 다른 이름〕이 된다. 육은 음수이고 태음(太陰) 현정석(玄精石)[283]도 또한 여섯 모서리가 있으니 대개 천지자연의 수이다."[284]

---

[280] 『주자어류』 권2, 「이기(理氣)」 하, 〈천지(天地)〉 하.
[281] 『주자어류』 권2, 「이기(理氣)」 하, 〈천지(天地)〉 하.
[282] 『주자어류』 권2, 「이기(理氣)」 하, 〈천지(天地)〉 하.
[283] 현정석(玄精石) : 오랜 세월에 걸쳐 뭉쳐진 함수황산칼슘을 주성분으로 한 광석. 간수가 땅속에 스며 오래되어 이루어진 돌이다. 푸른 기가 도는 흰색을 띠며, 반듯하고 뾰족뾰족한 조각이 거북의 등딱지 같은 무늬로 이루어져 있다.
[284] 『주자어류』 권2, 「이기(理氣)」 하, 〈천지(天地)〉 하.

『왕손자(王孫子)』[285]에 말했다. "옛날 위군(衛君)[286]이 갓옷을 겹쳐 입고 깔개를 여러 겹 깔고 앉아 있었는데, 길에서 땔감을 지고 우는 사람을 보고 그에게 물었다. '무슨 일 때문에 울고 있느냐?' 그 사람이 대답했다. '눈 속에 옷이 얇아서 울고 있습니다.' 그러자 위군이 두려움을 안색에 드러내며 말했다. '임금이 되어서 백성의 형편을 알지 못하면 누가 나를 임금으로 여기겠는가?' 이에 창고를 열고 돈과 곡식을 내어 진휼하였다.[287]

---

285 『왕손자(王孫子)』: 주나라 왕손씨(王孫氏)가 찬한 책 이름이다. 왕손씨(王孫氏)의 이름과 자세한 사적은 알 수 없고, 다만 『한지(漢志)』 및 『수지(隋志)』에 『왕손자』 서문이 있다. 『태평어람(太平御覽)』, 『초학기(初學記)』, 『북당서초(北堂書鈔)』, 『예문유취(藝文類聚)』 등에 그 서문이 일부 인용되어 있다. 청나라의 고증학자 마국한(馬國翰)이 유문(遺文)과 일서(佚書)를 집일한 『옥함산방집일서(玉函山房輯佚書)』에 『왕손자』의 서문과 인용 기록이 모두 수록되어 있다. 옥함산방은 마국한의 서재 이름이다.

286 위군(衛君): 춘추시대 위(衛)나라 문공(文公)을 가리킨다. 위나라 의공(懿公) 9년 겨울에 적(狄)이 쳐들어와 의공이 전사하였고 송(宋)나라 환공(桓公)이 위나라 유민(遺民)을 맞이하여 황하를 건너 남하하여 선강(宣姜)의 아들 신(申)을 임금으로 세우고 조(漕) 땅에 여막을 짓고 거처하게 했다. 이 임금이 대공(戴公)인데 즉위한 그해에 죽었고, 그 아우 단(煅)이 즉위하여 문공(文公)이 되었다. 그 후 제(齊)나라 환공(桓公)이 제후들의 힘을 모아 초구(楚丘)에 성을 쌓고 그곳으로 위나라의 수도를 옮겼다(『춘추좌씨전(春秋左氏傳)』, 「민공(閔公)」 2년).

287 『예문유취(藝文類聚)』 권2, 「천부(天部)」 하, 〈설(雪)〉 7.

주자가 말했다. 이슬의 기운과 서리의 기운은 서로 다르다. 이슬은 만물을 적셔 줄 수 있지만 서리는 만물을 죽인다. 눈과 서리가 또한 다르다. 서리는 만물을 죽일 수 있지만 눈은 만물을 죽이지 않는다. 비와 이슬이 같지 않다. 비의 기운은 어둑하지만 이슬의 기상은 맑다. 이슬과 안개는 서로 다르다. 이슬의 기상은 엄숙하지만 안개의 기상은 어둑하다.[288]

정령(政令)이 가혹하면 여름에 서리가 내리고, 주벌(誅伐)이 시행되지 않으면 겨울의 서리가 초목을 죽이지 못한다.[289]

풍산(豊山)의 종[290]은 서리가 내리면 저절로 운다.[291]

고려 숙종(肅宗) 원년 4월에 서리와 우박이 내렸다. 중서성(中書省)이 상주하여 말했다. "어사대(御史臺)와 형부(刑部)에 명을 내리시어 모든 의심스러운 옥사의 마무리를 재촉하여 백성들의 원통함이 넘쳐나지 않도록 하시옵소서." 임금이 받아들였다.[292]

---

288 『주자어류(朱子語類)』 권100, 「소자지서(邵子之書)」.
289 진(秦) 혜전(蕙田), 『오례통고(五禮通考)』 권200, 「가례칠십삼(嘉禮七十三)」, 〈관상수시(觀象授時)〉.
290 풍산(豊山)의 종 : 『산해경』에 따르면 풍산에 아홉 개의 종이 있었다고 한다.
291 『태평어람(太平御覽)』, 「천부(天部)」 14, 〈상(霜)〉, "山海經曰 : 豊山有九鐘, 霜降其鐘卽鳴."
292 『고려사절요(高麗史節要)』 권6, 「숙종명효대왕(肅宗明孝大王)」 1, 병자원년(丙子元年).

무하(霧霞)

주자가 말했다. "하늘의 기가 내려와서 땅의 기와 만나지 못하면 안개〔霧〕가 되고, 땅의 기가 올라가서 하늘의 기와 만나지 못하면 안개〔霞〕[293]가 된다."[294]

주자가 일찍이 운곡(雲谷)[295]에 올랐는데, 새벽에 일어나 숲이 빽빽하지 않은 곳을 뚫고 지나가니 이슬이 옷을 적시지 않았다. 안개 자욱한 경치를 내려다보니 아득하여 마치 큰 바다와 같았다. 여러 산들의 이슬 머금은 뾰족한 봉우리마다 안개가 자욱하게 둘려져 마치 움직여 가는 듯하니 천하에 기이한 장관이었다.[296]

---

293 안개〔霞〕:『주자어류』원문에는 '雺'(霧와 같음)로 되어 있다.
294 『주자어류(朱子語類)』권99,「장자서지이(張子書之二)」.
295 운곡(雲谷):복건(福建) 건양현(建陽縣) 서북 70리에 위치한 노봉(蘆峯)으로, 주자가
　　그곳에 회암초당(晦庵草堂)을 짓고 글을 읽으면서 산 이름을 운곡이라 고쳤다.
296 『주자어류』권2,「이기(理氣)」하,〈천지(天地)〉하.

27 연화(煙火)

유향(劉向)이 천록각(天祿閣)에서 책을 교열하고 있었는데, 어떤 노인이 나타나 명아주 지팡이 끝을 입으로 불어 불을 일으켜서 유향을 비추었다.[297]

『주례』에 "사훤(司烜)[298]은 양수(陽遂 : 일종의 오목거울)로 해에서 불을 모으고,[299] 사관(司爟)[300]은 불을 관장하여 봄에 불을 내고 가을에 불을 거두어들인다."[301]라고 했다. 사계절에 불을 모으는 나무는 각각 그 계절에 따라 사방의 색을 취한다.

당나라에서 청명(淸明)이 되면 양기(陽氣)가 잘 따르는 버드나무로 불을 모아 가까운 신하에게 주었다.[302]

---

297 『태평광기(太平廣記)』(권291, 「신(神)」)와 『삼보황도(三輔黃圖)』(권6, 「각(閣)」)에 이 고사를 기록하고 있는데, 『삼보황도』가 보다 자세하다. 『삼보황도』에 따르면, 성제(成帝) 말년 유향(劉向)이 천록각(天祿閣)에서 책을 교열하면서 그 일에 전념하느라 어둠 속에서 홀로 앉아 소리 내어 책을 읽고 있었는데, 어느 날 밤 어떤 노인이 누런 옷을 입고 푸른 명아주 지팡이를 짚고 누각에 올라왔다. 노인이 지팡이 끝을 부니 연기가 나면서 타올랐다. 그것으로 유향을 비추더니 천지개벽 이전의 일을 말해 주어 유향은 오행홍범의 글을 전수받았는데 사설이 번잡하고 광범하여 잊어버릴까 걱정되어 옷의 비단과 예복의 띠를 찢어 그 말을 기록하였다. 날이 밝자 노인은 가버렸다.
298 사훤(司烜) : 『주례(周禮)』의 편명이자 주(周)나라 때 벼슬 이름. 제사에 쓰기 위한 정화된 불과 물을 공급하는 일을 맡은 직책이다.
299 『주례(周禮)』, 「추관(秋官)」, 〈사구(司寇)〉 95, "司烜氏掌以夫遂取明火於日."
300 사관(司爟) : 『주례(周禮)』의 편명이자 주(周)나라 때 벼슬 이름. 불과 관련된 업무를 담당하는 직책이다.
301 『주례(周禮)』, 「하관(夏官)」, 〈사마(司馬)〉 81, "司爟掌行火之政令, 四時變國火以救時疾. 季春出火, 民咸從之 ; 季秋內火, 民亦如之."

한문공(韓文公)[303]이 말했다. "불은 은밀한 곳에서 흘러나와 생기지만 쓰임은 크다. 도를 어기지 않을 수만 있으면 불사르고 굽고 쇠를 녹이고 질그릇을 구울 수 있어서 생물을 이롭게 한다. 그대로 놓아두고 제어하지 않으면 도리어 재앙이 된다."[304]

우리나라 세종대왕 때 영해(寧海)[305]에 불이 났다. 문종(文宗) 때 상주(尚州) 땅에 불이 났다. 성화(成化)[306] 계묘(癸卯)에는 영해(寧海) 땅에 불이 났다. 낮에는 연기가 나고 밤에는 빛이 났다. 나무를 던지면 불이 일어난다.

---

302 『연감유함(淵鑑類函)』 권18, 「세시부(歲時部)」 7, 〈청명(清明)〉 1, "歲時記云：唐朝于 清明取榆柳之火以賜近臣, 順陽氣也."
『연감유함(淵鑑類函)』：청나라 강희제(康熙帝)의 칙명에 따라 편찬된 유서(類書)이다. 총 450권으로 장영(張英) 등 4명이 총재가 되어 132명이 분담 편수(編修)하여 1710년에 완성하였다. 명나라 『당유함(唐類函)』의 체재를 본떴으나, 『당유함』이 당나라의 유서(類書)만을 그 자료로 한 것에 비해서 이 책에는 송나라 이래 명나라 말까지의 유서·사서(史書)·시문집(詩文集)을 수록하고, 또 당나라 이전의 것도 빠져 있는 것을 더 보탰다. 자연·인사 등 모든 항목을 「천부(天部)」에서 「충치부(蟲豸部)」까지 45부문으로 나누고, 각 부문을 다시 세목(細目)으로 갈라서, 먼저 정의적(定義的) 설명을 하고, 다음에 관련 있는 용어 등을 이름난 저서에서 인용하였다.
303 한문공(韓文公)：한유(韓愈, 768~824)를 말한다. 시호가 문공(文公)이다.
304 한유(韓愈), 『한창려집(韓昌黎集)』 권10, 「택언해(擇言解)」.
305 영해(寧海)：경상북도 영덕 지역의 옛 지명.
306 성화(成化)：명나라 헌종(憲宗) 주견심(朱見深)의 연호. 1465부터 1487까지 사용.

28

얼음〔氷〕

　　노나라 대부 신풍(申豊)이 말했다. "옛날에는 해〔日〕가 북륙(北陸)[307]
에 있어야 얼음을 저장하고,[308] 서륙(西陸)[309]에 왔을 때는 꺼낸다. 얼음
을 저장할 때에는 흑모(黑牡)와 거서(秬黍)[310]로 추위를 맡은 신(神) 사한
(司寒)[311]에게 제사를 지냈다. 얼음을 꺼낼 때에는 도호(桃弧)와 극시(棘
矢)[312]로 그 재앙을 없앴다. 그 저장을 치밀하게 하고 그 사용을 모든
사람에게 골고루 미치게 하면 겨울에는 건양(愆陽)[313]이 없고, 여름에는
복음(伏陰)[314]이 없고, 봄에는 싸늘한 바람이 불지 않고, 가을에는 궂은
장마비가 없고, 우레는 쳐도 벼락은 떨어지지 않으며 서리와 우박이 재
해가 되지 않으며, 전염병이 생기지 않아 백성들이 요절하지 않는다."[315]

---

307 북륙(北陸) : 28수(宿)의 하나인 허수(虛宿)로, 적도경도(赤道輕度)의 기점이 되는 적도
　　수도(赤道宿度)이다.
308 얼음을 저장하고 : 육(陸)은 태양이 운행하는 길〔道〕을 말한다. 하력(夏曆) 12월에는
　　태양이 처수(處宿)과 위수(危宿)의 위치에 있어 얼음이 굳게 언다. 이때 얼음을 채취하여
　　저장한다.
309 서륙(西陸) : 28수(宿)의 하나인 묘수(昴宿)를 말한다.
310 흑모와 거서 : 흑모(黑牡)는 검은 수컷 양이며, 거서(秬黍)는 검은 기장으로 빚은 술이다.
　　모두 얼음을 저장할 때 북방의 신에게 제사 지내는 데 쓰는 공물이다.
311 사한(司寒) : 현명(玄冥 : 겨울의 신)이니 북방의 신(神)이다. 그러므로 제물을 모두 검은
　　색으로 쓴다. 얼음을 채취하는 일이기 때문에 그 신에게 제사 지내는 것이다.
312 도호와 극시 : 도호(桃弧)는 복숭아나무로 만든 활이며 극시(棘矢)는 가시나무로 만든
　　화살인데, 모두 재액을 물리치는 데 쓰는 것이다.
313 건양(愆陽) : 양기(陽氣)가 지나치게 왕성해서 겨울철의 날씨가 춥지 않고 따뜻한 것을
　　말한다.
314 복음(伏陰) : 음기(陰氣)가 지나치게 성하여 여름에도 서리나 우박 따위가 내리는 것으로
　　여름 날씨가 추운 것을 말한다.
315 『춘추좌전(春秋左傳)』, 「소공(昭公)」 4년 2월.

정자가 말했다.[316] "얼음은 바람에 단단히 얼고 바람에 녹아내리는데, 그 저장하고 사용하는 것이 주밀(周密)하다. 또한 옛날에는 본과 말을 함께 들었으니 섭조(燮調)[317]는 한 가지 일이다."

능대(陵臺)의 얼음 우물은 6월에 오히려 단단하게 언다.

노성자(老成子)는 사계절에 능히 얼음을 만들 수 있었다.[318]

당(唐)나라 장경(長慶)[319] 원년(元年, 822) 2월 해주(海州)의 바닷물이 얼었는데 남북으로 20리나 되었다.[320]

우리나라 의성(義城)에 있는 얼음 우물은 여름에는 매우 얼음같이 차갑고 겨울에는 따뜻하다.

---

316 정자가 말했다 : 여본중(呂本中)의 『춘추집해(春秋集解)』, 이명복(李明復)의 『춘추집의 (春秋集義)』 등에서 호안국(胡安國)의 말로 인용하고 있다. 호안국은 당시 정이(程頤)의 학풍을 따라 『춘추』를 해석한 『춘추호전(春秋胡傳)』을 지었는데, 맹자의 대의론(大義論) 과 의리를 중시하는 공양학풍(公羊學風)을 계승한 것이다.
317 섭조(燮調) : 나라의 집정 대신(執政大臣)이 음양의 조화(調和)를 고르게 하던 일이다. 즉 음양의 조화로운 기(氣)를 손상시키는 백성들의 원통하고 억울한 사정을 들어주는 일을 의미한다. 섭리라고도 한다.
318 『열자(列子)』, 「주목왕(周穆王)」 2.
319 장경(長慶) : 목종(穆宗, 재위 820~824) 때의 연호. 제12대 황제. 이름은 이항(李恒, 795~ 824).
320 『신당서(新唐書)』 권36, 「지(志)」 제26, 「오행지(五行志)」.

29

수재(水災)

당(唐)나라 덕종(德宗)[321] 정원(貞元) 8년(792)에 여러 주현(州縣)에서 수재가 발생하자 육지(陸贄)[322]가 상주하였다. "수해를 당한 여러 도의 주현(州縣)에 임금이 사신을 보내 위로하고 세금의 부담을 줄여 주고 헤아려 관청의 물자를 공급하면, 일에 들어간 것은 재용이고 거두어들인 것은 사람의 마음입니다. 사람을 잃지 않으니 어찌 재용의 결핍을 걱정하겠습니까?"[323]

물에 잠긴 부뚜막에서 개구리가 새끼를 낳고,[324] 커다란 웅덩이에서 물고기가 생기고,[325] 용이 문밖에서 다투고, 쥐가 나무 위에 집을

---

[321] 덕종(德宗): 당나라의 제9대 황제(재위 779~805). 조용조제(租庸調制)를 폐지하고 양세법(兩稅法)을 시행하여 재정충실을 꾀하였으나 지방 번진들의 반란으로 그들의 자립을 인정해 주고 중세적 군벌시대의 도래를 예고하였다. 문벌에 관계없이 인재를 등용하거나 조용조를 폐지하는 등 일부 개혁을 이룬 업적이 있다. 시호는 신무효문황제(神武孝文皇帝)이다.

[322] 육지(陸贄, 754~805): 당나라 중기의 정치가. 시호는 선(宣)으로 흔히 육선공(陸宣公)이라 한다. 덕종(德宗)에게 큰 신임을 받아 중서시랑문하동평장사(中書侍郎門下同平章事)까지 올라 국정을 총람했다. 저술로는 제고(制誥), 조유(詔諭)와 주의류(奏議類)를 모은 『육선공주의(陸宣公奏議)』가 있다.

[323] 명(明) 양사기(楊士奇), 『역대명신주의(歷代名臣奏議)』 권243, 「황정(荒政)」.

[324] 물에 잠긴 부뚜막에서 개구리가 새끼를 낳고: 춘추시대 진(晉)나라 지백(智伯)이 조양자(趙襄子)의 성(城)을 수공(水攻)하였는데, 이때 성 안이 물바다가 된 지 오래되어 마침내 부엌에서 개구리가 득끓게 되었다는 고사에서 나온 말. 침조산와(沈竈産蛙)라고 한다. 『국어(國語)』, 「진어(晉語)」 9, "晉師圍而灌之, 沈竈産蛙, 民無叛意." ; 『전국책(戰國策)』, 「조책(趙策)」 1, "今城不沒者三板. 臼竈升蛙, 人馬相食."

[325] 당나라 숙종(肅宗, 재위 756~762) 상원(上元) 2년(761)에 다음과 같은 기록이 있다. "가을 장마비가 연이어 몇 달을 내리자 커다란 웅덩이에서 물고기가 생겨났다〔唐肅宗上元二年秋, 霖雨連月渠竇生魚〕."(『문헌통고(文獻通考)』 권303).

짓는다.[326]

　『춘추번로(春秋繁露)』에 말했다. "큰 홍수에 북을 울려 사직을 치는
것은 어째서인가? 큰 홍수는 음이 양을 멸하는 것이고 비천함이 존귀함
을 이기는 것이다. 그러므로 북을 울려 공격하고 주사(朱絲)[327]로 위협
하니 그 의롭지 못하기 때문이다. 이것은 또한 『춘추』에서 강제로 막는
것을 두려워하지 않음이다."[328]

---

326 『전한기(前漢紀)』 권24, 「효성(孝成)」 4년 9월조에 "長安城南, 鼠巢樹上."라는 구절이
　　나온다.
327 주사(朱絲) : 금슬(琴瑟)의 붉은 현(弦)이다. 남조(南朝) 송나라 포조(鮑照)의 「대백두음
　　(代白頭吟)」에 "곧기는 주사의 줄과 같다〔直如朱絲繩〕."라는 말이 있다.
328 『춘추번로(春秋繁露)』, 「정화(精華)」 제5.

　수재의 상수(常數)³²⁹는 왕안석이 신종(神宗)³³⁰을 그르치게 한 이유
이다.³³¹ 천심이 어질고 사랑하는 것은 동중서(董仲舒)³³²가 한 무제(武
帝)에게 충성한 까닭이다.³³³

　의도(宜都)³³⁴에 두 개의 돌이 있었는데 가뭄이 들면 음석(陰石)을 치

---

329 수재의 상수(常數) : 신종(神宗) 희녕(熙寧) 6년(1073) 큰 가뭄이 들었을 때, 왕안석이
　　"水旱常數, 堯湯所不免."이라고 한 것을 말한다. 왕안석은 가뭄과 홍수 등으로 황폐해진
　　국토의 복구와 새로운 경작지의 조성 및 하천의 개수 등을 비롯한 일대 개혁을 단행했다.
330 신종(神宗) : 송(宋)의 제6대 황제(재위 1067~1085). 이름 조욱(趙頊). 영종(英宗)의 장
　　자. 제4대 인종(仁宗) 때 서하(西夏)와 요(遼)의 압박 밑에서 체제의 위기가 시작되었으
　　며, 제5대 영종(英宗)이 재위 5년 만에 사망함에 따라 즉위하였다. 급진 개혁가인 왕안석
　　(王安石, 1021~1086)을 등용하고 신법(新法)이라고 하는 청묘(青苗)·모역(募役)·시역
　　(市易)·보갑(保甲)·보마법(保馬法) 등의 재정·군사 관제의 개혁을 강력히 추진하여
　　부국강병책을 시행하도록 하였다. 신종은 지속적으로 개혁을 추진했으나, 왕안석이 관직
　　에서 물러나면서 신법(新法)은 성공을 거두지 못하였다.
331 신종(神宗)을 그르치게 한 이유이다 : 왕안석의 신법을 신종이 지지하면서 시행해 나갔으
　　나 결국 실패한 것을 말한다.
332 동중서(董仲舒) : 본문에는 "忠敍所以忠武帝"라고 하였는데, 여기서 '충서(忠敍)'는 문맥
　　상 '중서(仲舒)'의 오기인 것으로 보이므로 고쳤다.
333 천심이 …… 충성한 까닭이다 : 『퇴계선생문집(退溪先生文集)』 권6, 「무진육조소(戊辰六
　　條疏)」, "제6조, 동중서(董仲舒)가 무제(武帝)에게 고한 말에 이르기를, '국가가 장차 도를
　　그르치는 잘못이 있으려 하면 하늘이 먼저 재해를 내어 이를 견책하여 고해 주고, 그래도
　　반성할 줄 모르면 또 괴이한 변고를 내려서 이를 경계하여 두렵게 하고, 그래도 여전히
　　고칠 줄 모르면 상패(傷敗)가 이르게 되는 것이니, 이로써 천심이 임금을 사랑하여 그
　　난을 방지하고자 함을 볼 수 있습니다.'라고 하였다〔董仲舒告武帝之言曰, 『國家將有失道
　　之敗. 天乃先出災害. 以譴告之. 不知自省. 又出怪異. 以警懼之. 尙不知變. 而傷敗乃至.
　　以此見天心之仁愛人君. 而欲止其亂也.'〕."
334 본문에는 '주의도(朱宜都)'로 되어 있는데, 『예문유취』와 『태평어람(太平御覽)』「지부
　　(地部)」 17, 〈석(石)〉과 「천부(天部)」 11, 〈기우(祈雨)〉에 근거하여 '의도(宜都)'로 고쳤

고 비가 오랫동안 내리면 양석(陽石)을 쳤다.[335]

호안국(胡安國)이 말했다. "『춘추』에 '7월까지 비가 내리지 않았다.'라고 기록하였는데, 8월은 항상 비가 왔다. 그런데 8월에 비가 내리는 것을 기록하지 않은 것은 문공(文公)이 비에 뜻을 두지 않았고 백성의 일 때문에 근심과 기쁨이 달려 있지 않았음을 보인 것이다."[336]

가물다〔旱〕는 말은 사납다〔悍〕는 것이니, 양(陽)이 교만하고 건방져서 생긴 것이다.[337]

다. 의도는 형주(荊州)에 있는 지명이다.

335 『예문유취(藝文類聚)』 권6, 「지부(地部)」, 〈석(石)〉.
336 송(宋) 이명복(李明復), 『춘추집의(春秋集義)』 권26.
337 『예문유취(藝文類聚)』 권100, 「재이부(災異部)」, 〈한(旱)〉.

지진(地震)

　호인(胡寅)이 말했다. "천지의 변화는 한 부분만 일어나는 것이 아니다. 참으로 사람이 하는 일이 그렇게 만든 것이라면 견강부회하여 막히고 통하지 않을 것이다. 참으로 운수가 마침 그런 때가 된 것이라면 옛사람이 덕을 닦고 일을 바르게 하였는데 도리어 재해가 상서가 되는 일이 또한 적지 않았을 것이다."[338] 이것은 한나라 문제 때의 지진을 논한 것이다.

　한나라 포선(鮑宣)[339]이 상소에 말했다. "폐하는 하늘을 아버지로 섬기고 땅을 어머니로 섬기고 백성을 자식으로 기르니, 즉위한 이래로 하늘은 일식(日蝕)이 일어나고 땅은 진동을 하고, 백성은 유언(流言)을 퍼뜨려 서로 놀라게 하니 깊이 스스로 자책해야 마땅합니다."[340]

---

338 원(元) 정단학(程端學), 『춘추혹문(春秋或問)』 권2.
339 포선(鮑宣) : 서한(西漢) 애제(哀帝)의 신하. 자는 자욱(子郁). 학문을 좋아하고 경서(經書)에 밝았다. 간의대부(諫議大夫)가 되어 재상의 전제(專制)를 꺾었다 한다.
340 『전한서(前漢書)』 권72, 「왕공양포선전(王貢兩龔鮑傳)」.

32 재이(災異)

초나라 장왕(莊王)이 하늘에 나쁜 징조가 나타나지 않는 것을 보고 산천에 기도하면서 "하늘은 어찌하여 나를 잊었는가?"라고 하였다.[341]

홍무(洪武) 4년(1371) 10월 명나라 태조가 중서성(中書省)의 신하들에게 말했다. "사람이면 누구나 가지는 마음에 좋은 징조를 들으면 교만한 마음이 생기고, 재이(災異)를 들으면 두려운 마음이 생긴다. 짐은 천하에 명하노니 상서를 아뢰지 말라. 만일 재해를 당하면 즉시 보문(報聞)하라."[342]

서징(庶徵)[343]이 기자(箕子)[344]에 의해 널리 퍼지자 흉조(凶兆)와 길조

---

341 『설원(說苑)』, 「군도(君道)」 29.

342 명(明) 담약수(湛若水), 『격물통(格物通)』 권14, 「경천(敬天)」 하 ; 명(明) 하승량(夏良勝), 『중용연의(中庸衍義)』 권4.

343 서징(庶徵) : 하늘의 여러 가지 징조. 『서경(書經)』의 홍범구주(洪範九疇) 가운데 여덟 번째 조목을 가리키는 말이다. 정치의 치란(治亂), 득실(得失)에 앞서 비 오고[雨] 개고[暘] 덥고[燠] 춥고[寒] 바람 부는[風] 계절의 변화 등 여러 가지 조짐이 나타난다고 한다. 이것은 모든 것이 조화와 질서를 유지할 때 나타나는 좋은 징조[休徵]와 그렇지 못할 때 나타나는 나쁜 징조[咎徵]로 구분되며, 이는 모두 임금의 덕(德)에 따른 것이라고 본다.

344 기자(箕子) : 성(姓)은 자(子), 이름은 서여(胥余)이다. 기(箕, 지금의 山西 太谷)에 봉(封)해져 기자(箕子)라고 한다. 상(商)의 28대 군주인 문정(文丁, 太丁이라고도 함)의 아들로 주왕(紂王)의 숙부(叔父)이다. 농사(農事)와 상업(商業), 예법(禮法) 등에 두루 능통하였으며, 상(商)을 떠나지 않고 주왕(紂王)의 폭정(暴政)에 대해 간언(諫言)하다 유폐(幽閉)되어 비간(比干)·미자(微子)와 함께 상(商) 말기 세 명의 어진 사람[三仁]으로 꼽는다. 주(周)의 무왕(武王)은 충신(忠臣)을 잔인하게 살해한 주왕(紂王)을 토벌한다는 명분을 내세우고 제후들을 규합하여 상(商)을 공격하였으며, 기원전 1046년 상(商)을 멸망시켰다. 그는 갇혀 있던 기자(箕子)를 풀어 주고, 그를 찾아가 정치(政治)에 대해 물었다.

(吉兆)에 관한 설들이 일어나고, 오행이 유향(劉向)에 의해 전해지자 재앙과 상서(祥瑞)에 관한 설들이 성행하니 모두 임금의 마음에 근본을 두고 하늘의 뜻을 징험하는 것이다.

육상산(陸象山)이 말했다. "옛날에는 재이를 말하는 사람이 많았다. 사물의 실정을 인용하여 사류를 왜곡하는 것은 우연히 합치하는 것이 아닐 수 없다. 그러나 한번 합치하지 않으면 임금이 장차 소홀히 할 것이다. 춘추는 재이를 기록하는 것에 거리낌이 없었으나 일이 응하는 것은 기록하지 않았으니 실로 임금이 삼가지 않는 바가 없기를 바란 것이다."[345]

재이(災異)가 생기는 것은 하늘에 달려 있는 것이 아니라 임금의 한 마음에 달려 있다. 그것으로 사람을 쓰니, 부엉이와 올빼미가 날뛰고 봉황이 숨어 버리는 것[346]을 나는 보았다. 그것으로 간언을 들으니, 황종(黃鍾)은 내팽개치고 질그릇 소리가 울려 퍼지는 것[347]을 나는 보았다.

기자(箕子)는 무왕(武王)에게 하(夏)의 우(禹)임금이 정했다는 아홉 가지 정치의 원칙을 전했다고 한다. 이를 '홍범구주(洪範九疇)' 혹은 '기주(箕疇)'라고 하며, 『서경(書經)』의 「홍범편(洪範編)」에 그 내용이 전해진다.

345 육구연(陸九淵), 『상산집(象山集)』 권13, 「여정부지(與鄭溥之)」.

346 부엉이와 올빼미가 날뛰고 봉황이 숨어 버리는 것 : 가의(賈誼)가 좌천당하여 상수(湘水)를 건널 때 지어 자신의 처지를 비유한 「조굴원부(弔屈原賦)」의 "난새와 봉황새는 숨어 피해 버리고, 부엉이와 올빼미가 날뛰는구나[鸞鳳伏竄兮, 鴟鴞翱翔]."라고 한 것을 말한다.

347 황종(黃鍾)은 내팽개치고 질그릇 소리가 울려 퍼지는 것 : 『초사(楚辭)』에 있는 굴원(屈原)의 시 「복거(卜居)」의 "웅장한 소리를 내는 황종은 내팽개치고, 질그릇 두드리는 소리만이 요란하게 울려 퍼진다[黃鍾毁棄, 瓦釜雷鳴]."라고 한 것을 말한다.

사람이면 누구나 갖는 마음은 상서(祥瑞)를 좋아하고 재앙을 싫어하는 것이다. 그러나 천도(天道)는 아득하고 미묘하여 헤아릴 수 없다. 상서만 믿고 경계하지 않으면 상서가 반드시 모두 길한 것은 아니다. 재앙을 보면 이미 징계할 수 있으니 재앙이 반드시 흉한 것은 아니다. 재앙을 듣고 두려워하여 혹은 훌륭한 덕을 입으려 하고, 상서를 보면 기뻐하여 잘못을 부르게 되니 어떻게 사람의 마음이 두려워지면 경계하겠는가. 마음에 항상 기뻐함을 두면 거만한 마음이 쉽게 제멋대로 된다.[348]

무왕이 은나라를 이기고 두 포로를 얻어서 물었다. "나라에 요망한 것이 있는가?" 한 포로가 대답했다. "낮에 별이 보이고 피의 비가 오는 것이 있으면 요망한 것입니다." 다른 한 포로가 대답했다. "자식이 아버지 말을 듣지 않고 임금의 명령이 행해지지 않는 것, 이것이 요망함의 큰 것입니다."[349]

송나라 이청신(李淸臣)[350]이 경연의 대책에서 말했다. "천지는 비유하면 사람의 심장과 허파이니 막힌 바가 있으면 오관이 편안하지 못합니다. 백성의 생취(生聚)[351]는 천지의 심장과 허파이고 일월성신은 천지의

---

348 대문환륜(大聞幻輪), 『석씨계고략속집(釋鑑稽古略續集)』, 「태조고황제(太祖高皇帝)」.
349 『신서(新序)』, 「잡사(雜事)」 2.
350 이청신(李淸臣, 1032~1102) : 북송 위(魏 : 지금의 河北 大名) 사람. 자는 방직(邦直). 한림학사(翰林學士)를 거쳐 상서좌승(尙書左丞)·문하시랑(門下侍郞) 등을 지냈다. 왕안석의 변법에 반대했다.
351 생취(生聚) : 인구를 증가시키고 재정을 넉넉하게 쌓아 가는 것을 말한다. 춘추시대 오왕(吳王) 부차(夫差)가 월왕 구천을 부초(夫椒)에서 패망시킨 뒤에 월왕이 보낸 대부 종(種)의 이야기를 듣고 강화(講和)를 허락하자, 오원(伍員)이 사람들에게 "월나라가 10년 안에 인구를 불리고 재력을 축적할 것이며, 또 10년 안에 백성을 훈련시켜 강병(强兵)을 양성할

오관입니다. 선은 천지의 기이한 것을 그치게 하고 백성의 질통을 그치게 할 뿐입니다."[352]

　양만리(楊萬里)[353]가 말했다. "재앙이 변해서 상서가 되는 것은 임금의 한결같은 마음이다."

　것이니, 20년만 지나면 오나라는 그들에 의해 쑥밭이 되고 말 것이다〔越十年生聚, 十年敎訓, 二十年之外, 吳其爲沼乎〕."라고 말한 내용이 있다(『춘추좌씨전(春秋左氏傳)』, 「애공(哀公)」 원년).

352 『송사(宋史)』 권328, 「열전(列傳)」 87, 〈이청신(李淸臣)〉.

353 양만리(楊萬里, 1127~1206) : 남송 길주(吉州) 길수(吉水) 사람. 자는 정수(廷秀)고, 호는 성재(誠齋)다. 고종(高宗) 소흥(紹興) 24년(1154) 진사가 되고, 영릉령(零陵令)에 올랐다. 영종(寧宗)이 제위를 잇자 치사(致仕)를 요청하고 나아가지 않았다. 시를 잘 지어 우무(尤袤)·범성대(范成大)·육유(陸游)와 함께 남송사대가(南宋四大家)로 불린다. 각지의 지방장관을 역임하면서 관직을 전전할 때마다 시집 한 권씩을 엮었다. 저서에 『성재집(誠齋集)』이 전한다.

춘추시대 200년 간에 상서(祥瑞)가 한결같지 않다. 대강을 살피면 어찌 글로 쓸 만한 실정이 없었겠는가? 대개 성인이 가르침을 내리는 데 보탬이 없다고 여겼기 때문이다.

정자가 말했다. "성인(聖人)은 상서로움을 귀하게 여기지 않는다. 재이(災異)로 인하여 덕을 닦으면 잃을 것이 없지만 상서로움으로 인하여 스스로를 믿게 되면 해로움이 있다."[354]

후위(後魏)의 시대에는 연리목(連理木)[355]을 불태우고 흰 꿩[356]을 삶아 먹었으나 치세라고 하기에는 부족하였다.[357]

오나라 위소(韋昭)[358]가 말했다. "상서(祥瑞)는 집집마다 상자 안에 들

---

354 『이정유서(二程遺書)』 권18, 「유원승수편(劉元承手編)」 ; 『이정수어(二程粹言)』 권하, 「천지편(天地篇)」.
355 연리목(連理木) : 한 나무의 가지가 다른 나무의 가지와 이어져 나무의 결[木理]이 서로 통하는 것을 말한다. 연리지(連理枝)라고도 하는데 황룡(黃龍)·백록(白鹿)·가화(嘉禾)·감로(甘露)와 함께 다섯 가지 상서로 일컬어진다.
356 흰 꿩 : 서조(瑞鳥)를 말하니 치세에 나타난다는 상서의 일종이다. 주(周)나라 성왕(成王) 때에 주공(周公)이 섭정하여 천하가 태평해지자 월상씨(越裳氏)가 흰 꿩을 주공에게 바치며 조공했다는 말이 나온다(『한시외전』 권5). 서한(西漢)의 마지막 군주인 평제(平帝) 때 왕망(王莽)이 월상씨로 자칭하면서 주공 때의 일을 모방하여 흰 꿩과 검은 꿩 한 쌍을 바쳤으나 결국 서한은 왕망에 의해 망했다(『한서(漢書)』, 「평제기(平帝紀)」).
357 『자치통감(資治通鑑)』 권193, 「당기(唐紀)」 9, 〈태종문무대성대광효황제상지중(太宗文武大聖大廣孝皇帝上之中)〉.
358 위소(韋昭, 204~273) : 본명은 소(昭)인데 진나라 사마소(司馬昭)의 휘를 피해 요(曜)를 썼다. 삼국시대 오(吳)나라 오군(吳郡) 운향(雲陽) 사람. 자는 홍사(弘嗣). 글을 잘 지었

어 있는 물건이다."³⁵⁹

옛 사람이 지란옥수(芝蘭玉樹)³⁶⁰를 자제(子弟)의 훌륭함에 비유하였다. 그렇다면 임금이 훌륭한 신하를 얻는 것이 어찌 다만 부형보다 나은 자제이겠는가?

『서경잡기(西京雜記)』³⁶¹에 번쾌(樊噲)³⁶²가 육가(陸賈)에게 물었다. "예로부터 임금이 천명을 받으면 반드시 상서로운 응험이 있다고 하는데 혹 이러한 이치가 있는 것인가?" 육가가 대답했다. "눈꺼풀이 떨리면 술과 음식을 얻고, 등잔 불꽃이 환하게 피면 돈과 재물을 얻습니다. 까

다. 태사령(太史令)이 되어 『오서(吳書)』를 편찬하고, 황명을 받아 여러 책을 교정하고, 『국어주(國語注)』를 편찬했다. 저술에 『효경해찬(孝經解讚)』과 『변석명(辨釋名)』, 『모시답잡문(毛詩答雜問)』, 『관직훈(官職訓)』 등이 있었지만 전해지지 않고, 일부가 『옥함산방집일서』에 수록되어 있다.

359 『자치통감(資治通鑑)』 권80, 「진기(晉紀)」 2, 〈세조무황제상지하(世祖武皇帝上之下)〉 ; 『삼국지(三國志)』, 「오지(吳志)」 권20, 〈위요전(韋曜傳)〉. 오나라 사람들이 상서를 말하는 경우가 많아 오나라 임금이 시중(侍中) 위소에게 그것에 대해 묻자 위소가 이렇게 대답한 것이다.

360 지란옥수(芝蘭玉樹) : 진(晉)나라 사안(謝安)이 여러 자질(子姪)들에게 어떤 자제가 되고 싶으냐고 묻자, 그의 조카인 사현(謝玄)이 "비유하자면 지란옥수가 집안 섬돌에 자라게 하고 싶다〔譬如芝蘭玉樹 欲使其生於庭階耳〕."라고 한 고사에서 유래한 것으로 남의 집안의 우수한 자제(子弟)를 예찬하는 말이다(『진서(晉書)』 권79, 「사안전(謝安傳)」 ; 『세설신어(世說新語)』, 「언어(言語)」).

361 『서경잡기(西京雜記)』 : 진(晉)나라의 갈홍(葛洪)이 전한(前漢) 시대의 잡사(雜事)를 기록한 것으로 알려지고 있으나 전한 말의 유흠(劉歆)을 저자로 보기도 하는데 확실하지는 않다. 수도 장안(長安)을 중심으로 전한의 천자와 후비를 비롯하여 당시 유명한 사람들의 일화, 궁실의 제도와 풍습, 원지(苑池), 비보(秘寶) 등에 관하여 잡다하게 수록하였다.

362 번쾌(樊噲) : 한나라 고조(高祖)의 장수. 시호는 무(武). 고조(高祖)를 도와 여러 번 전공(戰功)을 세웠다. 벼슬은 좌승상(左丞相)에 이르고, 무양후(舞陽侯)에 봉해졌다(『한서(漢書)』 권41, 「번쾌전(樊噲傳)」).

치가 울면 길 떠난 사람이 돌아오고, 거미가 집을 지으면 모든 일이 잘 풀립니다. 작은 것도 이미 징조가 있는데 큰일에는 마땅히 그러한 것이 있습니다."[363]

　삼대 이전에는 상서가 천하에 있다 해도 처음에는 어떤 상서로운 것을 바친다는 말을 듣지 못하였다. 봉의(鳳儀)의 설은 순임금의 음악 소(韶)를 논하는 것으로 인하여 언급하였고,[364] 누풍(屢豊)의 설은 무왕의 위무(威武)를 논하는 것으로 인하여 언급한 것이다.[365] 요임금은 큰 덕〔峻德〕[366]을 말했지만 붉은 용의 상서로움은 말하지 않았다. 순임금은 현덕(玄德)[367]을 말했지만 경운(慶雲)[368]의 상서로움은 말하지 않았다. 우임금은 문명을 사해에 퍼지게 하였다[369]라고 했지만 하도(河圖) · 낙

---

363 『서경잡기(西京雜記)』 권3.
364 봉의(鳳儀)의 설은 …… 언급하였고 : 봉(鳳)은 상상의 새인데, 새 중에 제일가는 새로서 성인 임금이 세상을 통치하여야 나타난다고 한다. 의(儀)는 손님 노릇한다는 뜻이니, 봉의라면 봉새가 와서 손님 노릇한다는 뜻으로 봉황의 자태와 같이 아름다운 사람들이 있는 조정을 가리킨다. 『서경』 익직(益稷)에 "순(舜)임금의 소소 음악을 아홉 번 연주하니 상서로운 봉황이 날아와서 너울너울 춤을 추었다〔簫韶九成, 鳳凰來儀〕."라는 말이 나온다.
365 누풍(屢豊)의 설은 …… 언급한 것이다 : 누풍(屢豊)은 『시경(詩經)』 주송(周頌) 환(桓)에 "만방을 편히 하시니 자주 풍년이 들었다〔綏萬邦, 屢豐年〕."라는 구절이 있다. 무왕의 위무(威武)를 써서 국가와 선왕의 공업을 안정시키고 천하를 소유했음을 말한다.
366 큰 덕〔峻德〕 : 『서경』, 「제전(帝典)」의 "克明峻德"을 말한다.
367 현덕(玄德) : 『서경』, 「순전(舜典)에 순(舜)에 대해 "숨겨진 덕행이 위에까지 알려졌으므로 요임금이 그에게 벼슬을 내려 임명하게 되었다〔玄德升聞 乃命以位〕."라는 말이 나온다.
368 경운(慶雲) : 경운(卿雲)이라고도 하는데 오색의 채운(彩雲)으로 상서로운 구름을 말한다. 순임금 때에 천하가 태평해지니 경성이 나타나고 경운이 일어났다. 이에 백공들이 「경운가(慶雲歌)」를 불러 칭송하였다고 한다〔『사략(史略)』 권1, 「제순유우씨(帝舜有虞氏)」〕.
369 문명을 사해에 퍼지게 하였다 : 『서경』, 「대우모(大禹謨)」에 "옛 대우의 덕을 살펴보면,

서(洛書)와 같은 상서는 말하지 않았다. 검은 새가 알을 떨어뜨리고[370] 흰 이리에게 재갈 물려 돌아왔다[371]고 했으나 탕임금이 이 때문에 천하를 소유하게 되었다고 말하지 않았다. 붉은 새가 집으로 흘러 들어오고[372] 흰 물고기가 배 위로 뛰어들었다[373]라고 했으나 무왕이 이 때문에 왕이 되었다고 말하지 않았다. 후세의 임금과 신하는 당우가 제작한 것이 아니면 삼대를 가지 못한다고 하는데 본래 기린을 잡아 노래를 지은 것[374]이 있고 솥을 얻어 부(賦)와 시(詩)를 지은 것이 있고 희금(喜禽)으

문명을 사해에 퍼지게 하여 공경히 순임금을 잘 받들었다[若稽古大禹, 日文命敷於四海, 祗承于帝]."라고 한 것을 말한다.

370 검은 새가 알을 떨어뜨리고 : 『시경』에 "하늘이 검은 새에게 명하여, 내려가 상나라의 시조를 낳아, 넓디넓은 은 땅에 거주하게 하셨다[天命玄鳥, 降而生商, 宅殷土芒芒]."라는 말이 나온다. 제곡(帝嚳)의 처(妻)인 간적(簡狄)이 아들을 기원하는 제사를 지내러 교외로 나갔다가 제비가 떨어뜨리는 알을 삼키고 상(商)나라의 시조인 설(契)을 낳았다는 고사가 있다(『사기(史記)』 권3, 「은본기(殷本紀)」 제3).

371 흰 이리에게 재갈 물려 돌아왔다 : 『제왕세기(帝王世紀)』에 "탕이 천하를 얻자 어떤 신선이 노루와 백랑(하얀 이리)의 입에 재갈을 물려 조정으로 들어왔다[湯得天下, 有神獐白狼銜鉤入殿朝]."라는 고사가 있다.

372 붉은 새가 집으로 흘러 들어오고 : 주나라 무왕(武王)이 주(紂)를 치기 위해 맹진(孟津)을 건너간 뒤에 불기운이 왕의 막사에 흘러 들어와 붉은 까마귀로 변했는데 다리가 셋이었다는 고사가 전한다(『사기』 권4, 「주본기(周本紀)」).

373 흰 물고기가 배 위로 뛰어들었다 : 무왕(武王)이 주(紂)를 정벌하기 위해 배를 타고 황하를 건너는데, 백어(白魚)가 배 안으로 뛰어 들어오자 무왕은 이를 은(殷)을 쳐서 이길 징조라고 생각하고 정벌에 임하였다고 한다(『사기』 권4, 「주본기(周本紀)」).

374 기린을 잡아 노래를 지은 것 : 『춘추좌전(春秋左傳)』 애공(哀公) 14년 조 "西狩獲麟"의 두예(杜預)의 주(註)에 "기린은 인자한 동물로서, 성왕(聖王)의 아름다운 상서(祥瑞)이다. 그런데 당시에 밝은 임금이 없는데도 괜히 나왔다가 붙잡혔으므로, 중니(仲尼)가 주(周)나라의 도가 쇠한 것을 상심하고 아름다운 상서에 감응이 없는 것을 개탄하였다. 그래서 바로 이 때문에 노(魯)나라 역사를 기초로 해서 중흥의 가르침을 기록해 나가기 시작하다가, 획린(獲麟)의 한 구절에서 붓을 멈추었다. 기린이 잡힌 것을 보고 느껴서 붓을 잡았고 보면, 바로 그 사실에서 붓을 멈추는 것도 당연한 일이라고 하겠다."라고 하였다.

로 개원한 일이 있다. 설령 상서가 참으로 믿을 만한 것이라면 꿩이 운 것은 마땅히 변괴이나 고종은 어찌하여 천하의 대업을 일으켰는가?[375] 상곡(桑穀)은 마땅히 재이지만 태무는 어찌하여 천하를 잘 다스렸는가?[376] 두 마리 용이 뜰에서 노닌 것은 하나라의 상서지만 하나라는 어찌하여 쇠미해졌는가? 감로가 내린 것은 당나라의 상서지만 당나라는 어찌하여 혼란스러워졌는가?[377] 군자는 또 무엇을 상서로움에서 취하겠는가?

오대시대에는 상서가 많았는데 정자가 말했다. "비유하면 한겨울에 꽃 한 송이가 피는 것과 비슷하다. 그러나 때가 아닌데 피는 것이라면 기이한 것이다."[378]

명 태조는 봉상(鳳翔)에서 바친 서맥(瑞麥)[379]을 상서로 여기지 않고

---

375 꿩이 운 것은 …… 일으켰는가 : 고종(高宗)은 은나라 제20대 임금 무정(武丁)이다. 종묘 제사 다음날 꿩이 솥귀에 올라가 우는 재이(災異)가 있자, 현신인 조기(祖己)의 말에 따라 정사와 덕을 닦으니 천하가 크게 기뻐하고 나라가 부흥하게 되었다 한다(『사기』, 「은본기(殷本紀)」).

376 태무는 …… 다스렸는가 : 태무(太戊)는 대무(大戊) 또는 천무(天戊)로도 쓴다. 상(商) 왕조를 부흥시킨 상나라 제7대 임금이다. 나라가 쇠미해지자 이척(伊陟)과 무함(巫咸) 등을 등용해 정치를 돕게 하여 나라를 부흥시켰다. 뜰에 난 상곡(桑穀)이 하루아침에 양손에 꽉 찰 만큼 자라는 이변이 일어나자, 덕을 닦으라는 신하의 말에 따르니 두 나무가 말라 죽었다고 한다. 이후 상곡은 하늘의 경고를 드러내는 재변으로, 태무는 그 재이(災異)를 극복한 임금으로 일컬어진다(『사기』, 「은본기(殷本紀)」).

377 감로가 내린 것은 …… 혼란스러워졌는가? : 당나라 문종(文宗) 때 재상 이훈(李訓)·왕애(王涯) 등이 금오청사(金吾廳事) 뒤 석류나무에 감로(甘露)가 내렸다고 임금을 속이고 내관(內官)을 죽이려 했지만 발각되어 도리어 죽임을 당했던 일을 말한다(『구당서(舊唐書)』, 「문종기(文宗紀)」).

378 『이정유서(二程遺書)』 권18, 「유원승수편(劉元承手編)」, 〈이천선생어(伊川先生語)〉.

오히려 삼광을 고르게 하여 오곡이 제때에 익는 것을 상서라고 여겼다.[380] 구양수(歐陽修)는 풍주(澧州)의 상서로운 나무 서목(瑞木)을 경계하여 지금 그 실(失)만 보고 그 득(得)을 보지 못하는 것 때문에 일을 잘못되게 하는 재앙을 끼치는 나무라고 하였다.[381]

---

379 서맥(瑞麥): 보리 한 줄기에 여러 이삭이 나오는 것을 말하는데, 태평시대에 서맥이 생긴다고 전해진다. 송나라 진종(眞宗) 때 수주(壽州)에서 서맥을 올렸는데, 한 줄기에 다섯 이삭이 달려 있었다고 한다. 서맥송이라 하여 태평성대를 칭송하는 뜻으로 쓰인다.

380 『명태조보훈(明太祖寶訓)』 권1, 「겸덕(謙德)」, "洪武四年二月癸巳, 淮安寧國揚州臺州府幷澤州各獻瑞麥共二十本, 群臣皆賀. 太祖曰: '朕爲民主, 惟思修德致和, 以契天地之心, 使三光平, 寒暑時, 五谷熟, 人民育, 爲國家之瑞.'"

381 풍주(澧州)의 자사(刺史) 풍재(馮載)가 감나무에 '태평지도(太平之道)'라는 네 글자가 새겨졌다면서 상서로운 나무라고 보고하였으므로 조정에서 이 사실을 나라에 널리 알리려 하였는데 구양수가 이를 반대하는 차자를 올린 것을 말한다(『문충집(文忠集)』 권103, 주의(奏議) 제7, 「논풍주서목걸불선시외정차자(論澧州瑞木乞不宜示外廷箚子)」).

후한(後漢)의 황수(黃秀)는 곰으로 변했고,[382] 노나라 우애(牛哀)는 호랑이로 변했고,[383] 주옹(朱翁)은 닭이 되었다.[384] 참새가 황금도장이 되었고, 썩은 풀은 반딧불이 되었고, 썩은 오이는 물고기가 되었다.[385] 봉소(封邵)는 호랑이로 변했고,[386] 단풍나무〔楓樹〕가 변해서 노인이 되었고, 망부(望夫)가 변해서 돌이 되었다.[387] 부주(涪州)[388]의 마을 백성들은 손톱과 발톱이 점점 변하고 온몸이 얼룩얼룩한 호랑이 털과 같았다.[389] 두제(杜濟)[390]가 우물을 파다가 질그릇을 얻었는데 안에 잡히는 것이 있어 강으로 던지니 용이 되었다.[391]

---

382 후한 소릉 고평 사람 황수는 산에 들어가 점차 곰의 모습으로 변했다고 한다. 송(宋) 유경숙(劉敬叔), 『이원(異苑)』 권8, "元嘉三年, 邵陵高平黃秀, 無故入山經日不還, 其兒 根生尋覓, 見秀蹲空樹中, 從頭至腰毛色如熊. 問其何故, 答云天謫我如此, 汝但自去. 兒 哀慟而歸, 逾年伐山人見之其形盡爲熊矣."

383 노나라의 공우애(公牛哀)라는 사람은 병을 앓은 지 7일 만에 호랑이로 변하여 그를 보러 간 형을 잡아먹었다고 한다. 『회남자(淮南子)』 권2, 「숙진훈(俶真訓)」, "昔公牛哀轉病 也, 七日化爲虎, 其兄掩戶而入覘之, 則虎搏而殺之."

384 닭은 본래 주씨옹(朱氏翁)이 변한 것이라서 '주주(朱朱)' 하며 닭을 부른다고 한다. 『풍속 통(風俗通)』, "鷄本朱氏翁所化, 故呼朱朱."

385 썩은 오이는 물고기가 되었다 : 『열자(列子)』, 「천서(天瑞)」.

386 한나라 선제 때 지방관 봉소(封邵 : 封郜라고도 씀)는 어느 날 범으로 변해 백성을 잡아먹으니 백성들이 봉사군(封使君)이라고 불렀다고 한다. 『술이기(述異記)』, "漢宣城守封郜, 一日化爲虎食民, 民呼之日."

387 『이정유서(二程遺書)』 권18, 「유원승수편(劉元承手編)」, 〈이천선생어(伊川先生語)〉, "無情而化爲有情者, 若楓樹化爲老人是也. 有情而化爲無情者, 如望夫化爲石是也."

388 부주(涪州) : 서촉(西蜀)의 지명으로, 이천(伊川) 정이(程頤)가 유배 갔던 곳이다.

389 『이정외서(二程外書)』 권11.

390 두제(杜濟, 720~777) : 당나라 경조(京兆) 두릉(杜陵) 사람. 자는 응물(應物). 두보(杜甫) 의 친척이다.

391 『유종원전집(柳宗元全集)』 권44, 「비국어상(非國語上)」.

정자가 말했다. "기린은 종자가 없으니 기에서 종자가 생겨난다. 그 처음에 사람이 생겨나는 것도 또한 이와 같다. 금수와 초목에 이르기까지 종자가 없이 생겨났는데 바다 가운데 섬사람이라면 언급하지 않았으니 어찌 종자가 없는 사람이 그 사이에 생겨나지 않았다는 것을 알겠는가."[392] "또한 예를 들어 사람이 몸에 새 옷을 입고 며칠이 지나면 저절로 그 사이에서 서캐와 이가 생긴다. 이것은 기화이니 기가 이미 변한 뒤에는 다시 변하지 않고 바로 종자가 생겨나는 것이다."[393]

소자가 말했다. "해는 더위가 되고 달은 추위가 되고 성은 낮이 되고 신은 밤이 되니, 더위와 추위, 낮과 밤이 교대하며 하늘의 변화를 다하는 것이다. 물은 비가 되고 불은 바람이 되고 흙은 이슬이 되고 돌은 우레와 비가 되니 바람·이슬·우레가 교대하며 땅의 변화를 다하는 것이다. 성정과 형체에 이르기까지 감응하지 않음이 없고 달리는 것과 나는 것, 풀과 나무에 이르기까지 감응하지 않음이 없다.[394]

---

392 기린은 종자가 …… 않았다는 것을 알겠는가 : 『이정유서(二程遺書)』 권15, 「입관어록(入關語錄)」, 〈혹운명도선생어(或云明道先生語)〉, "麟亦無種, 亦氣化. 厥初生民亦如是. 至如海濱露出沙灘, 便有百蟲禽獸草木無種而生, 此猶是人所見. 若海中島嶼稍大, 人不及者, 安知其無種之人不生於其間?"

393 또한 예를 들어 …… 종자가 생겨나는 것이다 : 『이정유서(二程遺書)』 권18, 「유원승수편(劉元承手編)」, 〈이천선생어(伊川先生語)〉.

394 『황극경세서(皇極經世書)』 권11, 「관물편(觀物篇)」 51.

35 기수(氣數)

『황극경세서』는 하늘에 원회운세(元會運世)[395]의 수가 있다고 하였으니 기화(氣化)의 돈후함과 각박함을 세상의 도와 더불어 서로 징험할 수 있다. 세상에는 치란과 흥망의 운세가 있으니 세상의 도가 오르고 내림이 기화와 더불어 상참(相參)한다. 대개 하늘은 사람을 벗어나지 않고 사람도 하늘을 벗어나지 않으니 움직여 바뀌어 가는 기틀은 실제로 사람에게 달려 있다.

그 일정한 것으로 보면 리(理)가 위주가 되지만 그 변화하는 것으로 말하면 수(數)가 없을 수 없다. 진실로 백관의 일이 다스려지는 때[396]에 홍수가 사방을 해친 지 9년에 이르렀다.[397] 큰 덕을 밝히는 데 힘쓰는 임금[398]에게 극심한 한재의 사나운 기세가 7년에 이르렀다. 이것은 사람의 일이 하는 바가 아니고 실로 천수가 그렇게 한 것이다. 그러나 요임

---

395 원회운세(元會運世) : 우주의 흥망성쇠에 관해 소강절(邵康節)이 만들어 낸 이론이다. 1원(元)은 12회(會), 1회는 30운(運), 1운은 12세(世)로 되는 등 총 12만 9,600년을 1주기로 하고 있다.

396 진실로 백관의 일이 다스려지는 때 : 『서경』, 「요전(堯典)」에 "진실로 백관의 일이 다스려지고 모든 일이 완성되어 빛나게 될 것이다〔允釐百工 庶績咸熙〕."라는 말에서 나온 것으로 요임금 때를 가리킨다.

397 홍수가 …… 9년에 이르렀다 : 『서경』, 「요전」에 "아! 사악이여. 넘실거리는 홍수가 바야흐로 세상을 해치고, 넓고 넓어서 산을 두르고 언덕을 넘어 그 넓음이 하늘에까지 이른다〔湯湯洪水方割, 蕩蕩懷山襄陵, 浩浩滔天〕.", "9년에 공용(功庸)을 이루지 못했다〔九載績用弗成〕."라고 한 것을 말한다.

398 큰 덕을 밝히는 데 힘쓰는 임금 : 『서경』, 「중훼지고(仲虺之誥)」에 "임금은 큰 덕을 밝히는 데 힘쓰고 백성에게 중도(中道)를 세우소서〔王懋昭大德, 建中于民〕."라고 하였는데, 탕왕(湯王)을 가리킨다.

금은 수의 탓으로 돌리지 않고 널리 적임자를 구하였고 탕은 수의 탓으로 돌리지 않고 여섯 가지 일로 자책하였으니[399] 마침내 땅과 물이 다스려져 하늘이 이루어지는 공적으로 온 나라에 비가 퍼붓는 경사가 생겼다. 그렇다면 하늘이 정해 놓은 수이므로 인사를 용납하지 않는다고 말할 수 없다. 이것은 리가 수에 국한되는 까닭이고 수가 끝내 리에 얽매이는 까닭이다.[400]

이천(伊川)이 말했다. "나와 소요부(邵堯夫)는 같은 마을에 30년 살면서 세상의 일을 논의하지 않은 것이 없었지만 오직 한 글자를 언급하지 않았으니 수이다."[401] 또 말했다. "소요부는 사물의 이치에 있어서 모든 것을 다 말했는데, 또한 매우 중요한 것을 누설했으니 그가 천기(天機)이다."[402]

채구봉(蔡九峯)[403]이 『황극내편(皇極內篇)』에 말했다. "리(理)가 있으

---

399 여섯 가지 일로 자책 : 탕왕은 7년 동안 큰 가뭄이 들자 스스로 제물이 되어 상림(桑林)이라는 들에서 기우제(祈雨祭)를 지내며, '정치가 절도가 없는가〔政不節歟〕, 백성들이 직업을 잃었는가〔民失職歟〕, 궁실이 너무 높고 화려한가〔宮室崇歟〕, 궁중의 여인들이 권력을 농간하고 청탁을 받는가〔女謁盛歟〕, 뇌물이 성행하는가〔苞苴行歟〕, 남을 모함하는 사람이 많은가〔讒夫昌歟〕.'라는 여섯 가지 일을 들어 자책하며 상제(上帝)에게 사죄하였다고 한다(『제왕세기(帝王世紀)』).

400 윤선도(尹善道), 『고산유고(孤山遺稿)』 권6, 상(上) 별집(別集), 「대우양책(對雨暘策)」.

401 『이정외서(二程外書)』 권12, 「전문잡기(傳聞雜記)」.

402 『이정유서(二程遺書)』 권2 상.

403 채구봉(蔡九峯) : 구봉은 채침(蔡沈, 1167~1230)의 호이다. 남송 건주(建州) 건양(建陽) 사람. 자는 중묵(仲默), 시호는 문정(文正). 채원정(蔡元定)의 둘째 아들. 가학(家學)을 계승했으며, 주희(朱熹)에게 배웠다. 평생 벼슬에 나아가지 않았는데 경원당금(慶元黨禁) 때 아버지를 따라 도주(道州)로 유배를 갔다. 부친 사후 구봉(九峰)에 은거하면서 주희의 명으로 『상서(尚書)』에 주를 달아 『서집전(書集傳)』을 완성했다. 그 밖의 저서에

면 기(氣)가 있다. 기가 드러나면 리는 숨는다. 기가 있으면 형상이 있다. 형상이 드러나면 기는 숨는다. 사람은 형상의 수는 알지만 기의 수는 알지 못한다. 사람은 기의 수는 알아도 리의 수는 알지 못한다."[404] 또 말했다. "의가 마땅히 해야 하는 바를 하지 않는 것은 수가 알 수 있는 바가 아니다. 의가 부당한 바를 하는 것 또한 수가 알 수 있는 바가 아니다."[405]

채서산(蔡西山)[406]이 말했다. "소옹의 일원(一元)의 수는 바로 한 해의 수이다. 일원은 12회(會) 3백60운(運) 4천3백20세(世)이니 한 해가 12월, 3백60일, 4천3백20시간인 것과 같다. 앞의 여섯 회(會)는 식(息)이고 뒤의 여섯 회는 소(消)이니 바로 한 해가 자(子)로부터 해(亥)까지는 식(息)이 되고 오(午)로부터 해(亥)까지 소(消)가 되는 것이다. 성(星)의 76[407]에서 만물이 열리는 것은 한 해의 경칩(驚蟄)과 같고 315에서 만물이 닫히는 것은 한 해의 입동(立冬)과 같다. 이것은 모두 저절로 그러한 천지자연의 수이지 억지로 끌어다 합치한 것이 아니다."[408]

『홍범황극(洪範皇極)』과 『채구봉서법(蔡九峰筮法)』 등이 있다.

404 채침(蔡沈), 『홍범황극내편(洪範皇極內篇)』 권1, 「황극내편(皇極內篇)」 상.

405 『홍범황극내편(洪範皇極內篇)』 권1, 「황극내편(皇極內篇)」 중.

406 채서산(蔡西山) : 서산은 채원정(蔡元定, 1135~1198)의 호이다. 송(宋)나라 건양(建陽) 사람. 자는 계통(季通). 처음에는 가학(家學)을 이어받았다가 장성해서 주희에게 종유(從遊)하였는데, 주희가 제자로 여기지 않고 노우(老友)로 대우하면서 함께 학문에 대해서 논하였다. 저서로 『율려신서(律呂新書)』, 『팔진도설(八陣圖說)』, 『홍범해(洪範解)』 등이 있다.

407 76 : 본문에는 "開物於星之六十六"으로 되어 있으나 『황극경세서』 원문에 근거하여 "開物於星之七十六"으로 바로잡았다.

408 『성리대전(性理大全)』 권8, 「황극경세서(皇極經世書)」 2, 〈일원소장도(一元消長圖)〉.

주자가 말했다. "요임금 때는 회(會)가 사(巳)와 오(午)의 사이에 있었는데 지금은 미(未)에 이르렀다. 술(戌)에 이르러 만물이 닫힌다고 말하는 것은 여기에 이르러 다시 사람과 만물이 회복하지 않는다는 것이다."[409]

원나라 세조[410] 지원(至元 : 세조의 연호) 원년 갑자 초에 오회(午會)에 들어가니 제11운(運)이다.

당나라 덕종이 건중(建中 : 덕종의 연호) 때 난리는 천명(天命)이라고 말하자, 이필(李泌)[411]이 대답하였다. "천명은 다른 사람은 모두 말할 수 있어도 군상(君上)만은 말할 수 없습니다. 대개 군상은 조명(造命)[412]하기 때문입니다. 만약 군상이 천명을 말하면 예악형정이 모두 쓸모없어질 것입니다."[413]

왕륭(王隆)[414]이 관랑(關朗)에게 물었다. "선생은 매번 흥망의 즈음을 논할 때면 반드시 도로써 등용하고 현인으로 보좌한다고 말씀하시는데 헤아리지 못하겠습니다만 이것은 두 가지 단서가 아닙니까?" 관랑이 대답했다. "삶과 죽음은 수가 정해져 있고 길흉은 미리 기약된 것이지만

---

409 『주자어류(朱子語類)』 45, 「논어(論語)」 27, 〈위령공문진장(衛靈公問陳章)〉 29.
410 세조(世祖) : 쿠빌라이(忽必烈, 1215~1294). 몽골제국 제5대 칸이자 중국 원나라의 시조.
411 이필(李泌) : 당나라 덕종(德宗) 때 신하.
412 조명(造命) : 운명을 만드는 것으로, 높은 지위에 있어 생사여탈권을 쥐고 사람의 화복(禍福)을 좌우함을 이른다.
413 『당서(唐書)』 권130, 「이필열전(李泌列傳)」 ; 『자치통감(資治通鑑)』 권233, 「당기(唐紀)」 49, 〈덕종신무성문황제(德宗神武聖文皇帝)〉 8.
414 왕륭(王隆) : 문중자 왕통(王通)의 아버지 동천부군(銅川府君).

변통할 수 있기 때문에 치란도 바꿀 수 있는 이치가 있다. 그러므로 군
자는 역에 대해서 움직이면 그 변화를 보고 그 점을 완미하고 묻고 난
뒤에 실행하며 참고한 뒤에 등용한다.[415]

　정자가 말했다. "관랑(關朗)의 점치는 방법[416]은 백 년 간의 일 중에
가장 좋다. 비록 천명이라도 다른 사람이 빼앗을 수 있다. 선가(仙家)에
서 몸을 기르는 것과 같은 경우는 이미 쇠한 나이를 빼앗지만, 성인은
도가 있어서 이미 쇠한 명을 연장할 수 있다."[417]

415 당(唐) 이연수(李延壽), 「관랑전(關朗傳)」.
416 관랑(關朗)의 점치는 방법 : 역리(易理)를 풀이한 『관랑역(關郎易)』은 대연(大衍)에 대한
　　이론 즉 설시(揲蓍)법이 대부분 널리 채택되었다. 주자는 관랑이 지었다고 알려진 역서와
　　병서가 모두 남송의 완일(阮逸)이 지은 위서(僞書)로 보았다(『주자어류(朱子語類)』 권
　　129, 「본조(本朝)」 3, 〈자국초지희녕인물(自國初至熙寧人物)〉).
417 『이정유서(二程遺書)』 권19, 「양준도록(楊遵道錄)」.

양렴(楊廉)⁴¹⁸이 말했다. "한나라가 흥성한 400년 중에 세 번 달력을 만들었다. 당나라는 300년 중에 7번 만들었다. 송나라는 100여 년 중에 18번 달력을 만들었다."⁴¹⁹

한나라 태초력(太初曆)⁴²⁰은 종률(鍾律)⁴²¹로 만들었고, 당나라 대연력(大衍曆)⁴²²은 시책(蓍策)으로 만들었고, 원나라 수시력(授時曆)⁴²³은 해

---

418 양렴(楊廉, 1452~1525) : 명나라 강서(江西) 풍성(豊城) 사람. 자는 방진(方震), 호는 외헌(畏軒), 시호는 문각(文恪). 성화(成化) 23년(1487) 진사(進士)가 되어 순천부윤(順天府尹) 등을 거쳐 예부상서(禮部尙書)를 지냈다. 나흠순(羅欽順)과 가까웠고 예악과 전곡(錢穀), 성력(星曆), 산수(算數)에 두루 정통하여 월호(月湖)선생으로 불렸다. 저서에 문집 『월호집(月湖集)』 및 『황명명신언행록(皇明名臣言行錄)』, 『대학연의절략(大學衍義節略)』, 『이락연원록신증(伊洛淵源錄新增)』 등이 있다.

419 청(淸) 곡응태(谷應泰), 『명사기사본말(明史紀事本末)』 권73, 「수명역법(修明曆法)」. 곡응태(谷應泰) : 청나라 직례(直隸) 풍윤(豊潤) 사람. 자는 갱우(賡虞). 호부주사(戶部主事)와 원외랑(員外郎), 절강제학첨사(浙江提學僉事) 등을 역임했다. 명나라의 전장제도(典章制度)를 두루 수집하여 『명사기사본말(明史紀事本末)』을 완성했다.

420 태초력(太初曆) : 한(漢)나라 때의 역법. 한 무제 태초(太初) 1년(기원전 104)에 등평(鄧平)·낙하굉(洛下閎) 등이 만들었는데 1일을 81로 등분하였기 때문에 팔십일분율력(八十一分率曆)이라고도 한다. 일식(日食)과 월식(月食), 행성의 운행을 계산하는 방법이 포함되어 있다.

421 종률(鍾律) : 황종(黃鍾)의 율(律). 황종은 음률(音律)의 기본이 되는 십이율(十二律 : 六律과 六呂) 가운데 가장 긴 것으로 육률(六律)의 첫째 음(기본 표준음)이며, 계절로는 11월, 간지는 자(子), 오음(五音)에서는 우(羽)에 해당한다.

422 대연력(大衍曆) : 당 현종 13년(722)에 고승(高僧)인 일행(一行)이 만든 역법(曆法). 『주역』, 「계사상(繫辭上)」의 "大衍之數"에서 취한 말이다(『신당서(新唐書)』, 「역지(曆志)」; 『구당서(舊唐書)』, 「역지(曆志)」).

423 수시력(授時曆) : 원대(元代)의 허형(許衡)과 곽수경(郭守敬) 등이 그때까지의 미진한 역법(曆法)을 개량하여 만든 것으로, 중국 고유의 역 중에서는 가장 완비된 것으로 알려

그림자를 측량하여 만들었다.[424]

반고(班固)[425]의 『율력지(律曆志)』에 말하기를 "책력(册曆)을 다스림
에는 삼가(三家)를 택하지 않을 수 없으니 전문가의 후예이고 경전에 통
달한 학자이고 수(數)에 정통한 선비이다."[426]라고 하였다. 그래서 한나
라의 공경(公卿) 호수(壺遂), 사마천(司馬遷) 등이 정삭(正朔)의 개정[427]
을 청하였으나 수(數)는 할 수 없었다. 등평(鄧平)[428]·당도(唐都)[429]·낙
하굉(洛下閎)[430]의 무리가 나타난 뒤에 태초력(太初曆)이 완성되었다. 최
호(崔浩)[431]는 위력(魏曆)에 정통한 사람으로 칭해졌고, 오직 고윤(高

져 있다. 수시라는 이름은 『서경(書經)』, 「요전(堯典)」의 "日月星辰曆象, 人時敬授"에서
　　 따온 것이다.
424 『명사(明史)』권31, 「지(志)」제7, 〈역법연혁(曆法沿革)〉.
425 반고(班固, 32~92) : 후한 때의 학자. 부풍(扶風) 안릉(安陵) 사람. 자는 맹견(孟堅).
　　 낭관(郎官)이 되어 전교비서(典校秘書)에서 부친 반표(班彪)의 유업(遺業)을 계승하여
　　 『한서(漢書)』를 찬사(撰寫)했다. 장제(章帝)의 명을 받아 『백호통의(白虎通義)』의 편찬
　　 을 주도하였다. 대장군(大將軍) 두헌(竇憲)이 흉노를 정벌할 때 중랑장사(中郎將事)로
　　 참전하였다가 패하여 감옥에서 생을 마쳤다.
426 반고의 『율력지』에 …… 정통한 선비이다 : 『명사기사본말(明史紀事本末)』권73, 「수명
　　 역법(修明曆法)」.
427 사마천은 아버지의 뒤를 이어 태사령에 임명되어 그 직무인 역(曆)의 개정에 종사하게
　　 되었는데 상대부(上大夫) 호수(壺遂) 등과 함께 태초(太初) 원년(元年, 기원전 104년)에
　　 태초력(太初曆)을 정하고 『사기』저술에 착수했다.
428 등평(鄧平) : 전한 무제 때 역관(曆官). 태사령(太史令)이었던 사마천의 역법 개정에 참여
　　 하여 태초력을 편찬했다.
429 당도(唐都) : 서한시대의 사람으로 한 무제 때 태초력 편찬에 참여했다.
430 낙하굉(洛下閎) : 한나라 파촉(巴蜀) 땅의 사람. 자는 장공(長公). 천문에 정통하였다.
　　 낙하(洛下)에 숨어 살면서, 무제(武帝)가 시중(侍中)을 제수하여도 받지 않았다. 치력(治
　　 曆)에 열중하여 전욱력(顓頊曆)을 고쳐 태초력(太初曆)을 만들었고 당도·등평과 함께
　　 사마천의 역법 개정에 참여했다. 혹 낙하굉(落下閎)이라고 표기하기도 한다.
431 최호(崔浩) : 후위(後魏) 사람. 자는 백연(伯淵). 어려서부터 학문을 좋아하여 경사(經史)

允)⁴³²만이 오성(五星)의 차(差)를 잘 분별했다. 정자가 말했다. "항상 요부(堯夫 : 邵雍)는 세차법(歲差法)⁴³³에 있어 고금에 으뜸이었다."⁴³⁴ 요부가 항상 말했다. "양자운(揚子雲 : 揚雄)은 역법과 역리를 알았다."⁴³⁵ 허형(許衡)⁴³⁶과 곽수경(郭守敬),⁴³⁷ 왕순(王恂)⁴³⁸이 역을 만들면서 그림자를 측량한 것은 백 대를 뛰어넘는다. 낙하굉·당도·등평은 전문가이다. 양웅·소옹·허형은 경전에 통달한 사람이고, 고윤·곽수경·왕순

와 백가어(百家語)에 능통하였고, 벼슬은 사도(司徒)에까지 이르렀는데, 특명으로 사무(史務)를 총리하였다.

432 고윤(高允) : 자는 백공(伯恭)이며 고호(高湖)의 조카이다. 문학을 좋아하고 경사(經史)와 천문·술수(術數)에 밝았다. 문성제(文成帝)가 즉위하여 중서령(中書令)으로 임명하고 늘 궁궐로 불러 종일토록 자문하였는데 영공(令公)이라 부르고 이름을 부르지 않았다. 효문제(孝文帝)가 함양공(咸陽公)이란 작위를 내렸다.

433 세차법(歲差法) : 춘분과 추분이 되는 때가 해마다 조금씩 틀리는 것.

434 『이정유서(二程遺書)』권15, 「입관어록(入關語錄)」, 〈혹운명도선생어(或云明道先生語)〉, "邵堯夫立差法, 冠絶古今."

435 『황극경세서』6, 「관물외편(觀物外篇)」, "楊雄知曆法又知曆理."

436 허형(許衡, 1209~1281) : 송말 원초의 경학가. 자는 중평(仲平), 호는 노재(魯齋), 시호는 문정(文正), 하내(河內) 사람. 과거에 뜻을 두지 않고 학문에 전념하였다. 원나라 세조가 국자감(國子監)의 재장(齋長)으로 삼았다. 소문산(蘇門山)에 은거하고 있던 조복(趙復)의 문인 요추(姚樞)에게 정주학을 배운 뒤로 송대 성리학에 전념하여 북방에 정주학을 일으켰다. 주자의 사서집주(四書集註)가 과시(科試)에 채택되게 하는 데 크게 공헌하였다. 저술에 『독역사언(讀易私言)』, 『노재심법(魯齋心法)』, 『허노재집(許魯齋集)』이 있다.

437 곽수경(郭守敬, 1231~1316) : 원나라 순덕(順德) 형태인(邢台人). 자는 약사(若思). 조부에게 수학과 수리(水利)를 배우고 원 세조(世祖)에게 수운의 개통을 건의하여 제로하거제거(諸路河渠提擧)를 맡았다. 허형(許衡)·왕순(王恂) 등과 함께 『수시력(授時曆)』을 편찬하고 여러 천문기기를 제조하였다. 또 전국에 관측소를 개설하여 실제 관측을 통해 양충보(楊忠輔)의 '1년이 365.2425일'이라는 설을 증명하였다.

438 왕순(王恂, 1235~1281) : 원나라 중산부(中山府) 당현(唐縣) 사람. 천문학자. 자는 경보(敬甫). 유병충(劉秉忠)을 따라 공부하여 역산(曆算)에 정통하게 되었다. 쿠빌라이의 추천으로 태자 진금(眞金)의 스승이 되었다. 태사령(太史令)이 되어 허형(許衡)·곽수경(郭守敬) 등과 함께 『수시력(授時曆)』을 만들었다.

은 도수에 정통한 사람이다.

　역법은 하늘을 공경하고 백성을 가르쳐 주기 위해 설치한 것이다. 하늘을 공경하는 것은 때에 따라 명령을 내리는 데 달려 있으니 변화를 살피고 마음을 경계하는 것이니 중요한 것은 상벌을 아는 것만한 것이 없다. 백성을 가르치는 것은 봄에는 씨 뿌리고[439] 가을에 수확하고[440] 여름에 만물이 생장하여 변화하고[441] 세말(歲末) 연초(年初)에는 새 책력(册曆) 나오니[442] 중요한 것은 농사만한 일이 없다. 그러므로 요임금과 순임금의 역법은 백관의 일이 다스려지고 모든 일이 완성되는 것[443]으로 하늘을 공경함을 삼았다. 성왕과 주공의 역법은 무일(無逸)과 빈풍(豳風)[444]으로 월령을 삼았으니 다만 보장(保章)[445]이나 설호(挈壺)[446]

439　봄에 씨 뿌리고 : 『서경(書經)』, 「요전(堯典)」에 "봄 농사를 고르게 한다[平秩東作]."라 하였고, 그 주에 "동작(東作)은 봄철에 농사 시작하는 것을 말한 것이다."라고 하였다.

440　가을에 수확하고 : '서성(西成)'이라 하여 가을의 추수를 말한다(『서경』, 「요전(堯典)」, "平秩西成").

441　여름에 만물이 생장하여 변화하고 : '남와(南訛)'라 하여 여름에 만물이 장성하여 변화하는 일을 말한다(『서경』, 「요전(堯典)」, "平秩南訛").

442　세말 연초에는 새 책력(册曆) 나오니 : '삭역(朔易)'이라 하여 『서경』, 「요전(堯典)」에 "화숙에게 거듭 명하여 삭방에 머물게 하시니, 유도라는 곳이다. 여기서 삭역을 고르게 살피게 하셨다[申命和叔 宅朔方 曰幽都 平在朔易]."라는 말이 나온다. 삭역(朔易)은 채침(蔡沈)의 전(傳)에 "동월(冬月)은 한 해의 농사를 이미 마쳐 묵은 것을 버리고 새것으로 바꾸니 마땅히 개역(改易)해야 할 일이다." 하였다. 한 해가 끝나 중국의 천자가 새로 천하에 책력(册曆)을 나누어 주기 때문에 이렇게 말한 것이다.

443　백관의 일이 …… 완성되는 것 : 『서경』, 「요전(堯典)」의 "1년은 모두 366일이 되는데, 여기에 윤달을 끼워 넣어야만 사계절이 정해지고 한 해가 이루어져서, 진실로 백관의 일이 다스려지고 모든 일이 완성되어 빛나게 될 것이다[朞三百有六旬有六日 以閏月 定四時成歲 允釐百工 庶績咸熙]."라는 말에서 나온 것이다.

444　무일(無逸)과 빈풍(豳風) : 무일은 『서경』, 「주서(周書)」의 편명(篇名)으로, 주공(周公)이 어린 성왕(成王)에게 안일함을 경계시키기 위하여 지었다고 하며, 빈풍은 『시경』,

와 같은 부류이기만 한 것은 아니고 세밀하게 시각의 분초의 말단까지 살폈다.[447]

고삭(告朔)[448] 반정(頒政)[449]하는 의식과 길흉 흥작(興作)의 일은 모두 시일(時日)에 맞아야 하고 종률(鐘律)의 대소 구별과 성음(聲音)의 청탁(淸濁) 구분은 모두 월령(月令)에 맞아야 하며, 경상(慶賞)ㆍ주벌(誅罰)의 법과 선한 사람과 악한 사람을 구별하고 벼슬을 올리고 내리는 일은 모두 고적(考績)을 거쳐야 한다. 역법이 아니면 예는 그 쓰임을 잃고 음악은 그 절도를 잃고 형정은 그 때를 잃고 정사는 그 도를 잃는 것이다.[450]

검은 말을 흰 말로 색을 바꾸고 건인월(建寅月)에서 건축일(建丑月)로

「국풍(國風)」의 편명으로, 역시 주공이 성왕에게 주나라 선조들이 나라를 세우기 위해 애쓴 일을 서술함으로써 왕업(王業)의 어려움에 대하여 깨우친 내용이다.

445 보장(保章) : 보장씨(保章氏)로 성신일월(星辰日月)의 변동을 관장하는 관명이다.

446 설호(挈壺) : 설호씨(挈壺氏) 또는 설호정(挈壺正)의 약칭으로, 시각(時刻)을 맡은 관명이다.

447 명(明) 서광계(徐光啟), 『신법산서(新法算書)』 권8, 「연기(緣起)」 8, 〈시계(時計)〉. 『신법산서(新法算書)』 : 명말에 서광계(徐光啟)ㆍ이지조(李之藻)ㆍ탕약망(湯若望) 등이 편찬한 천문역산서(天文曆算書).

448 곡삭(告朔) : 매월 1일 천하 제후들에게 반포한다는 뜻으로, 옛날 천자가 매년 섣달에 이듬해 12개월의 역서(曆書)를 각 제후들에게 발급해 주던 것을 말한다. 그러면 제후들이 이를 조묘(祖廟)에 간직해 두었다가 매월 1일마다 사당에 가서 고한 뒤에 그 역서에 적힌 대로 시행하였다.

449 반정(頒政) : 관리의 임면(任免)ㆍ천전(遷轉)ㆍ출척(黜陟)에 관한 명령을 반포하는 일.

450 이규경(李圭景, 1788~1856)의 『오주연문장전산고(五洲衍文長箋散稿)』, 「경사편(經史篇)」 4, 경사잡류(經史雜類) 2, 〈춘소십일원변증설(春沼十一原辨證說)〉, 원력(原曆)에 이 구절이 인용되어 있다. 다만 글의 순서가 바뀌어 있는데, "고삭 반정하는 의식과 …… 고적을 거쳐야 한다."는 문장이 "역법이 아니면 …… 그 도를 잃는 것이다."는 문장 다음에 나온다.

달리했다.⁴⁵¹ 한나라는 흰색 기신(祇神 : 토지신)의 징조를 잡았고⁴⁵² 위나라는 상서로운 별의 징험⁴⁵³을 일컬었다.⁴⁵⁴

소송(蘇頌)⁴⁵⁵이 거란(契丹)으로 하여금 동지가 되면 그 나라의 역법을 송나라의 역법보다 하루가 늦도록 하였다. 대개 해시(亥時 : 밤 9~11시)는 절기가 교대하니 마치 오늘 밤이 몇 각을 지나면 자시(子時)에 속해 내일이 되는 것과 같아서 각각 그 절기를 따르는 것이다.⁴⁵⁶

방옹(放翁)⁴⁵⁷의 추흥시(秋興詩)에 말했다. "중원의 일월은 오랑캐의

---

451 건인월(建寅月)에서 건축일(建丑月)로 달리했다 : 은나라는 건축월(建丑月)을 정월로 삼 았는데, 축월은 음력 12월을 말한다. 주(周)나라는 건자월(建子月), 즉 음력 11월을 정월 로 하였고, 하(夏)나라는 건인월(建寅月), 즉 음력 1월을 정월로 하였다.

452 흰색 기신(祇神)의 징조를 잡았고 : 한 고조(高祖) 유방(劉邦)이 적제(赤帝)의 아들이기 때문에 기치(旗幟) 등을 모두 적색으로 하고, 오행(五行) 가운데 적색에 해당하는 화(火)로 한 나라의 덕을 삼았다는 말이다. 유방이 밤중에 취해서 길을 가다가 큰 뱀 한 마리를 죽였는데, 그 뱀은 백제(白帝)의 아들이고 유방은 적제(赤帝)의 아들이라는 이야기가 『사기(史記)』, 「고조본기(高祖本紀)」에 전하고, 『한서(漢書)』, 「고제기찬(高帝紀贊)」에 "뱀을 죽인 그 상서 환히 드러나 언제나 적색 깃발 숭상했나니, 화덕과 일치함은 자연스러운 보응이라, 이에 하늘의 대통을 얻었도다[斷蛇著符 旗幟上赤 協宇火德 自然之應 得天統矣]."라는 내용이 실려 있다.

453 상서로운 별의 징험 : 『위지(魏志)』에 환제(桓帝) 때 상서로운 별인 황성(黃星)이 나타나 자 천문가인 은구(殷頒)가 50년 후 새로운 군주의 출현을 예언했는데, 50년 후 조조(曹操)가 원소(袁紹)를 격파한 일을 말한다.

454 당(唐) 양숙통(梁蕭統), 『문선이선주(文選李善註)』 권36, 「영명구년책수재문(永明九年 策秀才文)」 오수(五首), 왕원장(王元長).

455 소송(蘇頌) : 자는 자용(子容). 송(宋)나라 학자. 『신의상법요(新儀象法要)』를 지었음.

456 『송사(宋史)』 권340, 「소송열전(蘇頌列傳)」.

457 방옹(放翁) : 남송(南宋)의 시인 육유(陸游)의 호이다. 자는 무관(務觀), 또 다른 호는 위남(渭南)·노학암(老學菴)·구곡노초(九曲老樵) 등이다. 당시 재상인 진회(秦檜)가 금(金)나라와의 강화(講和)를 주장할 때 강화에 반대하여 등용되지 못하다가, 진회가

역책을 사용했다."

도연명[458]이 「도화원시(桃花源詩)」에 말했다. "책력의 기록이 없기는 하지만 사계절은 돌아 저절로 한 해가 이루어진다."[459]

명나라 사천감(司天監) 원주(元主)가 수정 물시계를 제작해서 바치니, 임금이 말하기를 "여러 가지 기계에 힘쓰는 것을 그만두고 여기에만 마음을 쓰면 이른바 무익한 것을 만들어 유익한 것을 해치는 것이다."라 하고 명하여 부수었다.[460]

주대(周代)의 말기에 역관(曆官)이 기능을 잃고 여러 나라로 분산되었다. 그리하여 나라마다 책력을 갖게 되었다. 고려에서는 따로 책력을 만들지 않고 당(唐)나라의 선명력(宣明曆)을 사용하였다. 장경(長慶 : 당 목종(穆宗)의 연호) 임인년(822)부터 태조(太祖)가 개국할 때까지 거의 1백

죽은 뒤에 추밀원편수(樞密院編修)를 거쳐 보장각대제(寶章閣待制)로 치사(致仕)하였다. 뛰어난 시인으로 역대 최다의 시작(詩作)을 남겼으며, 특히 도연명(陶淵明)의 자연을 즐기는 시풍을 가장 숭상했다고 한다(『송사(宋史)』 권395, 「육유열전(陸游列傳)」).

458 도연명(陶淵明, 365~427년) : 연명(淵明)은 도잠(陶潛)의 자이다. 호는 오류선생(五柳先生). 동진(東晋) 말기부터 남조(南朝)의 송대(宋代) 초기에 걸쳐 생존한 중국의 대표적 시인. 팽택현(彭澤縣)의 현령이 되었을 때 군(郡)에서 독우(督郵)를 보냈는데, 현리(縣吏)가 의관을 갖추고 그를 보라고 하자, "오두미(五斗米)를 위하여 구차히 향리의 소아에게 허리를 굽힐 수 없다." 하고 그날로 인끈을 풀고는 「귀거래사(歸去來辭)」를 읊고 고향으로 돌아가 한가로이 노닐었다고 한다. 저서에 『도연명집(陶淵明集)』이 있다(『진서(晉書)』 권94, 「은일열전도잠(隱逸列傳陶潛)」; 『남사(南史)』 권75, 「은일열전도잠(隱逸列傳陶潛)」).

459 도잠(陶潛), 『도연명집(陶淵明集)』 권5, 「도화원기(桃花源記)」.

460 담약수(湛若水), 『격물통(格物通)』 권80, 「억부말(抑浮末)」 하.

년이 지났으니 그 계산이 벌써 차가 생겼을 것이다. 당(唐)에서는 이에
앞서 벌써 책력을 개정하였다. 이때부터 책력이 모두 22차례나 바뀌었
는데 고려에서는 그대로 쓰고 있다가 충렬왕(忠烈王) 때에 와서 원나라
의 수시력으로 바꾸어 썼다. 그러나 개방(開方)의 방법이 전하지 아니하
였으므로 초하루 그믐을 보는 법과 일식·월식을 계산하는 방법이 아직
선명력(宣明曆)[461]의 옛 방법을 따르므로 휴식(虧食)하는 것이 시간이 늘
어나서 하늘의 운행과 들어맞지 않는데, 일관(日官)이 적당하게 시간을
앞당기고 늦추고 해서 서로 끌어다 맞추고 다시 정확을 기하지 못하였
으며 고려의 왕조가 끝날 때까지 고치지 못하고 말았다.[462]

　　우리나라 세종대왕은 자격루(自擊漏)·간의대(簡儀臺)·흠경각(欽敬
閣)·앙부일구(仰釜日晷) 등을 제작하였는데, 만든 것이 극히 정치(精緻)
하였으며, 모두가 왕의 뜻에서 나온 것이었다. 비록 여러 공장(工匠)들
이 있었으나 임금의 뜻을 맞추는 이가 없었는데, 오직 호군(護軍) 장영
실(蔣英實)이 임금의 지혜를 받들어 기묘한 솜씨를 다하여 부합되지 않
음이 없었으므로 임금이 매우 소중히 여겼다.[463]

---

461 선명력(宣明曆) : 당 목종(穆宗) 때에 서앙(徐昻)이 대연력에 태음시차법(太陰視差法)을
　　 보태어 만든 역으로 장경선명력(長慶宣明曆)이라 한다(『신당서(新唐書)』 권30상, 「역문
　　 (曆文)」). 하지만 별로 우수한 것이 아니어서 조선과 중국에서 널리 쓰이지 않았다.
462 『고려사(高麗史)』 권50, 「지(志)」 4, 〈역(曆)〉 1. 안정복의 『동사강목(東史綱目)』(제12
　　 상 신사년 충렬왕 7년조)에 재인용.
463 서거정(徐居正), 『필원잡기(筆苑雜記)』 제1권.
　　 『필원잡기(筆苑雜記)』 : 조선 전기의 학자 서거정(徐居正, 1420~1488)이 지은 한문 수필
　　 집. 2권 2책. 내용은 조선의 예로부터 전하는 일사(逸事)와 한담(閑談) 중에서 후세에
　　 전할 만한 것을 추려 모아 엮은 것이다. 『대동야승(大東野乘)』에도 수록되어 전한다.
　　 서거정(徐居正, 1420~1488) : 본관 달성(達成), 자는 강중(剛中), 호는 사가정(四佳亭),
　　 시호는 문충(文忠). 1444년(세종 26) 식년문과에 급제, 사재감직장(司宰監直長)을 지냈

정강성(鄭康成)이 말했다. "실어 보내는 것은 기(璣)이고 지식(止息)하는 것은 형(衡)이다."⁴⁶⁴

선기옥형(璇璣玉衡)⁴⁶⁵의 제작은 고신씨(高辛氏)⁴⁶⁶로부터 시작되어 순임금은 선(璇)으로 기(璣)를 만들어 굴려 움직여 사용하였으니 이것을 기라고 하는데, 옥으로 관을 만들고 그 안에 가로로 놓은 것을 형이라고 한다. 기로 천체를 정하고 형으로 칠정을 밝혔으니 바로 지금의 이른바 혼천의이다. 진시황이 전적을 불태운 뒤 그 법은 자취가 없어졌다. 한나라 낙하굉(洛下閎)이 처음으로 경영하였고 선우망인(鮮于妄人)⁴⁶⁷이 다시 그것을 헤아려 역법을 고쳤고 경수창(耿壽昌)⁴⁶⁸에 이르러 비로소 그 모양을 만들어 전동하여 살펴서 일월성신이 있는 곳을 알 수 있었다. 당나라 이순풍(李淳風)⁴⁶⁹이 그것으로 인하여 삼중의 혼천의를 만들어 밖

다. 사가독서(賜暇讀書) 후 집현전박사(集賢殿博士) 등을 거쳐 공조참의 등을 역임했다. 문장과 글씨에 능하여 『경국대전(經國大典)』, 『동국통감(東國通鑑)』, 『동국여지승람(東國興地勝覽)』 편찬에 참여했으며, 『향약집성방(鄕藥集成方)』을 국역(國譯)했다. 저서에 『동인시화(東人詩話)』, 『동문선(東文選)』, 『역대연표(歷代年表)』, 『태평한화골계전(太平閑話滑稽傳)』, 『필원잡기(筆苑雜記)』, 『사가집(四佳集)』 등이 있다.
464 노조(盧肇), 『전당문(全唐文)』 권768, 「혼천법(渾天法)」.
노조(盧肇) : 자는 자발(子發). 흡주(歙州) 등의 자사(刺史)를 지냈고, 저서로 『문표집(文標集)』이 있다.
465 선기옥형(璇璣玉衡) : 『서경』, 「순전(舜典)」에 의하면, 순임금이 섭위(攝位)하여 맨 처음으로 선기옥형을 살펴서 칠정(七政 : 日月五星)의 운행을 고르게 하였다고 한다. 선기옥형은 혼천의(渾天儀) 같은 천체관측 기구이다.
466 고신(高辛氏) : 태고시대의 제왕으로 황제(黃帝)의 증손이라 하는데, 고신은 호이며 이름은 곡(嚳)이라고 전하며, 제곡(帝嚳)이라고도 한다.
467 선우망인(鮮于妄人) : 한나라 때 술사(術士)로 재래의 역(曆)을 고쳤다.
468 경수창(耿壽昌) : 한나라 선제(宣帝) 때 사람. 산수(算數)에 능하고 장사의 재간이 있었다. 대사농중승(大司農中丞)이 되어 상평창의 제도를 만들었다.
469 이순풍(李淳風) : 당나라의 풍수가(風水家). 천문(天文)과 역산(曆算) 및 음양(陰陽)의

에 있는 것을 육합이라 하고 그 안을 삼진이라 하고 가장 안을 사해라고 하였고 일행(一行)이 다시 보탠 것⁴⁷⁰을 황도의로 하였다. 정강(靖康)의 난에 의상(儀象 : 천문관측 기구)이 금나라와 원나라 사람들의 것을 답습하여 규환이 맞지 않아 다시 시행하기 어려웠다. 그래서 곽수경(郭守敬)이 간의(簡儀),⁴⁷¹ 앙의(仰儀)⁴⁷² 및 여러 의표(儀表)⁴⁷³를 새로 만들어 내었는데 옛사람들이 하늘을 살핀 것이 수도(宿度)의 여분이 정확하게 들어맞지 않는다고 여겨 두 선으로 추측하여 여분을 세밀하게 하였으니 모두 참고할 만한 것이 있다. 또 당시에 사방을 측경(測景)⁴⁷⁴한 것이 모두 27인데 동쪽 끝은 고려이고 서쪽 끝은 전지(滇池)⁴⁷⁵이고 남으로는 주애(朱崖)⁴⁷⁶까지 닿았고 북으로는 철륵(鐵勒)⁴⁷⁷에서 끝나니 옛사람들

학문에 정통하여 혼천의(渾天儀)와 황도의(黃道儀) 등을 만들었다. 저서에 『법상서(法象書)』, 『전장문물지(典章文物志)』, 『기사지(己巳志)』가 있다.
470 일행(一行)이 다시 보탠 것 : 당 현종(玄宗) 때의 고승(高僧)인 일행이 개원대연력(開元大衍曆)을 지은 것을 말한다.
471 간의(簡儀) : 천체(天體)의 운행과 현상을 관측하던 기계.
472 앙의(仰儀) : 태양의 위치와 일식을 관측하는 장치.
473 의표(儀表) : 태양 그림자의 길이 변화를 관측하여 춘분·추분·하지·동지의 시각을 결정하는 데 사용하는 해시계의 일종인 규표 등을 말한다.
474 측경(測景) : 측영(測影)과 같은 말로, 해의 그림자 길이를 측정하여 세시(歲時)와 절후(節候)를 재는 것이다.
475 전지(滇池)는 운남성(雲南城) 밖에 있는데, 너비가 500백 리이다. 한 무제(武帝)가 전(滇)나라를 정벌하고자 곤명지(昆明池)를 만들어 수전(水戰)을 익혔던 곳이 바로 그 못이다.
476 주애(朱崖) : 한 무제(武帝) 때 월(越)을 평정하고 설치한 군(郡)의 이름으로 대해(大海) 가운데에 있다. 남방에 있는 지명으로 가장 험준하고 멀리 떨어져 있기 때문에, 대신이 죄를 지으면 이곳으로 귀양을 보냈다.
477 철륵(鐵勒) : 종족의 이름으로, 그 선조(先祖)는 흉노의 후예이다. 칙륵(敕勒)이라고도 한다. 수(隋)나라 때에는 바이칼호(湖) 남쪽에서 아랄해(海)·카스피해(海) 북쪽에 걸친 지역에 분포해 있었다.

이 하지 않은 것은 그 법이 모두 『원사(元史)』에 기재되어 있어서 의표는 지금에 이르기까지 사용된다.[478]

양란(楊爛)[479]이 「혼천의부(渾天儀賦)」에서 말했다. "35관은 여러 생명의 목숨이 달려 있다. 12차는 하토의 봉기에 해당한다. 하늘은 우산을 기울인 것〔倚蓋〕과 같고 땅은 물 위에 떠 있는 배와 같아서 춘분이나 추분 때면 해의 출몰 시각이 원래 묘시(卯時)와 유시(酉時)가 된다. 밤과 낮이 생기고, 규성(奎星)에서 교차하고 각성(角星)에서 합해지니[480] 봄과 가을이 있다."[481]

누각(漏刻)의 제작은 황제(黃帝) 헌원씨(軒轅氏) 때에 시작된 것이니 하나라와 은나라의 시대에 널리 베풀어졌다. 또 말하길 동지에 이르러 주루가 40각이고 동지의 뒤에는 해가 길어져서 9일에 1각이 더해진다. 하지에 이르러 주루는 65각이고 하지 뒤에는 해가 짧아져서 9일에 1각이 줄어든다. 한나라 제도는 또한 동지 앞에 3일이 낮이고 동지 뒤 3일이 낮은 45각이고 밤은 55각으로 주야가 합하여 백각(百刻)이다. 하지

---

478 청(淸) 손승택(孫承澤), 『춘명몽여록(春明夢餘錄)』 권59, 「흠천감(欽天監)」 2, 〈관상대(觀象臺)〉.

479 양란(楊爛): 초당(初唐)의 시인 양형(楊炯, 650~693 추정)을 말한다. 그는 변려문(駢儷文)에 능하여 오언율시(五言律詩)에 정통했다. 왕발(王勃)·노조린(盧照鄰)·낙빈왕(駱賓王) 등과 더불어 초당 4걸 또는 왕양노락(王楊盧駱)이라 불렸다. 주요 저서에는 『영천집(盈川集)』 등이 있다

480 춘분(春分)에는 동으로 각성(角星)에서 5도보다 좀 모자라는 곳에서 교차되며, 추분(秋分)에는 서쪽으로 규성(奎星)에서 14도보다 좀 넘어선 곳에서 교차되며 태양도 이 위치에 있다. 28수(宿) 중 하나로 28수의 운행에 따라 절후가 바뀐다. 해가 규성에 있다 함은 해의 교차점이 규성에 해당하는 시기를 말한 것이다(『예기(禮記)』, 「월령(月令)」).

481 양형(楊炯), 『영천집(盈川集)』 권1, 「혼천부(渾天賦)」.

전 3일 낮과 하지 후 3일 낮은 65각이고 밤이 35각으로 주야가 합하여 백각이다.[482]

한나라 제도는 북을 울려 군대를 움직였다. 밤 시계〔夜漏〕가 북을 울리면 일어나고, 낮 시계〔晝漏〕가 종을 울리면 휴식했다.[483]

설호(挈壺)는 시각을 담당하는데 누각의 잔이 넘쳐흐르고 선수(仙叟)는 자〔尺〕를 잡고 물을 따라 부침한다.[484]

482 서견(徐堅), 『초학기(初學記)』 권25, 「기용부(器用部)」.
483 『태평어람(太平御覽)』, 「천부(天部)」 2, 〈각루(刻漏)〉 8.
484 『태평어람(太平御覽)』, 「천부(天部)」 2, 〈각루(刻漏)〉 16.

37 윤법(閏法)

　자고(鷓鴣)새는 나는 숫자를 달수에 맞춘다. 예를 들어 정월에는 한 번만 날고 2월에는 두 번 날고 윤달에는 둥우리 안에 가만히 들어앉아 다시 날아오르지 않는다.[485]

　「오행지(五行志)」에 "주나라가 쇠하자 천자가 책력을 반포하지 못하였고, 노나라의 역법은 윤달을 바르게 두지 않아서 그 달의 대소를 헤아릴 수 없었다."라고 하였다.[486] 그러므로 진(秦)나라 선공(宣公)이 12년 동안 나라를 누리면서 처음으로 윤월을 기록했는데[487] 이것이 각국의 역법이 서로 다르다는 것의 하나의 증거이다. 춘추시대 각 나라의 역법이 같지 않았는데 경전에 근거가 있는 것은 노나라 역법뿐이다.

　두예(杜預)[488]는 경전의 상하 일월을 헤아려서 장력(長曆)[489]을 만들었는데 윤달을 자주 배치하는 것에 일정한 기준이 없다고 여겨 스스로 상역(常曆)과는 다르다고 말했다.

---

485 『태평광기(太平廣記)』, 「금조(禽鳥)」 2, 〈비수(飛數)〉 1.
486 「오행지」에 …… 라고 하였다 : 『전한서(前漢書)』 권27, 「오행지(五行志)」 7.
487 진(秦)나라 선공(宣公)이 …… 윤월을 기록했는데 : 『사기(史記)』 권6, 「시황제본기(秦始皇本紀)」 6.
488 두예(杜預) : 진나라 무제(武帝) 때 사람. 자는 원개(元凱). 진남대장군(鎭南大將軍)으로 오(吳)를 쳐서 평정하였다. 저서에 『춘추좌씨경전집해(春秋左氏經傳集解)』와 『춘추장력(春秋長曆)』이 있다.
489 장력(長曆) : 『춘추장력(春秋長曆)』을 말하는데, 천세력(千歲曆)으로 추보(推步)에 의하여 두예(杜預)가 만든 책력이다. 두예의 말에 의하면 『춘추장력(春秋長曆)』은 상서(尙書)와 사관(史官)이 건도력(乾度曆)을 가지고 태시력(太始曆)과 참고 비교하여 만든 것이라 하였다.

『황극경세서』에 말했다. "달이 한 번 만나면 반나절이 보태지거나 반나절이 덜어진다. 그래서 윤달의 나머지가 된다. 해가 한 번 대운(大運)하여 6일 나아가고 달이 한 번 대운(大運)하여 6일이 물러난다. 그래서 윤달의 차이가 된다."[490]

구준(丘濬)이 말했다. "기(期)는 한 해의 족일(足日)이고, 세(歲)는 한 해의 성일(省日)이다. 윤(閏)은 세 해의 성일을 보탠 것이니 세 해의 하루를 모은 것이다. 대개 윤이 없으면 시(時)가 정해지지 않고 시가 정해지지 않으면 한 해가 이루어지지 않는다."[491]

일(日)은 일 년에 366일이고 월(月)은 일 년에 354일이다. 나머지가 12일인데 일(日)은 일 년에 6일이 넘치고 월(月)은 일 년에 6일이 모자라니 모두 12일이 윤(閏)이 된다.

---

490 『황극경세서』, 「관물외편」 상.
491 『대학연의보(大學衍義補)』 권92, 「역상지법(曆象之法)」 상.

38 삼재(三才)

주량규(朱良規)가 말했다. "하늘의 풍월(風月), 땅의 꽃과 버들, 사람의 가무(歌舞) 이것이 없으면 삼재(三才)가 이루어지지 않는다."[492]

주자가 진동보(陳同父)에게 답하는 편지〔答陳同父〕에서 말했다. "삼재(三才)가 삼재가 되는 까닭은 본래 두 가지 길이 있는 것은 아니다. 천지는 무심하지만 사람은 욕망이 있기 때문에 천지의 운행은 끝이 없지만 사람에게 달린 것은 때가 있으니 서로 같지 않다. 대개 의리의 마음이 잠시라도 보존되지 않으면 사람의 도는 그친다. 사람의 도가 그치면 천지의 작용이 비록 그만둔 적이 없어도 나에게 달려 있는 것은 진실로 바로 여기에서 행해지지 않는다. 다만 그 높은 것이 항상 위에서 운행하고 무너져 내린 것이 항상 아래에 있는 것으로만 보아서는 안 되니, 바로 사람의 도는 바로 서지 않을 때가 없고 천지가 그것에 의존하여 그 징험을 보존하기 때문이다."[493]

공자가 건괘(乾卦)를 찬하여 말했다. "사특함을 막고 그 성을 보존한

---

492 『어선역대시여(御選歷代詩餘)』 권114, 「사화(詞話)」, 〈양신(楊愼)〉, "子友朱良規嘗云, 天之風月, 地之花柳, 與人之歌舞, 無此不成三才. 雖戲語亦有理也."

양신(楊愼, 1488~1559): 명나라 중기 사천(四川) 신도(新都) 사람. 자는 용수(用修)고, 호는 승암(升菴)이다. 1511년 과거에 장원급제, 한림원수찬(修撰)으로 제수되었다. 1524년 계악(桂萼) 등이 등용될 때 동지 36명과 함께 반대의견을 가정제(嘉靖帝 : 세조)에게 직간하다가, 황제 앞에서 곤장을 맞고 유배된 후 재능을 숨기고 살았다. 경학(經學)과 시문이 탁월하였으며 박학하기로 이름이 높았다. 저서에 『단연총록(丹鉛總錄)』, 『승암집(升菴集)』 등이 있다.

493 『회암집(晦庵集)』 권36, 「답진동보(答陳同甫)」 8.

다." 곤괘(坤卦)를 찬하여 말했다. "경(敬)하여 안을 곧게 한다." 대개 건은 성인의 도이며 성(誠)은 덕을 이루는 일이다. 곤은 현인의 도이며 경(敬)은 덕으로 들어가는 방법이다.

『황극경세서』에 말했다. "더위가 변해서 만물의 본성이 되고 추위가 변해서 만물의 정감이 되고 낮이 변해서 만물의 형상이 되고 밤이 변해서 만물의 본체가 된다. 사람은 추위와 더위, 낮과 밤으로 바뀌지 않음이 없고 비·바람·이슬·우레로 변하지 않음이 없다. 본성과 정감과 형상과 본체는 감응하지 않음이 없고 달리는 것과 나는 것, 풀과 나무는 감응하지 않음이 없으니 눈이 만물의 색을 볼 수 있고 귀가 만물의 소리를 잘 들을 수 있고 코가 만물의 냄새를 맡을 수 있고 입이 만물의 맛을 볼 수 있어서 사람이 만물보다 영묘함이 또한 마땅하지 않겠는가."[494]

『설문해자』에 '왕(王)'자의 뜻을 풀이하여 "일(一)이 삼(三)을 관통한다."라고 말했으니 한 사람이 삼재를 관통한다는 말이다.[495]

---

494 『황극경세서(皇極經世書)』 권11, 「관물편(觀物篇)」 51.
495 『설문해자(說文解字)』 권2, 「옥부(玉部)」.

응천(應天)

총자(寵籍)는 정무를 담당하는 것으로 기강을 잡을 수 없다고 말했고, 채양(蔡襄)[496]은 조정에서는 인사를 수양할 수 없다고 논했다. 한기(韓琦)[497]가 상주한 조목의 열 가지 일은 차를 마시는 데 드는 비용의 절감을 우선으로 삼았고, 범중엄(范仲淹)이 열거한 네 가지 일은 관리가 평소에 닦아야 하는 요체를 살핀 것이다. 나는 오늘날 하늘을 섬기는 것이 이미 수양한 것인지 아직 수양하지 않은 것인지 알지 못하겠다.

계문자(季文子)[498]가 말했다. "하늘을 두려워하지 않으면 장차 어찌 보존할 수 있겠는가?"[499]

명나라 태조가 말했다. "민심을 얻으면 천심을 얻는다. 지금 하늘의 재앙을 그치고자 하니 다만 마땅히 수기에 힘쓰고 애민에 정성을 다하

---

496 채양(蔡襄, 1012~1067) : 송나라의 흥화군(興化軍) 선유(仙遊) 사람. 자는 군모(君謨), 시호는 충혜(忠惠). 인종(仁宗) 천성(天聖) 8년(130)에 진사로 단명전(端明殿) 학사가 되었기 때문에 채단명이라 불리고, 한림학사(翰林學士)·삼사사(三司使)를 역임했다. 문학적 재능도 뛰어났고, 서예에도 능해 소식(蘇軾)·황정견(黃庭堅)·미불(米芾)과 함께 송나라의 4대가로 꼽힐 정도였다. 저서에 『다록(茶錄)』과 『여지보(荔枝譜)』, 『채충혜공집(蔡忠惠公集)』 등이 있다.

497 한기(韓琦, 1008~1075) : 송나라 영종(英宗) 때의 정승. 자는 치규(稚圭), 호는 공수(贛叟), 시호는 충헌(忠獻). 하남성(河南省) 안양(安陽) 사람. 범중엄(范仲淹)·부필(富弼)과 함께 명망이 높았다. 저서에 『맹자찬(孟子贊)』, 『안양집(安陽集)』 등이 있다.

498 계문자(季文子) : 춘추시대 노(魯)나라 때 대부(大夫). 신중하면서도 검소한 재상으로 알려져 있다.

499 『시경』, 「소아(小雅)」, 〈하인사(何人斯)〉에 "사람에 대해서야 부끄럽지 않다 하더라도, 하늘에 대해서야 두려워하지 않을 것인가〔不愧于人 不畏于天〕."라는 말이 나온다.

면 거의 하늘의 답이 돌아올 것이다." 이에 백성의 세금을 면해 주었다.[500]

제환공(齊桓公)[501]이 왕은 무엇을 귀하게 여기는지 물었다. 관중(管仲)이 대답했다. "하늘을 귀하게 여깁니다." 제환공이 하늘을 올려다보자 관중이 말했다. "이른바 하늘이란 푸르고 아득한 하늘이 아닙니다. 임금은 백성을 하늘로 여깁니다."[502]

『시경』에 말했다. "하늘은 밝은지라 너의 나아가 왕래함에 미치며, 하늘은 밝은지라 너의 방종한 행동에 미친다."[503] 천도는 환하게 밝아 무릇 임금이 출입하고 왕래할 때나 유유자적하며 한가로이 지낼 때도 하늘이 굽어보지 않는 곳이 없다는 말이다.[504]

송나라 손적(孫覿)[505]이 금나라 사람에게 붙어 아부하고 순천(順天)과

---

500 『명태조보훈(明太祖寶訓)』 권4.
501 제환공(齊桓公, 기원전 685~643) : 제나라의 15대 군주. 본명은 소백(小白), 시호는 환(桓)이다. 양공(襄公, 기원전 697~686 재위)의 이복동생으로 양공이 연칭(連稱)과 관지보(管至父)에 의해 시해된 후 정적(政敵)인 공자 규(糾)를 제치고 즉위하여 43년 동안 재위. 재위 기간 중 관중(管仲) 등 현신들의 보필을 받아 내치와 외정 양면에서 혁혁한 성공을 거둬 제나라를 제일의 강대국으로 진흥시키고, 여러 차례 제후들을 회합하여 맹약을 세우는 등 위망(威望)을 떨치고 춘추오패(春秋五覇)의 선봉이 되었다.
502 한영(韓嬰), 『한시외전(韓詩外傳)』 권4.
503 하늘은 밝은지라 …… 행동에 미친다 : 『시경』, 「대아(大雅)」, 〈판(板)〉, "昊天曰明, 及爾出王. 昊天曰旦, 及爾游衍." 주공(周公)의 후손으로 대부(大夫)가 된 범백(凡伯)이 무도한 여왕(厲王)을 풍자한 노래.
504 『대학연의(大學衍義)』 권28, 「성의정심지요(誠意正心之要)」 1, 〈숭경외(崇敬畏)〉, 사천지경(事天之敬).
505 손적(孫覿, 1081~1169) : 송나라 상주(常州) 진릉(晉陵) 사람. 자는 중익(仲益)이고, 호

역천(逆天)의 설로 스스로를 변명하니 어떤 사람이 그를 기롱하여 말했다. "그대가 금나라 진영에 있으면서 하늘의 뜻을 따른 것이 매우 심하니 오래 살고 건강하리라."[506] [507]

는 홍경거사(鴻慶居士)다. 휘종(徽宗) 대관(大觀) 3년(1109) 진사(進士)에 올라 한림학사(翰林學士)가 되었는데, 흠종(欽宗)이 금나라에 항복하는 표(表)를 작성했다. 호부상서(戶部尙書)를 거쳐 온주지주(溫州知州)와 평강(平江), 임안(臨安) 등을 맡아 다스렸다. 가는 곳마다 주민을 동요시키고 군전(軍錢)을 도용(盜用)해서 제명(除名)되었다. 악비(岳飛)를 헐뜯어 세상 사람들이 인간 취급을 하지 않았다. 시문(詩文)을 잘 지었다. 저서에 『홍경거사집(鴻慶居士集)』이 있다.

506 오래 살고 건강하리라 : 병자호란 때 청나라에 인조가 항복하자 이경석(李景奭)이 그 항복문인 삼전도비문(三田渡碑文)을 찬진(撰進)하였는데, 이경석이 궤장(几杖)을 하사받을 적에 송시열(宋時烈)이 서문을 지으면서 "오래 살고 건강하라〔壽而康之〕."라고 하여, 금나라에 항서(降書)를 쓴 손적에 비유하여 비난하였다(『연려실기술(燃藜室記述)』 권26, 「인조조고사본말(仁祖朝故事本末)」).

507 정강(靖康) 2년(1127)에 송 흠종(欽宗)이 금나라에 항복했을 때 그들이 요청하는 항복문(降伏文)을 손적(孫覿)이 지었는데, 지나치게 송나라를 비하하고 오랑캐에게 아첨했다 하여 주희(朱熹)가 그 일을 기록하여 손적을 비난하였다(『회암집(晦庵集)』 권71, 「기손적사(記孫覿事)」).

공영달이 『주역주소』에서 말했다. "감은 움직이는 것이고 응은 답하는 것이다. 모든 앞선 것은 감이 되고 뒤의 것은 응이 된다. 가까운 일만 서로 감하는 것이 아니고 또한 먼 일도 서로 감하니, 주나라 때에 기린을 잡은 것[508]이 한 고조의 응이 되고 한나라 때 황성이 나타난 것[509]이 나중에 조조의 조짐이 되는 것과 같다."[510]

주자가 말했다. "자연의 기운은 서로 부른다. 예컨대 자석이 바늘을 취하고 유황이 불을 취하는 것이다. 의도적으로 취하는 것이 아니고 저절로 그러한 자연의 이치이다."

낭떠러지를 밟고 싶다고 생각하면 발바닥이 쓰리고 아리며, 말이 신매실에 미치면 입 안에 물이 고인다.[511]

주자가 말했다. "계곡은 비어 있어서 소리가 닿으면 메아리가 응하니 바로 저절로 그러한 천지자연의 신묘한 변화이다."[512] 성인은 신묘함이

---

508 주나라 때에 기린을 잡은 것 : 공자가 『춘추』를 기록하다가 노애공(魯哀公) 14년 봄에 '서쪽으로 사냥하여 기린을 얻다[西狩獲麟].'라는 말로 끝을 맺었는데, 앞서 그 기린을 잡았을 때 공자가 성왕(聖王)의 상서인 기린이 성왕이 없는 세상에 나왔다가 죽은 것을 몹시 상심하여 눈물을 흘렸다(『춘추공양전(春秋公羊傳)』, 애공(哀公) 14年).
509 한나라 때 황성이 나타난 것 : 환제(桓帝) 때 상서로운 조짐으로 여기던 황성(黃星)이 초(楚)와 송(宋)의 분야에 나타나자 50년 후에 진인이 양(梁)과 패(沛) 사이에서 나타날 것이라는 예언을 했다고 한다. 양과 패 사이는 바로 조조의 고향 초현(譙縣)이다.
510 공영달(孔穎達), 『주역주소(周易注疏)』권1, 상경(上經), 「건(乾)」.
511 『금수만화곡(錦繡萬花谷)』, 전집(前集) 권29.

하늘과 같으므로 만물을 두루 알 수 있는 것이다.[513]

주자가 호계수(胡季隨)[514]에게 답한 편지[答胡季隨]에서 말했다. "사물에 감촉해서 움직이는 것은 성인이나 어리석은 사람이 같은 바이다. 그러나 보통 사람들은 천성이 어둡기 때문에 그 움직임이 제멋대로 흘러 버리고 성인은 천성을 알기 때문에 그 움직임에 절도가 있다. 성인은 천성을 다하기 때문에 그 움직임이 절도에 맞지 않는 일이 없고 저절로 합당하지 않음이 없다."[515]

바람에 흔들리는 대나무는 바로 무심하게 감응하는 것이다.[516]

---

512 계곡은 비어 있어서 …… 신묘한 변화이다 : 『주자어류』 권125, "谷之虛也, 聲達焉, 則響應之, 乃神化之自然也."

513 성인은 신묘함이 …… 알 수 있는 것이다 : 『장자전서(張子全書)』 권2, 「정몽(正蒙)」1, "谷之神也有限, 故不能通天下之聲. 聖人之神惟天, 故能周萬物而知."

514 호계수(胡季隨) : 계수는 호대시(胡大時)의 아들이다. 남송 건녕(建寧) 숭안(崇安) 사람. 호는 반곡(盤谷), 호굉(胡宏)의 아들, 호안국(胡安國)의 손자이다. 처음에는 장식(張栻)에게 배웠고, 장식이 죽은 뒤에는 진부량(陳傅良)과 육구연(陸九淵)에게 배웠다. 장식의 사위가 되었다. 주희(朱熹)와 교유했다. 호상학파(湖湘學派)에서 오렵(吳獵)과 함께 명성이 높아 최고의 학자로 손꼽혔다. 어려운 문제에 봉착하면 여력을 남기지 않고 전력을 기울였다. 저서에 『호남답문(湖南答問)』 등이 있다.

515 『회암집(晦菴集)』 권53, 「답호계수(答胡季隨)」.

516 『이정외서(二程外書)』 권7, 「호씨본습유(胡氏本拾遺)」.

41　복선화음(福善禍淫)　음보(陰報)

　　성현에게 착한 사람에게 복을 내리고 악한 사람에게 재앙을 내린다는
말이 없는 것은 아니다. 그러나 어찌 참으로 상제가 있어 그 화복을 관
장하겠는가. 예컨대 도가의 이른바 천신(天神)이 그 선악을 살핀다거나,
불교[517]의 이른바 지옥과 인과응보가 있겠는가. 선과 불선은 하나의 기
가 서로 감응하는 것이니 마치 물이 축축한 곳으로 흐르고 불이 마른
곳으로 타들어 가는 것과 같다. 그렇게 되기를 기약하지 않아도 그런 것
이고 감촉함이 있지 않으면 응함도 있지 않다. 그것이 가지런하지 않으
면 여름에 춥고 겨울에 따뜻하지만 어느 날 하루가 우연히 생긴 것이지
사계절의 바른 기는 아니다.[518]

　　상벌(賞罰)의 권한이 이에 까마득히 아득한 속으로 옮겨지니 왕정(王
政)이 어려움을 겪는 것을 돕는다. 오늘날 전해지는 지옥에 관한 이야기
나 감응에 관한 글은 바로 남방에 살던 이민족인 묘민(苗民)이 맹세하던
습속이 남은 것이다. "밝고 밝게 상도를 도와서 홀아비와 홀어미가 자신

517　불교 : 본문에는 '程子'로 되어 있으나, 『일지록(日知錄)』에는 '釋氏'로 되어 있다. 문맥으
　　　로도 '釋氏(불교)'가 타당하므로 고쳤다.
518　고염무(顧炎武), 『일지록(日知錄)』 권2, 「혜적길종역흉(惠迪吉從逆凶)」.
　　　고염무(顧炎武, 1613~1682) : 명말 청초의 사상가. 강남(江南) 곤산(昆山) 사람. 자는
　　　영인(寧人), 호는 정림(亭林). 박학을 추구하여 경사(經史)와 제자백가는 물론 음운(音
　　　韻)과 문자(文字), 금석고고(金石考古), 군읍장고(郡邑掌故), 예의풍속(禮儀風俗) 등에
　　　대해서도 정밀히 연구하여 청나라 고증학의 기초를 다졌다. 저서에 『좌전두해보정(左傳
　　　杜解補正)』, 『구경오자(九經誤字)』, 『석경고(石經考)』, 『음학오서(音學五書)』, 『운보정
　　　(韻補正)』, 『오경이동(五經異同)』, 『금석문자기(金石文字記)』, 『일지록(日知錄)』 등이
　　　있다.

의 의사를 표현하는 것을 덮어 버림이 없게 한다."[519] [520]라는 것은 왕정이 위에서 행해져서 백성들이 다시 신에게 구하는 일이 없는 것이다. 그러므로 "도가 행해지고 있는 세상에서는 그 귀(鬼)를 신(神)으로 섬기지 않는다."라고 한다.[521]

　왕자의 법은 실질을 잡아 허를 제어하며 성인의 교화는 허를 불러 실질을 돕는다. 왕자의 법은 "선을 위하여 반드시 한 사람에게 상을 주어 천하를 권면한다. 악을 위하여 반드시 한 사람을 벌하여 천하를 징계한다."라고 하였다. 이것은 실질을 잡고 허를 제어하는 것이니 그 도는 반드시 사람에게 있다. 성인의 교화는 "선을 지으면 상서가 내리고 악을 지으면 재앙이 내리니 자신의 몸에만 있는 것이 아니고 그 자손에게까지 있다. 이것은 허를 불러 실질을 돕는 것이니 그 도는 반드시 하늘에 달려 있다. 그러나 오늘날 평범한 사람들은 벼슬과 상을 받아도 반드시 연연해하지는 않는데 다른 세상의 복전을 듣고는 성질을 참고 몸을 닦

519　덮어 버림이 없게 한다 : 본문에는 "鰥寡有蓋"로 되어 있는데, 여기서 '有'는 '無'의 오자이므로 바로잡았다.
520　『서경』, 「여형(呂刑)」에, "이에 중(重)과 여(黎)에게 명하여 땅과 하늘이 서로 통하는 것을 끊어서 하늘이 땅에 내려오고 땅이 하늘에 이르는 것을 없게 하였다. 군후와 아래에 있는 신하들이 밝고 밝게 상도를 도와서 홀아비와 홀어미가 자기의 의사를 표현하는 것이 덮힘이 없게 하였다[乃命重黎, 絕地天通, 罔有降格, 羣后之逮在下, 明明棐常, 鰥寡無蓋]."라는 말이 나온다. 땅과 하늘의 서로 통하는 것을 끊는다는 말은 하늘과 땅의 제사를 구분하는 것이다. 천지인신(天地人神)에 대한 예전(禮典)이 구분 없이 매우 혼잡해져서 이 때문에 인심(人心)이 부정해졌으므로, 순(舜)임금이 제사 지내는 법칙을 밝혀서, 천자(天子)만이 천지(天地)에 제사 지낼 수 있고 제후(諸侯)만이 산천(山川)에 제사 지낼 수 있게 하여, 존비(尊卑)와 상하(上下)가 각각 분한(分限)이 있게 해서 천지의 통함을 끊고 유명(幽明)의 구분을 엄격히 했다고 한다.
521　고염무(顧炎武), 『일지록(日知錄)』 권2, 「망중우행이복저맹(罔中于行以覆詛盟)」.

는다. 형서(刑書)를 두려워하면서도 반드시 그것을 가져다 취하지는 않는데 그 관리의 업보를 들으면 반드시 두려워 뜻을 고치니 무엇 때문인가? 환하게 밝아서 볼 수 있는 것은 때로는 검은 것을 팔지 않는다. 그러나 그물을 돌아보는 것은 어느 곳에도 자취가 없어서이다. 이것이 성인이 신비한 도로 교화를 베푸는 뜻이다.

왕후가 하늘에 있는데 백유(伯有)[522]가 악귀가 되었다면 이것은 바로 극락과 같은 것이다. 무엇 때문에 반드시 당옥(堂獄)에 이름이 죽백에 드리워져 있으며, 화곤(華袞)[523]이나 부월(斧鉞)[524]은 어찌 보답이 없다고 하는가?

육상산이 말했다. "이 마음이 바르다면 복이 아님이 없다. 이 마음이 어긋난다면 재앙이 아님이 없다. 세속에서는 깨닫지 못하고 단지 눈앞의 부귀만 복으로 여기고 눈앞의 환란만 재앙으로 여긴다."

수(隋)나라 때 이사겸(李士謙)[525]은 "음덕(陰德)[526]이라는 말은 이명(耳

---

522 백유(伯有) : 춘추시대 정(鄭)나라 사람 양소(良霄)의 자(字)이다. 성격이 괴팍하여 굴실(窟室)을 파 놓고 술 마시기를 좋아하였는데 공손묵(公孫墨)에게 피살당하자 악귀가 되어 공손묵 등을 죽였다.
523 화곤(華袞) : 고대 왕공(王公)과 귀족의 복장으로, 지극한 영예를 뜻하는 말이다.
524 부월(斧鉞) : 작은 도끼와 큰 도끼. 출정(出征)하는 대장 또는 중요한 군직(軍職)을 띠고 나가는 사람에게 임금이 손수 주어, 생살권(生殺權)의 임무를 부여하는 상징으로 사용했다.
525 이사겸(李士謙) : 수나라 조군(趙郡) 평극(平棘) 사람. 자(字)는 자약(子約). 선행을 베풀기를 좋아했던 것으로 유명하다.
526 음덕(陰德) : 이사겸이 마을 사람들에게 쌀 수천 가마를 마을 사람에게 꾸어 주었다가 흉년을 만나 받을 길이 없게 되자 마을 사람들을 불러 술과 음식을 대접하면서 그들의

鳴)과 같은 것이어서 자기 자신만 홀로 알고 남은 알지 못하는 것이다."
라고 하였다.[527]

금나라 세종(世宗)[528]이 신하들에게 하유하여 말했다. "사람들이 모두 도를 받들고 부처를 숭상하니 집을 지어 경을 읽으면 복이 될 것이다. 짐은 백성들이 원통함이 없도록 하여 천하를 편안하게 하고자 하니 저와 같은 것보다 나은 것이 있겠는가?"[529]

초나라 장왕(莊王)은 거머리를 삼키고 병이 나았다.[530] 유지형(劉之亨)은 잉어가 꿈에 나타나고 수명이 늘었다.[531]

조빈(曹彬)[532]은 겨울에도 집을 수리하지 않았으니 겨울잠을 자는 벌레가 상할 것을 걱정한 것이다.[533]

빚을 없애 주었다. 다음해에 풍년이 들어 마을 사람들이 다시 빚을 갚으려 하였으나 거절하고 받지 않았다. 어떤 사람이 그에게 음덕이 많겠다고 말하므로 이렇게 대답한 것이라고 한다.

527 『북사(北史)』 권33, 「이효백열전(李孝伯列傳)」.
528 세종(世宗) : 금나라의 황제. 여진(女眞) 완안부(完顏部) 사람. 본명은 오록(烏祿)인데, 옹(雍)으로 고쳤다. 해릉정륭(海陵正隆) 6년(1161) 해릉이 송나라를 공격한 틈을 타서 요양(遼陽)에서 즉위하여 대정(大定)으로 개원(改元)하여 28년 동안 재위했다. 당시 소요순(小堯舜)으로 불렸다.
529 『금사(金史)』 권8, 「본기(本紀)」 8, 〈세종(世宗)〉 하, 27년.
530 가의(賈誼), 『신서(新書)』, 「초장왕(楚莊王)」.
531 『태평광기(太平廣記)』, 「응보십칠이류(報應十七異類)」, 〈유지형(劉之亨)〉.
532 조빈(曹彬, 931~999) : 북송(北宋) 초기의 명장. 송 태조(太祖)를 도와 천하를 평정하였다. 촉(蜀)을 정벌하고 남당(南唐)을 이겼으나 한 사람도 함부로 죽이지 않았다. 벼슬이 검교태사겸시중(檢校太師兼侍中)에 이르러 노국공(魯國公)에 봉해지고 죽은 뒤 제양군왕(濟陽郡王)에 추봉되었다.

왕양명(王陽明)이 말했다. "선(善)을 행하는 사람은 비단 그 종족과 친척이 그를 사랑하고 붕우와 마을 사람들이 그를 공경하는 것만이 아니다. 비록 귀신이라도 또한 그를 숨어서 도와준다. 악을 행하는 사람은 비단 종족과 친척이 그를 배반하고 붕우와 마을 사람들이 그를 원망하는 것만이 아니다. 비록 귀신이라도 또한 숨어서 그를 죽인다."[534]

범문정(范文正)이 「두간의록(竇諫議錄)」에 다음과 같이 기록하였다. "두우균(竇禹鈞)[535]의 꿈에 돌아가신 조상이 나타나 음부(陰府 : 冥府)에서 너의 음덕으로 수명을 36년[536] 늘려 주고 세 아들[537]이 영화롭고 현달할 것이라고 하니 뒤에 모두 그 말과 같이 되었다."[538]

---

533 명(明) 팽대익(彭大翼), 『산당사고(山堂肆考)』 권171, 「궁실(宮室)」, 〈제택(第宅)〉, "宋曹彬所居之宅, 僅庇風雨, 敗簀疎漏不堪其憂, 而彬處之恬然. 堂屋敗壞, 子弟加以修葺, 公曰時方大冬, 牆壁瓦石之間, 百蟲所蟄不可傷其生."

534 왕수인(王守仁), 『왕문성공전서(王文成公全書)』 권24, 외집(外集) 6, 「유속사조(諭俗四條)」.

535 두우균(竇禹鈞) : 오대(五代) 후진(後晉, 936~947) 때 유주(幽州) 어양(漁陽) 사람. 유주는 연산(燕山)에 속해 있기 때문에 두우균을 두연산(竇燕山)이라고도 부른다. 사학(詞學)으로 이름을 떨쳤으며, 후주에서 우간의대부(右諫議大夫)를 지냈다. 의기가 높고 행실이 독실하였으며, 가법(家法)이 한 시대의 모범이 되었다. 일찍이 의숙(義塾)을 세우고는 1만 권의 장서(藏書)를 모은 다음 유현(儒賢)을 초빙해서 원근의 선비들을 가르치게 하였으며, 가난한 선비들의 살림을 돌보아 주었다. 아들 가운데 다섯 사람이 서로 잇따라서 등과하여 연산두씨오룡(燕山竇氏五龍)이라 칭해지기도 하였다(『송사(宋史)』 권263).

536 36년 : 삼기(三紀)를 말한다. 1기(紀)는 12년.

537 세 아들 : 『송사(宋史)』, 「두의열전(竇儀列傳)」에는 다섯 아들로 되어 있다.

538 범중엄(范仲淹), 『범문정별집(范文正別集)』 권4, 「두간의록(竇諫議錄)」.

42 법천(法天)

구준이 말했다. "성인은 하늘의 지위에 거처하며 하늘의 덕을 갖추고 마음이 하늘과 통하고 도가 하늘과 계합하며 한 생각이 하늘과 합치하니 어디를 간들 구제하지 않겠는가. 하물며 땅은 하늘과 상대가 되고 일월은 천지의 정화이며 사계절은 하늘과 땅이 운행하여 움직이는 것임에랴. 하늘보다 앞서도 하늘은 나를 어기지 않으며[539] 하늘보다 뒤서도 내가 하늘을 어기지 않는다. 그렇다면 대인의 땅에 이르지 못하고 대인의 지위에 거처하는 자는 어떻게 그 힘을 다해야 하는가? 또한 공(公)일 뿐이다. 하늘은 공하며 성인은 사사로움이 없어서 또한 하늘이다. 이것이 하늘과 합치하는 것이리라. 이미 공하면 또 무엇을 더할 것인가. 경(敬)이다. 이미 경하다면 또 무엇을 더할 것인가. 근(勤)이다. 공으로 그것을 주로 하고 경으로 그것을 유지하고 근으로 그것을 행하면 내 마음과 하늘의 마음은 합치할 것이다."[540]

주자가 말했다. "제후가 한 나라를 지키면 한 나라의 귀신이 속하게 된다. 천자가 천하를 소유하면 천하의 귀신이 속하게 된다. 만약 방종하고 무도하면 하늘에 있는 수많은 별들과 땅에 있는 수많은 산천에 어찌 변괴가 일어나지 않을 수 있겠는가."[541]

---

539 나를 어기지 않으며 : 본문에는 "天不違"라고 되어 있는데, 『대학연의보(大學衍義補)』 원문은 "天不違我"라고 하여 '我'자가 있으므로 '我'자를 넣어 번역했다.

540 구준(丘濬), 『대학연의보(大學衍義補)』 권157, 「치국평천하지요(治國平天下之要)」, 〈성공화(成功化)〉.

541 『주자어류(朱子語類)』 권38, 「논어(論語)」.

섭열(葉悅)이 말했다. "하늘은 밝게 잘 들어도 귀가 없고 하늘은 밝게 잘 보아도 눈이 없다. 구구하게 이목의 총명만 믿고 천지의 교화와 육성을 돕는 공을 이루고자 하는 것은 참으로 장대를 바다에 드리우고 칠자(七子)[542]를 구하는 것이다."

범조우(范祖禹)[543]가 말했다. "성인이 하늘을 섬기는 일은 7일 동안 산재(散齊)하고 3일 동안 치재(致齊)[544]하여 규폐(圭幣)를 잡고 원구(圓丘 : 천제(天祭)를 지내는 곳)에 제사지내는 것에 있는 것이 아니다. 성인은 하루라도 하늘을 섬기지 않는 날이 없다."[545]

---

542 칠자(七子) : 칠자는 후한(後漢) 말기의 이른바 건안칠자(建安七子), 명(明)나라 때에 문학(文學)으로 이름 높았던 전칠자(前七子)와 후칠자(後七子), 그리고 청(淸)나라 때 강남 출신 학자를 강남칠자로 일컬었는데, 여기서는 무엇을 말하는지 알 수 없다.

543 범조우(范祖禹, 1041~1098) : 북송 성도(成都) 화양(華陽) 사람. 자는 순보(淳甫) 또는 몽득(夢得)이다. 사마광(司馬光) 밑에서 『자치통감(資治通鑑)』을 편수했고, 『신종실록(神宗實錄)』 편찬의 검토관을 맡았고, 급사중(給事中)과 한림학사(翰林學士)를 역임했다. 소성(紹聖) 초에 그가 지은 『실록』이 신종을 비난하고 사마광이 신법(新法)을 변경한 사실을 두둔했다는 여론이 일자 영주(永州)에 안치되었다. 젊어서 정호(程顥)와 정이(程頤)를 사사했으며, 사마광의 학문을 추종했다. 저서에 『논어설(論語說)』, 『당감(唐鑑)』, 『중용론(中庸論)』, 『범태사집(范太史集)』이 있다. 시호는 정헌(正獻)이다.

544 산재(散齊) · 치재(致齊) : 제사 지낼 날짜가 확정되면, 제관은 심신을 정결하게 가다듬어 행사의 본디 절차와 의의를 충실히 이행하기 위하여 재계(齊戒)를 행한다. 재계에는 산재(散齊)와 치재(致齊)가 있는데, 산재는 평상시 업무를 그대로 행하되 조문을 하거나 음악을 즐기는 등 정서에 변화를 일으키는 일을 자제하여 심신을 경건하게 가다듬는 것이다. 치재는 제사에 임박하여 음악을 듣지 않고 출입하지 않고 오로지 제사하는 선조만을 생각하여 정성을 지극히 하는 것으로, 시제(時祭)에는 4일 동안 산재하고 3일 동안 치재하며, 기제(忌祭)에는 2일 동안 산재하고 1일 동안 치재한다(『예기(禮記)』, 「방기(坊記)」 ; 「재통(齊統)」).

545 범조우(范祖禹), 『범태사집(范太史集)』 권24, 주의(奏議), 〈외천차자(畏天劄子)〉.

『황극경세서(皇極經世書)』에 말했다. "성인의 마음은 하늘의 뜻을 대신하고, 입은 하늘의 말을 대신하고, 손은 하늘의 공을 대신하고 몸은 하늘의 일을 대신한다."[546]

여대방(呂大防)[547]이 상소에 말했다. "'하늘의 위엄을 두려워하여 이에 보전한다.'[548]는 것은 선왕이 흥성한 까닭입니다. '내가 태어난 것은 명이 하늘에 달려 있지 않은가?'[549]라는 것은 후왕이 괴멸한 까닭입니다."[550]

천지는 이에 성인을 언급함이 없고 성인은 이에 천지를 언급함이 있다.

---

546 『황극경세서(皇極經世書)』 권11, 「관물편(觀物篇)」 52.
547 여대방(呂大防): 송나라 남전(藍田) 사람으로, 자가 휘중(微仲)이며, 시호는 정민(貞愍)이다. 영종(英宗) 때 원풍(元豊) 연간의 당인(黨人)을 등용하여 옛날의 원한을 풀게 하려고 하였다.
548 하늘의 위엄을 …… 보전한다: 『시경』, 「아장편(我將篇)」, "畏天之威, 于時保之."
549 내가 태어난 …… 있지 않은가?: 『서경』, 「서백감려편(西伯戡黎篇)」, "我生不有命在天."
550 『송사(宋史)』 권340, 「여대방열전(呂大防列傳)」.

소백온(邵伯溫)이 말했다. "때[時]라는 것은 하늘이다. 일[事]이라는 것은 사람이다. 하늘의 때는 사람의 일로 말미암고 사람의 일은 하늘의 때로 말미암는다. 그러므로 하늘에는 이 때가 있으면 사람에게는 이 일이 있고 사람에게 이 일이 있으면 하늘에는 이 때가 있다. 일을 일으켜 때에 감응하는 것은 그 사람이 아니겠는가. 그 때가 있어도 그 일이 없으면 때는 응하기에 부족하고 그 사람이 있어도 그 때가 없으면 일은 흥하기에 부족하다. 그 사람이 있어도 그 때가 없는 것은 있을 것이지만 그 때가 있어도 그 사람이 없는 것은 있지 않다. 그러므로 소식(消息)과 영허(盈虛)는 하늘의 때이고 치란(治亂)과 흥폐(興廢)는 사람의 일이다."[551]

또 말했다. "사람의 일을 다한 뒤에 하늘을 말할 수 있다. 진실로 모든 것을 하늘로 돌리면 인사는 폐해질 것이다. 이것은 씨 뿌리고 밭 갈고 김매는 일은 하지 않고 해[歲]를 원망하는 것과 같다."[552]

소자가 말했다. "여섯 가지 낚시도구를 갖추고 물고기를 잡지 못할 수는 있지만 여섯 가지 낚시도구를 갖추지 않고도 물고기를 잡을 수는 없다. 이로써 알 수 있으니 여섯 가지 낚시도구를 갖춘 사람이지만 물고기를 잡고 잡지 못하는 것은 하늘에 달린 것이다. 여섯 가지 낚시도구를 갖추지 않고도 물고기를 낚는 것은 하늘에 달린 것이 아니고 사람에 달

---

551 『성리대전(性理大全)』 권8, 「황극경세서(皇極經世書)」 2.
552 『성리대전(性理大全)』 권10, 「황극경세서(皇極經世書)」 4, 〈관물내편지구(觀物內篇之九)〉.

린 것이다."[553]

　육선공(陸宣公)[554]이 말했다. "인사가 잘 다스려지면서 천명이 어지러
움을 내리는 것은 있지 않다. 인사가 어지러우면서 천명이 편안함을 내
리는 것도 있지 않다."[555]

　정자가 말했다. "세간에 세 가지 일이 있으니 조화의 힘을 빼앗을 수
있다. 나라를 다스려서 하늘에 국운이 영원하기를 기원하기에 이르고,
몸을 수양하여 장생(長生)하는 데 이르고 배워서 성인(聖人)에 이른다는
것이다. 이 세 가지 일은 분명히 사람의 힘으로 조화를 이길 수가 있는
것인데, 다만 사람들이 하지 않을 뿐이다."[556]

553 『성리대전(性理大全)』권13, 「황극경세서(皇極經世書)」7, 외서(外書), 〈어초문대(漁樵
　　 問對)〉.
554 육선공(陸宣公) : 선공은 육지(陸贄)의 시호이다. 당 덕종(德宗) 때의 한림학사(翰林學
　　 士). 자는 경여(敬輿). 천자에게 올린 주의(奏議)를 모아 엮은 『육선공주의(陸宣公奏議)』
　　 로 유명하다.
555 『자치통감(資治通鑑)』권228, 「당기(唐紀)」44, 〈덕종신무성문황제(德宗神武聖文皇
　　 帝)〉3.
556 『이정유서(二程遺書)』권22상, 「이천어록(伊川語錄)」.

혼돈으로부터 음양이 판연히 나뉘니 이미 일원이 유행하여 오행이 번
갈아 운행한다. 기후는 이에 가득 차고 기울고 춥고 따뜻함이 교대하고,
만물의 변화는 이에 꽃피고 시들고 성하고 쇠하는 차이가 있게 된다. 사
람의 일은 변화를 따라 바뀜이 있고 사람의 정은 만나는 것을 따라 느낌
이 있다. 이것이 절기 날에 이름이 있게 된 이유이다.

소동파가 이공택(李公擇)[557]에게 주는 편지〔與李公擇〕에서 말했다.
"사람이 사는 동안 한식(寒食)과 중구(重九)만은 삼가서 헛되이 보내지
말아야 한다. 사시(四時)의 변화 가운데 이들 절기만한 것이 없기 때문
이다."[558]

---

557 이공택(李公擇) : 공택은 송나라 건창(建昌) 사람 이상(李常)의 자이다. 철종(哲宗) 때
　　어사중승(御史中丞)이 되어 왕안석(王安石)의 신법(新法)을 반대하였다.
558 소식(蘇軾), 『동파전집(東坡全集)』 권78, 「여이공택(與李公擇)」.

45 동지(冬至)

　이문원(李文元)[559]이 말했다. "지잠(至箴)에 이르기를 '하늘의 도는 이미 회복되었으니 사람의 일은 마땅히 새로워야 한다.'"

　음이 이미 깎였으니 음은 크게 자라날 이치가 없다. 양이 비록 엎드려 숨어 있지만 양이 끝내 다하는 이치는 없다. 그러므로 해가 북륙(北陸)에 운행하던 것이 이 날에 이르면 돌아서 남으로 이르고, 우레가 땅속에 잠겨 있던 것이 이 날에 이르면 오래되어 소리가 만들어진다. 하나의 양이 미미한 틈을 타고 충막하고 고요한 가운데 발하니 마치 화로가 식어도 재가 따뜻하면 한 기운이 화합하여 얼어붙은 땅에서 싹이 돋아나는 것과 같고 물이 얼어도 조수가 일어나는 것과 같다. 바로 음양이 서로 번갈아 교대하는 곳이며 온갖 사물이 무성하게 자라나는 조짐이다.

　하늘의 중심은 한밤중 자시(子時)이고 도맥(道脈)의 일분(一分)은 양이 된다.[560]

　움직이고 고요함은 하늘의 도가 되돌아옴이다. 선함과 악함은 사람의 도가 되돌아옴이다. 여러 음들이 얼어붙어 생하는 리(理)가 거의 끊어질 것이다. 그러나 일양(一陽)의 기가 불쑥 싹터 움직이면 하늘의 도가 되

559　이문원(李文元) : 문원은 회재(晦齋) 이언적(李彦迪)의 시호인데, 이언적의 『회재집』에는 이 내용이 없다.
560　송(宋) 애성(艾性), 『잉어(剩語)』 권하, 「계사소지(癸巳小至)」.

돌아온다. 뭇 욕망이 번갈아 뒤덮어 천리가 없어진 듯하지만 한 생각의 선함이 성대하게 발현하면 인심이 되돌아온다.

『황극경세서(皇極經世書)』에 말했다. "동지(冬至) 뒤가 호(呼)가 되고 하지(夏至) 뒤가 흡(吸)이 되는데, 이것이 한 해의 호흡이다."[561] 양이 호가 되고 음이 흡이 된다고 말하는 것은 하늘과 땅의 일년이니 사람의 한 호흡과 같다.[562]

동지(冬至)의 달이 운행하는 것은 하지(夏至)의 해와 같고, 하지의 달이 운행하는 바는 동지의 해와 같다.[563]

---

561 소옹(邵雍), 『황극경세서(皇極經世書)』 권14, 「관물외편(觀物外篇)」 하.
562 왕식(王植), 『황극경세서해(皇極經世書解)』 권12, 「관물외편지칠 삼십육절(觀物外篇之七 三十六節)」, 黃氏幾日以元經會大小運數第七, "補註 : 陽爲呼陰爲吸, 天地之一歲猶人之一息."
563 소옹(邵雍), 『황극경세서(皇極經世書)』 권14, 「관물외편(觀物外篇)」 하.

46 원일(元日)

　위나라 무제(武帝)는 설날 아침 백관이 술을 올리며 축수하는 자리에 백수준(白獸尊)[564]을 차려 놓고 직언(直言)을 바치는 자에게 백수준의 술을 마시게 했다.[565]

　어떤 사람이 동훈(董勛)에게 물었다. "도소주(屠蘇酒)[566]는 반드시 어린 사람부터 차례로 마시는데 어째서 그러한가?" 동훈이 대답했다. "나이 어린 사람은 한 해를 얻었기 때문에 먼저 마시고 나이 많은 사람은 한 해를 잃었기 때문에 나중에 마신다."[567]

　선왕은 체원(體元)[568]으로 정(正)에 거처한다. 원(元)은 근원이고 시작이고 하나이고 앞이다.[569]

---

564 백수준(白獸尊) : 백호준(白虎樽)으로, 뚜껑을 백호(白虎)로 장식한 술 그릇을 가리키는데, 당(唐)나라 때에 와서 태조(太祖)의 휘(諱)를 피해 이 이름으로 개칭되었다. 『진서(晉書)』, 「예지(禮志)」에 의하면, 원단(元旦)의 조하(朝賀) 때에는 백수준을 전정(殿庭)에 베풀어 놓고서 만일 직언(直言)을 올리는 자가 있으면 이 백수준의 술을 마시게 했다고 한다.

565 『진서(晉書)』 권21, 「지(志)」 11, 〈예(禮)〉 하.

566 도소주(屠蘇酒) : 설날에 마시는 약주(藥酒) 이름이다. 가족 모두가 의관을 정제하고 모여 차례로 도소주 술잔을 어른에게 올리고 나서 나이 어린 사람부터 일어서서 나가는 풍습이 있었다(『형초세시기(荊楚歲時記)』).

567 양(梁) 종름(宗懍), 『형초세시기(荊楚歲時記)』, "晉海四令問勛日, 俗人正日飮酒, 先飮小者何也. 勛日俗云小者得歲先酒賀之, 老者失歲故後飮酒."

568 체원(體元) : 원(元)은 선(善)의 뜻으로 선덕(善德)을 몸에 두는 것을 말한다. 『춘추(春秋)』 춘왕정월(春王正月) 주(注)에 "凡人君卽位 欲其體元以居正."이라 하였다.

569 당(唐) 서견(徐堅), 『초학기(初學記)』 권4, 「세시부(歲時部)」 하, "元日第一. / 註 : 元者善之長也 先王體元以居正 又元者, 原也, 始也, 一也, 首也."

47 **인일(人日)**[570]

삼양(三陽)[571]은 아름다운 절기이고 초이레는 가장 신령스러운 날이다.[572]

위징(魏徵)이 인일(人日)에 태종(太宗)을 알현하니 태종이 말했다. "오늘 경이 왔으니 인일이라고 할 만하다."[573]

---

570 인일(人日) : 1월 7일을 말한다. 1일에서 6일까지는 가축의 길흉을 점치고, 7일에는 인사 (人事)를 점치며, 8일에는 곡식을 점치는 풍속에서 유래한 것이다. 점치는 날이 모두 청명하고 온화하면 1년 동안 길(吉)하고, 음습하거나 추운 날씨가 계속되면 흉한 조짐으로 받아들였다(『형초세시기(荊楚歲時記)』;『사물기원(事物紀原)』,「천생지식(天生地植)」, 〈인일(人日)〉).

571 삼양(三陽) : 양효(陽爻)가 셋인 『주역(周易)』의 태괘(泰卦)를 가리킨다. 동짓달인 11월 부터 양효가 아래에서 하나 생겨 올라와서 정월에 이르면 양효가 셋이 되므로, 삼양이 새해 정월을 뜻하게 된다.

572 이교(李嶠), 『전당시(全唐詩)』 권58, 「봉화인일청휘각연군신우설응제(奉和人日淸暉閣 宴羣臣遇雪應制)」.

573 명(明) 팽대익(彭大翼), 『산당사고(山堂肆考)』 권8, 「시령(時令)」.

48 상원(上元)⁵⁷⁴

한(漢)나라에서 태을성(太乙星)⁵⁷⁵에 지내는 제사는 초저녁부터 새벽
까지 이르렀는데, 음력 정월 보름〔上元〕의 관등행사는 그것에서 유래되
어 내려오는 일이다.⁵⁷⁶

송나라 인종(仁宗)이 어루(御樓)에서 중사(中使)⁵⁷⁷를 보내 관리들에
게 전지를 내렸다. "짐은 관광을 좋아하는 것이 아니니 백성과 함께 즐
길 뿐이다."⁵⁷⁸

---

574 상원(上元) : 음력 정월 보름날.
575 태을성(太乙星) : 하늘 북쪽에 있으면서 병란(兵亂)·재화(災禍)·생사(生死)를 맡아 다
스린다고 한다.
576 『태평어람(太平御覽)』 권30, 「시서부(時序部)」, 십오(十五) 인일(人日) 정월십오일(正月
十五日).
577 중사(中使) : 왕명을 전달하는 내시(內侍).
578 송(宋) 축목(祝穆), 『고금사문유취전집(古今事文類聚前集)』 권7, 「천시부(天時部)」, 〈상
원(上元)〉, 동민락(同民樂).

한식(寒食) 청명(清明)

개원(開元)[579] 20년 칙령을 내려 사(士)와 서인이 한식에 성묘 가서 묘제를 지내고 돌아오도록 하였다.

용성(龍星)[580]은 목(木)의 위차(位次)[581]인데, 봄이 동방에 속하며, 심성(心星)[582]이 대화(大火)가 되니 화(火)가 너무 왕성함을 두려워한다. 그래서 한식[583]에 용기(龍忌)[584]를 금하는 것이 있다.[585]

당나라는 매 해 청명일이 되면 내원관(内園官)의 어린아이들이 어전에서 불을 붙이는 행사[586]를 했는데, 먼저 불을 얻으면 진상한 비단 세

---

579 개원(開元) : 당 현종(玄宗)의 연호.
580 용성(龍星) : 28수(宿) 가운데 동방의 창룡칠수(蒼龍七宿)의 총칭이다. 28수 중의 창룡(蒼龍) 7수에 속하는 각(角)·항(亢) 등의 별. 중춘(仲春)에 해 진 뒤 동녘 하늘에 나타난다.
581 목(木)의 위차(位次) : 목(木)은 오행(五行)의 하나로, 이를 방위에 해당시킨 것. 목은 동(東), 화(火)는 남, 토(土)는 중앙, 금(金)은 서, 수(水)는 북에 해당한다. 창룡 7수와 봄〔春〕이 동방에 속한다.
582 심성(心星) : 28수 가운데 심수(心宿)에 있는 크게 붉은 빛을 내는 별로, 화성(火星)이라고도 한다.
583 한식(寒食) : 동지(冬至)로부터 1백5일째 되는 날.
584 용기(龍忌) : 창룡(蒼龍)의 신(神)이 불을 꺼린다고 하여 불 때는 일을 금하는 것을 말한다.
585 송(宋) 축목(祝穆), 『고금사문유취전집(古今事文類聚前集)』 권8, 「천시부(天時部)」, 〈금연찬화(禁煙鑽火)〉.
586 불을 붙이는 행사 : 본문에서는 '찬화(鑽火)'로 되어 있다. 고대에 불을 피우는 도구에 금수(金燧)와 목수(木燧)가 있는데, 금수는 동(銅)으로 만든 오목거울의 일종이고 목수는 나무에 구멍을 뚫어서 비벼서 불을 일으키는 도구이다. 목수를 찬화목(鑽火木)이라고도 한다.

필을 받았다.[587]

　채색은 산에 드리워지고 행우(杏雨)[588]가 내린다. 지전(紙錢)이 어지러이 매달려 있으니 해당화가 바람에 나부낀다.

---

587 『어정연감유함(御定淵鑑類函)』 권18, 「세시부(歲時部)」 7, 〈청명(淸明)〉.
588 행우(杏雨): 행화우(杏花雨). 청명 시기에 내리는 비를 말한다.

50　**사일(祀日)** 상사(上巳)

춘분 전후의 무일(戊日)에 백성으로 하여금 토지신에게 제사 지내도
록 하니 농사를 기원하는 것이다.[589]

토지신에게 제사 지내는 것〔社〕은 천자로부터 일반 백성에 이르기까
지 다함께 쓰지 않음이 없었다. 한나라는 병오(丙午)를 길일로 점쳤고,
위나라는 정미일(丁未日)을 뽑아서 사용했고, 진나라는 맹월(孟月)[590]의
유일(酉日)에 제사 지냈으니 각각 그 한 해의 운수에 따른 것이다.[591]

『후한서(後漢書)』, 「의례지(禮儀志)」에 "삼월 상사일(上巳日)에 관과
백성이 모두 동쪽으로 흐르는 물에서 계제사(禊祭祀)를 지낸다."라고 하
였다. 『송서(宋書)』, 「예지(禮志)」에 "위나라 이후로부터 다만 삼월 삼일
을 사용하고 다시 사일(巳日)은 쓰지 않았다."라고 하였다.

진(秦)나라 소왕(昭王)[592]은 삼일 동안 하곡(河曲)에 술을 놓아 두었는
데, 금빛을 한 사람이 나타나 수심검(水心劍)[593]을 받들고 말하기를 "이

---

589 『예기(禮記)』, 「월령(月令)」, "擇元日, 命民社. / 鄭玄注 : 社, 后土也, 使民祀焉. 爲春事
　　興故祭之以祈農事, 元日謂近春分前後戊日, 元吉也."
590 맹월(孟月) : 4계절이 각각 처음 시작하는 달을 말한다. 맹춘(孟春)은 음력 1월, 맹하(孟
　　夏)는 음력 4월, 맹추(孟秋)는 음력 7월, 맹동(孟冬)은 음력 10월.
591 『예문유취(藝文類聚)』 권5, 「세시(歲時)」 하, 〈사(社)〉.
592 소왕(昭王) : 진(秦)나라의 제28대 왕. 소양왕(昭襄王)이라고도 한다. 이름은 영칙(嬴
　　則). 기원전 307부터 기원전 251까지 56년 간 진나라를 다스렸다. 범저를 재상으로
　　등용하여 진나라를 초강대국으로 만들었다.
593 수심검(水心劍) : 전설상의 보검 이름.

제 임금의 제도는 서하(西夏)에 있을 것입니다."라고 하였다. 이에 제후의 패자(覇者)가 되자 이 일로 인하여 곡수사(曲水祠)를 세웠다.[594]

---

594 오균(吳均), 『속제해기(續齊諧記)』, 「곡수(曲水)」.
오균(吳均, 469~520) : 남조 양(梁)나라 오흥(吳興) 사람. 자는 숙상(叔庠). 오흥의 주부(主簿)로 있으면서 날마다 시부(詩賦)를 읊으면서 지냈는데, 그가 지은 시부를 오균체(吳均體)라고 하였다. 저서로는 지괴소설집(志怪小說集)인 『속제해기(續齊諧記)』를 비롯하여 『서경잡기(西京雜記)』, 『후한서주(後漢書註)』, 『전당선현전(錢塘先賢傳)』, 『제춘추(齊春秋)』, 『통사(通史)』 등이 있다.

단오(端午) 복일(伏日)

옥반(玉盤)에 각서(角黍)[595]를 쌓고, 금잔에 창포를 띄우고 팔뚝에 장
명루(長命縷)를 감고 옷에는 적령부(赤靈符)[596]를 두른다.

『풍속통(風俗通)』[597]에 5월 5일이면 오색실을 팔뚝에 감아 (병이나 귀
신을 피하여) 사람이 병들지 못하는데 장명루라고 부른다고 하였다.

한 고조는 한중 파촉(巴蜀) 땅을 왕도로 삼았다. 그 지역은 따뜻하고
무더워 나무와 풀이 일찍 자라나고 늦게 떨어져 기후가 중국과 달랐으
므로 스스로 복일(伏日)을 택하도록 하였다.

진나라 덕공(德公)은 개를 잡아[598] 충재(蟲災)를 막았다.[599]

---

595 각서(角黍) : 밥을 싸서 뿔 모양으로 만든 것을 말하는데, 고엽(菰葉)에다 찹쌀을 싸서
  익힌 찰떡의 일종이라고 한다. 음양이 서로 감싸안아 분산되지 않는 것을 나타내는데
  5월 5일에 제사하는 것은 초(楚)나라 멱라수에 빠져 죽은 굴원을 애도하기 위한 멱라(汨)
  의 유속(遺俗)이라고 하였다. 『천보유사(天寶遺事)』에서는 단오(端午)에 분단(粉團)과
  각서(角黍)를 만들어 금반(金盤)에 쌓아 못으로 고정시켜 놓고 작은 각궁(角弓)으로 쏘아
  적중시킨 자가 먹었는데, 분단은 표면이 미끄러워 쏘아 맞추기가 어려웠으며 도성에서
  이런 놀이가 성행했다고 하였다.
596 적령부(赤靈符) : 『포박자(抱朴子)』에 처음 등장하는 부적의 일종.
597 『풍속통(風俗通)』 : 후한(後漢) 사람 응소(應劭)가 지은 『풍속통의(風俗通義)』를 말한다.
  응소(應劭) : 후한 때 여남(汝南) 사람. 자는 중원(仲遠). 박학다식하여 한관예의고사(漢官
  禮儀故事)와 조정제도(朝廷制度) 등에 관한 저술을 남겼으며, 『풍속통(風俗通)』을 찬(撰)
  하였다.
598 개를 잡아 : 『사기』에 '책구(磔狗)'라고 하였는데, 제사 때 희생으로 쓰이는 가축의 사지를
  찢는 것을 말한다. 덕공(德公) 2년에 처음으로 삼복 제사를 지내면서 성 안 사대문에서
  개를 잡았다.

칠석(七夕) 중원중양(中元重陽)

　무릉(武陵)의 어떤 산령의 연못에는 각종 어별(魚鼈)이 갖추어져 있다. 7월 7일이 되면 모두 밖으로 나가는데 동족끼리 각기 달라진다.[600]

　가을의 시절(時節)은 여름의 뒤이고 겨울의 앞이며, 가을의 8월은 계절의 끝에서는 시작이고 계절의 시작에서는 끝이며, 15일의 밤은 한 달의 가운데다. 이것이 중원(中元)[601]이 된다.[602]

　위(魏)나라 문제(文帝)[603]가 말했다. 해와 달이 나란히 양수(陽數)에 응하므로 중양(重陽)[604]이라고 한다.[605]

---

599 『사기(史記)』 권28, 「봉선서(封禪書)」, "秦德公二年, 初作伏祠社, 磔狗四門, 以禦蠱菑."
600 원(元) 도종의(陶宗儀), 『설부(說郛)』 권60상, 「무릉지(武陵池)」.
601 중원(中元) : 음력 칠월 보름을 말한다. 구양첨의 글에서는 "故曰中秋"로 되어 있다.
602 구양첨(歐陽詹), 「장안완월시서(長安翫月詩序)」.
　　구양첨(歐陽詹, 785~827) : 당나라 천주(泉州) 진강(晉江) 사람. 자는 행주(行州). 덕종(德宗) 연간에 한유(韓愈)·최군(崔群)·이관(李觀) 등과 같이 진사에 급제해 세칭 '용호방(龍虎榜)'이라 했다. 관직이 국자감(國子監) 사문조교(四門助教)에 이르렀다. 『구양행주집(歐陽行周集)』 10권이 전한다.
603 위문제(魏文帝) : 삼국시대 위(魏)나라의 초대 황제(재위 220~226). 패국초(沛國譙) 사람. 이름은 조비(曹丕). 자는 자환(子桓), 묘호는 세조(世祖). 조조(曹操)의 둘째 아들로, 동생 조식(曹植)을 추대하는 무리를 물리치고 태자가 되었다.
604 중양(重陽) : 9월 9일을 말한다. 9의 숫자는 양(陽)에 속하기 때문에 양이 중복되었다는 뜻으로 중양이라고 한 것이다. 중양은 양이 겹쳤다는 뜻이니 양수인 홀수가 겹친 3월 3일, 5월 5일, 7월 7일도 다 중양이 될 수 있겠으나, 중양이라고 하면 중구(重九)인 9월 9일을 말한다.
605 송(宋) 장초(章樵), 『고문원(古文苑)』 권10, "曹丕 與鍾繇九日送菊書."; "歲往月來, 忽復九月九日, 九爲陽數, 而日月並應."

붉은 산수유 비단 주머니 매달고, 황금 국화 금잔에 띄운다.[606]

누런 국화주 한잔 마시는 백발의 늙은이에게는 중양절(重陽節)이 몇
번이나 있겠는가.[607]

---

606 음력 9월 9일 중양절(重陽節)에 산에 올라가 산수유 열매를 따서 붉은 색 주머니에
   담고 국화주(菊花酒)를 마시며 사기(邪氣)를 물리치는 세시풍습이 있다. 『속제해기(續齊
   諧記)』에 따르면 선인(仙人) 비장방(費長房)이 후한(後漢) 때 환경(桓景)의 집에 9월
   9일 재앙이 있을 것을 예견하고 붉은 주머니에 수유를 담아서 팔뚝에 걸고 높은 산에
   올라가서 국화주를 마시도록 하여 재앙을 면했다는 고사에서 유래했다고 한다.
607 두보의 「구일등재주성(九日登梓州城)」에 "예전의 국화주 그대로인데, 이제 백발의 늙은
   이가 되었다〔伊昔黃花酒, 如今白髮翁〕."라는 구절이 있다.

53

납(臘)[608] 제석(除夕)

『풍속통(風俗通)』에 말했다. "하나라는 청사(淸祀)라 하고 은나라는 가평(嘉平)이라 하고 주나라는 대사(大蜡)라 하고 한나라는 납(臘)이라 한다. 납은 사냥하는 것이니 짐승을 잡아서 제사 지내는 것이다."[609]

왕은 각각 기(氣)가 약해지는 날로 납일(臘日)을 정한다. 한나라는 화덕(火德)인데 화(火)는 무(戌)에서 약해지므로 무일(戌日)로 정했고, 위나라는 토덕(土德)인데 토(土)는 진(辰)에서 약해지므로 진일(辰日)로 정했고, 진나라는 금덕(金德)인데 금(金)은 축(丑)에서 약해지므로 축일(丑日)로 정했다.[610]

당나라 중종(中宗)[611]은 왕공과 근신(近臣)을 불러 입각(入閣)하여 수세(守歲)[612]하도록 하였다.[613] 오촉(吳蜀)의 풍속에는 서로 음식을 주고

---

608 납일(臘日)에 지내는 제사의 이름. 고대에는 온갖 신의 제사를 '납(蜡)', 선조의 제사를 '납(臘)'이라 하여 구분하였는데 진한(秦漢) 이후에는 납(臘)으로 통칭했다. 〈월령(月令)〉 주(註)에 "납(臘)은 렵(獵 : 사냥)이란 말이다. 사냥하여 얻은 물건으로 선조 및 오사(五祀)의 신에게 제사 지낸다. 그러므로 '납'이라 한다."라고 하는 말이 있다.

609 『태평어람(太平御覽)』 권33, 「시서부(時序部)」 18, 〈납(臘)〉.

610 송(宋) 축목(祝穆), 『고금사문유취전집(古今事文類聚前集)』 권12, 「천시부(天時部)」, 〈납(臘)〉.

611 중종(中宗) : 당나라의 제4대 황제(재위 683~684, 705~710). 이름은 이현(李顯, 656~710). 어머니가 측천무후(則天武后)이다. 제위에 오른 지 2개월 만에 폐위되었다가 후에 다시 제위를 회복하였다.

612 수세(守歲) : 섣달 그믐날 제야(除夜)에 밤새도록 잠을 자지 않고 새해 아침이 밝아 오는 것을 기다려 맞는 풍습.

613 명(明) 팽대익(彭大翼), 『산당사고(山堂肆考)』 권14, 「시령(時令)」, 〈가비(嫁婢)〉.

문안하였는데 그것을 궤세(餽歲)라고 한다.[614]

『풍토기(風土記)』에 "제야(除夜)에 그 선조의 제사를 마치고 나면 장유(長幼)의 순서대로 모여 술을 마시고 축송(祝頌)하고 흩어지는 것을 분세(分歲)[615]라고 한다."

---

614 명(明) 팽대익(彭大翼), 『산당사고(山堂肆考)』 권14, 「시령(時令)」, 〈분세(分歲)〉.
615 분세(分歲) : 섣달 그믐날에 온 집안이 모여 사연(私宴)을 베풀던 일.

남헌(南軒)[616]이 속절의 제사를 없애려고 주자에게 물으니 주자가 말했다. "단오에 종(粽)[617]을 먹지 않을 수 있는가? 중양에 수유주(茱萸酒)를 마시지 않겠는가? 제사 지내지 않고 스스로 누리면 네 마음이 편안하겠는가?"[618]

위나라 효문제(孝文帝)[619]가 한식(寒食) 제사를 그만두라는 조칙을 내렸는데, 호치당(胡致堂)[620]이 그것을 아름답게 여겼다.

---

616 남헌(南軒) : 장식(張栻, 1133~1180)의 호이다. 남송(南宋)의 학자. 자는 경부(敬夫) · 흠부(欽夫) · 낙재(樂齋). 시호는 선공(宣公). 호굉(胡宏)에게 사사하였으며, 주희 · 여조겸(呂祖謙)과 함께 '동남삼현(東南三賢)'으로 불렸다.

617 종(粽) : 갈대나 대나무의 잎으로 찹쌀을 싸서 만든 떡의 일종. 삼각형 모양으로 옛날에는 찰기장〔黏黍〕으로 만들었기 때문에 각서(角黍)라고 했다.

618 『주자어류』 권90.

619 효문제(孝文帝) : 북위(北魏)의 6대 황제 탁발씨(拓跋氏). 이름은 굉(宏). 경학(經學)은 물론, 노불(老佛)에도 정통하고 문사(文詞)에도 능한 군주이다. 즉위한 뒤 문치(文治)를 크게 일으키고 북족(北族)의 한화(漢化) 정책을 강행했으며 낙양(洛陽)으로 도읍을 옮겼다.

620 호치당(胡致堂) : 송(宋)나라 학자 호인(胡寅)의 호. 『독서관견(讀書管見)』을 지었다.

성절(聖節) 생일(生日)

당나라는 생일을 명절로 삼았는데 덕종(德宗)은 명절을 세우지 않고
술잔을 들어 축수하기만 했다.[621]

명황(明皇)의 강탄일(降誕日) 연회를 백관이 황학루(黃鶴樓)[622]에서
열고 매년 8월 5일을 천추절(千秋節)[623]로 삼았다.[624]

진서산(眞西山)이 말했다. "명황(明皇)[625]의 군신은 윗사람은 교만하고
아랫사람은 아첨하여 명절의 이름을 만들어 냈다. 후세에 답습하여 마침
내 전적이 되었다. 신하는 이것으로 임금을 높인다고 여기지만 본래 이
미 말단이며 임금도 또한 따라가서 그 친함을 잊으니 옳겠는가?"[626]

주자가 말했다. "나이가 차도록 세상에 알려지지 않았으니[627] 봉호(蓬

---

621 『신당서(新唐書)』 권22, 「지(志)」 제12, 〈예악지(禮樂志)〉.

622 황학루(黃鶴樓) : 『당서(唐書)』에는 화악루(花萼樓)로 되어 있다. 화악루는 당 현종(玄
宗)이 세운 누대(樓臺) 이름이다. 현종은 궁(宮) 서남쪽에 누대를 지었는데 서쪽의 것이
화악루이고 남쪽의 것은 근정무본지루(勤政務本之樓)이다(『당서(唐書)』, 「양황제헌전
(讓皇帝憲傳)」).

623 8월 5일이 현종의 생일인데, 개원 17년 백관이 주청하여 이날로 천추절을 삼아 천하에
포고하여 처음으로 임금의 생일을 천추절이라 하게 된 것이다. 나중에는 황후나 황태자
의 생일을 지칭했고 황제의 생일은 만수절(萬壽節)이라 했다. 명나라 때 황태자의 생일인
천추절이 되면 조선에서 이를 축하하기 위한 천추사(千秋使)를 파견했다.

624 『구당서(舊唐書)』 권8, 「본기(本紀)」 제8, 〈현종(玄宗)〉 상.

625 당 현종(玄宗) 이융기(李隆基)의 시호.

626 『대학연의(大學衍義)』 권7, 「격물치지지요(格物致知之要)」 1, 〈명도술(明道術)〉, 천린
인륜지정(天理人倫之正).

627 세상에 알려지지 않았으나 : 『논어(論語)』, 「자한(子罕)」에 "후생을 두렵게 여겨야 할

弧)⁶²⁸의 뜻을 지고 오늘 생일〔初度〕이 다시 돌아오니 부모님이 돌아가신 슬픔⁶²⁹이 더하는구나."

어떤 사람⁶³⁰이 묻기를, "정자(程子)께서 말하기를, '사람은 부모가 안 계실 경우에 생일날에는 비통한 마음이 배나 더 드는 법이니 어찌 차마 즐길 수 있겠는가.'라고 하였습니다. 일찍이 「수모생조(壽母生朝)」⁶³¹와 「태석인생조(太碩人生朝)」⁶³²라는 시를 지었으며, 지난번에는 고쉬(高倅)에게 생일을 축하하는 사(詞)를 지어 주었습니다."라고 하니, 주자가 대답하기를 "이러한 일들은 혹 부득이해서 그렇게 한 것으로, 처한 사정이

것이니, 앞으로 후생들이 지금의 나보다 못하리라고 어떻게 장담할 수 있겠는가. 그러나 40세나 50세가 되도록 세상에 알려지지 않은 사람이라면, 또한 두려워할 것이 없다고 하겠다〔後生可畏, 焉知來者之不如今也. 四十五十而無聞焉, 斯亦不足畏也已〕."라고 한 공자의 말이 있다.

628 봉호(蓬弧) : 상호봉시(桑弧蓬矢)를 이르는 것으로 남자가 뜻을 크게 세우는 것을 말한다. 옛날 사내아이가 태어났을 때 뽕나무로 만든 활로써 쑥대 화살을 사방에 쏘아서 그 웅비(雄飛)한 뜻을 세우게 하였다는 고사에서 유래했다고 한다.

629 부모님이 돌아가신 슬픔 : 부모가 세상을 떠난 뒤 생전에 효도하지 못한 것을 슬퍼하는 것, 부모를 제대로 봉양하지 못하는 것을 슬퍼하는 것을 위율지비(萎蔚之悲)라고 하는데, 『시경』, 「소아(小雅)」, 〈요아(蓼莪)〉에 "훤칠하게 자란 것을 아름다운 쑥〔莪〕이라 여겼더니, 아름다운 쑥이 아니라 먹지도 못하는 나쁜 풀〔蔚〕일 뿐이다. 불쌍하신 우리 부모님은 나를 낳으시느라 고생하셨다〔蓼蓼者莪, 匪我伊蔚. 哀哀父母, 生我劬勞〕."라고 한 것에서 유래한 것이다.

630 어떤 사람 : 진순(陳淳, 1159~1223)을 말한다.

631 「수모생조(壽母生朝)」 : 모친의 생신날 축수를 드리기 위해 지은 시.

632 「태석인생조(太碩人生朝)」 : 석인(碩人)은 덕(德)이 많은 사람을 말하는데, 부인(婦人)들에게 내리는 작위(爵位)이다. 『시경(詩經)』, 「국풍(國風)」의 한 편명(編名)에서 나온 것으로 제나라 태자(太子) 득신(得臣)의 누이동생 장강(莊姜)이 위(衛)나라 장공(莊公)에게 시집갔을 때의 공경을 묘사하면서 석인이라고 하였다. 태석인(太碩人)은 유공(劉珙, 1122~1178)과 유평(劉玶)의 어머니인 탁국부인(卓國夫人)을 가리킨다. 「태석인생조」는 탁국부인의 생신날 축수를 드리기 위해 지은 시이다.

각각 다른 것이다."라고 하였다.[633]

　송나라 진공공(陳恭公)[634]의 생일에 그의 조카는 「범려유오호도(范蠡
遊五湖圖)」[635]를 바쳤고, 어떤 사람들은 「노인성도(老人星圖)」[636]를 바치
며 주위에서 축하하였다.

---

633 『회암집(晦庵集)』권57,「답진안경(答陳安卿)」.
634 진공공(陳恭公) : 송나라의 재상 진집중(陳執中)을 말한다. 자는 소예(昭譽).
635 「범려유오호도(范蠡遊五湖圖)」: 전국시대 월(越)나라의 대부(大夫)이던 범려(范蠡)가
　　　은거한 고사를 묘사한 그림이다. 범려는 월왕(越王) 구천(句踐)을 도와 오(吳)나라를
　　　멸하고 패자(霸者)가 되게 한 뒤에, 일엽편주를 타고 오호(五湖)로 나가서 노닐며 이름을
　　　바꾸고 은거했다고 한다. 진공공은 조카가 바친 그림에 "훌륭하구나, 도주공(陶朱公 :
　　　범려)이여. 월(越)나라를 패제후(霸諸侯)시키고 오(吳)나라를 평정했네. 명예 이루고 과
　　　감히 물러나 조각배 타고 오호(五湖)로 떠나갔구나."라는 찬(贊)이 씌어 있는 것을 보고
　　　진집중은 그날로 벼슬을 버렸다고 한다.
636 「노인성도(老人星圖)」: 인간의 수명(壽命)을 관장하는 별자리인 남극성(南極星)을 인격
　　　화하여 그린 신선도. 회갑 축하와 장수 축원 등 축수용(祝壽用)으로 많이 그려졌으며,
　　　수노인도(壽老人圖)ㆍ수성도(壽星圖)ㆍ남극성도(南極星圖) 또는 남극노인도(南極老人
　　　圖)라고도 한다.

제2편

지리류(地理類)

주자(朱子)가 말했다. "땅의 모양은 만두(饅頭)와 같은데 그 끝이 뾰족한 것은 곤륜산(崑崙山)[1]이다."[2]

소자(邵子)가 말했다. "지리를 살피는 것은 산수를 보는 것이다."[3] 대개 산은 서북에서 일어나고 물은 동남으로 모인다. 오악(五岳)[4]과 사독(四瀆)[5]은 팔다리와 혈맥, 경혈이 각각 순서가 있는 것과 같다. 그러므로 산수를 보면 지리를 알 수 있다.[6]

---

1 곤륜산(崑崙山) : 전설상 중국 멀리 서쪽에 있다는 성산(聖山) 이름. 황하(黃河)의 발원점으로 여겨진다.

2 『주자어류(朱子語類)』 권86, 「예(禮)」 3, 〈주례(周禮)〉.

3 『황극경세서』 권14, 「관물외편(觀物外篇)」 하, "察地理者, 觀山水而已."

4 오악(五岳) : 중국의 다섯 개의 명산으로 동악(東嶽)인 태산(泰山), 서악(西嶽)인 화산(華山), 남악(南嶽)인 형산(衡山), 북악(北嶽)인 항산(恒山), 중악(中嶽)인 숭산(嵩山)이라고 하나 기록마다 약간의 차이가 있다. 우리나라에서는 동의 금강산(金剛山), 서의 묘향산(妙香山), 남의 지리산(智異山), 북의 백두산(白頭山), 중앙의 삼각산(三角山)을 오악이라 하였다.

5 사독(四瀆) : 중국의 네 개의 큰물로 양자강(揚子江), 황하(黃河), 회수(淮水), 제수(濟水)를 가리킨다. 우리나라에서는 낙동강(洛東江)을 동독(東瀆), 한강(漢江)을 남독(南瀆), 대동강(大同江)을 서독(西瀆), 용흥강(龍興江)을 북독(北瀆)이라 하였다.

6 장행성(張行成), 『황극경세관물외편연의(皇極經世觀物外篇衍義)』 권5, 「관물외편(觀物外篇)」.

장행성(張行成) : 남송 공주(邛州) 임공(臨邛) 사람. 자는 문요(文饒) 또는 자요(子饒). 학자들은 관물선생(觀物先生)이라 불렀다. 고종(高宗) 소흥(紹興) 2년(1132) 진사(進士)가 되고, 성도부로사간판공사(成都府路司幹辦公事)로 있다가 퇴직하고 10년 동안 칩거하면서 저술에 전념했다. 효종(孝宗) 건도(乾道) 중에 그 책들을 올려 직휘유각(直徽猷閣)에 임명되었다. 병부낭중(兵部郎中)과 동천지부(潼川知府) 등을 역임했다. 초정(譙定)에게 역학을 배웠고, 소옹(邵雍)의 상수학(象數學)을 계승 발전시켰다. 저서에 『술연(述衍)』과 『익현(翼玄)』, 『원포총의(元包總義)』, 『잠허연의(潛虛衍義)』, 『황극경세색은(皇

주자가 말했다. "기도(冀都)[7]는 천지의 중앙이니 풍수가 좋은 곳이다."[8]

두 산이 나란히 끼고 가면 중간에 반드시 물이 있다. 두 물이 나란히 끼고 가면 반드시 중간에 산이 있다.[9]

강소(江蘇)와 절강(浙江)의 산은 대부분 남쪽으로부터 오고 물은 대부분 북쪽으로 흐른다. 그러므로 겨울이 춥고 여름이 무덥다.[10]

주공(周公)이 토규(土圭)[11]를 가지고 천지의 중앙을 재어 보니 예주(豫州)가 중앙이 되고 사방은 각각 5천 리이다.[12]

우리나라의 지형은 대략 곤륜산(崑崙山)의 한 줄기가 큰 사막 남쪽으로 내려오다가 동쪽으로 의무려산(醫巫閭山)[13]이 되고, 이곳으로부터 크게 끊어져서 요동 들판이 된다. 이 들판을 건너가서 솟아난 것이 백두산

極經世索隱)』,『황극경세관물외편연의(皇極經世觀物外篇衍義)』,『주역통변(周易通變)』
등이 있다.
7 기도(冀都): 기주(冀州). 중국 고대 구주(九州)의 하나. 대개 지금의 황하(黃河) 이북 요하(遼河) 서쪽의 땅으로 현재의 베이징 일대이다.
8 『주자어류』권2,「이기(理氣)」하, 〈천지(天地)〉하.
9 『주자어류』권79,「상서(尙書)」2, 〈우공(禹貢)〉.
10 『주자어류』권2,「이기(理氣)」하, 〈천지(天地)〉하.
11 토규(土圭): 주(周)나라 때의 옥기(玉器). 길이가 1척 5촌이며, 해 그림자의 길이를 재는 데 쓴다.
12 『주자어류』권2,「이기(理氣)」하, 〈천지(天地)〉하.
13 의무려산(醫巫閭山): 요녕성(遼寧省) 북진현(北鎭縣) 서쪽에 있는 산 이름. 의무려(醫無閭)·어미려(於微閭)·의려(醫閭)·의미려(醫微閭)라고도 한다.

이 되었으니 이것이 바로 『산해경(山海經)』[14]에서 말한 불함산(不咸山)이다. 등 뒤로 한 가지를 뻗어 조선이 되었으니, 경상도는 바로 신라(新羅)·진한(辰韓)·변한(弁韓) 땅이었고, 경기·충청·전라도는 바로 옛 마한(馬韓)과 백제(百濟) 땅이었고, 함경·평안·황해도는 바로 고조선(古朝鮮)·고구려(高句麗) 땅이었고, 강원도는 별도로 예맥(濊貊) 땅이었다. 당나라 말기에 태조 왕건이 삼한을 통합하여 고려를 세웠으며, 우리 왕조가 운(運)을 계승하였다. 동쪽·남쪽·서쪽은 모두 바다이고, 홀로 북쪽 한 길만이 여진(女眞)·요동(遼東)·심양(瀋陽)과 통한다. 산이 많고 평야가 적으며, 그 백성은 유순하고 근신한다. 길이는 3천 리에 걸쳐 있으나 동서는 천 리도 못된다. 바다와 닿은 남쪽은 절강성의 오현(吳縣)·회계현(會稽縣)의 사이와 맞닿을 수 있다. 평안도의 북쪽 의주(義州)는 대략 (중국의) 청주(靑州)에 해당한다.[15]

옛사람은 우리나라가 노인의 모습이며, 해좌(亥坐) 사향(巳向)으로 서쪽을 향한 얼굴이 중국을 향해 손을 마주 모아 잡고 인사하고 있는 형상이기 때문에 예로부터 중국에 대해 충직하고 순종적이라고 한다. 게다가 천 리 되는 물이 없고 백 리 되는 들판이 없는 까닭에 예로부터 큰 인물이 나지 못했다. 서쪽·북쪽의 오랑캐와 동쪽의 여진족은 중국에 들어가 황제 노릇을 하지 않은 적이 없는데 우리나라만 홀로 그런 일이 없었다. 오직 봉토의 경계만 삼가 지키고 사대(事大)를 정성껏 열심히 했을 뿐이다.[16]

---

14 『산해경(山海經)』: 중국 하(夏)나라 우왕(禹王) 또는 백익(伯益)이 지었다고 전해지는 최고(最古)의 지리서(地理書). 고대 중국의 자연관을 알 수 있는 귀중한 자료이다.
15 이중환(李重煥), 『택리지(擇里志)』, 「팔도총론(八道總論)」.
16 이중환(李重煥), 『택리지(擇里志)』, 「복거총론(卜居總論)」, 〈산수(山水)〉.

한양은 중국의 숭산(嵩山)[17]에 비하면 약간 북쪽에 가깝다. 그러므로 북극의 출지(出地)[18]가 38도이다.

백두산(白頭山) 위에 큰 못이 있으니 서쪽으로 흘러 압록강이 되고 동쪽으로 흘러 두만강이 된다. 두만강과 압록강의 안은 바로 우리나라 이다.[19]

---

17 숭산(嵩山): 중국의 오악(五岳) 가운데 중악(中岳)의 위치를 차지하는 산 이름이다.

18 북극(北極)의 출지(出地): 북극성(北極星)이 지상(地上)으로 나온 고도(高度)를 말한 것으로, 즉 북극성과 지평선 사이의 각거리(角距離)를 이른 말이다.

19 이중환(李重煥), 『택리지(擇里志)』, 「팔도총론(八道總論)」.
『택리지(擇里志)』: 이중환(李重煥, 1690~1756)이 지은 우리나라에 대한 지리지(地理志)이다. 「사민총론(四民總論)」, 「팔도총론(八道總論)」, 「복거총론(卜居總論)」, 「총론(總論)」의 네 부분으로 나누어 각 지방의 풍속·인물·지리 등을 논하였다. 이중환은 자가 휘조(輝祖), 호는 청담(清潭)·청화산인(青華山人)으로, 성호의 삼종손(三從孫)이다. 1713년(숙종 39) 문과에 급제하여 병조좌랑을 지냈다(『성호전집(星湖全集)』 권62, 「기성좌랑이공묘갈명(騎省佐郎李公墓碣銘)」).

　홍무(洪武) 13년(1380)[20] 태조는 여지(輿地)가 광대하니 글로 기록한 것이 없어서는 안 된다고 하였다. 이에 유신(儒臣)들에게 명하여 천하의 도리(道里)[21]를 편류하여 책으로 만들었으니 그 방우(方隅)[22]의 조목이 여덟 개가 있다. 이름을 『환우통구(寰宇通衢)』[23]라고 했다.[24]

　천하의 지도를 관장하는 것은 사마(司馬)에게 달려 있다. 어째서 그러한가? 전국시대의 책사는 매번 말하기를 주 왕실을 엿보려면 토지와 호적을 살피면 된다고 하였다. 한나라 대장군 왕봉(王鳳)[25]은 또한 『태사공서(太史公書)』[26]는 지형의 험하고 막힘을 기록하고 있어서 제후 왕에게는 마땅하지 않다고 말한다. 그렇다면 고인의 지도는 비록 사도(司

---

20 홍무 13년 : 『환우통구』의 완성은 홍무 27년(1394) 9월이다.
21 도리(道里) : 이정(里程)의 옛 이름으로 일정한 곳으로부터 다른 일정한 곳에 이르는 거리를 말한다. 리(里)를 단위로 하여 헤아린 길의 거리이다.
22 방우(方隅) : 전체의 면적 중 한 모퉁이를 말하는 것으로 경계선·국경·나라의 뜻으로 쓰인다.
23 환우통구 : 환우(寰宇)는 천자(天子)가 다스리는 땅의 전체라는 뜻에서 천하(天下)·천지(天地)·세계 등을 가리키는 말로 쓰인다. 통구(通衢)는 사방으로 통하는 왕래가 번잡한 큰 길을 말한다.
24 『흠정사고전서총목(欽定四庫全書總目)』 권72, 「사부(史部)」 28, 〈지리류존목일(地理類存目一)〉, 환우통구일권(寰宇通衢一卷), "明洪武中官撰, 案黃虞稷千頃堂書目曰寰宇通衢一卷, 洪武二十七年九月書成. 先是, 太祖以興内地之廣, 不可無書以紀之. 乃命翰林儒臣 以天下道里之數, 編類爲書. 其方隅之目有八. 所言皆與此本合."
25 왕봉(王鳳) : 한(漢)나라 원제(元帝)의 후(后)인 왕정군(王政君)의 오빠로, 성제(成帝)가 즉위한 뒤 황제의 외삼촌으로서 10여 년 간 권세를 독점하였다. 나중에 신(新)나라를 세운 왕망(王莽)이 그의 조카이다(『한서(漢書)』 권98, 「원후전(元后傳)」).
26 『태사공서(太史公書)』 : 태사공(太史公)은 사마천(司馬遷)을 말하므로 태사공이 지은 책이란 의미로서 『사기(史記)』의 원제.

徒)가 담당하지만 감추어 두는 것은 사마가 담당하여 숨겨 두고 보이지 않았으니 해를 끼치는 것을 막으려는 까닭이다. 한나라부터 사공(司空)이 관장하여 점점 비밀이 드러나게 되어 당시 회남(淮南)의 여러 왕들은 모두 여지도(輿地圖)를 살펴서 변란을 모의했으니 이것으로 옛사람이 멀리 내다보고 생각했음을 알 수 있다.²⁷

홍무(洪武) 초에 태조가 화공(畫工) 주원소(周元素)에게 명하여 천하 강산의 그림을 궁실 벽에 그리도록 하였다. 주원소가 말했다. "신은 비록 천하의 강산을 그리는 일을 할 수 있지만 신은 폐하께서 동서로 정벌하신 곳은 외우고 있지 못합니다. 누가 지형의 험난하고 평탄함과 규모와 대세를 안다면 신은 그것을 따라 색을 칠할 수 있을 뿐입니다." 태조가 바로 붓을 들어 긋기를 마치자 원소가 전 아래에서 머리를 조아리고 말했다. "폐하가 강산을 이미 정하셨으니 신은 손을 댈 곳이 없습니다."²⁸

송나라 진종(眞宗)²⁹ 때 성도(盛度)³⁰는 섬서(陝西)의 사신으로 나아가

---

27 『주례집설(周禮集說)』 권7, 〈직방씨(職方氏)〉.
28 육심(陸深), 「엄산외집(儼山外集)」 권8, 「금대기문(金臺紀聞)」 하.
　　육심(陸深, 1477~1544) : 명(明)나라 문인. 자는 자연(子淵), 호는 엄산(儼山). 상해 출생. 서예와 문장이 뛰어났으며 특히 사(詞)에 능했다. 세종(世宗)이 남순(南巡)할 때 그는 행재(行在)의 한림원인(翰林院印)을 관장했고 뒤에 첨사부첨사(詹事府詹事)가 되었다. 저서에 『엄산집(儼山集)』, 『엄산외집(儼山外集)』, 『독집(讀集)』, 『남순일록(南巡日錄)』 등이 있다.
29 진종(眞宗) : 북송 제3대의 황제. 이름은 조항(趙恒, 968~1022). 도교를 신봉하는 한편 재정을 충실히 하고 산업과 학문을 장려하였다. 26년 간 재위했다.
30 성도(盛度, 968~1041) : 북송 응천부(應天府) 사람. 항주(杭州) 여항(餘杭)으로 옮겨 살았고, 자는 공량(公量)이다. 태종 단공(端拱) 2년(989) 진사가 되고, 제음위(濟陰尉)에 올랐다. 거듭 승진하여 상서둔전원외랑(尙書屯田員外郞)이 되었다. 거란(契丹)이 변경을 어지

서 강역을 살펴본 것에 의해 참고하고 질정하여 한나라와 당나라의 옛 땅을 그림으로 그렸다. 이 「서역도(西域圖)」를 진종에게 바치며 말했다. "강과 산의 험난함이 있어도 굳게 지킬 수 없고 갑병의 날카로움이 있어도 막아낼 수 없습니다."

당 태종은 제후국들이 조공하는 것을 「왕회도(王會圖)」로 그렸다.[31]

『주례(周禮)』에 "대사도(大司徒)는 여지도(輿地圖)를 관장한다."라고 하였으니,[32] 지역의 넓고 좁음과 장단을 두루 알아서 백성들의 주거에 적합한 곳을 증험하고, 그 토지의 한난(寒暖)과 조습(燥濕)을 분별하여 백성들의 마음에 편안한 바를 알아낸다.[33]

『주례(周禮)』에 "직방씨(職方氏)[34]가 천하의 지도를 맡아 구주의 나라를 분별하여 구곡(九穀)[35]과 육축(六畜)[36] 등의 재용(財用)의 이로움이

럽히자 여러 차례 글을 올려 변경의 일을 논했다. 섬서(陝西)로 사신을 갔다 돌아오면서 「서역도(西域圖)」와 「하서농우도(河西隴右圖)」를 그렸다.

31 『문헌통고(文獻通考)』 권195, 「경적고(經籍考)」 22.

32 『주례(周禮)』, 「지관(地官)」, 〈사도(司徒)〉, "大司徒之職, 掌建邦之土地之圖. 與其人民之數, 以佐王安擾邦國."

33 구준(丘濬), 『대학연의보(大學衍義補)』 권13, "必有以知其地域之廣狹長短, 以驗其民居之所容."

34 직방씨(職方氏) : 천하의 지도를 맡아서 땅을 관장한 관리. 『주례(周禮)』의 하관(夏官)에 속한다. 천하의 지도(地圖)를 맡아 보았으며 사방으로부터 들어오는 공물(貢物)을 관장(管掌)하였다.

35 구곡(九穀) : 아홉 가지 곡식, 즉 메기장〔黍〕·찰기장〔稷〕·차조〔秫〕·벼〔稻〕·깨〔麻〕·콩〔大豆〕·팥〔小豆〕·보리〔大麥〕·밀〔小麥〕을 가리킨다(『주례(周禮)』, 「천관(天官)」).

36 육축(六畜) : 집에서 기르는 대표적인 여섯 가지 가축(家畜). 소·말·돼지·양·닭·개를 말한다.

같아지도록 하였다."[37] 주에 말하기를 "반드시 그 유리한 곳과 불리한 곳을 두루 알아서 구곡과 육축 등의 일이 통하게 하여 천하의 재용을 하나로 하여 천하의 백성을 길렀다."라고 하였다.[38]

『대명일통지(大明一統誌)』[39]는 고금의 사적(事跡)을 수록하고 형승(形勝)을 기록하고 풍속을 갖추고 연혁(沿革)을 상고하고 견문을 넓혔으니 전고(前古)에 없던 것이다.

온 세상이 머나먼 하늘 바깥이라도 손바닥으로 구할 수 있고, 땅 끝 하수(河水)의 근원도 문밖을 벗어나지 않는다.[40]

당나라 일행(一行)[41]이 천하의 십이차(十二次)를 말했는데, 산하의 맥

---

37 『주례(周禮)』, 「하관(夏官)」, 〈사마(司馬)〉, "職方氏掌天下之圖, 以掌天下之地.…… 乃辨九州之國, 使同貫利."

38 『대학연의보(大學衍義補)』권13, "劉彝曰乃辨九州之國, 使同貫利者, 四方之人民好惡之不同, 財用有無之不等, 必周知其害貫而通之, 使有無之相易也, 善惡之相濟也. 一天下之財用, 養天下之人民, 謂同享其利焉."

39 『대명일통지(大明一統誌)』: 명(明)나라 때의 지리책. 명나라 천순(天順) 5년(1461) 이현(李賢) 등이 편찬한 것으로 90권 60책이다. 홍무제(洪武帝) 이하 천하 군현의 도경(圖經)을 모아 한 책으로 엮어 보려는 황제들의 여망이 천순제에 의해 이루어진 것이다. 형식이나 내용이 『대원일통지』를 답습하였다. 경사(京師)·남경(南京)·중도(中都)·13포정사(布政司) 순으로, 각 부마다 건치(建置)·연혁(沿革)·군명(郡名)·형승(形勝)·풍속·산천·토산·공서(公署)·학교·서원·궁실·관량(關梁)·사관(寺觀)·사묘(祠廟)·능묘·고적·명환(名宦)·유우(流寓)·인물·열녀·선석(仙釋) 순으로 기술하고 있다.

40 『예문유취(藝文類聚)』권6, 「지부(地部)」, 〈지(地)〉.

41 일행(一行, 683~727): 당(唐)의 고승(高僧). 장공근(張公謹)의 후손으로 본명은 장수(張遂). 경사(經史)와 역수(曆數)와 천문(天文)의 학문에 정통하였다. 출가하여 숭산의 보적선사(普寂禪師)에게 선요(禪要)를 배웠고, 오진(悟眞)에게서 율장(律藏)을 배운 뒤 천태종(天台宗)의 진리를 터득하였다. 밀교경전 번역사업을 한 선무외(善無畏)로부터 밀교를

락은 양계(兩戒)[42]에서 알고 은하수의 승강부침은 사유(四維)에서 알았으니 옛 한나라 군현과 봉국(封國)을 참고하여 그 분야를 따로따로 처리한 것은 손바닥을 가리키는 것처럼 분명하다.[43]

　구준(丘濬)이 말했다. "북제(北齊)는 군(郡)의 제도를 9등급으로 하고 당나라와 송나라는 현(縣)의 제도를 7등급으로 하였으니 강역의 넓고 좁음과 백성의 많고 적음을 구별하여 과차(科差)[44]의 경중을 고르게 한 것이다. 이제 우리 조정의 군현은 크고 작은 것이 너무나도 차이가 난다. 부서를 설치하여 비록 현저히 줄인 차이가 있지만 품질은 크고 작음의 차이가 없다. 마땅히 당송의 제도를 감작하여 주현의 등급을 정해야 한다. 이것으로 그 재부(財賦)를 과차하고 요역(徭役)을 정하면 장차 강

　전수받고 그를 도와 『대일경(大日經)』을 번역하고 『대일경소(大日經疏)』를 지었다. 그의 영향으로 현종(玄宗)이 밀교에 귀의하였다. 현종은 일행에게 신력(新曆)을 편찬하도록 명하자, 황도유의(黃道遊儀)를 만들어 태양·달·5행성의 운행 및 항성의 위치를 측정하였고 수력으로 움직이는 천구의(天球儀)를 제작하였으며 자오선 측정을 실시한 후 역법(曆法) 개편작업을 시작하여 『대연력(大衍曆)』(52권)을 완성시켰다. 시호는 대혜선사(大慧禪師)이다.

42 양계(兩戒) : 중국의 남쪽과 북쪽 산하(山河)의 계한(界限)을 말한다. 『당서(唐書)』 천문지(天文志)에 "일행(一行)은 천하 산하(山河)의 형상에 양계가 있다고 여겼으니, 북으로는 융적(戎狄)을 경계로 하고 남으로는 만이(蠻夷)를 경계로 한다〔一行以爲天下山河之象, 存乎兩戒. 北戒限戎狄, 南戒限蠻夷〕."는 말이 나온다.

43 정초(鄭樵), 『육경오론(六經奧論)』 권6, 「분야변(分野辨)」, "善乎唐一行之言, 十二次也. 惟以雲漢始終言之, 雲漢, 江河之氣也. 認山河脈絡於兩戒, 識雲漢升沈於四維, 下參以古漢郡國, 其於區處分野之所在, 如指諸掌."
　정초(鄭樵, 1104~1162) : 송(宋)나라 학자. 자는 어중(漁仲), 호는 협제(夾漈)·계서일민(溪西逸民). 고거학(考據學)을 좋아하였다. 저서에 모공(毛公)과 정현의 설을 공박한 『시전변망(詩傳辨妄)』과 『이아주(爾雅注)』, 『협제유고(夾漈遺稿)』 등이 있고, 『통지략(通志略)』으로 유명하다(『송사(宋史)』 권436).

44 과차(科差) : 은(銀) 또는 지폐(紙幣) 및 생계세(生系稅)와 그 밖의 부역(夫役)을 말한다.

역이 고르게 정돈되고 힘쓰는 일이 균일해지며 부세가 공평해질 수 있으니 태평성대의 기반이 여기에 달려 있다.[45]

읍(邑)은 읍(偪)과 같으니 여러 사람이 모이는 것을 지칭한다.[46] 주(州)는 다르다는 말이니 종류가 다른 것이 그 경계를 하나로 합하는 것을 말한다.[47] 군(郡)은 군(君)을 말하니 군(郡)이라는 글자는 군(君)이 왼쪽에 있고 읍(邑)이 오른쪽에 있어서 군(君)이 원수(元首)가 되어 읍(邑)으로 백성들을 기른다는 것이다. 그러므로 군(君)에서 이름을 취하여 군(郡)이라고 한 것이다.[48]

우리나라의 주(州)와 군(郡)은 경기도(京畿道)가 4목(牧) 7부(府) 8군(郡) 18현(縣)이고, 충청도(忠淸道)가 4목 12군 18현이고, 황해도(黃海道)가 2목 4부 7군 11현이고, 강원도(江原道)가 1목 6부 12군 12현이고, 전라도(全羅道)가 3목 5부 12군 37현이고, 경상도(慶尙道)가 3목 10부 4군 40현이고, 평안도(平安道)가 3목 7부 18군 13현이고, 함경도(咸鏡道)가 1부 1목 12도호(都護) 4군 3현이니, 모두 합하여 329관(官)이다.

---

45 『대학연의보(大學衍義補)』 권18, 「치국평천하지요(治國平天下之要)」, 〈고방국(固邦本)〉, 택민지장(擇民之長).

46 한(漢) 유희(劉熙), 『석명(釋名)』 권3, 「석주국(釋州國)」, "邑猶偪也, 邑人聚會之稱也."

47 명(明) 진요문(陳耀文), 『천중기(天中記)』 권13, 「주(州)」, "州之言殊也, 合同類異其界也."

48 위(魏) 역도원(酈道元), 『수경주(水經注)』 권2, 「하수(河水)」, "今郡字, 君在其左, 邑在其右, 君爲元首, 邑以載民, 故取名于君, 謂之郡."

　　산음(山陰) 강무손(姜武孫)[50]이 분야변(分野辨)에서 "하늘에 있는 것
은 분성(分星)이 되고 땅에 있는 것은 분야(分野)가 된다고 하니 이 또
한 이치가 믿을 만한 것이다."[51]라고 하였다. 『주례』의 보장씨(保章
氏)[52]로부터 성토(星土)로써 구주(九州)의 땅을 분별한 것이 후세의 으
뜸이 된다. 다만 『성경(星經)』[53]은 이미 없어져서 지금 근거하는 것은
단지 반고의 『한서』에서 정현을 인용하여 열두 자리[十二次][54]로 나누
었고, 위(魏)나라 태사령(太史令) 진탁(陳卓)이 다시 이십팔수(二十八
宿)[55]로 분계하였으니 자세하다고 할 만하다. 그러나 그 말을 상고해 보
면 의심스러운 것이 한두 가지에 그치지 않는다. 양주(楊州)는 동쪽에
있는데 성기(星紀)[56]의 자리인 두성(斗星)·우성(牛星)·여성(女星)은 북
쪽에 있고, 옹주(雍州)는 서쪽에 있는데 순수(鶉首)는 남쪽에 임한다.

---

49 분야(分野) : 중국을 중심으로 한 지상(地上)의 영역을 하늘의 28수(宿)에 배당하여 나눈
　　 칭호로, 천문학에서 쓰는 용어이다.

50 산음(山陰) 강무손(姜武孫) : 알 수 없음.

51 『복건통지(福建通志)』권1, 「성야(星野)」, "在天爲分星, 在地爲分野, 是亦理之可信者也."

52 보장씨(保章氏) : 주나라 때 춘관(春官)에 속한 관명. 하늘의 별을 관장하여 일월성신의
　　 변동을 기록함으로써 천하의 변천을 관찰하고 그 길흉을 변별하였다(『주례(周禮)』, 「춘관
　　 (春官)」, 〈보장씨(保章氏)〉).

53 『성경(星經)』 : 전국(戰國)시대 위(魏)나라 석신(石申)이 지은 것으로, 1권이다.

54 열두 자리[十二次] : 일월(日月)이 교회(交會)하는 하늘의 열두 개의 자리.

55 이십팔수(二十八宿) : 각(角)·항(亢)·저(氏)·방(房)·심(心)·미(尾)·기(箕)·두(斗)·
　　 우(牛)·여(女)·허(虛)·위(危)·실(室)·벽(壁)·규(奎)·루(婁)·위(胃)·묘(昴)·필
　　 (畢)·자(觜)·삼(參)·정(井)·귀(鬼)·유(柳)·성(星)·장(張)·익(翼)·진(軫)의 　스
　　 물 여덟 별자리를 말한다.

56 성기(星紀) : 일(日)·월(月)·오성(五星)의 종(終)과 시(始)가 되는 남두성(南斗星)과 견
　　 우성(牽牛星)을 가리킨다.

이와 같은 종류는 손가락을 일일이 꼽을 수 없다. 주(州)와 군(郡)이 서로 뒤바뀌면 땅과 땅이 서로 합치하지 않고, 여러 별들이 운행하는 전차(躔次)가 들쭉날쭉하면 땅과 하늘이 서로 부합하지 않는다. 그래도 책을 더럽혀 재앙과 상서를 증험하고 길하고 흉한 일[休咎]을 결정하려 하는가. 어떤 사람은 말하기를 수봉(受封)하는 해는 그 세성(歲星)이 있는 곳이 진방(辰方)이어서 바로 분야에 속하니 같은 해에 수봉하는 나라가 반드시 많다고 하였다. 그렇다면 어찌하여 제나라·노나라·송나라·정나라 등 여러 나라들은 각각 같은 전차(躔次)[57]의 분야지만 결코 같지 않은 것인가?

당(唐) 일행(一行)이 말했다. "별과 땅은 정기가 서로 이어졌으니 서로 관계되어 매어 있는 것이 아니겠는가. 나라에서 점을 치는 데는 산하(山河)로 경계를 삼고 주국(州國)을 위주로 하지 않으니 그 설이 근사한 것 같다"[58] 그러나 천하는 매우 큰 것이니 결코 중국에 그치지 않을 것이다. 살펴보니 묘성(昴星)과 필성(畢星)의 경계를 천가(天街)[59]라고 한다. 천가는 안과 밖이 서로 만나는 곳이다. 반드시 제유(諸儒)의 말이라면 하늘이 이미 중국에서 다했고 중국 십이주(十二州)는 하늘의 365도를 다했다고 할 것이다. 어찌 옳은 이치이겠는가.

어떤 사람은 말하길 천시원(天市垣)[60]의 22성(星)에 천업(天業)이 달

---

57 전차(躔次) : 성좌(星座). 태양·달·별들이 운행하는 도수.
58 명(明) 장황(章潢), 『도서편(圖書編)』 권28, 「성도직방합론(星度職方合論)」, "唐一行有言
星土, 以精氣相屬而不係乎方隅. 其占以山河爲限, 而不係乎州國. 庶幾爲可近焉."
59 천가(天街) : 천구(天衢)와 같은 말로 넓고도 평탄한 길을 말하는데, 흔히 도성 안에 있는 대로(大路)를 가리키는 말로 쓰인다.

려 있다고 하였으니 그 상(象)에 열국(列國)의 길흉이 나타나 있다. 이것으로부터 12차 분야의 설과 비교해 보면 나은 것 같지만 중국이 점치는 것은 여기에서 그쳤고, 이 밖의 재앙과 상서는 모두 그대로 두고 논하지 않았다. 또한 어찌하여 오성이 동정(東井)에 모이면 패공(沛公)[61]이 황제가 되고, 혜성이 소멸하니 진(秦)나라 부견(苻堅)이 위태로워지고,[62] 형혹성(熒惑星)[63]이 심성(心星)을 지키니 송나라가 근심하고,[64] 경성(景星)[65]이 미수(尾宿)에 나타나니 연(燕)나라가 성대해진 것인가.

원나라 곽수경(郭守敬)은 천문에 정통했지만 유독 분야에 대해서는 생략하고 말하지 않았다. 다만 「태양황도십이차입궁수도(太陽黃道十二

---

60 천시원(天市垣) : 별자리의 하나. 방성(房星 : 28수의 하나로 마신(馬神)을 담당. 창룡 7수 가운데 네 번째에 있으며 4개의 별로 이루어졌다.)의 동북쪽에 위치한다. 자미원(紫微垣)·태미원(太微垣)과 더불어 삼원(三垣)이라고 한다. 천시원에는 동원(東垣)과 서원(西垣)이 있으며, 각각 11개의 별자리가 동서의 두 원(垣)을 이루어 천시원을 울타리처럼 둘러싸고 있다.

61 패공(沛公) : 한 고조(高祖) 유방(劉邦)을 말한다. 『한서(漢書)』, 「고제기(高帝紀)」에 "오성이 동정에 모이니 패공이 패자의 윗자리에 올랐다[元年冬十月, 五星聚於東井, 沛公至霸上]."라는 말이 있다.

62 혜성이 소멸하니 …… 위태로워지고 : 명(明) 왕응전(王應電), 『주례도설(周禮圖說)』권상, "彗星掃東井而苻堅亡秦."

63 형혹성(熒惑星) : 형혹성은 화성(火星)의 별명으로, 이 별이 나타나면 큰 병란 등 좋지 않은 일이 일어난다고 한다.

64 춘추시대 송(宋)나라 분야에 해당하는 하늘에 형혹성이 나타나 경공(景公)이 이를 근심하니, 사성(司星)인 자위(子韋)가 그 재앙을 짐승이나 백성, 또는 연세(年歲)에 옮길 수 있다고 했다. 경공은 "정승은 나의 팔다리고, 백성은 내가 의지하는 바이며, 연세는 흉년이 들면 백성이 곤궁해지니 옮길 수 없다."고 하니, 자위는 경공이 임금다운 말을 했으므로 하늘이 감동할 것이라고 대답했다. 그 후 형혹성이 1도(度)를 옮겨갔다 한다(『십팔사략(十八史略)』, 「은기(殷紀)」; 「주기(周紀)」).

65 경성(景星) : 덕성(德星) 혹은 서성(瑞星)이라고도 하는데 도가 있는 나라에만 나타난다는 상서로운 별이다.

次入宮宿度)」⁶⁶를 미루어 십이국의 분야에 붙였다.

12분야는 대개 옛날 수봉(受封)을 받는 날에 세성(歲星)이 진방(辰方)에 있어서 나라가 속하게 된 것이다. 이 말은 감여설(堪輿說)⁶⁷에서 나왔다.

조선의 분야 : 세상에서 우리나라가 소중화(小中華)라고 하는 것은 모두 정초(鄭樵)의 『통지』에서 고신(考信)한 것이다. 견우성 아래 12국이 화하(華夏)의 땅이니 우리나라의 동쪽은 동북 견우성의 끝자리이다. 또 살펴보건대 조보(趙普)가 이순풍(李淳風)⁶⁸의 「을사점소(乙巳占疏)」

---

66 「태양황도십이차입궁수도(太陽黃道十二次入宮宿度)」: 『金史』(권21), 『元史』(권56)의 「지」에서 12차와 12국을 대응시키고 있다.
  황도(黃道) : 태양의 시궤도(視軌道). 지구에서 보아 태양이 지구를 중심으로 운행하는 것처럼 보이는 천구상(天球上)의 대원(大圓).
  십이궁(十二宮) : 황도(黃道)의 둘레를 십이부분(十二部分)으로 나눈 성기궁(星紀宮)·원효궁(元枵宮)·추자궁(娵訾宮)·강루궁(降婁宮)·대량궁(大梁宮)·실침궁(實沈宮)·순수궁(鶉首宮)·순화궁(鶉火宮)·순미궁(鶉尾宮)·수성궁(壽星宮)·대화궁(大火宮)·석목궁(析木宮)을 병칭한 말이다.
  수도(宿度) : 하늘 가운데 별들의 위치를 나타내는 도수(度數)인데, 전체 하늘을 365와 4분의 1도로 나누어서 표시한다.
67 감여설(堪輿說) : 감여는 본래 하늘과 땅이라는 말인데 여기서는 묏자리나 집터에 관한 지리 즉, 풍수설(風水說)를 논한 것이다. 그러므로 풍수설을 감여설(堪輿說)이라 하고 풍수에 종사하는 자를 감여가(堪輿家)라고 한다.
68 이순풍(李淳風, 602~670) : 당나라 기주옹(岐州雍) 사람. 태종 때의 천문학자. 음양역산(陰陽曆算)에 밝아 정관(貞觀) 초에 장사랑(將仕郞)으로 태사국(太史局)에서 혼천의(渾天儀)를 제작하여 별을 관측했다. 인덕력(麟德曆)을 편찬했고, 오조(五曹)·손자(孫子) 등의 옛 산서(算書)를 주해했으며, 『진서(晉書)』와 『오대사(五代史)』의 「율력지(律曆志)」를 편찬했다. 저서에 『전장문물지(典章文物志)』, 『을사점(乙巳占)』, 『비각록(秘閣錄)』 등이 있다.

에서 "오성 이십육수는 중국에 있는 것이고 사이(四夷)에 있는 것이 아니다."라고 하였으니, 지금 우리나라가 기성과 미성에 해당하여 견우성을 얻은 것이니 오위(五緯)를 점친 것이 중국과 길흉을 같이한다. 여러 천문을 상고하면 우리나라 천문의 근원은 중화이다. 당 일행이 중화는 산하가 양계의 맥락이 된다고 하였는데, 북융의 맥락은 동으로 변방을 따라서 조선에 이르니 여러 지리를 상고해 보면 우리나라도 또한 중화이다.

조보(趙普)[69]가 상소에서 말했다. "분야는 중화에서만 오로지 시행하던 것이니 성차(星次)는 먼 오랑캐 땅이 황복(荒服)[70]에게까지 두루 미치지 않는다." 그런데 지금 중국은 기성과 미성의 분야이니 조선과 더불어 같은 것이다. 그렇다면 조선도 또한 중국일 뿐이다.

일행(一行)이 말했다. "적석산(積石山)·종남산(終南山)으로부터 북으로는 상산(常山)에, 동쪽으로는 조선(朝鮮)에 이르기까지가 북융(北戎)이다."[71]

---

69 조보(趙普, 922~992) : 송(宋)나라의 건국 공신. 북송 유주(幽州) 계현(薊縣) 사람. 자는 칙평(則平). 후주(後周) 때 조광윤(趙匡胤)의 막료가 되어 장서기(掌書記)를 맡았고, 진교병변(陳橋兵變)을 꾸며 개국을 도왔다. 북송 초기 숙위(宿衛)나 절진병권(節鎭兵權) 폐지 등 중대한 정책의 제정에 참여하며 중앙집권을 강화하기 위한 정책을 건의했다. 위국공(魏國公)에 봉해졌으며 시호는 충헌(忠獻)이다.
70 황복(荒服) : 황제의 교화가 미치지 않는 오랑캐 지역. 고대 중국에 오복(五服)이라 하는 행정구역이 있었다. 왕기(王畿)를 중심으로 5백 리마다 차례로 다섯 구역으로 나누고 왕기에서 가까운 곳으로부터 전복(甸服)·후복(侯服)·수복(綏服)·요복(要服)·황복(荒服)이라 한다. 황복은 오복 가운데에서 가장 먼 곳이다.
71 『신당서(新唐書)』권35, 「지(志)」21, 〈천문(天文)〉1.

호안국(胡安國)이 말했다. "나라를 보존하는 데는 반드시 먼저 계획을 정해야 하며, 반드시 먼저 국도를 세워야 한다."[72]

섭시(葉時)[73]가 말했다. "주공이 백성을 위해 표준을 세운 것은 오직 왕기(王畿)에 있다. 대개 왕기가 세워진 후에 근본이 정해지고, 방위가 설치된 후에 등급이 분명해지고, 도야(都野)가 구분된 후에 강리(疆理)가 바르게 되고, 관직이 세워진 후에 강목(綱目)이 펼쳐지니 백성의 표준을 세우는 데 무엇이 이보다 크겠는가?"[74]

구준이 말했다. "태(邰)[75] 땅으로부터 빈(豳)[76] 땅과 기(岐)[77] 땅과 풍

---

72 『속자치통감(續資治通鑑)』 중, 「한림원(翰林院)」.
73 섭시(葉時) : 남송 임안(臨安) 전당(錢塘) 사람. 자는 수발(秀發), 자호 죽야우수(竹埜愚叟), 시호는 문강(文康). 효종(孝宗) 순희(淳熙) 11년(1184) 진사(進士)가 되고, 봉국군절도추관(奉國軍節度推官)에 올랐다. 이부상서(吏部尙書) 등을 지냈다. 이종(理宗) 초에 현모각학사(顯謨閣學士)로 건녕부(建寧府)에 나가 다스리다가 돌아왔다. 저서에 『예경회원(禮經會元)』과 『죽야시집(竹野詩集)』 등이 있다.
74 『대학연의보(大學衍義補)』 권1, 「치국평천하지요(治國平天下之要)」, 〈정조정총론(正朝廷總論)〉, 조정지정(朝廷之政) ; 『대학연의보(大學衍義補)』 권86, 「치국평천하지요(治國平天下之要)」, 〈비규제(備規制)〉, 도읍지건(都邑之建) 상.
75 태(邰) : 주나라의 시조 후직(后稷)의 모국으로 요임금에 의해 태(邰) 지방에 봉해졌다.
76 빈(豳) : 하나라가 쇠약해졌을 때 공유(公劉)가 후직의 사업을 다시 계승하여 나라를 세운 곳이다. 공유(公劉)는 상(商)나라 때 사람으로 고대 주(周)나라 왕조의 건설자라 이르는 후직(后稷)을 말한다. 그는 기(棄)의 후예이며, 불줄(不窋)의 손자, 국도(鞠陶)의 아들이다. 주나라 종족은 대대로 우하(虞夏)에서 후직(后稷)의 관직을 세습했다. 불줄(不窋)에 이르러 관직을 잃고 융적(戎狄)의 땅으로 달아나 살았다. 그가 종족들을 이끌고 태(邰)에서 빈(豳)으로 옮겨왔다. 지형과 수리(水利)를 살펴 농기구를 정리하고 황무지를 개간해 농업을 발전시켰다. 집과 건물을 짓고 궁실을 세우면서 이곳에 정착하게 된다. 그리하여

(豊)⁷⁸ 땅, 호(鎬)⁷⁹ 그리고 낙(洛)⁸⁰으로 도읍을 정하니 이것은 주왕조가 날로 번성했기 때문이다. 평왕(平王)⁸¹에 이르러 동천(東遷)하니 점차 쇠미해졌다. 내가 일찍이 그것을 논하였는데, 천도(遷都)가 거행되는 것은 오직 한창 번성할 때는 가능하지만 쇠미해지는 데 이르러 옮기는 것이 다시 흥성할 수는 없다. 동주(東周)·동진(東晉)·남송(南宋)의 여러 경우를 살펴보면 알 수 있을 것이다."⁸²

고염무(顧炎武)가 『일지록(日知錄)』에서 말했다. "옛 임금이 고도(故都)를 잃어버리고 나라를 지킬 수 있는 경우는 없었다. 하나라가 하북을 잃자 오자(五子)⁸³는 하남에서 타향살이를 했고 다시 전해져서 상(相)에

빈곡(豳谷)은 주 부족의 발원지가 되었다. 공유의 9대손 태왕(太王) 고공단보(古公亶父)가 도읍하여 왕업(王業)을 창시하였다.

77 기(岐) : 태왕이 침략하는 오랑캐를 피하여 도읍을 옮긴 곳이다.

78 풍(豊) : 문왕(文王) 창(昌)이 도읍을 옮긴 곳이다.

79 호(鎬) : 호경을 말한다. 무왕(武王) 발(發)이 은나라를 멸망시키고 도읍으로 정한 곳으로 동천(東遷)할 때까지의 왕도(王都)였다.

80 낙(洛) : 낙양(洛陽)을 말한다. 주(周)나라 성왕(成王)이 동방경영의 기지로 축성한 데서 비롯되며, 당시에는 낙읍(洛邑)이라고 하였다. 기원전 770년에 주왕조가 호경(鎬京)으로부터 낙읍으로 천도한 뒤 동주(東周)의 국도로 번영하였다.

81 평왕(平王) : 주(周)나라의 제13대 왕(재위 기원전 770~기원전 720). 서방의 이민족이 강성해져 주나라 영토를 침공하므로, 도읍인 호경(鎬京 : 西安 부근)을 버리고 동쪽의 낙읍(洛邑 : 洛陽)으로 도읍을 옮겼다.

82 『대학연의보(大學衍義補)』 권85, 「치국평천하지요(治國平天下之要)」, 〈비규제(備規制)〉, 도읍지건(都邑之建) 상.

83 오자(五子) : 하(夏)나라 임금 태강(太康)의 다섯 아우. 태강(太康)이 안일에 빠져 낙수(洛水) 밖으로 사냥을 나가 10순(旬)이 지나도록 돌아오지 않자, 유궁(有窮)의 임금인 예(羿)가 하북(河北)에서 태강을 막아 돌아오지 못하게 하고 폐위시켜 버렸다. 태강의 다섯 아우들이 낙수 가에서 기다리다가, 우임금이 남긴 교훈으로 태강을 원망하는 노래를 지어 불렀다(『서경(書經)』, 「오자지가(五子之歌)」).

이르렀다가 마침내 착(涘) 때문에 멸망했다. 주나라는 풍호(豊鎬)[84]를
잃고 평왕(平王)이 동으로 천도(遷都)했다.[85] 진(晉)나라는 낙양을 잃고
송나라는 개봉(開封)을 잃어 진 원제(元帝)[86]와 송 고종(高宗)[87]이 강좌
(江左)[88]로 옮겼으나 끝내 떨쳐 일어나지 못했다. 당나라는 현종 이후로
부터 천자가 여러 번 출수(出狩)[89]하였으나 얼마 지나지 않아 나라를 회
복한 것은 장안을 버리지 않았기 때문이다. 그러므로 곽자의(郭子儀)[90]
가 환궁을 청하는 표를 올리자 대종(代宗)[91]이 눈물을 흘렸고, 종택(宗

---

84 풍호(豊鎬) : 주(周)나라의 옛 서울로 문왕·무왕이 도읍했던 곳이다.
85 평왕(平王)이 동으로 천도(遷都)했다 : 주(周)나라 평왕이 풍호(豊鎬) 지방에서 동쪽에
   있는 낙양(洛陽)으로 도읍을 옮긴 일. 평왕 이전을 서주(西周), 평왕 이후를 동주(東周)라
   한다.
86 진 원제(元帝) : 원제의 이름은 사마예(司馬睿, 276-322), 자는 경문(景文)이고, 사마의(司
   馬懿)의 증손이다. 오호(五胡)의 침략을 피해서 양자강(揚子江)을 건너 건강(建康)에서
   즉위하니, 바로 동진이다.
87 송 고종(高宗) : 송나라 제10대 임금으로 이름은 조구(趙構, 1107-1187), 자는 덕기(德基)
   이고, 휘종(徽宗)의 아홉 번째 아들이다. 선화(宣和) 초에 강왕(康王)에 봉해졌다. 금(金)
   나라의 침입을 피해 양자강을 건너 남쪽으로 피신해서 도읍을 임안(臨安)으로 옮기니
   이것이 남송이다.
88 강좌(江左) : 중국 양자강 남쪽 강동(江東) 지대의 별칭.
89 출수(出狩) : 파천(播遷)을 말한다.
90 곽자의(郭子儀, 697~781) : 안녹산의 난 때에 삭방절도사(朔方節度使)가 되어 하북(河北)
   에서 사사명을 패퇴시켰다. 숙종(肅宗)이 즉위한 뒤 관내하동부원수(關內河東副元帥)로
   서 회흘(回紇)의 군사와 연합하여 장안(長安)과 낙양(洛陽)을 수복하였다. 그 후로도 수많
   은 공을 세워 벼슬이 중서령(中書令)에 이르렀으며, 분양군왕(汾陽郡王)에 봉해졌다. 대
   종(代宗) 때에는 회흘과 연합하여 토번의 침략을 막아 내었다. 시호는 충무(忠武)이다.
91 대종(代宗, 726~779) : 이름은 이예(李豫), 시호는 예문효무황제(睿文孝武皇帝). 현종(玄
   宗)의 손자이자 숙종(肅宗)의 큰아들로 안사(安史)의 난(亂) 때 공을 세웠다. 762년 즉위
   하였으나 그의 치세에 위구르·토번(吐蕃 : 티베트) 등의 침입이 잦았다. 이들을 막기
   위하여 증원된 절도사(節度使) 등의 세력이 커져 마치 제후(諸侯)와 같이 행세하였지만,
   제압하지 못하였다. 한때 평화를 유지하였기도 하였으나, 당나라는 대종 때부터 점차
   쇠망의 길로 접어들었다는 평가를 받는다.

澤)[92]은 개봉으로 돌아오기를 청하는 상소를 하여 귀심(歸心)한 것이다. 후대의 임금이 그 도읍을 잃어버리고 흥복(興復)을 도모하는 자는 기억 해야 할 것이다.[93]

주자는 일찍이 논설을 지으면서 제왕이 도읍을 정하는 것이 수덕(修德)의 첫 번째가 된다고 하였다.

채옹(蔡邕)이 『독단(獨斷)』[94]에서 말했다. "천자가 도읍한 곳을 경사 (京師)라고 한다. 경(京)은 물[水]이다. 땅 밑에 많은 것으로는 물보다 더한 것이 없고 땅 위에 많은 것으로는 백성보다 더한 것이 없다. 사 (師)는 많음이고 경(京)은 큼이다."[95]

당나라 손태(孫郃)[96]가 「복세론(卜世論)」에서 말했다. "주나라는 천지 의 가운데 도읍을 정하여 사방으로 하여금 모이게 하고자 하였다. 산하

92　종택(宗澤) : 송(宋)나라 의오(義烏) 사람으로 자는 여림(汝霖). 송나라 흠종(欽宗) 정강 (靖康) 원년(1126)에 자주(滋州)를 맡았는데, 태원(太原)이 금(金)나라에 넘어가자 의병을 모아 금나라에 대항하였다. 휘종(徽宗)과 흠종이 금나라에 포로로 잡혀간 뒤에 동경유수 (東京留守)가 되어 의병을 모으고 악비(岳飛)를 장수로 등용하여 여러 차례 금나라 군대를 패배시켰다. 종택은 고종에게 개봉(開封)으로 환도(還都)하여 금나라에게 빼앗긴 옛 땅을 회복하자는 요청을 하였으나 받아들이지 않자 화병이 났는데, 임종 때에 '황하를 건너라 〔過河〕'고 세 번 외치고 죽었다(『송사(宋史)』 권360, 「종택열전(宗澤列傳)」).

93　고염무(顧炎武), 『일지록(日知錄)』 권2, 「유피도당유차기방(惟彼陶唐有此冀方)」.

94　『독단(獨斷)』 : 자기 단독의 단언이라는 뜻. 채옹(蔡邕)이 옛 제도를 논고(論考)하고 유문 (遺文)을 기록한 책으로 『백호통의(白虎通義)』, 『풍속통의(風俗通義)』와 함께 한대(漢代) 학문 연구의 중요한 자료이다.

95　채옹(蔡邕), 『독단(獨斷)』 권상.

96　손태(孫郃) : 자는 희한(希韓). 소종(昭宗) 건녕(乾寧, 894~897) 중 진사에 급제했으나, 후량(後梁) 태조 주전충(朱全忠)이 당나라를 멸망시키자 봉화산(奉化山)에 은둔하였다.

의 험준함을 믿지 않은 것인데, 백성의 이로움에 있어서 어찌 도리어 후
세 자손이 몇 년, 몇 대까지 전해질 것인지를 점치겠는가."[97]

광형(匡衡)[98]이 말했다. "지금 장안(長安)은 천자의 도읍으로 성화(聖
化)를 친히 내리는 곳이다. 그러나 그 습속은 먼 지역과 다르지 않다.
군국(郡國)에서 들어와도 법칙으로 삼을 바가 없어 혹은 사치한 것을 보
고 본받아 배운다. 그러므로 교화의 본원과 풍속의 추기(樞機)[99]는 의당
먼저 바루어야 할 것이다."[100]

마료(馬廖)[101]가 말했다. "당시 속언(俗諺)에 말하기를 '성 안에서 높
은 상투머리〔高髻〕를 좋아하니 사방(四方)이 덩달아 한 자〔一尺〕나 높아
지고, 성 안에서 넓은 눈썹〔廣眉〕을 좋아하니 사방이 덩달아 반 이마〔半
額〕나 차지한다.'라고 하였다. 관리가 법을 받들지 않고 게으름이 경사
에서 일어나기 때문이다."[102]

---

97 손태(孫邰), 『전당문(全唐文)』 권820, 「복세론(卜世論)」.
98 광형(匡衡) : 전한(前漢) 시대의 학자. 자는 치규(稚圭). 원제(元帝) 때 태자소부(太子少
傅)·승상(承相)을 역임하고 낙안후(樂安侯)로 봉해졌다. 어려서 집이 가난하여 촛불을
밝힐 수 없는 형편이었기에 이웃집과 연결된 벽을 뚫어서 그 불빛으로 책을 읽었다 한다.
경의(經義)에 통관(通貫)하였는데 그중에도 더욱 설시(說詩)를 잘하였다. 성제(成帝) 때
왕망(王莽)에게 참소(讒訴)당하여 관직에서 쫓겨났다.
99 추기(樞機) : 추(樞)는 문지도리, 기(機)는 쇠뇌의 방아쇠이다. 추기는 움직임을 제어하는
중심축이기 때문에 일이나 물건에서 관건이 되는 중요한 부분을 가리키는 말로 쓰인다.
100 『한서(漢書)』 권81, 「광장공마전(匡張孔馬傳)」.
101 마료(馬廖) : 후한 부풍(扶風) 무릉(茂陵) 사람. 자는 경평(敬平), 마원(馬援)의 아들.
어릴 때 『역(易)』을 익혔고, 아버지를 따라 낭(郞)이 되었다. 호분중랑장(虎賁中郞將)에
임명되었다. 명제(明帝)가 죽자 유조(遺詔)를 받아 문금(門禁)을 지켰고, 위위(衛尉)에
올랐다. 황태후에게 글을 올려 절약 검약할 것을 권했다. 사람됨이 질박하고 근신(謹愼)
하여 권세나 명성에 연연하지 않았다. 순양후(順陽侯)에 봉해졌다. 시호는 안(安)이다.

이고(李固)[103]가 말했다. "경사(京師)는 심복(心腹)이고 주군(州郡)은 사지(四支)이다. 심복이 아프면 사지는 움직일 수 없다."

주자가 말했다. "기주(冀州)는 천하에 좋은 풍수이다. 산맥이 운중(雲中)을 따라서 뻗어오는데, 앞에는 황하(黃河)와 태산(泰山)이 용(龍)이 되고 화산(華山)이 범이 되며 숭산(嵩山)은 안산(案山)[104]이 된다."[105]

주공근(周公謹)[106]이 말하기를 "함양(咸陽)에 육강(六岡)이 있는 것이 마치 건괘(乾卦)의 육효(六爻)와 같으므로 함양이라 한다."고 하였다.[107]

왕이 다스리는 나라가 백성을 사랑하면 가운데 머물며 큰 것은 어째서인가? 대개 의관과 예악이 있는 지역의 장점은 성명과 문물의 교화가 있으니, 천지를 위하여 마음을 세우고 생민을 위하여 표준을 세운다면

---

102 『후한서(後漢書)』 권54, 「마원열전(馬援列傳)」.
103 이고(李固) : 후한(後漢) 사람. 자는 자견(子堅). 환제(桓帝)의 옹립을 반대하였으며, 환관들의 미움을 사서 무고를 받고 하옥되어 살해당했다.
104 안산(案山) : 혈(穴) 앞쪽에 솟아 있는 산을 말한다. 풍수가들이 말하는 터나 묘(墓)의 앞산으로 산이 중첩되어 있을 경우 혈에서 가장 가까운 앞산을 내안산(內案山)이라 하고, 내안산 뒤에 있는 산을 외안산(外案山)이라 한다.
105 『주자어류(朱子語類)』 권2, 「이기(理氣)」 하, 〈천지(天地)〉 하.
106 주공근(周公謹, 1232~1308) : 이름은 주밀(周密), 공근(公謹)은 자, 호는 초창(草窓) 또는 빈주(蘋洲)·변양노인(弁陽老人)·사수잠부(四水潛夫) 등이다. 송나라 말기 제남(濟南) 사람으로 나중에 오흥(吳興)으로 옮겨 살았다. 송나라가 망하자 벼슬하지 않고 항주(杭州)로 옮겨가 왕기손(王沂孫)·장염(張炎)·구원(仇遠) 등과 함께 사사(詞社)를 결성했다. 저서로는 『제동야어(齊東野語)』, 『초창사(草窓詞)』, 『초창운어(草窓韻語)』, 『무림구사(武林舊事)』, 『계신잡지(癸辛雜識)』, 『호연재아담(浩然齋雅談)』, 『운연과안록(雲烟過眼錄)』 등과 남송 사인(詞人)들의 작품을 모은 『절묘호사(絶妙好詞)』가 있다.
107 주공근(周公謹), 『계신잡지별집(癸辛雜識別集)』 하, 「함양육강(咸陽六岡)」.

무릇 도읍의 건설을 어찌 잘 살피지 않을 수 있겠는가. 은하수가 기이한 상징을 나타내고 음양과 오상의 정기가 쌓여 하늘이 제왕을 낳았으니 장차 그것으로 중국을 다스리려는 것이다. 음양이 모이고 사람과 만물이 모여 하늘이 중국을 도우니 제왕이 자리한다. 그러므로 옛날의 제왕은 반드시 도읍을 세우는 것에 있어서 시귀(蓍龜)[108]로 결정하고 많은 사람들에게 자문을 구하고 경사와 의논하여 반드시 그 동서남북, 전후좌우의 방향을 분별하여 여기에서 중앙을 취한다. 반드시 그 자리를 바르게 하여 왼쪽은 종묘 오른쪽은 사직[左祖右社], 앞에는 조정 뒤에는 시장[前朝後市]이 되게 하니 여기에서 제도가 정해지는 것이다.

우리나라는 홍무(洪武)[109] 갑술년(1394, 태조 3)에 한양으로 도읍을 옮기는데, 청성백(靑城伯) 심덕부(沈德符)[110]가 그 역사(役事)를 감독했다. 외성을 쌓으려고 했으나 원근을 한 바퀴 돌도록 정하지 못하였다. 어느 날 밤 큰 눈이 내려 밖은 눈이 쌓였지만 안은 눈이 쌓이지 않고 사라지므로 태조가 기이하게 여겨 눈이 내린 곳을 따라 터를 세우도록 명하였다.

---

108 시귀(蓍龜) : 점을 칠 때 사용하는 시초(蓍草)와 귀갑(龜甲)을 말한다. 옛날에 일의 시비와 길흉을 점치던 것으로, 사물을 판단하는 기준을 뜻한다. 나아가서 한 시대의 사표로서 모든 의문을 판별해 주는 원로나 국사(國士)를 뜻하는 말로 쓰인다.
109 홍무(洪武) : 명 태조(太祖)의 연호.
110 심덕부(沈德符, 1328~1401) : 고려 말 조선 초의 문신. 본관은 청송(靑松). 자는 득지(得之), 호는 노당(蘆堂)·허당(虛堂). 조선이 개국한 이듬해인 1393년 회군공신(回軍功臣) 1등에 추록되고 청성백(靑城伯)에 봉해졌다. 1394년 신도궁궐조성도감(新都宮闕造成都監)의 판사가 되어 한양의 궁실과 종묘를 세우는 일을 총괄하여 신도(新都) 건설에 큰 역할을 하였다. 1399년(정종 1) 좌정승이 되었다가 이듬해에 73세의 고령으로 벼슬을 사양하고 물러났다.

함경도 안변부(安邊府) 철령(鐵嶺)에서 나온 한 맥이 남쪽으로 500~600리를 달리다가 양주(楊州)에 와서는 자잘한 산으로 되었다가, 다시 동쪽으로 비스듬하게 돌아들면서 갑자기 솟아나서 도봉산(道峰山)의 만장봉(萬丈峰)이 되었다. 여기서부터 동남방을 향해 가면서 조금 끊어진 듯하다가 다시 우뚝 솟아 삼각산이 되었다. 여기서부터 다시 남쪽으로 내려가서 만경대(萬景臺)가 되었는데 한 가지는 서남쪽으로 뻗어갔고, 또 한 가지는 남쪽으로 뻗어서 백악산(白岳山)이 되어 궁성(宮城)의 주산이 되었다. 동·남·북쪽은 모두 큰 강이 둘렀고, 서쪽으로 바다의 조수(潮水)와 통한다. 여러 곳 물이 모두 모이는 그 사이에 일국의 산수(山水)의 정기(精氣)가 모인 곳이 되었다.

삼각산은 연이어 얽힌 산세이다. 석봉(石峰)이 대단히 맑고 빼어나며 만화(萬火)가 하늘에 오르는 것 같다. 따로 기이한 기운이 있어서 형용하기 어렵다. 성 안에 있는 백악산(白岳山)과 인왕산(仁王山)은 바위의 형세가 사람을 두렵게 한다. 남산의 한 자락이 강을 거슬러서 국(局)을 만들고 있는데, 국내(局內)는 밝고 맑으며 엄숙하니 흙의 색이 깨끗하며 단단하고 희다. 그러므로 한양의 인사(人士)는 대부분 소통(疏通)이 분명하다.

5

해(海) 조석(潮汐), 수로(水路)

주자가 말했다. "천지가 처음 생겨나서 혼돈의 상태일 때는 단지 물
〔水〕과 불〔火〕 두 가지만 있었을 것이다. 물의 찌꺼기가 곧 땅을 이루었
다. 지금 높은 곳에 올라가 바라보면 여러 산들이 모두 파도의 모양을
하고 있으니 바로 물이 그렇게 만들어 놓은 것이다. 처음에는 아주 부드
러웠다가 이후로 점점 응결되어 단단해졌다."[111]

또 말했다. "일찍이 높은 산에서 소라껍질을 보았는데 어떤 것은 돌
속에서 산다. 이런 돌은 바로 지난날의 흙이었으며 소라는 바로 물속에
사는 생물이다. 아래에 있던 것이 변하여 높게 되고 부드러운 것이 변하
여 단단하게 된 것이다."[112]

주자가 또 말했다. "천지의 조화는 지나간 것은 소쇠(消衰)하고 앞으
로 올 것은 식장(息長)하니 이미 지나가서 소쇠한 것이 다시 와서 식장
하는 것이 아니다. 물이 흘러서 동쪽 끝에 닿으면 기(氣)가 다하여 흩어
지니, 마치 뜨겁게 달구어진 가마솥[113] 같아서 머뭇거릴 여유가 없다.

----

111 『주자어류』 권1, 「이기(理氣)」 상, 「태극천지(太極天地)」 상.
112 『주자어류(朱子語類)』 권94, 「주자지서(周子之書)」, 〈태극도(太極圖)〉.
113 뜨겁게 달구어진 가마솥 : 옥초부(沃焦釜)라고 하는데, 깨져서 새는 항아리의 얼마 안
되는 물을 가지고 뜨겁게 달구어진 가마솥을 식힌다는 '봉루옹옥초부(奉漏瓮沃焦釜)'의
준말로, 상황이 너무 급박해서 잠시도 늦출 수 없다는 말이다. 『사기』 권46, 「전경중완세
가(田敬仲完世家)」에 "조나라가 제나라와 초나라의 울타리 역할을 하고 있는데, 이는
치아에 입술이 있는 것과 같다. 입술이 없어지면 치아가 시릴 것이니, 오늘 조나라를
망하게 놔두면 내일은 제나라와 초나라가 환난을 당할 것이다. 따라서 새는 항아리의
물을 가지고 뜨겁게 달구어진 가마솥에 부어 주는 것처럼 조나라를 급히 구해야만 할

그러므로 허(虛)로 돌아가는 것은 산과 못이 서로 기를 통하여[114] 흐르고 흘러 끊임없는 것이 아니다."[115]

양웅(揚雄)이 말했다. "수많은 하천은 바다를 배워서 바다에 이른다."[116]

『문자(文子)』에 말했다. "옛날 임금을 잘 위하는 자는 바다를 본받아 그 큰 것을 형상하고, 물이 아래로 흐르는 것으로 그 넓은 것을 이루었다."[117]

소옹(邵雍)이 말했다. "조수(潮水)는 땅의 숨결이니 달이 감응하는 까닭은 그 무리를 따르는 것이다."[118]

여정(余靖)[119]이 말했다. "봄과 여름 낮의 조수는 항상 크고, 가을과

것이다〔且趙之於齊楚捍蔽也 猶齒之有脣也 脣亡則齒寒 今日亡趙 明日患及齊楚 且救趙之務 宜若奉漏甕沃焦釜也〕."라는 말이 나온다.

114 산과 못이 서로 기를 통하여 : '산택통기(山澤通氣)'. 『주역』, 「설괘전(說卦傳)」에 나오는 말이다.

115 『성리대전(性理大全)』 권27, 「이기(理氣)」 2, 〈지리(地理)〉.

116 양웅(揚雄), 『법언(法言)』, 「학행(學行)」.

117 『태평어람(太平御覽)』, 「지부(地部)」 25, 〈해(海)〉.

118 『황극경세서(皇極經世書)』 권14, 「관물외편(觀物外篇)」 하.

119 여정(余靖, 1000~1064) : 송나라의 명신. 자는 안도(安道), 호는 무계(武溪), 시호는 양(襄). 구양수(歐陽脩)와 함께 직간(直諫)을 잘하기로 유명하였으며, 이때 중서사인(中書舍人)으로 장수가 되어 농지고(儂智高)의 반란을 토벌하였다. 범중엄이 간신 여이간(呂夷簡)과 맞지 않아 귀양 가게 되자, 여정은 취소하길 청하고 윤수 등은 강출(降黜)되기를 원하다가 모두 폄출(貶黜)되었다. 나중에 상서좌승(尙書左丞)으로 광주(廣州)를 맡아 다스렸다. 저서에 『무계집(武溪集)』이 있다(『송사(宋史)』 권320, 「여정열전(余靖列傳)」).

겨울 밤의 조수는 항상 많다."[120]

하늘은 물을 감싸고 있고 물은 땅을 받들고 있는데, 일원(一元)의 기(氣)가 태허(太虛) 안에서 오르내린다. 기가 올라가고 땅이 가라앉을 때에는 바닷물이 넘쳐 올라서 밀물[潮]이 되고, 기가 내려가고 땅이 떠오를 때에는 바닷물이 줄어 내려가서 썰물[汐]이 된다.[121]

묘(卯)·유(酉)[122]의 달에는 음양이 바뀐다. 기(氣)가 바뀌어서 왕성해지기 때문에 조수의 크기가 유독 다른 달과 다르다. 삭망(朔望)의 뒤에는 천지가 변한다. 기가 변해서 왕성해지기 때문에 조수의 크기가 유독 다른 달과 다르다.

『산해경(山海經)』[123]에서는 해추(海鰍)[124]가 드나드는 것이라 하였고,

---

120 『주자전서(朱子全書)』 권50, 「이기(理氣)」 2, 〈지리(地理)〉.
121 『선화봉사고려도경(宣和奉使高麗圖經)』 권34, 「해도(海道)」. 『고려도경』은 정식 명칭이 『선화봉사고려도경』이지만 보통 줄여서 『고려도경』이라 한다. 송(宋)나라 사신(使臣) 서긍(徐兢)이 고려 인종(仁宗) 원년(1123)에 고려에 와서 보고들은 바를 그림과 글로 설명했기 때문에 도경이라 하였다. 총 40권이나 그림은 없어지고 글만 전한다.
　　송(宋) 잠열우(潛說友), 『함순임안지(咸淳臨安志)』 권31, 「산천(山川)」 10, 〈강(江)〉. 잠열우(潛說友, 1216-1277) : 자는 군고(君高), 호는 적벽자(赤壁子). 『함순임안지(咸淳臨安志)』 100권을 지었다. 임안은 오늘날 절강성(浙江省) 항주시(杭州市)를 관할하던 부(府)이다. 『건도임안지(乾道臨安志)』, 『순우임안지(淳祐臨安志)』를 기초로 다방면의 자료를 수집하고 분류하여 기록했는데, 체제가 완비되고 자료 또한 풍부하며 함께 수록한 황성·경성·절강·서호 및 각 현의 풍경 산천의 지도가 매우 상세하다.
122 묘(卯)·유(酉) : 묘는 정동(正東)이고 유는 정서(正西)니, 묘유는 동서를 아울러 이르는 말이다(『고려도경(高麗圖經)』).
123 『산해경』은 중국 고대의 지리서로, 내용은 허황 기괴하여 신화 내지는 소설의 성격을 띤다. 지금 전해지는 것은 18권인데, 해추(海鰍)의 이야기는 보이지 않고, 역도원(酈道

불교 서적에서는 신룡(神龍)이 변화하는 것이라 하였다.[125]

천지(天地)에 물이 있는 것은 사람의 몸에 피가 있는 것과 같다. 물이 기로 말미암아 바다를 오고 가는 것은 피가 기로 인하여 맥이 오고 가는 것과 같다. 시각이 어긋나지 않는 것은 바로 한 호흡에 맥이 네 번 뛰는 기간이기 때문이다.

우리나라 한양 서남에 용산호(龍山湖)가 있는데 서쪽으로 모래 언덕이 막아서 물이 새지 않고, 그 안에 연꽃이 자라난다. 본조에 이르러 도읍을 정한 뒤에 모래 언덕에 갑자기 조수가 밀어닥쳐 무너져 버렸다. 조수가 바로 용산까지 이르게 되자 팔도의 수송을 맡은 배들이 모두 용산에 정박했다.

송도(松都)의 동강(東江)은 조수가 통하여 수송하는 배들이 정박하였는데, 고려가 망한 뒤부터 조수가 물러가고 밀려들지 않는다. 이제는 얕은 개울이 되어 배가 들어오지 못한다.

元)의 『수경주(水經注)』에 보인다.
124 해추(海鰌) : 『수경주(水經注)』에 의하면 해추어(海鰌魚)는 길이가 수천 리나 되고 해저(海底)에서 혈거(穴居)하는데, 그것이 굴로 들어가면 바닷물이 밀물이 되고 굴에서 나오면 밀물이 물러간다고 하며, 그것이 굴을 드나드는 데 일정한 절도가 있기 때문에 조수에 시간이 있게 되는 것이라 한다.
125 "『산해경(山海經)』에서는 해추(海鰌)가 굴에 들고 나는 도수(度數)라 하였고, 부도서(浮屠書 : 불가의 책을 말함)에서는 신룡보(神龍寶)의 변화이다〔在山海經, 以爲海鰌出入穴之度. 浮屠書, 以爲神龍寶之變化〕."라고 하였다. 신룡보는 신이(神異)한 용의 도력(道力)이라는 뜻인데 이 고사가 기록된 불교 서적이 무엇인지는 알 수 없다.

우리나라는 동·서·남쪽이 모두 바다이므로 배가 통하지 않는 곳이 없다. 그러나 동해는 바람이 높고 물살이 급하여 경상도 동해 가의 여러 고을과 강원도의 영동 그리고 함경도 한 곳은 배들이 서로 통하고 서해 나 남해의 배들은 동해 물살에 익숙하지 못하여 드물게 왕래한다. 오직 서해와 남해는 물살이 느리므로 남쪽으로는 전라도와 경상도에서부터 북쪽으로는 황해도 평안도까지 이른다. 그러나 황해도 장연(長淵) 땅에 이른바 장산곶(長山串)이 있는데, 땅이 바다 가운데로 들어가 뿔처럼 뾰 족한 곳에 암초와 물살이 험하게 여울진다. 충청도 태안(泰安) 땅에 이 른바 안흥곶(安興串)이 있는데, 바다 가운데 두 개의 바위가 가파르게 솟아 있어 오직 이 남쪽과 북쪽의 두 곳이 바다 한가운데서 우뚝하게 마주 서 있어서 배들이 이곳을 다니다가 많이 낭패를 당하므로 사람들 이 모두 두려워한다. 땅 위에 있는 물로 배가 갈 수 있는 곳은 경상도의 낙동강이다. 북쪽으로 상주(尙州)까지 이르고 서쪽으로는 진주(晉州)까 지 이르는데 김해(金海)가 그 입구를 관할한다. 전라도 나주(羅州)의 영 산강(靈山江), 영광(靈光)의 법성포(法聖浦), 흥덕(興德)의 사진포(沙津 浦), 전라의 사탄(斜灘)은 물이 비록 끊어지지만 조수가 통하여 배가 다 닌다. 충청도는 금강(錦江) 한 줄기뿐인데 수원이 비록 멀지만 공주(公 州)의 동쪽은 물이 얕아서 배가 통하지 못한다. 부여(扶餘)부터 비로소 조수가 통하여 은진(恩津)과 강경(江景)은 도회지가 되었다. 아산(牙山) 의 공세호(貢稅湖)와 덕산(德山)의 유궁포(由宮浦)는 수량이 많고 근원 도 길다. 홍주(洪州)의 광천(廣川)과 서산(瑞山)의 성연(聖淵)은 비록 큰 시내에 바닷물이 들어와 만들어진 항구인 계항(溪港)이지만 조수가 통 하기 때문에 배가 다닌다. 경기는 개성(開城) 뒤로 서강(西江)이 흘러 북 으로는 강음(江陰)에 이르고 서쪽으로는 연안(延安)에 이르고 동쪽으로 는 한양(漢陽)과 통한다. 평안도는 평양(平壤)의 대동강(大同江)과 안주

(安州)의 청천강(淸川江)이 또한 배가 통하는 데 유리하다. 그러나 온 나라 안에서 오직 한강(漢江)이 가장 크고 근원도 멀다. 동남으로는 충주(忠州)에 도달하고 동북으로는 춘천(春川)에 도달하고 정북으로는 연천(漣川)의 징파도(澄波渡)까지 배가 서로 통한다.

6

강과 하천 호수와 못

　장건(張騫)[126]은 황하가 곤륜산에서 발원하여 나온다고 하였다. 원 세조는 초토사(招討使) 독실(篤實 : 都實, 都實出)에게 명하여 황하의 근원을 찾게 하니 토번(吐蕃)[127]의 타감사(朶甘思)[128] 남쪽에서 그 수원을 찾았다. 성수해(星宿海)라고 하는데 네 산의 사이에 백여 개에 가까운 샘이 있어서 마치 별을 벌여 놓은 것과 같았다.[129]

　여동래(呂東萊)가 말했다. "우임금은 수백 리의 땅을 아끼지 않고 구하(九河)[130]를 통하게 하여 그 형세를 나누었다. 치수를 잘하는 것은 물과 그 이로움을 다투지 않는 것이다."[131]

---

126 장건(張騫, ?~기원전 114) : 한 무제(武帝) 때의 문신. 자는 자문(子文). 벼슬은 중랑장(中郎將)에 이르고 박망후(博望侯)에 봉해졌다. 남방 월지국(月氏國)에 자원하여 사신으로 갔고, 오손(烏孫) 등과 서역(西域)에 사신으로 가서 국위(國威)를 떨치고 그 나라들과의 교통을 개척하였다(『사기(史記)』권111 ; 『한서(漢書)』권61). 『형초세시기(荊楚歲時記)』에 한나라 무제(武帝)가 장건을 대하(大夏)에 사신으로 보내 황하(黃河)의 근원을 찾게 하였는데, 장건이 뗏목을 타고 가다가 견우(牽牛)와 직녀(織女)를 만났다는 고사가 있다.
127 토번(吐蕃) : 지금의 티베트 일대에 있었던 나라 이름이다. 그 계통은 서강(西羌)에서 나왔는데, 당(唐)나라 때 국왕 섭종롱찬(葉宗弄贊)은 인도(印度)와 교통하고, 또 당나라 태종(太宗)과 화호(和好)하여 양국의 문물을 받아들이고 크게 번창하였으나, 그후 세력이 떨치지 못하였다.
128 타감사(朶甘思) : 지금의 서강성(西康省) 감자현(甘孜縣) 아롱강(雅礱江) 상류에 위치했다.
129 『대학연의보(大學衍義補)』권17, 「치국평천하지요(治國平天下之要)」, 〈고방본(固邦本)〉.
130 구하(九河) : 고대 황하(黃河)의 아홉 지류(支流)이다. 우(禹)임금이 이 아홉 물줄기의 길을 내어 범람을 막았다 한다.
131 『대학연의보(大學衍義補)』권17, 「치국평천하지요(治國平天下之要)」, 〈적석(磧石)〉.

원나라 순제(順帝) 지정(至正) 20년(1360) 황하가 30일 동안 맑았다. 21년(1361) 황하가 평륙(平陸)에서 맹진(孟津) 삼문협(三門峽)의 모래벌 500리에 이르기까지 모두 맑은 것이 7일이었다.[132]

주자가 말했다. "술잔을 넘칠 만한[133] 처음에는 졸졸 흘러나와 미미하게 생겨나니 쉽게 도달할 것 같지 않지만, 그 가고 가는 것의 결과는 막을 수 없게 된다. 시작은 한줌이지만 마침내 만 리에 도달한다. 그러므로 군자는 여기서 취하여 본받는다."[134]

여수(汝水)[135]는 매우 신통함이 있었으니, 교화가 융성하면 물이 생기고 정치가 야박하면 물이 말라 버렸다.[136]

우리나라 팔도에 모두 호수가 없고 오직 영동에만 여섯 개의 호수가 있다. 고성(高城)의 삼일포(三日浦)는 맑고 묘한 가운데 농염하고 화려하며, 그윽하고 한가한 가운데 트이고 밝은 모습이 화장한 요조숙녀 같아서 사랑할 만하고 공경할 만하다. 강릉(江陵)의 경포대(鏡浦臺)는 한나라 고조(高祖)의 기상과 같아서 활달한 가운데 웅혼하며 심원한 가운데 안온하여 이름 지어 형상하기 어렵다. 흡곡(歙谷)의 시중대(侍中臺)

---

132 『원사(元史)』 권51, 「지(志)」 3, 〈오행(五行)〉 2.
133 술잔을 넘칠 만한 : 남상(濫觴)으로 처음 시작은 매우 미약하다는 말이니 일의 시초란 뜻으로 쓰인다. 『가어(家語)』, 「삼서(三恕)」에, "무릇 강이 민산(岷山)에서 처음 나올 적에는 그 근원이 조그만 술잔을 넘칠 만하다[夫江始于岷山 其源可以濫觴]."라고 하였다.
134 『성리대전(性理大全)』 권70, 「몽재명(蒙齋銘)」.
135 여수(汝水) : 제(齊)나라 성 남쪽에 있는 물 이름이다. 『수경주(水經注)』에 인용된 곽연생 (郭緣生)의 『술정기(述征記)』에는 여수(女水)로 되어 있다.
136 『수경주(水經注)』 권26, 「치수(淄水)」.

는 명랑한 가운데 삼엄하고 평이한 가운데 깊숙하여 마치 이름난 재상이 관청에 앉아 있는 듯하여 가까이할 수는 있어도 업신여길 수 없는 것 같다. 간성(杆城)의 화담(華潭)은 달이 맑은 샘에 떨어진 것 같다. 영랑호(永朗湖)는 큰 구슬이 못에 잠긴 듯하다. 양양(襄陽)의 청초호(青草湖)는 거울을 보고 화장하는 듯하다.

제천(堤川) 땅에 의림지(義林池)가 있는데, 신라시대부터 쌓은 큰 둑으로 물을 막아 한 고을의 벼논에 물을 대었다.

7 **정천(井泉) 탕천(湯泉)**

양주(梁州)에는 염천(廉泉)[137]이 있고 광주(廣州)에는 탐천(貪泉)[138]이 있다.

안풍(安豊)에 토천(吐泉)이 있는데 사람이 곁으로 다가가서 크게 소리치면 물이 크게 샘솟고 작게 소리치면 작게 샘솟으니 꾸짖는 것이 더욱 심해지는 것 같았다.

남검주(南劍州 : 지금의 福建 南平)의 해산(楷山)에 가서 유천(乳泉 : 젖샘)[139]의 물을 마시면 고갯마루를 오르는 듯하고, 날아가는 듯하다.

---

137 염천(廉泉) : 물 이름인 염천(廉泉)과 양수(讓水)를 합칭하여 순후한 풍속의 고장을 비유한다. 송 명제(明帝) 때 양주자사(梁州刺史) 범백년(范柏年)이 일찍이 명제를 알현했을 때 명제가 광주(廣州)의 탐천(貪泉)을 언급했다가 인하여 백년에게 묻기를 "경의 고을에도 이런 이름의 물이 있는가〔卿州復有此水不〕?"라고 하자, 백년이 대답하기를 "양주에는 오직 문천·무향·염천·양수만 있습니다〔梁州唯有文川武鄕廉泉讓水〕." 하므로, 명제가 또 묻기를 "경의 집은 어디에 있는가〔卿宅在何處〕?"라고 하자, 백년이 대답하기를 "신이 사는 곳은 염천과 양수의 중간입니다〔臣所居廉讓之間〕."라고 하니, 명제가 그의 답변에 감탄했다고 한다(『남사(南史)』 권47, 「범백년열전(范柏年列傳)」).
138 탐천(貪泉) : 중국 광주(廣州) 남해현(南海縣)에 있는 샘의 이름. 이 물을 마시면 욕심이 생긴다고 한다. 진(晉)나라 오은지(吳隱之)가 부패 풍조가 만연된 광주자사(廣州刺史)로 가서, 마실수록 탐욕을 일으키게 된다는 탐천(貪泉)의 샘물을 떠 마시고는, 시를 짓기를 "백이 숙제에게 마시게 하면 끝내 마음이 뒤바뀌지 않으리라〔試使夷齊飲 終當不易心〕." 라 하고 자신의 청렴한 절조를 계속 유지했다는 고사가 있다(『진서(晉書)』, 「양리오은지전(良吏吳隱之傳)」).
139 유천(乳泉) : 젖샘. 본래 종유석의 물이 떨어져 고인 것을 말하는데, 석회암질의 종유석에서 흘러내리는 물방울이 쌀뜨물 같은 뿌연 빛을 띠고 있어서 유천이라고 한다. 또한 감미로우며 맑고 찬 샘물을 유천이라 부른다. 육우(陸羽)의 『다경(茶經)』에 "산골짜기에서 나오는 물은 종유석에서 한 방울씩 떨어져 바위틈에서 천천히 흘러나오는 것이 최상이

기산현(岐山縣)의 주공(周公) 묘(廟)에 샘[140]이 있는데 시절이 평안하면 맑아지고 어지러우면 탁해진다.[141]

『박물지(博物志)』에 말했다. "무릇 물에 석류황(石硫黃)이 있으면 그 물은 따뜻하다. 혹은 신선(神仙)이 따뜻하게 하는 것이라고 말하니 사람의 질병을 치료한다."

임공현(臨邛縣)의 화정(火井)[142]은 한나라가 융성할 때는 불꽃이 타올랐고, 후한(後漢)의 환제(桓帝)와 영제(靈帝)의 시대에는 불이 점점 미약해졌고, 공명(孔明)[143]이 한 번 엿보자 다시 타올랐다. 경요(景曜)[144] 원년(257) 사람들이 집안의 불을 던져 넣자 바로 꺼졌다. 그해에 촉나라와 한나라가 멸망했다.[145]

다〔其山水, 揀乳泉, 石池慢流者上〕."라는 말이 있다.

140 주공(周公) 묘(廟)에 샘 : 소식(蘇軾)의 시 제목 중에 「주공묘묘재기산서북팔구리묘후백허보유천의산용렬이상국사소위윤덕천세란즉갈자야(周公廟廟在岐山西北八九里廟後百許步有泉依山湧冽異常國史所謂潤德泉世亂則竭者也)」라는 것이 있는데(『동파전집(東坡全集)』권2), 여기에 "주공 묘 부근에 있는 샘인 윤덕천은 세상이 어지러워지면 물이 마른다."는 구절이 있다.

141 시절이 평안하면 맑아지고 어지러우면 탁해진다 : 본문에는 "時平則亂則濁"으로 되어 있는데 문맥상 '淸'자가 빠진 것으로 보인다.

142 화정(火井) : 연소하기 쉬운 가스가 나오는 우물.

143 공명(孔明) : 촉한(蜀漢) 제갈량(諸葛亮)의 자(字).

144 경요(景曜) : 삼국시대 촉한의 후주(後主). 유비(劉備)의 아들 유선(劉禪, 207~271)의 연호.

145 유경숙(劉敬叔), 『이원(異苑)』권4, 「화정(火井)」.
『이원(異苑)』 : 5세기 말 중국 남조(南朝) 송나라 유경숙(劉敬叔)이 찬한 것으로, 모두 10권으로 이루어져 있다. 대부분이 신기하고 괴상한 일에 대해서 기록한 것들이다.

육수성(陸樹聲)[146]이 「청서필담(淸暑筆談)」에서 말했다. "천지가 있으면 산천이 있으니 하나의 기가 처음 나뉘는 것으로 말하면 융결(融結)이라고 한다. 기가 형체를 이루는 것은 유치(流峙)[147]라 하고 모양이 구분되고 성질이 달라지는 것을 동정(動靜)이라 한다. 물은 음(陰)이니 녹아서 흐르고 움직이는 것은 그 양이 아니겠는가? 산은 양(陽)이니 뭉쳐서 고요하게 우뚝 솟은 것은 그 음이 아니겠는가? 그러므로 음과 양이 서로 체용(體用)이 됨을 안다."

「춘추설제사(春秋說題辭)」에서 말했다. "산이라는 말은 베푼다는 것이다. 못을 머금고 기를 펼친다."[148]

하늘에는 네 가지 순서가 있어서 성신(星辰)이 그 나눔을 분별한다. 땅에는 다섯 가지 방위가 있어 산악이 그 지역에 자리 잡는다. 음양이 교대로 펼쳐지면 온갖 사물이 이루어질 것이다. 정기가 서로 쏘아 비추면 천지의 신기(神祇)가 나타날 것이다.

명나라 태조가 사신을 보내 우리나라의 산천에 제사를 지냈다. 축문에 다음과 같이 말했다. "고려가 나라를 세워 해동에 터를 정하니, 그

---

146 육수성(陸樹聲, 1509~1605) : 명 말기의 관리. 자는 여길(與吉), 호는 평천(平泉), 시호는 문정(文定).

147 유치(流峙) : 물이 흐르고 산이 우뚝 서 있음이니 곧 산천을 말한다.

148 『예문유취(藝文類聚)』 권7, 「산부(山部)」 상, 〈총재산(總載山)〉 ; 『태평어람(太平御覽)』, 「지부(地部)」 3, 〈서산(敍山)〉.

산세는 넓고 크며 수덕(水德)은 왕양(汪洋)하다. 참으로 이것은 영기(靈氣)가 모인 까닭이므로, 능히 국토가 편안하고 국군(國君)은 대대로 부귀를 누리며, 중국을 높이 사모하고 백성들을 보호하니, 신공(神功)이 크다. 천자가 산천에 제사 지내는 것은 어느 곳이고 통하지 않는 데가 없으므로 사신을 보내 제사를 올리며 신령에게 아뢴다."[149]

채백정(蔡伯靖)이 말했다. "산은 근본이 같지만 말단은 다르고, 물은 근본은 다르지만 말단이 같다."[150]

얕은 데서 깊은 데로 나아가고 낮은 데서 높은 데로 올라감에 모두 차례가 있어서 산에 대하여는 그 척맥(脊脈)을 다 변별할 수 있고, 물에 대하여는 그 원위(源委)[151]를 궁구[152]할 수 있다. 멀고 깊은 곳을 끝까지 다 가더라도 심지(心志)[153]가 피로하지 않고 험난한 곳을 거치고 나아가더라도 기운이 더욱 굳세다. 오묘한 경지를 즐기고 아득히 고요한 것을 탐닉하여도 현허(玄虛)[154]로 떨어지지 않고 기괴(奇怪)를 좋아하고 궤위(詭瑋)를 숭상하여도 황탄(荒誕)에 가까이하지 않는다. 절정에 올라 육

---

149 공민왕 19년(1370) 3월, 명나라 태조(太祖)가 도사(朝天宮道士) 서사호(徐師昊)를 고려에 보내어 산천에 제사를 지내고, 개성(開城) 남쪽 풍천(楓川)에 그 일을 기록한 비를 세웠다(『고려사(高麗史)』 권42, 「세가(世家)」 42, 〈공민왕(恭愍王)〉 19년 3월).
150 『주자어류』 권2, 「이기(理氣)」 하, 〈천지(天地)〉 하.
151 원위(源委): 본말(本末)과 같음.
152 궁구: 본문에는 '求'자로 되어 있는데, 『퇴계집』 원문에 근거하여 '究'로 고쳤다.
153 심지(心志): 본문에는 '老'자로 되어 있는데, 『퇴계집』 원문에 근거하여 '志'로 고치고 '심지'로 번역했다.
154 현허(玄虛): 현묘하고 허무함을 이르는 말로, 노장(老莊)의 학설이나 불교를 가리키는 말로 쓰인다.

합(六合)[155]을 어루만지고 서늘한 바람을 몰아 홍몽(鴻濛)[156]에 초월하며, 큰 바다의 물결을 보고[157] 맑은 호수에서 갓끈을 씻으니[158] 감개가 한없고 즐거움이 무궁하다. 그 가슴 속에 얻은 것이 어찌 다만 우뚝하게 높은 것과, 험난하게 깊은 것에 그치겠는가? 반드시 산을 유람하는 묘〔遊山之妙〕와 물을 구경하는 방법〔觀水之術〕이 있는 것이다.[159]

양(梁)나라 방등(方等)[160]이 말했다. "나로 하여금 물고기와 새들과 함께 노닐게 한다면 인간 세상을 헌신짝처럼 버릴 것이다."[161]

사람의 감정은 집착하는 바로 인하여 옮겨 가고, 사물에 접촉하여 만나는 바에 따라 느낌이 일어난다. 그러므로 저잣거리에서 말을 타고 고삐를 당기면 답답하게 응어리지는 마음이 생기지만 임야에서 활보하면 드넓게 탁 트인 마음이 일어난다. 자주 산수를 빌어 마음속에 답답하게

---

155 육합(六合) : 천지(天地)와 사방(四方)을 가리킨 것으로 우주 전체를 의미한다.
156 홍몽(鴻濛) : 천지가 나뉘기 전인 태초의 혼돈 상태(『회남자(淮南子)』, 「도응훈(道應訓)」), 해가 뜨는 동방의 들판(『회남자(淮南子)』, 「숙진훈(俶眞訓)」) 등 여러 가지 의미이지만, 보통 우주가 형성되기 이전부터 있어 온 천지의 원기, 혹은 그와 같은 혼돈 상태를 가리키는 말로 쓰인다.
157 물결을 보고 : 근원을 안다는 뜻으로, 『맹자』, 「진심(盡心)」 상에 "물을 구경하는 데는 방법이 있으니, 반드시 물결을 보아야 한다〔觀水有術, 必觀其瀾〕."라는 말이 있다.
158 갓끈을 씻으니 : 초(楚)나라 굴원(屈原)이 지은 「어부사(漁父辭)」의 "창랑의 물이 맑으면 나의 갓끈을 씻어도 좋으리라〔滄浪之水淸兮, 可以濯我纓〕."라는 말에서 나온 것으로 세속을 초탈한 듯한 모습을 뜻한다.
159 『퇴계선생문집(退溪先生文集)』 권42, 「홍응길상사유금강산록서(洪應吉上舍遊金剛山錄序)」. 홍인우의 『유금강록』에 이황이 쓴 서문이다.
160 방등(方等, 528~549) : 양(梁)나라 효원제(孝元帝)의 세자(世子). 자는 실상(實相), 시호는 충장세자(忠壯世子)·무열세자(武烈世子).
161 『양서(梁書)』 권44, 「열전(列傳)」 38.

응어리진 것을 변화시킨다.[162]

    우리나라 금강산 일만이천 봉은 순전히 돌이다. 봉우리 · 멧부리 · 마을 · 샘 · 못 · 폭포가 모두 흰 돌이 뭉쳐서 이루어진 것이다. 그러므로 산 이름을 일명 개골산(皆骨山)이라고 하는데, 한 치의 흙도 없음을 말한 것이다. 만 길이나 되는 산꼭대기에서 백 길 못에 이르기까지 온통 하나의 돌로 되었으니 이러한 것은 천하에 없는 바이다. 산 중앙에 정양사(正陽寺)가 있고 절 안에 헐성루(歇惺樓)가 가장 중요한 곳에 위치하여, 그 위에 올라앉으면 온 산의 진면목과 참 정신을 볼 수 있다. 마치 아름다운 구슬 동굴 안에 들어앉은 것처럼 맑은 기운이 상쾌하여, 사람으로 하여금 위장 속의 티끌과 먼지를 어느 틈에 씻어 버렸는지 깨닫지 못하게 한다. 정양사 북쪽은 만폭동이 되는데, 아홉 개의 못이 있어 경치가 훌륭하다. 안쪽에는 마하연(摩訶衍)과 보덕굴(普德窟)이 공중에 가로질러 지어져 있는데 귀신의 힘으로 만들어진 것 같다. 위는 중향성(衆香城)이 되는데 만 길 봉우리 꼭대기에 자리하였다. 바닥이 모두 흰 돌이며 층계가 있어, 마치 제상(祭床)과 향상(香床)을 펼쳐 놓은 것 같다. 그 위에 선돌이 하나 놓여 있는데, 불상과 같다. 좌우의 상 위에도 또 두 줄로 늘어서 있는 것이 작은 석불과 같은데 모두 눈썹과 눈은 없다. 가장 꼭대기는 비로봉(毘盧峯)이라고 한다. 산 서북쪽에 영원동(靈源洞)이 있으니 따로 하나의 경계를 이루고 있다. 동쪽은 내수점(內水站)이니 바로 산마루 줄기다. 이 산마루를 넘으면 바로 유점사(榆店寺)다. 유점사 동북쪽에 구룡동(九龍洞) 큰 폭포가 있다. 높은 봉우리에서 물줄기가

---

162 『예문유취(藝文類聚)』 권4, 「세시부(歲時部)」 중, 3월 3일.

날아 떨어져 구멍이 패어서 커다란 돌확이 된 것이 아홉 층이나 되는데 층마다 모두 용 한 마리가 지키고 있다. 유점사의 서쪽을 내산(內山)이라 하고 동쪽을 외산(外山)이라 하는데, 이것은 천하에 기이한 풍경이니 마땅히 나라 안에 제일가는 명산이 될 것이다. "고려에서 태어나기를 바란다."는 말이 어찌 빈말이겠는가?

지리산은 남해가에 있는데 일명 두류산이다. 『지지(地誌)』에는 태을(太乙 : 하늘 북쪽에 있으면서 병란·재화·생사를 다스린다는 별)이 사는 곳이며, 여러 신선이 모이는 곳이라 하였다. 골짜기가 서리서리 깊고 크다. 산 속에는 백 리나 되는 긴 골짜기가 많다. 산의 남쪽에는 화개동(花開洞)이 있으니 산수가 매우 아름답다. 또 만수동(萬壽洞)과 청학동(靑鶴洞)이 있으니 모두 명승지이다.

한라산은 제주에 있다. 산 위에 큰 못이 있는데 사람들이 시끄럽게 떠들면 갑자기 구름과 안개가 크게 일어난다. 맨 꼭대기에 있는 모난 바위는 사람이 다듬어서 만든 것 같다. 그 아래 잔디는 작은 길을 이루며 향기로운 바람이 온 산에 가득할 때 젓대와 통소소리가 들려오는데 어디서 나는지 알지 못하며 전해 오는 말에 의하면 신선이 노는 곳이라 한다. 세상에서는 금강산을 봉래산(蓬萊山), 지리산은 방장산(方丈山), 한라산은 영주산(瀛州山)이라 하는데 이른바 삼신산(三神山)이다.

9 **산거(山居)** 원림교야(園林郊野)

    소동파(蘇東坡)[163]가 말했다. "강산과 풍월은 본래 일정한 주인이 없나니, 한가로이 즐길 수 있는 그 사람이 바로 주인이다."[164]

    위청일(魏清逸)[165]의 초당에 수죽(水竹)의 경치가 아름다웠다. 구래공(寇萊公)[166]이 낙양을 안정시키고 명자(名刺)를 써서 방문했는데 장차 이별하면서 위야(魏野)가 구래공에게 말했다. "명자에 담은 것은 다시 돌이키지 못하니 그대로 두면 산골 집안의 보배가 된다."[167]

---

163 소동파(蘇東坡) : 동파(東坡)는 소식(蘇軾, 1037~1101) 호이다. 북송 시대의 시문가로 당송팔대가(唐宋八大家)의 한 사람. 자는 자첨(子瞻), 시호는 문충(文忠). 아우 소철(蘇轍)과 왕안석(王安石)의 신법(新法)을 반박하다가, 그의 시가 군부(君父)를 원망한 것이라는 참소를 받아 하옥되었는데, 이를 오대시안(烏臺詩案)이라 한다. 저서에 『논어설(論語說)』, 『구지필기(仇池筆記)』, 『동파지림(東坡志林)』, 『동파전집(東坡全集)』 등이 있다.

164 송(宋) 소식(蘇軾), 『동파전집(東坡全集)』 권140, 「지림(志林)」 46조, 〈정당(亭堂)〉.

165 위청일(魏清逸) : 송(宋) 인종(仁宗)으로부터 청일처사(清逸處士)의 호를 하사받은 위한(魏閑)이다. 그의 부친이 초당거사(草堂居士) 위야(魏野)로 섬주(陝州) 동교(東郊)에 초당을 짓고 은거하면서 거문고와 시를 즐겼다. 그도 아버지의 풍도를 이어받아 벼슬길에 나아가지 않고 은자의 생활을 즐겼다.

166 구래공(寇萊公) : 북송 태종(太宗) 때의 재상 구준(寇準, 962~1023)을 말한다. 자는 평중(平仲). 거란(契丹)을 친 공로로 래국공(萊國公)에 봉해졌으므로 구래공(寇萊公)이라 불렸다. 시호는 충민(忠愍)이다. 구준(寇準)은 처사(處士) 위야(魏野)와 교유하였는데, 그가 30년 동안 재상(宰相)으로 있으면서 변변한 집 한 채도 짓지 못하고 살자, 위야가 "관직은 재상의 지위에 있건마는, 누대를 세울 땅은 한 조각도 없네〔有官居鼎鼐 無地起樓臺〕."라는 시를 지어서 바쳤는데, 뒤에 금(金)나라 사신이 와서 구준을 찾으면서 "어떤 분이 무지기루대(無地起樓臺) 상공(相公)이시냐."고 물었다는 고사가 있다(『국로담원(國老談苑)』 권2).

167 『고금사문유취(古今事文類聚)』 전집(前集) 권33, 「래공방은(萊公訪隱)」.

범문정(范文正)[168]이 물러나고자 하는 뜻이 있으니 자제들이 원포(園圃)[169]에 나무를 가꾸며 치적을 쌓으며 은둔하며 노년을 보낼 곳으로 삼기를 청했다. 공이 말했다. "나이가 이미 60을 넘어 살 날이 또한 얼마 남지 않았다. 이에 나무를 심고 채마밭 가꾸기를 계획하며 언제 가서 살겠는가. 또한 서도(西都)의 사대부 원림이 서로 바라다보이니 누가 내가 노니는 데 방해하겠는가? 어찌 나에게 있은 뒤에야 그것을 즐기겠는가?"[170]

이격비(李格非)[171]가 「낙양명원기(洛陽名園記)」에 말했다. "낙양의 성쇠는 천하가 다스려지고 혼란함의 징후이다. 원포의 흥폐는 낙양의 융성과 쇠망의 징후이다."

---

168 범문정(范文正): 문정은 범중엄(范仲淹, 989~1052)의 시호이다. 범중엄은 송대(宋代)의 장상(將相)이자 학자로 자는 희문(希文)이다. 수나라 때의 학자 왕통(王通)을 흠모하여 왕통의 자인 중엄(仲淹)을 자신의 이름으로 삼았다고 한다. 진종(眞宗) 대중상부(大中祥符) 8년(1015) 진사(進士)가 되고, 인종(仁宗)의 친정(親政)이 시작되자 부름을 받아 간관(諫官)이 되었다. 후에 참지정사(參知政事)로 승진하여 십사소(十事疏)를 올리는 등 내정개혁에 힘썼지만, 그를 미워하는 하송(夏竦) 일파의 저항이 강해 지방관을 지내다가 병으로 죽었다. 시문(詩文)과 사(詞)를 잘 지었고, 만년에 지은 「악양루기(岳陽樓記)」가 유명하다. 문집에 『범문정공집(范文正公集)』이 있다.

169 원포(園圃): 과(果)·나(蓏)를 심는 곳이 포(圃)이고, 원(園)은 그 울타리이다.

170 주자찬집(朱子纂集), 『송명신언행록(宋名臣言行錄)』 전집(前集) 권7, 「범중엄문정공(范仲淹文正公)」.

171 이격비(李格非): 북송 제주(濟州) 장구(章丘) 사람. 자는 문숙(文叔). 신종(申宗) 연간에 진사에 급제하고, 철종(哲宗) 연간에 태학록(太學祿)이 되었다가 태학박사가 되었는데, 문장으로 소식(蘇軾)의 인정을 받았다. 정치적으로는 왕안석(王安石)의 신법에 반대하는 구당(舊黨)에 속했다. 휘종(徽宗) 건중(建中) 정국(靖國) 원년(1101) 당인(黨人)의 일에 연루되어 파직된 뒤 61세로 생을 마쳤다. 원래 문집 45권이 있었지만 없어졌고, 「낙양명원기(洛陽名園記)」만 전한다.

『한시외전(韓詩外傳)』에 다음과 같은 것이 있다. 공자(孔子)가 소원 (少源) 들에 나아가 노닐다가 어떤 부인이 우는 것을 보고 제자를 시켜 물어보게 하였더니, 그 부인이 말하기를 "조금 전에 땔감의 시초(蓍草) 를 베다가 시초로 만든 비녀를 잃었다."라고 하였다. 제자가 말하기를, "시초를 베다가 시초로 만든 비녀를 잃었는데, 그토록 슬퍼할 것이 무엇 이냐?"고 하자, 부인이 말하기를, "비녀를 잃은 것이 슬픈 것이 아니라 옛 물건을 잃은 것이 슬프다."[172]

　나라에서 백 리 떨어진 밖을 교(郊)[173]라고 한다.[174]

---

172 『한시외전(韓詩外傳)』 권9.
173 교(郊) : 본문에는 '린(鄰)'으로 되어 있는데, 『설문해자』에 근거해서 고쳤다.
174 『설문해자(說文解字)』, 「읍부(邑部)」.

10 석니진사(石泥塵沙)

소백온(邵伯溫)이 말했다. "성운(星隕)은 돌멩이로 되어 있으니 성(星)과 돌은 하나의 체에 근본을 두고 있다."

돌이 숫돌이 되면 무딘 것을 날카롭게 만들고, 법이 숫돌이 되면 어리석은 자를 지혜롭게 만든다.[175]

명나라 태조 때 서주(瑞州)에서 문석(文石)이 나온다는 것을 말하는 사람이 있었다. 태조가 말했다. "멀리서 문석을 가져오니 백성을 괴롭히지 않았겠는가?"[176]

『대대례(大戴禮)』에 말했다. "흰 모래가 진흙 속에 있으면 진흙과 함께 검어진다."[177]

등훈(鄧訓)[178]은 푸른 진흙으로 편지를 봉하는 것을 좋아했다.[179]

---

175 유우석(劉禹錫), 「지석부(砥石賦)」.
176 명(明) 여계등(余繼登), 『황명전고기문(皇明典故紀聞)』.
  여계등(余繼登, 1544~1600) : 자는 세용(世用), 호는 운구(雲衢). 하북성(河北省) 교하(交河) 출신. 한림원검토(翰林院檢討)가 되어 『회전(會典)』 편찬에 참여하였으며 예부우시랑(右侍郎)·예부상서(禮部尙書)를 지냈다. 백성을 괴롭히는 일체 행위를 중지하고 환관이 걷는 광세(礦稅)를 폐지할 것을 건의했지만 받아들여지지 않았다. 저서로 『담연헌집(淡然軒集)』과 『전고기문(典故紀聞)』을 남겼다.
177 『대대례(大戴禮)』, 「증자제언(曾子制言)」.
178 등훈(鄧訓) : 후한(後漢) 명제(明帝) 때 사람. 자는 평숙(平叔). 후한 광무제(光武帝)를 도와 천하를 평정한 개국공신 등우(鄧禹)의 여섯째 아들로 호강교위(護羌校尉)를 지냈다.
179 『동관한기(東觀漢記)』, 「등훈전(鄧訓傳)」.

무도(武都)의 붉은 진흙〔紫泥〕¹⁸⁰으로 임금의 조서(詔書)를 봉한다.¹⁸¹

동중서(董仲舒)가 말했다. "윗사람이 아랫사람을 감화시키고 아랫사람이 윗사람을 따르는 것은 녹로(轆轤)에 진흙이 들어 있는 것과 같으니 오직 도공(陶工)이 그렇게 하는 것이다."¹⁸²

대진국(大秦國)¹⁸³ 사람들은 단지 모래와 돌멩이만 먹었다.¹⁸⁴

불교의 계율에 성(聲)·색(色)·향(香)·미(味)·촉(觸)·법(法)은 사람의 깨끗한 마음을 오염시키기 때문에 육진(六塵)이라고 한다.

『공자가어(孔子家語)』에 말했다. "들을 자격이 있는 사람에게 말을 해 주면 모래 더미 위에 비를 뿌리는 것처럼 쉽게 받아들인다."¹⁸⁵

노자(老子)가 말했다. "그 빛을 부드럽게 하여 감추고 속세의 티끌에 같이한다."¹⁸⁶

---

180 붉은 진흙 : 고대에 진흙으로 서신(書信)을 봉하고 인장을 찍었는데 황제의 조칙은 붉은
색 진흙으로 봉했다.
181 한(漢) 유흠(劉歆), 『서경잡기(西京雜記)』 권4.
182 『전한서(前漢書)』 권56, 「동중서전(董仲舒傳)」.
183 대진국(大秦國) : 옛날 로마 제국을 말한다.
184 『예문유취(藝文類聚)』 권11, 「제왕부(帝王部)」 1, 〈황제헌원씨(黃帝軒轅氏)〉.
185 『공자가어(孔子家語)』, 「육본(六本)」.
186 『도덕경(道德經)』 제4장.

한나라 왕양(王陽)[187]이 익주자사(益州刺史)가 되어 부(部)를 순행하던 중 험준한 구절판(九折阪)[188] 고개에 이르러 탄식하기를 "어버이가 남겨 주신 소중한 몸을 받들고서 어떻게 이 험준한 곳을 자주 오를 수 있겠는가." 하고는 마침내 병을 이유로 그만두었다. 후에 왕존(王尊)[189]이 자사가 되어 구절판에 이르러서는 마부를 질타하며 말하기를 "왕양은 효자라서 자기 몸을 아꼈지만, 왕존은 충신이니 빨리 몰아라."라고 하였다.

봉맹(逢萌)[190]이 상도(上道)에 부름을 받았으나 동서의 방향을 알지 못하여 길을 헤매고 말하기를, "조정에서 나를 부른 것은 총명예지가 정사에 보탬이 있기 때문일 것이나 방향조차 알지 못하니 어찌 훌륭한 정사를 할 수 있겠는가."라 하고 바로 가마를 돌려 돌아갔다.[191]

---

187 왕양(王陽) : 전한(前漢)의 왕길(王吉)이다. 왕길의 자가 자양(子陽)이기 때문에 왕양이라고 한다. 오경(五經)에 정통했고, 효렴(孝廉)으로 낭관(郎官)이 되어 창읍왕중위(昌邑王中尉)를 지냈다. 선제(宣帝) 때 익주자사(益州刺使)와 박사(博士), 간대부(諫大夫)가 되었다. 춘추추씨학(春秋騶氏學)과 양씨역학(梁氏易學)에 능했고, 『시경(詩經)』과 『논어(論語)』를 가르쳤다. 그의 학문은 아들 왕준(王駿)이 계승했다.
188 구절판(九折阪) : 사천성(四川省) 영경현(榮經縣) 공래산(邛崍山)에 있는 험준한 고개.
189 왕존(王尊) : 자는 자공(子贛). 한(漢)나라 때 충직함으로 이름을 떨친 관리(『한서(漢書)』 권76, 「왕존전(王尊傳)」).
190 봉맹(逢萌) : 자는 자강(子康). 후한(後漢) 때 북해(北海) 사람. 『춘추(春秋)』에 밝았다. 왕망(王莽)이 한나라를 찬탈하자 가족을 이끌고 떠나 요동(遼東)에 가서 살았다 한다(『후한서(後漢書)』 권83, 「봉맹열전(逢萌列傳)」).
191 『동관한기(東觀漢記)』 권16, 「봉맹(逢萌)」.

양자(楊子)의 이웃 사람이 양(羊) 한 마리를 잃어버렸다. 양자가 물었다. "양은 찾았는가?" 이웃 사람이 대답했다. "갈림길이 이미 많은데 갈림길 속에 다시 갈림길이 있어 나는 양이 어디로 갔는지 알 수 없기에 되돌아오고 말았습니다." 양자가 말했다. "큰 길은 갈림길이 많아 양을 잃고, 배움에는 방도(方道)가 많아 생명을 잃는다."[192][193]

천하의 길이 촉(蜀)보다 더 험한 곳은 없으나 위고(韋皐)[194]가 그곳을 지킨다고 말한 것은 촉도(蜀道)를 쉽다고 여겼기 때문이다. 가파른 하늘 사다리〔天梯〕와 돌로 만든 잔도〔石棧〕는 백 보에 아홉 번씩이나 굽어 있고, 금우도(金牛道)[195]와 자오도(子午道)[196]는 뱀처럼 구불구불 엉켜 있어 해가 뜨는 동쪽의 들판[197]에서부터 갈라졌으니 애초에 하늘이 잠총

---

192 『열자』 원문에 의하면 이 구절은, 자신의 양을 잃은 것도 아닌데 말과 웃음을 잃어버린 스승 양주를 괴이하게 여긴 제자가 그 까닭을 물었으나 대답하지 않으므로 심도자(心都子)에게 묻자 심도자가 대답한 것으로 되어 있다. "心都子曰 : 大道以多歧亡羊, 學者以多方喪生."

193 『열자(列子)』,「설부편(說符篇)」.

194 위고(韋皐) : 당(唐)나라 덕종(德宗)의 신하. 자는 성무(城武), 시호는 충무(忠武). 검남서천절도사(劍南西天節度使)가 되어 전남(滇南)을 21년 간 경영(經營)하였고 토번(吐蕃)의 48만 군사를 격파하여 그 공으로 남강군왕(南康郡王)에 봉해졌다.

195 금우도(金牛道) : 금우는 금 똥을 눈다는 소를 말하는 것으로 금우도는 섬서성 면현(勉縣)의 서남쪽으로 칠반령(七盤嶺)을 넘어 사천으로 들어가는 길이다. 전국시대 진(秦)의 혜문왕(惠文王)이 촉을 정벌하려고 했으나 산길이 너무 험했다. 그는 돌을 깎아 다섯 마리의 소를 만들어 놓고, 그 소들이 금 똥을 눈다고 촉왕을 속이고 촉을 멸망시켰다는 고사가 있다. 그 이후로 이 길을 금우도 혹은 '석우도(石牛道)'라고 하는데, '남잔(南棧)' 또는 '남잔도(南棧道)'라고도 한다.

196 자오도(子午道) : 장안을 출발하여 종남산(終南山) 자오곡(子午谷)으로 들어가 남쪽으로 가는 길이다. 잔도 중에서는 가장 험준하지만 장안으로 가는 가장 가까운 길이기도 하다.

197 해가 뜨는 동쪽의 들판 : 홍몽(鴻濛)을 말하는데, 『회남자(淮南子)』,「숙진훈(俶眞訓)」에 "홍몽에 해 그림자를 재는 기둥을 세운다〔以鴻濛爲景柱〕."라는 말이 나오고 고유(高誘)

(蠶叢)¹⁹⁸ 한 귀퉁이에 세운 것이라면 어찌 일개 위고가 깎고 밀어 버려서 평이하게 할 수 있는 것이겠는가? 다만 정치가 조금 관대하여 엄한 무인처럼 가혹하지 않다면 여행객이 넘어서 지나가는 고생을 꺼리지 않고 성도(成都)에서 나가고자 할 것이니 금관성(錦官城)¹⁹⁹의 길은 옛날에는 험준하고 막혔으나 지금은 평이한 것처럼 여긴다. 촉도가 어려운 것은 관리가 조금 더 현명하기를 기대하는 것과 같은데 문득 쉬워졌다고 말한다면 성인의 도가 춘대(春臺)에서 행해지는 것이다. 봉역(封域) 중의 한 나라에서 그것을 이용해도 한 나라의 길인데, 모두 천하에서 그것을 이용했다고 하면 천하의 길이 모두 쉬워진 것이다. 양장구절(羊腸九折)²⁰⁰이 지금은 오극삼조(五劇三條)²⁰¹이니 옛날 전괄(箭括)²⁰²의 한 문이 지금은 바로 장악(莊嶽)²⁰³의 큰 길이니 도로의 험난(險難)함과 평탄(平坦)함은 본래 산천의 통하고 막힌 것에 달려 있지 않다.

의 주(註)에 "홍몽은 동방의 들판으로 해가 뜨는 곳이다. 그래서 영주를 말한 것이다〔鴻濛, 東方之野. 日所出者, 故以爲景柱〕."라고 하였다.

198 잠총(蠶叢) : 촉(蜀) 땅의 다른 이름. 촉왕(蜀王)의 선조 가운데 백성에게 잠상(蠶桑)을 가르친 잠총이라는 이가 있었기 때문에 붙여진 별칭이다(양웅(揚雄), 『촉왕본기(蜀王本紀)』).

199 금관성(錦官城) : 성도의 별칭이다. 성도에 대성(大城)과 소성(少城)이 있었는데, 옛날에 소성에 비단 짜는 것〔織錦〕을 관장하는 관서가 있었으므로 금관성이라고 불렀던 데에서 유래하였다.

200 양장구절(羊腸九折) : 양의 창자처럼 꼬불꼬불하게 생긴 길. 흔히 세상길이 험난한 것에 비유하는데, 양장은 산서(山西) 정락현(靜樂縣) 지방에 있고 구절은 사천(四川) 영경현(榮經縣) 서쪽 공래산(邛郲山)에 있다.

201 오극삼조(五劇三條) : 복잡한 시가를 표현한 말이다. 당나라 노조린(盧照隣)의 시 「장안고의(長安古意)」에 "남쪽의 언덕 북쪽의 당(堂)이 북쪽 마을에 연하고 다섯 극(劇)과 세 조(條)가 세 저자를 끼었다."라는 말이 있다.

202 전괄(箭括) : 화악(華嶽)의 전괄봉(箭括峯)을 말하는데 높고 험준한 봉우리이다.

203 장악(莊嶽) : 제(齊)나라 큰 거리 이름.

나는 일찍이 「대동(大東)」의 시[204]를 읽고 탄식하여 말했다. "주도(周道)는 하나지만 바야흐로 그 융성할 때는 '군자가 밟고 소인이 바라보는 것'[205]이지만, 그 쇠망함에 이르러서는 '귀족이 행차하고 사람의 마음을 괴롭게 하는 것'[206]이다. 시대가 다르고 일이 변하여 인정이 느끼는 바가 같지 않음이 이와 같다."

소자(邵子)가 말했다. "통행하는 길은 넓지 않을 수 없으니, 넓으면 막힘이 적다."[207] 소백온(邵伯溫)[208]이 풀이하여 말했다. "마음이 여유로우면 몸이 넉넉하고 몸이 넉넉하면 일상생활에서 어디를 가도 너그럽지 않음이 없다. 그러므로 시에 말하길 '면전(面前)의 지름길이 좁다 하지 마라. 사람들은 대개 가시밭길이 허다하다.'[209]라고 하였다."

---

204 「대동(大東)」의 시 : 『시경(詩經)』, 「소아(小雅)」, 〈대동(大東)〉 편을 말한다.
205 군자가 밟고 소인이 바라보는 것 : "주도가 숫돌처럼 판판하니, 그 곧음이 화살과 같도다. 군자가 밟는 바요, 소인이 보는 바로다〔周道如砥, 其直如矢, 君子所履, 小人所視〕."라고 한 것을 말한다.
206 귀족이 행차하고 …… 괴롭게 하는 것 : "경박한 귀족들이 저 큰길을 행차하며 오락가락하여, 내 마음을 병들게 하도다〔佻佻公子, 行彼周行, 既往既來, 使我心疚〕."라고 한 것을 말한다.
207 『황극경세서(皇極經世書)』 권14, 「관물외편(觀物外篇)」 하.
208 소백온(邵伯溫, 1057~1134) : 북송 범양(范陽) 사람. 자는 자문(子文). 소옹(邵雍)의 아들. 철종(哲宗) 원우(元祐) 연간에 천거를 받아 대명부조교(大名府助敎)에 올랐다. 휘종(徽宗)이 즉위하자 상소를 올려 당고(黨錮)를 풀어 주고 옛 제도를 회복할 것을 청하다가 당로자에게 미움을 받았다. 지과주(知果州) 등을 역임하였다. 사마광(司馬光)을 사사했고, 정이(程頤)·정호(程顥)·여공저(呂公著) 등과 절친했다. 역학(易學)에 뛰어났는데, 특히 부친의 상수학(象數學)을 계승해 발휘한 바가 많았다. 저서에 『역학변혹(易學辨惑)』과 『황극계술(皇極系述)』, 『황극경세서(皇極經世序)』, 『관물내외편해(觀物內外篇解)』, 『하남소씨견문록(河南邵氏見聞錄)』, 『하남집(河南集)』 등이 있다.
209 『이천격양집(伊川擊壤集)』 권16, 「노경음(路徑吟)」.

명나라 시기 조선의 공도(貢道)²¹⁰가 아골관(鴉鶻關)²¹¹을 우회하는 데 10일이 걸리므로 압록강을 경유하여 따라가는 것이 편리함을 주청하였다. 당시 유대하(劉大夏)²¹²가 재상이 되어 말하기를 "누가 압록강 길이 편한지를 모르고 멀리 우회하여 이르겠는가. 지금 조종(祖宗)의 깊은 뜻이 있는 것이다."라고 하고 이에 허락하지 않았다.²¹³

나라 안에는 조랑씨(條狼氏)²¹⁴가 있고 교외에는 야려씨(野廬氏)²¹⁵가 있다.

『설원(說苑)』에 초나라 장왕(莊王)이 진(陳)나라를 칠 때 유소씨(有蕭氏)에게 머물게 되었는데 길가의 집주인에게 말하기를 "고을이 잘 정비되지 못하였구나. 어찌하여 도랑을 준설하지 않았는가?"라고 하였다.²¹⁶ 장왕은 한 동네의 도랑에까지 유의하여 패자(霸者)가 되었으니 이것으로 백성의 일에 힘쓰는 것을 알 수 있다.

『국어』에 단양공(單襄公)²¹⁷이 주나라 제도로 왕에게 고하여 말하기를

---

210 공도(貢道) : 조공 바치러 다니는 길을 말한다.
211 아골관(鴉鶻關) : 요녕성(遼寧省) 요양현(遼陽縣)에 있는 관문의 이름.
212 유대하(劉大夏, 1436~1516) : 자는 시옹(時雍). 명나라 사람.
213 『명사(明史)』 권182, 「열전(列傳)」 70, 〈유대하(劉大夏)〉.
214 조랑씨(條狼氏) : 관명. 나라 안의 도로를 정리하는 일을 담당했다. 채찍을 잡고 행인 등을 도로에서 몰아냈다. 『주례(周禮)』, 「추관(秋官)」에 "條狼氏, 掌執鞭以趨辟."라는 말이 나온다.
215 야려씨(野廬氏) : 관명. 교외의 교통·숙박·도로법규〔道禁〕 등을 담당했다. 『주례(周禮)』, 「추관(秋官)」에 "野廬氏, 掌達國道路, 至于四畿. 比國郊及野之道路宿息井樹…… 掌凡道禁."라고 하였다.
216 『설원(說苑)』 권18, 「변물(辨物)」.

"나무를 심어 도로에 표시를 합니다."[218]라고 하였다. 옛사람들은 관도의 곁에 반드시 모두 나무를 심고 몇 리에 이르는지를 기록하여 여행자들에게 도움이 되도록 하였다. 그래서 남쪽 땅의 감당나무는 소백(召伯)이 쉬던 곳[219]이며, 길가의 아가위나무[220]는 군자가 놀러 오는 곳이다.[221]

자로(子路)가 포(蒲) 땅을 다스리니 수목이 매우 무성해졌다. 자산(子産)이 정나라 재상이 되어 복숭아와 배나무를 길가에 심었는데, 아래로 수당의 시대까지 이르렀다. 관괴(官槐)와 관류(官柳) 또한 시편(詩篇)에 많이 보인다.[222]

명도 선생이 신종(神宗)에게 말했다. "왕도는 큰 길을 가는 것과 같지만, 패자(霸者)의 도는 구부러진 길 가운데서 곤경을 겪고 뒤척이는 것입니다."

---

217 단양공(單襄公) : 춘추시대 주(周)나라 사람. 이름은 조(朝). 주정왕(周定王)의 경사(卿士)로, 식읍(食邑)이 단(單)이었다. 초(楚)나라에 사신으로 가면서 진(陳)나라를 지나다가 그 나라 냇물과 못에 제방과 돌다리가 없어서 길이 막힌 것 같으며, 나그네가 묵을 곳이 없음을 보고 마침내 진나라가 반드시 망할 것을 예견했다고 한다.
218 『국어(國語)』, 「주어(周語)」 중.
219 소백(召伯)이 쉬던 곳 : 주(周)나라 초기의 명신인 소백이 남쪽 지방을 순행하며 정사를 베풀 적에 감당나무를 초막으로 삼아 그 아래에서 쉬어 갔기 때문에, 백성들이 그의 선정(善政)을 사모하여 그가 쉬어 간 나무도 차마 손상하지 못함을 노래한 것을 말한다. "무성한 감당나무를 자르지도 말고 베지도 말라. 소백께서 그 그늘에 쉬셨던 곳이니라〔蔽芾甘棠, 勿翦勿伐, 召伯所茇〕."(『시경(詩經)』, 「소남(召南)」, 〈감당(甘棠)〉)
220 길가의 아가위나무 : 『시경(詩經)』, 「당풍(唐風)」, 〈유체지두(有杕之杜)〉에 "우뚝 선 아가위나무가 길가에 자라나 있네. 저 훌륭하신 군자여 내게로 놀러 와 주었으면〔有杕之杜, 生于道周. 彼君子兮, 噬肯來遊〕."이라고 한 것을 말한다.
221 고염무(顧炎武), 『일지록(日知錄)』 권16, 「관수(官樹)」.
222 위와 같음.

태공(太公)[223]이 동쪽의 봉국(封國)[224]으로 부임하러 가는데 길이 멀어 여관에서 여러 날을 묵어 행차가 더뎠다. 여관 주인이 말하기를 "때를 얻기는 어렵고 잃기는 쉬운데, 손님은 잠자리가 매우 편안하시니 아마도 봉지로 부임하러 가는 사람은 아닌 것 같습니다." 태공이 이 말을 듣고 한밤중에 잠자리에서 일어나 옷을 입고 출발하여 봉지에 이르니 래후(萊侯)[225]가 쳐들어와 공격하고 있어 그와 더불어 영구(營丘) 땅을 다투었다.[226]

곽임종(郭林宗)[227]은 항상 길을 가다 여관(旅館)에 묵게 되면 몸소 청소를 했다.[228]

한나라 주양(周楊)은 일찍이 여관을 수리하여 지나가는 길손에게 제

---

223 태공(太公) : 주(周)나라 초기의 정치가. 본 성은 강씨(姜氏), 이름은 상(尙). 그 선조를 여(呂) 땅에 봉했으므로 여씨(呂氏)가 되었다. 위수(渭水) 가에 숨어 낚시질로 소일했는데, 주나라 문왕(文王)이 사냥 나갔다가 만나보고 크게 기뻐하여 말하기를, "우리 태공(太公)이 그대 만나기를 바란 지 오래라."고 했으므로 태공망(太公望)이라고 칭호하였다. 후에 무왕(武王)을 도와 천하를 통일하고 그 공적으로 제(齊)나라에 봉해져 시조(始祖)가 되었다.
224 동쪽의 봉국 : 태공이 봉해진 제나라 영구(營丘) 땅을 말한다.
225 래후(萊侯) : 영구와 국경이 서로 접해 있는 이민족의 나라이다.
226 『사기(史記)』 권32, 「제태공세가(齊太公世家)」 2.
227 곽임종(郭林宗, 128~169) : 임종은 후한(後漢)의 고사(高士) 곽태(郭太)의 자(字)이다. 학문과 덕망이 뛰어나 일세의 존경을 받았고 향리에서 제자를 가르치며 외척과 환관이 전횡하는 세상에서도 절조를 굽히지 않았다.
228 『태평어람(太平御覽)』, 「거처부(居處部)」 23, 〈역려(逆旅)〉.

공하고 보답을 받지 않았다.[229]

유식(劉寔)[230]은 지팡이를 짚고 걸어다니며 쉬는 곳마다 주인에게 폐가 되지 않도록 땔나무와 물을 스스로 마련했다.[231]

『주례(周禮)』에 "국야(國野)의 길에는 10리마다 여(廬)[232]가 있고 여에는 음식이 있다. 30리마다 숙(宿)[233]이 있고 숙에는 노실(路室)[234]이 있다. 50리마다 시(市)가 있고 시에는 후관(候館)[235]이 있어 조빙(朝聘)하는 관리를 기다린다."라고 하였다.[236]

한나라 화제(和帝)는 5리마다 치(置)[237]를 하나씩 두었고 10리마다 후(候)[238]를 하나씩 두었다.[239]

당나라 제도에 가부(駕部)[240]는 역(驛)에서 역으로 전하는 전역(傳驛)

---

229 송(宋) 왕흠약(王欽若), 『책부원귀(册府元龜)』 권812, 〈호시(好施)〉.
230 유식(劉寔) : 서진(西晉) 평원(平原) 고당(高唐) 사람. 자는 자정(子貞). 무제(武帝) 때에 산기상시(散騎常侍)를 지냈다. 『상복석의(喪服釋疑)』, 「숭양론(崇讓論)」 등을 지었다.
231 『진서(晉書)』 권41, 「열전(列傳)」 11, 〈유식(劉寔)〉.
232 여(廬) : 고대의 길가에 설치하여 빈객을 맞이하는 건물.
233 숙(宿) : 고대의 관도(官道) 상에 설치한 숙박시설.
234 노실(路室) : 객사(客舍)를 말한다.
235 후관(候館) : 원래 관망용 소루(小樓)를 말하는데, 보통 왕래하는 관원이나 외국 사신을 접대하는 역관(驛館)을 가리킨다.
236 『주례(周禮)』, 「지관(地官)」, 〈유인(遺人)〉.
237 치(置) : 역에서 역으로 전하는 곳에 설치하므로 치라고 부른다. 관리의 호송이나 공문서의 전달을 위하여 설치한 역마(驛馬)를 갈아타는 역참(驛站)을 말한다.
238 후(候) : 역참(驛站) 또는 역관(驛館)을 말한다.
239 『후한서(後漢書)』, 「화제기(和帝紀)」.

을 맡아서 사방으로 이르게 하니 역이 1,639개가 된다.[241]

고려 공민왕(恭愍王)이 치우(置郵)[242]를 하교하였다.[243]

---

240 가부(駕部) : 연로(輦路 : 거둥하는 길) · 거승(車乘) · 구목(廐牧 : 말을 맡아 기르는 곳) · 잡번(雜蕃 : 짐승을 번식시키는 것) · 승구(乘具) · 전역(傳驛)의 정령을 맡아서 그 출입하는 숫자를 파악하고 준비하는 관직.

241 『신당서(新唐書)』 권46, 「지(志)」 36, 〈백관(百官)〉 1.

242 치우(置郵) : 역참(驛站)에서 숙식하고 역마를 갈아타고 달려가는 일.

243 공민왕 5년(1356) 6월에 역적과 행성이 점거했던 사람들을 역호로 충원케 하라는 하교를 치우를 통해 전달하도록 하였다. "恭愍王五年六月 下旨, '置郵傳命, 軍興所急. 其令刷賊臣及行省所占人物, 從來不明者, 悉充驛戶, 不急鋪車鋪馬, 一皆禁止.'"(『고려사』 권82, 「지(志)」 36, 〈병(兵)〉 2).

13　교량(橋梁)

　　『당육전(唐六典)』[244]에서 말한 도읍(都邑)은 중요한 지점이라는 것을 들어, 배를 이어 만든 다리 네 개와 돌기둥 다리, 열 개 중 하나는 모두 나라의 장인이 만들었다. 그 나머지는 모두 맡아 관리하는 주현(州縣)에서 때에 따라 건설했다. 큰 나루에 다리가 없으면 모두 뱃사람이 공급하니 그 크고 작음과 어렵고 쉬움을 헤아려서 그 차등을 정했다.[245]

　　오대 시대에 왕주(王周)[246]가 의무절도사(義武節度使)가 되었는데 정주(定州)의 다리가 무너졌다. 백성들이 수레를 세내어 다리를 덮었다. 왕주는 "교량을 수선하지 못한 것은 자사(刺史)의 잘못이다."라고 말하고 이에 백성들에게 곡식을 상으로 주고 그 다리를 수선했다.[247]

---

244 『당육전(唐六典)』: 당나라 현종(玄宗)의 칙명으로, 집현원(集賢院)에서 10여 년에 걸쳐 편찬되었으며, 이임보봉칙주(李林甫奉勅注) 형식으로 738년에 상주(上奏)되었다. 삼사(三師)·삼공(三公)·상서도성(尚書都省)에서 시작하여, 이·호·예·병·형·공(吏戶禮兵刑工)의 6부, 문하(門下)·중서(中書) 등의 제성(諸省)과 구시(九寺)·오감(五監)·위부(衛府)·태자관속(太子官屬) 등을 거쳐, 도독부(都督府)·주(州)·현(縣) 등의 지방관으로 끝나는 구성이다. 『주례(周禮)』를 모범으로 삼았으며, 영(令)·식(式)·칙(勅) 등의 현행법에 따라 개원시대(開元時代)의 행정기구·관직·정원·직장(職掌) 등을 열거하고, 역대 직관(職官)의 연혁도 주기(注記)하였다. 국제편람(國制便覽)이라고 할 만큼 풍부한 내용을 가졌으며, 삼성육부(三省六部)의 체계는 후세에 큰 영향을 주었다.
245 『당육전(唐六典)』 권7, 「상서공부(尚書工部)」.
246 왕주(王周): 오대 때 위주(魏州) 사람. 후당(後唐)을 섬겨 군수(郡守)를 역임했다. 후진(後晉) 고조(高祖) 천복(天福) 초에 전공(戰功)을 세워 패주(貝州)와 경주(涇州)의 절도사(節度使)를 역임했다. 후한 고조(高祖)가 즉위하자 무녕(武寧)으로 옮겨 지켰다. 재직 중에 죽었다.
247 『일지록(日知錄)』 권16, 「교량(橋梁)」.

주자가 응인중(應仁仲)에게 답하는 편지〔答應仁仲〕에서, 조씨(趙氏)의
폐백은 마을 사람들을 위해 다리를 만드는 데 은혜를 베풀고자 한 것이
라고 하였다. 그렇다면 마을 사람들은 마을에서 부림을 당한 것이 많았
을 것이다. 군자가 은혜를 베푸는 것에 있어서 유독 다리를 만들고 길을
닦는 일에 부린다면 그 은혜를 베푸는 것이 해가 되지 않는다는 것은
듣지 못했다. 어째서인가?[248]

소동파(蘇東坡)는 동신교(東新橋)를 만드는 데 서대(犀帶)로 도움을
주었다.[249]

임안(臨安) 역로(驛路)에 백탑교(白塔橋)가 있는데, 「조경리정도(朝京
里程圖 : 도성으로 가는 길을 표시한 지도)」를 인쇄하여 팔고 있었다. 어떤
사람이 벽에 쓰기를 "백탑교 주변의 지도를 팔고 있으니 장정(長亭)[250]
과 역참이 매우 분명하다. 어찌하여 단지 임안의 길만 말하고 중원이 몇
리정(里程)의 거리나 되는지는 헤아리지 않는가."라고 하였다.[251]

---

248 『회암집』 권54, 「답응인중(答應仁仲)」.

249 소동파의 시 「동신교」 중에 "二士造橋, 余嘗助施犀帶."라는 말이 삽입되어 있다(『소식시
전집(蘇軾詩全集)』 권23).

250 장정(長亭) : 옛날 도성 밖의 큰 도로에 설치하여 행인이 휴식하거나 전송하던 장소를
말한다. 도성 5리 밖에 설치한 것을 단정(短亭)이라 하고 10리 밖에 설치한 것을 장정(長
亭)이라 한다.

251 육즙(陸楫), 『고금설해(古今說海)』 권105, 「고항잡기(古杭雜記)」.
육즙(陸楫, 1515~1552) : 명대 경제 사상 및 문학가. 자는 사예(思豫), 호는 소산(小山).
저서로는 역대의 야사(野史)·잡기(雜記)·전기(傳奇) 등 136종을 모은 『고금설해(古今
說海)』와 『겸가당고(蒹葭堂稿)』가 있다.

소노천(蘇老泉)[252]이 시론(詩論)에서 말했다. "다리가 배보다 편안하다고 여기는 까닭은 다리가 있어서 하는 말이다. 큰 비가 내리게 되면 다리는 반드시 해체되지만 배는 반드시 부서지는 데까지 이르지는 않는다. 그러므로 배가 건네주는 것은 다리가 미치지 못하는 바이다."[253]

사람이 아랫도리를 걷어 올림이 없고 수레가 바퀴굴레를 적시지 않으니, 물을 건네주는 거도(車徒 : 병거(兵車)와 군졸)는 이로움 때문에 오고 가는 것이다.

---

252 소노천(蘇老泉) : 노천은 소순(蘇洵)의 호이다. 소순은 북송 미주(眉州) 미산(眉山) 사람으로 자는 명윤(明允)이다. 젊은 시절에는 협객(俠客) 노릇을 하다가 27세 때에 분발하여 학문에 정력을 쏟았으나 진사(進士) 시험에 낙방하자 관리가 되기를 단념하고 정치와 역사평론의 저술에 힘썼다. 날카로운 논법과 정열적인 필치에 의한 평론 22편을 구양수(歐陽修)에게 올려 인정을 받아 유명해졌다. 그후 조정에 나가 북송 이래의 예(禮)에 관한 글을 모은 『태상인혁례(太常因革禮)』(100권)를 편찬하였다. 정치와 역사, 경서 등에 관한 평론도 많이 썼고, 아들 소식(蘇軾)·소철(蘇轍)과 함께 '삼소(三蘇)'라 불렸으며, 당송팔대가(唐宋八大家)로 칭송된다. 저서에 『가우집(嘉祐集)』과 『시법(諡法)』 4권이 있다.
253 『가우집(嘉祐集)』 권6, 「육경론(六經論)」, 〈시론(詩論)〉.

14 **궁전(宮殿)** 누대(樓臺), 제택문호(第宅門戶)

황제 중에 성인(聖人)이라고 할 수 있는 것은 요임금이다. 사(士)의 신분에서 그 자리에 올랐다. 왕 중에 성인이라고 할 수 있는 것은 우임금이다. 궁실에서 그 몸을 낮추었다.

범중엄(范仲淹)이 말했다. "사람에게 진실로 도의(道義)의 즐거움이 있으면 몸뚱이라도 벗어 버릴 수 있는데 하물며 거처하는 곳임에랴!"[254]

융경(隆慶)[255] 초에 왕세정(王世貞)[256]이 상소하여 정전(正殿)의 명칭으로 나라를 다스리는 법도를 높일 것을 청하며 말했다. "태조는 대조문(大朝門)을 봉천문(奉天門)이라 이름하고 전은 봉천전(奉天殿)이라 하였습니다. 조사(詔赦)와 고칙(誥勅)을 갖추어 이르게 하고 천관(天冠)의 밝음을 받들었습니다. 임금이 감히 한 사람으로 백성의 위에서 거리낌없이 하지 않으니 어디를 가도 하늘을 받들지 않음이 없습니다. 의리가 지극히 정미하니 바라건대 하늘을 받드는 것으로 인하여 문에 고하시어 상위(象魏)[257]의 엄중함을 밝히는 것으로서 이름하십시오."[258]

---

254 주희(朱熹), 『송명신언행록(宋名臣言行錄)』 전집(前集) 권7, 「범중엄문정공(范仲淹文正公)」.
255 융경(隆慶) : 명나라 목종 때의 연호(1567~1572).
256 왕세정(王世貞, 1526~1590) : 명나라의 문인. 자는 원미(元美), 호는 봉주(鳳州) 또는 엄주산인(弇州山人). 젊을 때부터 문명(文名)이 높아 가정칠재자(嘉靖七才子)의 한 사람으로 손꼽혔고, 이반룡(李攀龍)과 함께 이왕(李王)이라 불리며 명대 후기 시단을 주도하였다.
257 상위(象魏) : 상(象)은 법상(法象), 위(魏)는 높다는 뜻으로 옛적에 법률을 성문에 높게 달았던 데에서 유래하여 조정의 명령을 게시하는 궁문 밖 높은 누대를 말한다.

누대와 정자의 경관은 한없이 즐기고 놀기[259] 위해 제공되는 것이 아닙니다. 대개 기운이 번거로우면 생각이 어지러워지고, 보는 것이 막히면 뜻도 막힌다. 군자는 반드시 유식(遊息.)[260]하는 곳이 있어야 하니 높고 밝음이 갖추어져 있어 그로 하여금 맑고 편안하며 평이하게 하여 언제나 여유로움이 있은 뒤에야 이치에 통달하고 일이 이루어지는 것이다.[261]

그곳에 사는 사람은 즐겁지만 그곳을 만드는 사람은 괴롭다.

송나라 이종(理宗)[262]이 청서전(淸暑殿)에 납시니 시강신(侍講臣) 진덕수(眞德秀)가 나아가 아뢰었다. "이곳은 고종[263]과 효종[264]께서 정사가 없는 한가한 때를 보내던 곳입니다. 우러러 기둥과 서까래를 보고 마땅히 두 조상이 마치 위에 계시는 듯해야 합니다."[265]

주자가 채계통(蔡季通)[266]에게 답하는 편지〔答蔡季通〕에서 서당을 세

---

258 왕세정(王世貞), 『어선명신주의(御選明臣奏議)』 권27, 「응조진언소(應詔陳言疏)」.
259 한없이 즐기고 놀기 : 『맹자(孟子)』, 「양혜왕(梁惠王)」장의 '유련황망(流連荒亡)'을 말한다. 맹자(孟子)가 "배를 띄우고 물의 흐름을 따라 한없이 내려가서 돌아오기를 잊는 것을 유(流)라 하고, 물의 흐름을 따라 한없이 거슬러 올라가서 돌아오기를 잊는 것을 연(連)이라 하며, 짐승을 쫓아 사냥하기를 무한정 하는 것을 황(荒)이라 하고, 술을 즐겨 마시기를 싫증 내지 않고 무한정 하는 것을 망(亡)이라 한다."라고 한 데서 온 말이다.
260 유식(遊息.) : 학문을 하다가 피곤하여 쉴 때에도 항상 학문을 염두에 두는 것을 말한다.
261 『전당문(全唐文)』 권581, 유종원(柳宗元), 「영릉삼정기(零陵三亭記)」, "邑之有觀遊, 或者以爲非政, 是大不然. 夫氣煩則慮亂, 視壅則誌滯. 君子必有遊息之物, 高明之具, 使之情寧平夷, 恆若有餘, 然後理達而事成."
262 이종(理宗, 1205~1264) : 남송의 5대 황제(재위 1224~1264). 이름은 조윤(趙昀).
263 고종(高宗, 1107~1187) : 남송 초대 황제(재위 1127~1162). 이름은 조구(趙構).
264 효종(孝宗, 1127~1194) : 남송 2대 황제(재위 1162~1189). 이름은 조신(趙昚).
265 『송사(宋史)』 권437, 「열전(列傳)」 196, 〈유림(儒林)〉 7.

우는 것을 듣고, 참으로 빨리 완성하고 싶겠지만 마땅히 백이(伯夷)로 하여금 그것을 짓게 해야 아름다울 것이라고 하였다.[267]

가슴을 열어 말끔히 씻어 버리고 신관(神觀 : 용모·모습)을 돕는다.[268]

주자가 진동보(陳同甫)[269]에 답하는 편지〔答陳同甫〕에서 "원정(園亭)의 지붕을 이었는데 규모가 매우 성대하다고 들었다. '누대 가에 버들 꽃 지고 주렴 장막의 사이에 제비들 나는 것'[270]은 단지 부귀한 자가 하는 일이지, '기수(沂水)에서 목욕하고 무(舞雩)에서 바람 쏘이는'[271] 뜻은 얻지 못한 것이다. 또한 '몸소 밭 갈며 전야(田野)에 묻혀 무릎을 안고

---

266 채계통(蔡季通) : 이름은 원정(元定) 건양(建陽) 사람. 서산(西山)의 꼭대기에 올라가 주림을 참고 나물을 먹으면서 공부하였고 주자(朱子)를 사사(師事)하였는데, 주자가 도리어 "나의 노우(老友)이다."라고 하였다. 위학당(僞學黨)으로 몰려 도주(道州)로 귀양 가서 죽었으며, 시호(諡號)는 문절(文節)이다.
267 『회암집』 권44, 「답채계통(答蔡季通)」 4.
268 『회암집(晦庵集)』 권77, 「통감실기(通鑑室記)」.
269 진동보(陳同甫) : 동보는 남송(南宋)의 학자인 진량(陳亮, 1143~1194)의 자. 호는 용천(龍川)이고 시호는 문의(文毅). 주희와 누차 서신을 주고받으며 왕도와 패도에 대해 토론하였는데, 왕도와 패도를 겸용해야 한다는 주장을 하였으며 사공(事功)을 중시하였다. 송나라 때에 이학(理學)을 중시하는 이들에게는 배척되었지만, 명청(明淸) 시대로 내려와서는 이지(李贄)·황종희(黃宗羲)·왕부지(王夫之)·대진(戴震) 등에게 큰 영향을 주었다.
270 '누대 가에 …… 제비들 나는 것' : 진량(陳亮)이 지은 「포슬음(抱膝吟) : 무릎을 감싸고 읊조리다」에 나오는 "누대 가에 버들 꽃 지고, 주렴 장막 사이에 제비들 나네〔樓臺簾幕〕."라는 구절을 말한다.
271 '기수(沂水)에서 …… 바람 쏘이는' : 기수(沂水)는 노(魯)나라 도성 남쪽에 있는 물 이름이며, 무우(舞雩)는 기우제를 지내던 곳이다. 공자(孔子)의 제자 증점(曾點)이 자신의 뜻을 말하라는 공자의 명에 슬(瑟)을 울리다 말고, "늦은 봄날 봄옷이 이루어지거든 어른 대여섯 사람, 동자 예닐곱 사람과 함께 기수에서 목욕하고 무우에서 바람 쏘이고 시 읊으면서 돌아오겠다."라고 하였다(『논어(論語)』, 「선진(先進)」).

긴소리로 읊조리는 사람'[272]의 기상도 아니다."라고 하였다.[273]

「기유의상봉사(己酉擬上封事)」에서 "마치 기울어져 가는 집이 크고 화려하여 외부의 변화는 깨닫지 못하나 재목(材木) 속은 이미 다 벌레 먹고 썩어 문드러져 더 이상 지탱할 수 없는 것과 같습니다."라고 하였다.[274]

봉성원(奉誠園)[275]과 평천장(平泉莊)[276]과 같은 명승을 왕후경상(王侯卿相)이라도 백 년 뒤의 후손이 능히 지킬 수 있는 자가 얼마나 되겠는가?[277]

노(魯)나라 사람들은 희공(僖公)[278]의 복우(復宇)[279]를 찬미했고,[280] 진

---

272 '몸소 밭 갈며 …… 읊조리는 사람' : 촉한(蜀漢)의 제갈량(諸葛亮)이 출사(出仕)하기 전 몸소 농사를 지으며 무릎을 안고 긴소리로 읊조리던 일을 말한다. 『삼국지(三國志)』 권35, 「촉서(蜀書)」, 〈제갈량전(諸葛亮傳)〉에 의하면 "제갈량은 몸소 농사를 지으면서 양보음 읊기를 좋아했다〔亮躬耕壟畝 好爲梁甫吟〕."라고 하였는데, '양보음(梁甫吟)'은 악부가사(樂府歌辭)의 이름으로, 예부터 전해 온 만가(挽歌)이다. 여기에 제갈량이 지어 노래한 가사가 특히 유명하다. 그 내용은 곧 제경공(齊景公) 때 안영(晏嬰)이 천하무적의 용력(勇力)을 지닌 공손접(公孫接)·전개강(田開疆)·고야자(古冶子) 세 용사(勇士)에게 기계(奇計)를 써서 그들에게 복숭아 두 개를 주어 서로 다투게 하여 끝내 모두 자살하도록 만들었던 일을 몹시 안타깝게 여겨 노래한 것이다.
273 『회암집(晦庵集)』 권36, 「답진동보(答陳同甫)」.
274 『회암집(晦庵集)』 권12, 「기유의상봉사(己酉擬上封事)」.
275 봉성원(奉誠園) : 당(唐)나라 때의 사도(司徒) 마수(馬燧)의 구택(舊宅) 이름.
276 평천장(平泉莊) : 당(唐)나라 때의 명재상 이덕유(李德裕)의 별장 이름.
277 전겸익(錢謙益), 『초학집(初學集)』 권43, 「중수소심당기(重修素心堂記)」.
278 희공(僖公) : 춘추(春秋)시대 노(魯)나라의 임금. 민공(閔公)의 동생. 이름은 신(申). 시호는 희(僖). 민공(閔公)이 시해당하자 왕위에 올라 33년 간 통치하였다.
279 복우(復宇) : 여러 층의 옥우(屋宇).
280 『예기(禮記)』, 「단궁(檀弓)」 하, "晉獻文子成室, 晉大夫發焉. 張老曰: 美哉輪焉! 美哉奐

(晋)나라 신하들은 문자(文子)[281]의 궁실 완성을 송축했다.

　집이 크면 음이 많고, 음이 많으면 습하여 차갑고 붓는 증상이 생긴다. 대가 높으면 양이 많고, 양이 많으면 바싹 말라 버리는 증상이 생긴다.[282]

　송나라 상술(向戌)[283]이 노나라에 와서 빙문(聘問)하고, 맹헌자(孟獻子)[284]를 만나보고 그 집이 화려한 것을 꾸짖어 말하기를 "그대는 아름다운 명예를 가졌으면서 집을 아름답게 꾸몄으니 평소 기대했던 바가 아니다."라고 하였다.[285]

　우리들 어리석은 소인은 모두 큰 집이 있어 건조하고 습하고 추운 것을 피하지만 별들에 대해서 말하는 것은 드물다. 하물며 임금의 부유하고 높은 신분임에랴? 그러나 백성들이 얻지 못하면 필문(蓽門)[286] 규두

　焉! 歌於斯, 哭於斯, 聚國族於斯!"
281　문자(文子) : 조무(趙武)의 시호가 문(文)이다. 조문자(趙文子) 또는 조맹(趙孟)으로도
　　불린다. 춘추시대 진(晉)나라 사람. 진경공(晉景公) 때 도안가(屠岸賈)가 조씨 집안을
　　주멸(誅滅)할 때 유복자로 태어나 어머니 장희(莊姬, 진경공의 누이)를 따라 공궁(公宮)
　　에서 양육되어 조씨의 후사(後嗣)로 세워졌다. 진도공(晉悼公)이 즉위하자 경(卿)에 임명
　　되어 국정(國政)을 장악했다.
282　『여씨춘추(呂氏春秋)』,「맹춘기(孟春紀)」제1.
283　상술(向戌) : 상수(向戌)라고도 한다. 춘추(春秋)시대 송(宋)의 대부(大夫). 일찍이 진
　　(晉)·초(楚)가 패(霸)를 다툴 때에 제후들에게 전쟁을 중지하도록 중재하여 천하의 안정
　　을 도모한 인물이다.
284　맹헌자(孟獻子) : 노(魯)나라의 대부(大夫) 중손멸(仲孫蔑). 어질다는 칭송을 받았다.
285　『춘추좌전(春秋左傳)』,「양공(襄公)」2.
286　필문(蓽門) : 나뭇가지를 엮어서 만든 빈약한 문이라는 뜻으로 가난한 사람의 허름한
　　집을 말한다.

(圭竇)²⁸⁷에 사는 가난한 사람들이 모두 그 윗사람을 비난한다.

사(賜)²⁸⁸의 담장은 어깨 높이지만, 부자(夫子)의 담장은 궁실이다.²⁸⁹

단문(端門)²⁹⁰이 바야흐로 열리고 비산궁(飛山宮)이 이미 마음속에 터를 잡았다. 당제(唐帝)²⁹¹가 끝내 궁전을 새로 완성하지 않은 까닭은 부정직함의 사사로움은 영대(靈臺)²⁹²에 용납될 수 없기 때문이다. 송 태조의 도량이 큰 까닭이다.

우리나라 명종임금의 경복궁(景福宮)²⁹³ 중수문(重修文)을 퇴계(退溪)

---

287 규두(圭竇) : 담장을 뚫어 만든 창문이라는 뜻으로, 가난한 사람이 사는 다 쓰러져 가는 집을 말한다. 『춘추좌전』, 「양공(襄公)」에 "필문규두에 사는 사람들이 모두 그 윗사람을 능멸한다〔篳門閨竇之人而皆陵其上〕."라는 말이 나온다.

288 사(賜) : 자공(子貢)의 이름이다. 춘추시대 위(衛)나라 사람. 성은 단목(端木), 이름은 사(賜). 공자의 제자로 말을 잘하고, 재물을 늘렸음. 노(魯)·위의 재상을 지냈고 공문(孔門) 십철(十哲)의 한 사람이며 제후의 스승으로 존경받았다.

289 『논어』, 「자장(子張)」에 자복경백(子服景伯)이 숙손무숙(叔孫武叔)의 말을 빌려 자공(子貢)이 공자보다 낫다는 말을 전하자 자공이 "집에다 비유하자면 나의 담장은 어깨 높이라 나의 살림을 엿볼 수 있지만, 부자의 담장은 몇 길이라 문을 통해 들어가 보지 못하면 종묘의 아름다움과 백관의 성대함을 알 수가 없소. 그런데 그 문으로 들어가 본 사람도 드물다〔譬之宮牆, 賜之牆也及肩, 窺見室家之好. 夫子之牆數仞, 不得其門而入, 不見宗廟之美百官之富, 得其門者或寡矣〕."라고 한 것에서 일부 인용한 것이다.

290 단문(端門) : 정전 남쪽의 정문을 말한다.

291 당제(唐帝) : 당(唐)나라 황제(皇帝). 곧 요(堯)임금을 말한다.

292 영대(靈臺) : 주(周)나라 문왕(文王)이 만든 대(臺)로 구름 따위의 천문(天文)을 관찰하는 곳이라 한다. 『시경집전(詩經集傳)』에서는 "신속하게 만들어져서 마치 신령(神靈)이 만든 것 같다는 뜻에서 영(靈)이란 이름을 붙였다."고 하였다. 또한 '신령스러운 대'란 뜻으로 마음을 가리킨다.

293 경복궁(景福宮) : 태조 4년(1395)에 완공되었다. 궁의 명칭은 『시경』, 「주아(周雅)」에 나오는 "이미 술에 취하고 이미 덕에 배부르니 군자만년 그대의 큰 복을 도우리라〔旣醉以

선생이 지어서 올렸으니 그 중수문에 다음과 같이 말했다. "생각건대 하늘이 깊이 경계하심은 두려워할 만하니 백성의 노고는 거듭할 수 없음을 염려한다. 옥루(屋漏)²⁹⁴에서도 덕우(德隅)²⁹⁵를 삼가고 정전의 문에서도 마음의 바름을 깨우치니, 그 자리를 지키고 그 예를 실천함이 늠름하고 여유롭다. 항상 상제(上帝)를 대하듯이, 조종(祖宗)이 임하신 듯이 하면 안일과 욕심이 어디로부터 생기겠는가? 수성(守成)의 어려움은 반드시 근심할 필요가 없을 것이로다."²⁹⁶

천자는 영대(靈臺)를 두어 천지를 살피고, 제후는 시대(時臺)²⁹⁷를 두어 사시를 살핀다.²⁹⁸

공자가 항탁(項橐)²⁹⁹에게 물었다. "집이 어디인가?" 항탁이 "만류옥

酒 旣飽以德 君子萬年 介爾景福]."에서 두 자를 따서 경복궁이라고 지었다. 1553년에 강녕전에서 불이 나서 근정전 북쪽의 전각 대부분이 소실되었다. 이듬해인 1554년 강녕전 외에 교태전(交泰殿)·연생전·흠경각·사정전(思政殿)을 복구하고, 여러 사람이 「경복궁중수기(景福宮重修記)」를 지어 올렸으나, 결국에는 퇴계의 글이 채택되었다.

294 옥루(屋漏): 방 안의 서북쪽 귀퉁이로 신주(神主)를 모셔 두는 곳이니, 곧 사람이 보지 않는 곳을 가리킨다. 『시경』,「대아(大雅)」,〈억(抑)〉에, "거의 옥루에 부끄럽지 않게 한다[尙不愧于屋漏]."라고 하였는데, 이는 타인이 보지 않는 곳에서도 경건함을 지켜 마음속에 부끄럽지 않음을 말한 것이다.

295 덕우(德隅): 덕행의 방정함을 말한다. 『시경』,「대아(大雅)」,〈억(抑)〉편에 "반듯한 위의는 덕이 반듯하기 때문이라네[抑抑威儀, 維德之隅]."라는 말이 나온다.

296 『퇴계선생문집(退溪先生文集)』 권42,「경복궁중신기(景福宮重新記)」.

297 시대(時臺): 고대에 제후가 지어서 사시의 기상을 관찰하던 대를 말한다.

298 『공양전(公羊傳)』,「장공(莊公)」31년에 "봄 낭 땅에 대를 지었다[春築臺于郎]."라는 구절의 하휴(何休) 주에서 "예에 천자는 영대를 두어 천지를 살피고 제후는 시대를 두어 사시를 살핀다[禮, 天子有靈臺, 以候天地 ; 諸侯有時臺, 以候四時]."라고 하였다.

299 항탁(項橐): 춘추시대의 신동(神童)으로 항탁(項託)으로도 쓰는데, 공자의 스승이라는 설이 있다(『회남자(淮南子)』,「수무훈(修務訓)」 ; 『논형(論衡)』,「실지(實知)」 ; 『신서(新

(萬流屋)이 제 집입니다."라고 대답하니 만물과 함께 흘러가며 짝이 된다는 말이다.[300]

소강절이 「심안음(心安吟)」에서 말했다. "마음이 편안하면 몸은 저절로 편안하고, 몸이 편안하면 집은 저절로 넉넉해지니 누가 방 한 칸이 작다고 하겠는가? 넉넉함이 천지 사이에 있는 것과 같다."[301]

조여우(趙汝愚)[302]가 주자를 위하여 정사(精舍)를 지어 주려 하니 주자가 사양하며 말하기를 "사가(私家)의 서재이니 어찌 관아를 욕보이고 번거롭게 하겠는가."라고 하였다.[303]

이항(李沆)[304]이 말했다. "지금 저잣거리의 새 집은 반드시 일 년이면 완전히 보수될 것이다. 인생은 아침에 저녁을 보존할 수 없는데 또 어찌 오래 거처할 수 있겠는가?"[305]

書)』,「잡사(雜事)」;『안씨가훈(顔氏家訓)』,「귀심(歸心)」;『전국책(戰國策)』,「진책(秦策)」).

300 『논형(論衡)』,「실지(實知)」.

301 『이천격양집(伊川擊壤集)』 권11, 「심안음(心安吟)」.

302 조여우(趙汝愚, 1140~1196) : 자는 자직(子直). 강서성 여간(餘干) 사람. 시호는 충정(忠定). 주희·장식(張栻)·여조겸(呂祖儉)·왕응신(汪應辰) 등과 교유하였다. 실용적인 학문에 힘썼으며, 사마광(司馬光)과 범중엄(范仲淹) 등을 추숭하였다. 1166년 진사가 되어 예부상서(禮部尙書)·지추밀원사(知樞密院事) 등을 지냈다. 그의 아들과 손자에게로 가학이 계승되었다. 저서에 『송조제신주의(宋朝諸臣奏議)』 등이 있다.

303 『회암집(晦庵集)』 권27, 「여조수서(與趙帥書)」.

304 이항(李沆) : 송(宋)나라 태종(太宗)·진종(眞宗) 때 명신(名臣). 자는 태초(太初). 벼슬이 평장정사(平章政事)에 이르렀는데, 당시 성상(聖相)이라고 일컬어지는 명재상이다. 태위(太尉)·중서령(中書令)에 추증되었으며 시호는 문정(文靖)이다.

305 『송사(宋史)』 권282, 「이항전(李沆傳)」.

양웅(揚雄)이 말했다. "공씨는 문호이다." 또 말했다. "천하에 세 가지 문이 있으니, 감정과 욕망에 따르면 금수로 들어가는 문이다. 예와 의에 따르면 사람으로 들어가는 문이다. 뛰어난 지혜[獨智]에 따르면 성인으로 들어가는 문이다."[306]

소옹이 말했다. "문밖을 나가지 않아도 참으로 천지에서 노닌다."

공의휴(公儀休)[307]가 노나라 재상으로 있는데 노나라 임금이 죽자 좌우의 신하들이 문을 닫기를 청하였다. 공의휴가 말했다. "멈추거라. 지연(池淵)은 내가 세금을 거두지 않았고 몽산(蒙山)도 내가 세금을 거두지 않았다. 가혹한 명령도 내가 내리지 않았다. 내가 이미 마음을 닫았는데 어찌 문을 닫겠는가?"[308] [309]

손경(孫敬)[310]은 항상 문을 닫고 있어서 폐문선생(閉門先生)이라 불렸다.

---

306 『법언(法言)』, 「수신(修身)」.
307 공의휴(公儀休) : 춘추시대 노(魯) 목공(穆公) 때의 재상. 국록을 먹는 자들이 백성들과 이익을 다투는 것을 꺼렸다. 한번은 자기 집 밭에 난 채소를 먹어 보고 맛이 있음을 알자 남김없이 뽑아 버렸다는 고사가 있다(『사기(史記)』 권119, 「순리열전(循吏列傳)」).
308 내가 이미 …… 문을 닫겠는가? : 왕응린(王應麟)의 『곤학기문(困學紀聞)』에 "옛사람의 말에 상사(上士)는 마음을 닫고[閉心], 중사(中士)는 입을 닫고[閉口], 하사(下士)는 문을 닫는다[閉門]."라는 내용이 있다.
309 『설원(說苑)』 권7, 「정리(政理)」.
310 손경(孫敬) : 한(漢)나라 사람으로 자는 문질(文質)이다. 학문을 좋아하여 항상 문을 닫고 글을 읽었는데, 졸음이 오면 상투를 천장에 매어달기까지 하여 당시 사람들이 그를 폐호선생(閉戶先生)이라 일컬었다고 한다(『예문유취(藝文類聚)』 권55, 「잡문부(雜文部)」, 〈독서(讀書)〉).

한나라 명제(明帝)[311] 때 동도(東都)의 성문 밖에 백마사(白馬寺)를 창
치(創置)했다. 이것이 승사(僧寺)의 시작이다. 진나라 하충(何充)[312]이
비구니가 편안히 지낼 집을 지어 주니 이것이 니사(尼寺)의 시작이다.[313]

고려 태조 훈요(訓要)에 말했다. "도선(道詵)이 말하기를 '내가 추점하
여 정한 곳 외에 함부로 더 창건하면 지덕(地德)을 손상시켜 왕업이 장
구하지 못할 것이다.' 하였으니 짐이 생각건대 후세의 국왕(國王)·공후
(公侯) 들이 각기 원당(願堂)이라 일컬으면서 행여 더 창건할까 크게 근
심스럽다. 신라 말기에 사탑(寺塔)을 앞 다투어 짓다가 지덕을 손상시켜
망하기까지 하였으니 경계하지 않아서야 되겠는가."[314]

명나라 선종(宣宗)[315] 때 산서(山西) 지역의 원과사(圓果寺)에 오래된

311　명제(明帝) : 후한의 제2대 황제(재위 57~75). 이름 유장(劉莊, 28~75). 예교주의(禮敎主
　　義)에 힘쓰고 빈민구제·농업진흥 등 내정에 충실하였다. 뒤에 불교에 귀의하여 낙양에
　　사원을 세웠다.
312　하충(何充, 292~346) : 동진(東晉) 여강(廬江) 첨현(灊縣) 사람. 자는 차도(次道). 명제
　　(明帝) 유황후(庚皇后)의 매부(妹夫). 처음에 대장군(大將軍) 왕돈(王敦)에게 발탁되었
　　다. 나중에 유빙(庚冰)과 함께 녹상서사(錄尙書事)로 참여했다. 강제(康帝)가 즉위하자
　　유씨(庚氏)를 피해 서주자사(徐州刺史)가 되었다. 목제(穆帝)가 즉위하자 재상으로 보필
　　하면서 사직(社稷)을 자기 책임으로 삼았다. 불교를 깊이 믿어 많은 돈을 낭비해 세상의
　　빈축을 샀다. 시호는 문목(文穆)이다.
313　송(宋) 고승(高承), 『사물기원(事物紀原)』 권7.
314　『고려사절요(高麗史節要)』 제1권, 「태조신성대왕(太祖神聖大王)」.
315　선종(宣宗) : 명나라의 제5대 황제(재위 1425~1435). 이름은 주첨기(朱瞻基). 묘호는
　　선종(宣宗). 연호가 선덕(宣德)이므로 선덕제(宣德帝)라고도 칭한다. 조부 영락제(永樂
　　帝)의 총애를 받아 자주 그의 순행(巡幸)·정토(征討)에 수행했고, 숙부인 한왕(漢王)

탑이 손상되고 파손되었으므로 백성들에게 그 일을 시킬 것을 청하였다. 임금이 말했다. "경(卿)은 여기에서 복을 구하고자 하는 것인가? 짐은 백성들이 편안함으로 복을 삼는다. 나의 백성들을 수고롭게 하지 마라."[316]

연왕(燕王)[317]이 승화전(承華殿)을 세우려[318] 북문에서 흙을 짊어지니, 흙이 곡식과 값이 같아졌다.[319]

사줄(士茁)[320]이 말했다. "높은 산 깊은 물은 초목이 자라지 못합니다. 송백(松柏)이 자라는 땅은 그 토양이 비옥하지 않습니다. 지금 흙이 나무를 이기지 못합니다. 저는 그것이 사람을 불안하게 하는 것이기에 두렵습니다."[321]

주고후(朱高煦)의 반란을 진압했으며, 우량하이의 침공을 격파했으나 적극적인 대외정책은 쓰지 않았다. 선덕제는 아버지 홍희제(洪熙帝 : 仁宗)와는 달리 과감하고 강력한 정치를 하였지만, 선덕제의 정책은 후에 명나라 조정에서의 환관의 정치개입을 야기 시킨다. 그러나 홍희제와 선덕제의 시대는 후대에 인선의 치(仁宣之治)로 불리어 높게 평가되고 있다.

316 『명사기사본말(明史紀事本末)』권28, 「인선치치(仁宣致治)」. 선덕(宣德) 6년(1430) 공부상서(工部尚書) 오중(吳中)이 선종에게 구탑의 복구를 위해 백성을 동원하기를 주청하였지만, 선종은 허락하지 않았다.

317 연왕(燕王) : 16국 시기 후연(後燕)의 제4대 소문제(昭文帝) 모용희(慕容熙, 385~407)를 말한다. 선비인(鮮卑人)으로 자는 도문(道文).

318 승화전을 세우려 : 연왕 모용희는 처 영응황후(榮膺皇后) 부훈영(苻訓英)을 위해 승화전을 다시 지으려 하였다.

319 당(唐) 이연수(李延壽), 『북사(北史)』권93, 「열전(列傳)」81, 〈참위부용(僭僞附庸)〉, 연(燕).

320 사줄(士茁) : 춘추시대 진(晉)나라의 정치가. 지양자(智襄子 : 智伯)의 가신(家臣). 원문의 '士窟'은 '士茁'의 오기(誤記)인 것으로 보인다.

321 『설원(說苑)』권5, 「귀덕(貴德)」.

우리나라 합천(陝川) 가야산(伽倻山)에 해인사(海印寺)가 있다. 신라 애장왕(哀莊王)³²²이 이미 죽어 염(殮)을 마치고 다시 살아났는데 저승의 관리에게 발원(發願)을 약속하였다. 사신을 당나라로 들여보내 『팔만대장경(八萬大藏經)』을 구입하여 큰 배에 싣고 오도록 하였다. 목판(木版)에 새기고 동석(銅錫)을 첨가하여 장식하고 전각 12칸을 지어 보관했다. 지금까지 천여 년에 이르도록 목판은 여전히 새로 새긴 듯하여 날아다니는 새도 이 전각을 피해 가니 지붕 위에 앉지 않는다. 이것은 실로 기이하다 할 만하다.

---

322 애장왕(哀莊王, 788~809) : 신라 제40대 국왕(재위 800~809). 성은 김씨, 이름은 청명(淸明). 뒤에 중희(重熙)라 개명. 소성왕(昭聖王)과 계화부인(桂花夫人) 김씨 사이에서 원자로 태어나 800년 6월 부왕의 뒤를 이어 13세에 즉위하여 즉위 초부터 작은아버지인 병부령(兵部令) 김언승(金彦昇 : 뒤의 憲德王)의 섭정을 받았다. 국내정치를 개혁하였으며, 태종무열왕과 문무왕의 묘당(廟堂)을 세우고 해인사를 창건하고, 일본과 우호를 증진하였다. 숙부 김언승의 반란 때 살해되었다.

험조(險阻) 성지(城池)

『주역(周易)』에 이르기를 '왕공(王公)이 요새지를 설치하여 그 나라를 지킨다.' 하였고, 『춘추좌전(春秋左傳)』에 거(莒)나라가 외진 것을 믿고 성곽을 수선하지 않은 것에 대해 군자가 큰 죄로 여긴다고 하였다.[323]

진서산이 말했다. "성벽을 고쳐 쌓는 일은 본래 마땅히 일이 없을 때에 힘써야 하는 것이다. 풍년이 들어 태평한 해에는 비록 백성이 수고로움을 면하지 못하더라도 오히려 괜찮다."[324]

곤양(袞陽)이 없었다면 형주(荊州)는 쓰일 곳이 없었을 것이며, 한중(漢中)이 쓸모없었으면 파촉(巴蜀)은 존립하지 못했을 것이다. 한중의 험준함이 없었으면 하남(河南)은 편안히 살 수 없었으며, 파촉이 없었으면 오(吳)나라와 초(楚)나라는 베개를 높이 하고 편히 잠잘 수 없었을 것이다.

기척(紀陟)[325]의 말에 다음과 같은 것이 있다. "국경의 경계가 비록 멀지만 지세가 험하고 중요하여 반드시 다투는 땅은 서너 곳에 지나지 않으나, 마치 사람이 육척의 몸이라도 중요한 부분은 또한 몇 군데뿐인 것과 같다."[326]

---

323 『계곡선생집(谿谷先生集)』 권8, 「남한성기(南漢城記)」.
324 『서산문집(西山文集)』 권6, 「신추밀원걸주축지주성벽(申樞密院乞住築池州城壁)」.
325 기척(紀陟) : 삼국시대 오(吳)나라 사람. 자는 자상(子上).
326 『통지(通志)』 권120, 「열전(列傳)」 33, 〈오(吳)〉, 기척(紀陟).

당나라 말에 정인(鄭絪)327을 봉상(鳳翔)328에 보내어 당나라가 거의 다시 떨치게 되었다. 송의 남쪽은 종택(宗澤)329을 자주(磁州)에 보내 송이 이에 다시 떨치게 되었다.330

옛날 여릉(盧陵)의 나필(羅泌)331은 양자운(楊子雲)332의 「촉왕본기(蜀王本記)」를 읽고 촉나라가 중국 전체를 통하게 한 것에 대해 생각했다. 나필이 말했다. "산천의 요충지에 방비시설을 하였으니 이것은 천지가 국경의 경계를 정한 것이다. 다만 욕심이 많은 임금이 만족할 줄 모르는

---

327 정인(鄭絪, 752~829) : 당나라 정주(鄭州) 형양(滎陽) 사람. 자는 문명(文明). 시호는 선(宣). 헌종(憲宗) 때 중서시랑(中書侍郎)과 동중서문하평장사를 지내고, 문하시랑(門下侍郎)이 되었다. 재상으로 있던 4년 동안 묵묵부답으로 하는 일이 없어 태자빈객(太子賓客)으로 좌천되었다. 문종(文宗)이 즉위하자 연로하여 태자태부로 치사(致仕)했다. 유술(儒術)로 진언하고 조용하게 처신하면서 욕심을 줄여 독실(篤實)한 것으로 당시 칭송을 받았다.
328 봉상(鳳翔) : 중국 섬서성(陝西省)에 있는 현(縣).
329 종택(宗澤, 1059~1128) : 송(宋) 의오(義烏) 사람. 자(字)는 여림(汝霖). 시호는 충간(忠簡). 문무(文武)를 겸비한 재주로 전적(戰績)이 많았다. 고종(高宗)에게 건의한 사항이 간사한 무리들에게 저지당하자 울분으로 죽었다.
330 송의 남쪽은 …… 떨치게 되었다 : 흠종(欽宗) 정강(靖康) 원년(1126) 자주지주(磁州知州)가 되어 성벽과 방어물들을 정비하고 의용군을 모아 금나라의 남하를 저지한 일을 말한다.
331 나필(羅泌, 1131~1189) : 남송 길주(吉州) 여릉(盧陵) 사람. 자는 장원(長遠). 호는 귀우(歸愚). 『노사(路史)』 47권을 지었는데 인용이 풍부하며 국명(國名)의 고증이 매우 자세하다.
332 양자운(楊子雲) : 양웅(揚雄, 楊雄, 기원전 53~18)의 자가 자운(子雲)이다. 전한 말기의 학자이며, 한나라를 대표하는 문장가이다. 촉군(蜀郡) 성도(成都) 사람이다. 그는 사마상여처럼 말더듬이였으나 박학다식하였다. 한(漢) 성제(成帝) 때 학자로 덕망이 높았는데, 후에 왕망(王莽)이 왕위를 찬탈하여 세운 신(新)의 대부가 되어 지조를 지키지 못했다는 비난을 받는다. 『역경(易經)』을 모방한 『태현경(太玄經)』과 『논어(論語)』를 모방한 『법언(法言)』을 지었으며 사부(辭賦)의 대가(大家)로, 「감천(甘泉)」, 「하동(河東)」, 「장양(長楊)」 등 많은 작품을 남겼다.

탐욕으로 스스로 패망을 초래한 것이다. 촉이 진나라와 통한 것은 대개 괴이하고 허탄한 소〔牛〕로 인하여 포사(褒斜)[333]의 길에 잔도(棧道)[334]가 있게 되었다."[335][336]

　　『주례(周禮)』의 사험(司險)은 구주(九州)의 지도를 담당하여 산림과 천택(川澤)의 막힘을 두루 안다. 대개 땅의 형세로 인하여 험난하고 막힌 곳을 밖의 경계로 삼은 것이다. 옛사람이 나라를 지키는데 멀리 국경 지역에는 관문을 두었으니 방비하는 것은 사방 오랑캐이고, 가까이는 전복(甸服)[337]을 두었으니 방비하는 것은 구기(九畿)[338]이다.[339]

333　포사(褒斜) : 촉(蜀)의 고을 이름. 또는 섬서성(陝西省) 장안(長安 : 西安)에 있는 종남산 (終南山)의 험한 계곡으로 양쪽에 잔도(棧道)가 있다.

334　잔도(棧道) : 산골짜기나 절벽 같은 데에 널빤지를 사다리처럼 걸쳐서 만든 길로, 아주 험한 길을 뜻한다.

335　촉이 진나라와 …… 잔도가 있게 되었다 : 진(秦)나라 혜왕(惠王)이 서촉(西蜀) 지방을 정벌하려고 했으나 험준한 산길을 넘는 것이 불가능하자, 다섯 마리의 석우(石牛)를 만들 어 꽁무니에 황금을 묻힌 다음 황금 똥을 누는 소라고 속였다. 촉왕이 이를 듣고 병졸 1천과 다섯 사람의 역사(力士)를 시켜서 소를 끌고 올 길을 닦게 하자 진나라 군대가 그 뒤를 따라 서촉 땅으로 들어갔다는 고사가 전한다(『태평환우기(太平寰宇記)』 권84).

336　나필(羅泌), 『노사(路史)』 권4, 「전기(前紀)」 4, 〈인제기(因提紀)〉, 촉산씨(蜀山氏).

337　전복(甸服) : 오복(五服)의 하나이다. 기내(畿內)를 말하는데, 왕성(王城)에서 5백 리 이 내를 전복이라 한다. 『서경』, 「우공(禹貢)」편에 "5백 리는 전복이니, 1백 리는 부를 총납 하고, 2백 리는 질을 들이고, 3백 리는 갈복을 들이고, 4백 리는 속으로 하고, 5백 리는 미로 한다〔五百里甸服, 百里賦納總, 二百里納銍, 三百里納秸服, 四百里粟, 五百里米〕." 라고 하였다.

338　구기(九畿) : 주대(周代)에 왕기(王畿)를 사방 천 리로 하고, 그 주위를 전후좌우로 각각 5백 리마다 일기(一畿)로 구획하여, 후복(侯服)·전복(甸服)·남복(男服)·채복(采服)· 위복(衛服)·만복(蠻服)·이복(夷服)·진복(鎮服)·번복(藩服)으로 한 것을 말한다(『주 례(周禮)』, 「직방씨(職方氏)」).

339　구준(丘濬), 『대학연의보(大學衍義補)』 권87, 「치국평천하지요(治國平天下之要)」, 〈비 규제(備規制)〉, 성지지수(城池之守).

성지(城池)는 험준하니 초나라가 이 때문에 강성했지만 또한 이 때문에 망했다. 산하는 험준하니 진나라는 이로써 존립했지만 또한 이로써 강이 나뉘었으니 본래 이와 같은 것이다. 이제 손중모(孫仲謀)[340]가 어찌 되었는가. 물가는 본래 탐낼 만한 것이 아니다. 이제 사마씨(司馬氏)[341]는 어찌 되었는가. 땅은 믿고 의지할 만한 것이 되지 못함이 이와 같다.

세상에 본래 하늘로부터 생겨난 험준함으로 이름난 곳이 있지만 험준함을 하늘로 되돌릴 수는 없다. 세상에는 본래 땅에서부터 생겨난 이로움으로 근거한 곳이 있지만 이로움을 땅으로 되돌릴 수는 없다. 대개 험준함은 비록 하늘이 만든 것이지만 하늘은 스스로 그 험준함을 이용할 수 없고 이로움은 비록 땅이 만든 것이지만 땅은 스스로 그 이로움을 이용할 수 없다. 그러므로 하늘의 험준함이 사람이 얻어야 험준함이 되고, 땅의 이로움은 사람이 얻어야 이로움이 된다. 이것은 믿고 의지할

---

340 손중모(孫仲謀) : 중모는 삼국시대 오(吳)나라 손권(孫權, 182~252)의 자(字)이다. 오나라는 양자강 중·하류에 위치하여 토지가 비옥하고 물산이 풍부하였다. 강을 바탕으로 물자교역이 많았고 수군(水軍)이 뛰어났다. 손권 때 위세를 떨쳤으나 그가 죽자 국내의 정치파벌이 형성되고 내란이 자주 일어나 국력이 쇠퇴하여 진(晉)에 의해 함락되어 멸망했다.

341 사마씨(司馬氏) : 동진(東晉)의 대사마(大司馬) 환온(桓溫)을 말한다. 자는 원자(元字). 환온은 서쪽으로 촉(蜀)을, 북쪽으로 부건(符鍵) 등을 정벌하여 내외(內外)의 대권(大權)을 독차지하였고, 벼슬이 대사마(大司馬)·도독중외제군사(都督中外諸軍事)가 되어 남군공(南郡公)에 봉해졌다. 촉(蜀)나라를 정벌하고, 다음 해 성한(成漢)을 멸망시켰으며, 전진(前秦)을 공격하고 요양(姚襄)을 치고 북쪽으로 관중(關中)을 공격했으며 낙양(洛陽)을 수복하는 등 위세를 떨쳤다. 위권(威權)이 높아짐에 따라 반역심이 생겨 황제 혁(奕)을 폐위하고 간문제(簡文帝)를 옹립한 후 찬탈의 음모를 꾸미다가 이루지 못하고 병사(病死)하였다『진서(晉書)』권98).

바가 아닌 것이다.

　호안국(胡安國)이 말했다. "험준한 지형에 방비를 설치하는 것은 사람을 얻는 것이 근본이 되고 험준한 지형을 지키는 것은 지계(智計)가 우선이 된다. 사람이 험준한 지형보다 나은 것이 상책이 되고, 험준한 지형이 사람보다 나은 것은 하책이 되고 사람과 험준한 지형이 고른 것은 겨우 중책을 얻은 것이다. 지금 근심하는 바는 한갓 지형의 험준함에만 있으니, 사람의 도모함이 좋지 않은 것이다."[342]

　『주역』에 말하기를 "성이 해자로 되돌아간다〔城復于隍〕."[343]고 하였으니 이것은 도랑을 판 흙으로 성을 만들고 연못을 뚫은 흙으로 곽(郭)을 만드는 까닭이다. 밖에 도랑과 연못이 깊으면 안에 성곽은 견고하니 그 깊이 판 흙을 써서 그 성의 높이를 늘인 것이다.[344]

　자복경복(子服景伯)[345]이 말했다. "백성은 성(城)으로 보전되고 성은 덕(德)으로 보전되는 것이다."[346]

　구준이 말했다. "『주역』에 말하기를 '왕공이 시설을 험하게 해서 나라를 지킨다〔王公設險. 以守其國〕.'[347]라고 하였다. 예로부터 천하의 국가

342　호인(胡寅), 『비연집(斐然集)』 권25, 「선공행장(先公行狀)」.
343　성이 해자로 되돌아간다 : 태괘(泰卦) 상육효(上六爻).
344　유형원(柳馨遠), 『반계수록(磻溪隨錄)』 권24, 「병제후록고설(兵制後錄攷說)」, 〈성지(城池)〉.
345　자복경복(子服景伯) : 춘추시대 노나라의 대부 자복하(子服何).
346　『춘추좌전(春秋左傳)』, 「애공(哀公)」 7년.
347　왕공이 …… 지킨다 : 습감괘(習坎卦)의 단사(彖辭).

들이 재앙과 근심으로 여긴 것은 도적이요, 이적(夷狄)이다. 임금이 시
설을 험하게 하여 병풍처럼 둘러서 막게 하였으니 성의 바깥은 이적을
막기 위한 것이고 성의 안쪽은 도적을 막으려는 것이니 모두 없을 수
없는 것이다. 어찌 민가에서 도적을 대비하는 것을 보지 못했는가? 울타
리와 담장은 외부의 도둑이 들어와 물건을 훔쳐 가는 것을 막으려는 것
이니 본래 무엇보다 급한 것이다. 자물쇠를 간단히 걸어 잠그는 것은 남
의 집에서 슬그머니 훔쳐 가는 것을 막으려는 것이니 또한 가볍게 여길
수 없는 것이다."[348]

묵자(墨子)는 허리띠를 둘러서 담을 만드니 높아서 올라갈 수 없고,
젓가락을 꺾어서 성(城)을 만드니 견고하여 들어갈 수 없다.[349]

『오월춘추(吳越春秋)』[350]에 말했다. "성(城)을 지어 임금을 보위(保衛)
하고, 곽(郭)을 만들어서 백성을 지킨다."

산성(山城)을 설치한 일은 전사(前史)에 나타나지 않았다. 그 지리(地
利)에 달린 것도 또한 도움이 없지 않다. 산을 인하여 성을 만들어 지세
가 험준하면 아군의 성을 지키는 데 있어서 옹청(甕聽)[351] · 풍선(風扇)[352]

348 구준(丘濬), 『대학연의보(大學衍義補)』 권87, 「치국평천하지요(治國平天下之要)」, 〈비
　　규제(備規制)〉, 성지지수(城池之守).
349 『문선(文選)』 권11, 「위조홍여위문서(爲曹洪與魏文書)」.
350 『오월춘추(吳越春秋)』: 후한(後漢) 때 조욱(趙煜)이 지은 일종의 역사서. 오(吳)나라
　　태백(泰伯)으로부터 부차(夫差)까지와 월(越)나라 무여(無餘)로부터 구천(句踐)까지, 두
　　나라의 흥망을 소설체로 썼다.
351 옹청(甕聽): 전쟁 때에 쓰는 도구. 큰 항아리의 주둥이를 얇은 가죽으로 가려서 지도(地
　　道) 안에 엎어 놓고 귀 밝은 사람으로 하여금 그 밑에 앉아서 적군이 갱도(坑道)를 뚫고

을 설치할 필요가 없고, 암문(暗門)[353] · 당거(撞車)[354]를 만들 필요도 없다. 적군이 공격해 오는 데에 있어서는 운제(雲梯)[355] · 비루(飛樓)[356]가 소용이 없게 되고, 지도(地道)[357] · 주반(注盤)[358]을 만들 수가 없으니, 평지에서 성을 지키는 것보다는 공(功)이 만 배나 된다.[359] 예전에 당 태종이 고구려를 치려고 여러 신하들에게 계책을 물으니, 모두 '고려(고구려)는 산을 인하여 성을 만들었기 때문에 쉽사리 함락할 수가 없습니다.'라고 하였다. 그 뒤에 거란이 고려를 치려고 하자 그의 신하가 간하기를, '고려 사람은 산성(山城)의 새처럼 산성에 깃듭니다. 대군이 가서 공격하다가 아무런 성공을 거두지 못할 뿐 아니라 자칫하면 제대로 돌아오지도 못할 것입니다.'라고 하였다.[360]

우리나라 산성 중에 오직 남한산성이 서울에서 가까우니 지형이 매우

쳐들어오는 소리를 청취하게 하는 도구이다.

352 풍선(風扇) : 무기의 한 가지인 풍선거(風扇車)의 준말. 풍선거는 적군을 향해 석회를 날리거나 화구연(火毬煙)을 날려 보내서 적에게 피해를 주는 장치이다.

353 암문(暗門) : 성에 적군이 알지 못하도록 따로 낸 문을 말한다. 적군이 쳐들어오면 이 문으로 군대를 내서 적군을 습격하도록 했다고 한다.

354 당거(撞車) : 수성구(守城具)의 한 가지로, 수레 위에 철판을 깔고 그 위에 당목(撞木)을 설치하여 적군의 비제(飛梯)를 공격하는 데에 사용했던 것이다.

355 운제(雲梯) : 높은 곳에 걸쳐 놓고 올라가는 공성용(攻城用) 사다리.

356 비루(飛樓) : 공성구(攻城具)의 한 가지로, 망루(望樓)가 있는 전차(戰車)를 말한다.

357 지도(地道) : 적을 공격하기 위하여 땅 속으로 굴을 파서 만든 길, 즉 참호(塹濠) 따위를 가리킨다.

358 주반(注盤) : 미상.

359 이항복(李恒福), 『백사집(白沙集)』 권2, 「전라도산성도후서(全羅道山城圖後叙)」.

360 『만기요람(萬機要覽)』에 의하면 이 구절은 유성룡(柳成龍)의 「산성론(山城論)」을 인용한 것이라고 한다. 서영보(徐榮輔), 『만기요람(萬機要覽)』, 「군정편(軍政編)」 4, 〈관방(關防)〉.

견고하므로 나라를 지키는 데 있어서 중요한 지역으로 바로 광주부(廣州府)가 다스렸다. 석성산(石城山)[361]의 한 줄기가 북쪽으로 뻗어내려 한강의 남쪽으로 가니 광주부가 다스리는 곳은 만 길이나 되는 산꼭대기에 있는데, 바로 옛 백제 시조 온조왕(溫祚王)이 도읍하였던 곳이다. 성 안쪽은 평평하고 얕지만 바깥쪽은 깎아지른 절벽이어서 청나라 사람이 처음 군사를 일으켜 쳐들어왔을 때 병기는 날[刃]도 대보지 못했고, (병자호란 때도) 끝내 성을 함락하지 못하였다.[362]

강화 일대는 동북쪽이 강(한강과 임진강)으로 둘러싸였고 서남쪽은 바다로 둘려 있어 커다란 섬을 이루고 있다. 한강 물은 통진 서쪽까지 와서 남쪽으로 굽어져 갑곶나루가 되었다가 다시 남쪽으로 흘러 마니산 뒤쪽 움푹 패인 곳까지 이른다. 여기서 석맥(石脈)이 물속으로 가로 뻗쳐 문턱같이 되고 한복판에 조금 오목하게 되었는데, 이곳이 바로 손돌목[孫石項][363]이고 그 남쪽은 서해 큰 바다이다. 삼남지방에서 조세를

---

361 석성산(石城山) : 경기도 용인시의 중앙에 위치한 산이다(고도 471미터). 기흥구와 처인구에 걸쳐 있는 용인의 진산이다. 일명 보개산(寶盖山)·성산(城山)으로도 불린다.

362 『택리지』, 「팔도총론(八道總論)」, 〈경기도〉, 광주부(廣州府).

363 손돌목 : 본문에는 '손석항(孫石項)'으로 되어 있는데, 지금은 손돌항(孫乭項)으로 표기하고 손돌목으로 읽는다. 인천광역시 강화군의 길상면 덕성리와 경기도 김포시 대곶면 신안리 사이의 염하 가운데에 위치한다. 이곳은 염하의 수로 폭이 좁아지면서 물살이 험하고 소용돌이가 잦은 것으로 알려져 있다. 손돌이라는 뱃사공의 목을 벤 곳이라 하여 '손돌목이라 부르게 되었다고 한다. 고려시대에 원나라가 침략하여 피난길에 오른 임금이 손돌의 배를 탔는데 이곳의 물살이 거세 배가 몹시 흔들리자 왕과 관리들은 그가 왕을 죽이려 한다고 생각하여 손돌을 칼로 베었다. 손돌은 죽어가면서도 작은 바가지를 물 위에 띄우고 이 바가지를 따라 배를 저어가면 강화에 무사히 도착할 것이라는 말을 남기고 죽었고, 왕은 무사히 강을 건너 자신의 경솔함을 후회하고 지금의 자리에 손돌의 묘를 만들었다고 전해진다.

실은 배가 손돌목에 와서는 만조를 기다렸다가 목을 지나는데 조금이라도 잘못하면 배가 들목에 걸려 파선하게 된다. 서쪽으로 곧바로 흘러가던 한강물은 양화진 북쪽 언덕을 끼고 돌며 뒤쪽의 서강(西江) 물과 합쳤다가 바다로 들어간다. 강화는 그 사이에 있어 요충지가 된다. 강화는 남북이 100여 리이고 동서가 50리이다. 강 언덕은 모두 석벽(石壁)이다. 석벽 밑은 바로 진흙탕이어서 배를 댈 곳이 없고 오직 승천포(昇天浦)의 건너편 한 곳만 배를 댈 만하다. 그러나 만조 때가 아니면 배를 댈 수가 없다. 좌우에는 성곽을 쌓지 않고 다만 산 밑 강가에 돈대를 쌓아서 성 위의 작은 담장같이 했다. 그 안에 병기를 간직하고 군사를 두어 외적을 대비하게 했다. 동쪽 갑곶(甲串)에서 남쪽 손돌목까지는 오직 갑곶으로만 배를 타고 건널 수 있다. 그 나머지 언덕들은 승천포 북쪽 언덕처럼 모두 진흙탕이다. 그러므로 산 아래 강가에 돈대를 쌓아 외적을 대비하는 것도 역시 북쪽 언덕과 같다. 승천포와 갑곶 양쪽 길만 지키면 섬 바깥쪽은 천연적인 참호가 된다. 그래서 고려 때 원나라 군사를 피해 10년 동안이나 이곳이 도읍이었다. 비록 원나라 군사가 육지는 짓밟았지만 이 섬은 끝내 침범하지 못했다. 우리 왕조에 들어서는 유수관(留守官)을 설치하여 지키게 하였다. 영조 병인년(1746)에 이르러 강화 유수 김시혁(金始㷜)이 동쪽부터 성을 쌓았는데 북쪽으로는 연미정(燕尾亭)에서부터 남쪽으로 손돌목까지였다. 얼마 지나지 않아 장마가 지자 성이 무너졌으나 성을 쌓을 때 평지에서 수렁을 만나면 흙과 돌로 메워서 기초를 다졌기 때문에 강 언덕이 모두 견고해서 사람과 말이 다닐 수 있었다. 강을 따라 40리마다 모두 배를 댈 수 있게 되어 섬은 드디어 지키지 못하게 되었다.[364 365]

한양 앞쪽에는 커다란 강이 가로막혀서 오직 서쪽으로만 길 하나가 황해도와 평안도로 통한다. 도성에서 서쪽으로 5리를 가면 사현(沙峴)[366]이 되고 그 고개를 넘으면 또 녹번현이 있다. 당나라 장수가 여기를 지나면서 '한 사람이 관문을 막으면 만 사람이라도 열 수 없겠다.'라는 말을 하였다고 한다. 또 서쪽으로 40리를 가면 벽제령(碧蹄嶺)이고 또 서쪽으로 40여 리를 가면 임진 나루터이다. 강 언덕 남쪽의 기슭은 성채의 모양이다. 서쪽으로 가는 길목인데다 강가에 임해 아주 험하니 참으로 지킬 만하다.[367]

개성부(開城府) 북쪽으로 청석동(靑石洞)이 있다. 긴 골짜기가 10여 리나 구불구불 서리어 둘려 있다. 양쪽 언덕의 벽은 문과 같다. 청나라 군사가 여기에 이르러 (병자년) 크게 두려워하였으니 또한 서쪽 길의 험요한 곳이다.[368]

해남현(海南縣) 삼주원(三州院)에서 석맥(石脈)이 바다를 건너 진도군이 되었는데 물길로 30리이며, 벽파정(壁波亭)이 그 길목이 된다. 물속에 가로 뻗친 석맥이 마치 다리 같은데, 다리 위와 아래가 깎아지른 것이 계단 같다. 바닷물이 밤낮없이 동에서 서쪽으로 밀려오는데 폭포같이 쏟아져서 물살이 매우 빠르다. 임진년에 왜적의 배가 남해로부터 북

---

364 강을 따라 …… 지키지 못하게 되었다 : 강 언덕이 모두 석벽이고 그 아래는 개펄이어서 예전에는 배를 대기 힘들었는데 성을 쌓을 때 흙과 돌로 메워 단단해졌으므로 이제는 외적이 배를 대기 쉬워졌다는 뜻이다.
365 『택리지』, 「팔도총론(八道總論)」, 〈경기도〉, 강화부(江華府).
366 사현(沙峴) : 지금의 서울 서대문구 홍제동 근처로 이 고개 밑으로 흐르는 냇물을 모래내라 한다. 이 고개 동남쪽에 중국 사신을 맞아 접대하던 모화관(慕華館)이 있었다.
367 『택리지』, 「팔도총론(八道總論)」, 〈경기도〉, 한양부(漢陽府).
368 『택리지』, 「팔도총론(八道總論)」, 〈경기도〉, 개성부(開城府).

상하였는데 수군대장 이순신(李舜臣)이 바닷가에 머물면서 쇠사슬을 만들어 석맥 다리 위에 가로질러 놓고 그들이 오기를 기다렸다. 왜선이 다리 위에 와서는 쇠사슬에 걸려 바로 다리 밑으로 거꾸로 엎어졌다. 다리 위에 있는 배에서는 낮은 곳이 보이지 않으므로 거꾸로 엎어진 것은 알지 못하고 다리를 넘어 순탄한 물길로 바로 내려간 줄로 짐작하다가 모두 거꾸로 엎어져 버렸다. 500여 척이 한순간에 전몰하였으니 이것은 다만 사람이 계획해서 이룩한 일일 뿐만 아니라 또한 지세의 힘을 빌린 것이다.[369]

---

369 『택리지』, 「팔도총론(八道總論)」, 〈전라도〉, 광주부(光州府).

제3편

동식류(動植類)

초(草)

공자의 무덤에는 사람을 찌르는 풀과 나무는 자라지 않는다.[1]

명도(明道)가 창문 앞에 풀이 무성하였으나 베어 내지 않고 말했다.
"조물주의 생의(生意)를 보고 싶다."[2]

사광(師曠)[3]이 말했다. "한 해가 풍년이 들려 하면 감초(甘草)인 제
(薺: 냉이)[4]가 먼저 생겨나고, 한 해가 불길해지려 하면 악초(惡草)인 조
(藻: 마름)[5]가 먼저 생겨나고, 한 해가 가물고자 하면 한초(旱草)인 질려
(蒺藜)[6]가 먼저 생겨나고, 한 해가 수해가 들려 하면 수초(水草)인 우
(藕: 연뿌리)가 먼저 생겨나고, 한 해가 떠돌아다니게 하고자 하면 유초

---

1 『사기(史記)』 권47, 「공자세가(孔子世家)」 17, "孔子塋中, 不生荊棘, 及刺人草."

2 『성리대전(性理大全)』 권39, 「제유(諸儒)」 1, 〈정자(程子)〉, 名顥字伯淳號明道, "范陽張
氏曰, 明道書, 牕前有草, 茂覆砌, 或勸之芟, 明道曰不可, 欲常見造物生意."

3 사광(師曠): 춘추시대 진(晉)나라 양읍(楊邑) 사람. 자는 자야(子野). 진평공(晉平公) 때
악사(樂師)를 지냈다. 전하는 말로 태어날 때부터 장님이었는데, 음률(音律)을 잘 판별했
고 소리로 길흉(吉凶)까지 점쳤다고 한다. 제(齊)나라가 진나라를 침공했는데, 새소리를
듣고 제나라 군대가 이미 후퇴한 것을 알아냈다. 평공이 큰 종을 주조했는데 모든 악공(樂
工)들이 음률이 정확하다고 했지만 그만 그렇지 않다고 판단했다. 나중에 사연(師涓)이
이 사실을 확인했다. 『금경(禽經)』을 지었다고 전해진다.

4 제(薺): 소채(蔬菜)의 하나. 제채(薺菜). 『시경』, 「패풍(邶風)」, 〈곡풍(谷風)〉에 "誰謂茶
苦? 其甘如薺."라는 말이 나온다. 단맛이 나는 나물로 알려져 있으며, 우리나라에서는
냉이라고 한다.

5 조(藻): 수초(水草)의 일종으로 우리나라에서는 마름이라고 한다. 『시경』, 「소남(召南)」,
〈채빈(采蘋)〉에 "于以采藻, 于彼行潦."라는 말이 나온다.

6 질려(蒺藜): 질(蒺)은 아프게 한다는 뜻이고, 려(藜)는 날카롭다는 뜻으로 그 열매에 세
개 혹은 네 개의 가시가 있어서 사람을 찌르기 때문에 붙여진 이름이다.

(流草)인 봉(蓬 : 쑥)이 먼저 생겨난다."[7]

    풀과 나무는 온화한 기운 가운데서 생겨나고 또한 꽃을 토해 내서 천
지를 아름답게 치장을 할 수 있다. 봄 새는 시령(時令)에 감응하여 또한
아름다운 소리를 내서 동산이 장관을 이루게 할 수 있다. 하물며 선비가
성인이 계시는 때에 나서 선한 교화를 먹고 마시는데 어찌 그 마음속의
생각을 옮겨 적어 만에 하나라도 위로 보답하지 않을 수 있겠는가. 내가
비록 불민하지만 오히려 봄 지렁이[8]와 가을 풀벌레가 한 번 소리를 내는
것이라도 본받을 수 있으니, 집사(執事)[9]는 길가의 쓴 오얏나무[10]나 숲속
의 늙은 상수리나무[11]로 여겨 버리지 말라.

---

7 명(明) 섭자기(葉子奇), 『초목자(草木子)』 권3, 「극근편(克謹篇)」, "師曠云, 歲欲豊甘草先
生, 薺也. 歲欲苦苦草先生, 葶藶也. 歲欲惡惡草先生, 水藻也. 歲欲旱旱草先生, 蒺藜也.
歲欲雨雨草先生, 藕也. 歲欲病病草先生, 艾也. 歲欲流流草先生, 蓬也."
8 봄 지렁이 : 춘인(春蚓)은 왕희지(王羲之)가 남조 양(梁)의 소자운(蕭子雲)이 쓴 서체(書
體)를 보고는, "줄마다 봄날의 지렁이가 엉켜 있는 듯하고, 글자마다 가을날의 뱀들이
뭉쳐 있는 듯하다[行行若縈春蚓, 字字如綰秋蛇]."라고 혹평하면서 쓴 말이다. 서체가
힘이 빠진 지렁이와 뱀같이 졸렬하다는 뜻이다. 여기서는 가을 풀벌레와 같이 쓰여 하찮은
존재, 미물을 의미한다.
9 집사(執事) : 상대편을 높여서 그를 직접 부르지 않고, 그 밑에서 집사(執事)하는 사람을
부르는 말이다. 여기서는 구체적으로 누구에 대해 하는 말인지 알 수 없다.
10 쓴 오얏나무 : 고리(苦李)라고 하는데, 쓴 오얏은 사람이 먹지 않으므로 사람들에게 버림받
는 무용지물(無用之物)을 의미한다. '길가의 쓴 오얏나무[道邊苦李]'라는 왕융(王戎)의
고사에서 온 말로 전하여 쓸모없는 못난 재주를 비유한다. 또한 노자가 초(楚)나라 고현(苦
縣) 사람이기 때문에 이렇게 부르기도 한다.
11 늙은 상수리나무 : '력(櫟)'을 말하는 것으로, 력수는 상수리나무 혹은 참나무이다. 『장자』,
「인간세(人間世)」에 장석(匠石)이란 목수가 사당 앞에 있는 큰 상수리나무를 보고 크기만
하지 아무 쓸모가 없다며 그냥 지나갔다는 고사에서 유래하여 세상에 쓰이는 재목이 되지
못함을 이르는 말이다.

요임금 때 지영초(指佞草)가 있었는데 간사한 사람이 들어오면 구부려 그 사람을 가리켰다.[12]

정현(鄭玄)[13]은 책을 묶는 데 쓰는 풀 서대초(書帶草)[14]가 있다.

---

12 장화(張華), 『박물지(博物志)』 권3, 「이초목(異草木)」.
  『박물지(博物志)』: 진(晉)나라 장화(張華)가 찬한 일종의 이설집(異說集)이다. 현재 전하는 것은 10권인데, 실은 원본이 없어져 후인이 다시 찬집한 것이다. 고대부터 전해 오는 여러 나라의 산천 · 인민 · 산물 · 풍습에서 동물 · 곤충 · 식물과 의복 · 그릇과 신기한 이야기들에 이르기까지 기록하고 있다. 『한위총서(漢魏叢書)』와 『고금일사(古今逸史)』에 수록되어 전한다. 당대(唐代)의 전기(傳奇) 소설의 바탕을 이루는 이야기가 실려 있지만 내용이 모두 단편적이기 때문에 문학적 가치는 비슷한 시대의 설화집인 『수신기(搜神記)』에 미치지 못한다.
  장화(張華, 232~300): 서진(西晉) 범양(范陽) 사람. 자는 무선(茂先). 박학했고 문장이 뛰어났다. 완적(阮籍)에게 재능을 인정받아 위(魏)나라 때 중서랑(中書郎)에 올랐고, 진 무제(武帝) 때 중서령(中書令)과 산기상시(散騎常侍)를 지냈다. 오나라 멸망에 공을 세워 광무현후(光武縣侯)에 봉해졌다. 혜제(惠帝)가 즉위하자 태자소부(太子少傅)에 임명되었다. 초왕(楚王) 사마위(司馬瑋)를 제거하는 데 공을 세워 시중(侍中)에 오르고, 사공(司空)을 거쳐 장무군공(壯武郡公)에 봉해졌다. 조왕(趙王) 사마륜(司馬倫)에게 살해당했다. 화려한 시문으로 알려졌고, 장재(張載) · 장협(張協)과 함께 '삼장(三張)'으로 불렸다. 작품에 「초료부(鷦鷯賦)」, 「여사잠(女史箴)」, 「잡시(雜詩)」, 「정시(情詩)」, 「여지시(勵志詩)」 등이 유명하다. 백과사전인 『박물지(博物志)』와 문집 『장사공집(張司空集)』이 있다.
13 정현(鄭玄, 127~200): 후한(後漢) 말기의 학자. 자는 강성(康成), 고밀(高密) 출신, 마융(馬融)의 제자이다. 『모시전(毛詩箋)』, 『삼례주(三禮註)』, 『주역주(周易註)』 등을 저술하여 한대(漢代) 경학(經學)의 집대성자로 일컬어진다.
14 서대초(書帶草): 책을 묶는 데 썼다는 풀 이름이다. 다년생으로 꽃은 담자색(淡紫色)이고 열매는 벽록색(碧綠色)에 모양이 둥글다. 『후한서(後漢書)』, 「군국지(郡國志)」 4, 〈동래(東萊)〉 조의 '불기후국(不其侯國)'의 주석에서 『삼제기(三齊記)』를 인용하면서 "강성(康成)의 서대"라고 한 데서 나온 말로, 한(漢)나라 때 정현(鄭玄)이 불기산(不其山) 아래에서 학생들을 모아 가르칠 때, 그 산 아래에 이 풀이 많이 자랐는데 줄기가 부추처럼 길고 질겨 그 풀을 가지고 책을 묶었던 데서 유래한 것이다. 또한 스승의 유적지를 말할 때도 인용된다. 참고로 소식(蘇軾)의 시에 "庭下已生書帶草, 使君疑是鄭康成."이라는 구절이 있다(『소동파시집(蘇東坡詩集)』 권14, 「서헌(書軒)」).

당나라 현종(玄宗)¹⁵의 흥경지(興慶池)에 술을 깨게 하는 풀이 있으니 풀잎을 따서 향내를 맡으면 바로 술기운에서 깨어난다.¹⁶

황제(黃帝)¹⁷가 천로(天老)¹⁸에게 물었다. "천지가 낳은 것으로, 어찌 먹으면 사람을 죽지 않게 하는 것이 있겠는가?" 천로가 말했다. "태양초 (太陽草)는 이름을 황정(黃精)¹⁹이라 하니 그것을 먹으면 장생할 수 있습니다. 태음초(太陰草)는 이름을 구문(鉤吻)²⁰이라 하니 입에 넣으면 반드

---

15 현종(玄宗) : 당나라의 제6대 황제(재위 712~756). 본명 이융기(李隆基, 685~762), 명황(明皇)이라고도 부른다.

16 촉(蜀) 왕인유(王仁裕), 『개원천보유사(開元天寶遺事)』권2, 「성취초(醒醉草)」. 『개원천보유사』는 모두 4권으로 왕인유가 당나라 현종(玄宗) 개원(開元)・천보(天寶) 연간에 발생한 궁중의 잡다한 이야기를 기록한 책이다. 궁중 내외의 풍속과 습관, 현종과 양귀비의 사연, 귀족들의 사치 생활 등을 기록하고 있어, 희곡 소설가들뿐만 아니라 장고가(掌故家)들도 즐겨 보았다고 한다.

왕인유(王仁裕, 880~956) : 오대(五代) 때 천수(天水) 사람. 자는 덕련(德輦). 어려서 고아가 되어 책을 알지 못하다가 25세 때 처음 배우기 시작했지만, 나중에 문사(文辭)로 명성이 알려졌다. 당나라 말에 진천(秦川) 절도판관(節度判官)에 임명되었고, 전촉(前蜀)에 들어가 한림학사(翰林學士)가 되었다. 후당(後唐)의 장종(莊宗)이 촉나라를 평정할 때 당을 섬겼다. 후진(後晉)의 고조(高祖)가 들어섰을 때 간의대부(諫議大夫)를 지냈다. 후한 고조(高祖) 때 이르러 관직이 호부상서(戶部尙書)와 태자소보(太子少保)에 이르렀다. 저서에 시집 『서강집(西江集)』100권이 있었지만 없어진 것이 많다. 『전당시(全唐詩)』에 시 14수가 실려 있다. 『개원천보유사(開元天寶遺事)』4권이 전한다.

17 황제(黃帝) : 상고시대 삼황(三皇)의 하나인 헌원씨(軒轅氏). 소전씨(少典氏)의 아들. 성은 공손(公孫)인데, 희수(姬水)에서 자랐다 하여 희씨(姬氏)라고도 한다. 헌원(軒轅)의 언덕에서 출생하였다 하여 헌원씨라고 한다.

18 천로(天老) : 전설에 나오는 황제(黃帝)를 보좌하는 신하이다.

19 황정(黃精) : 죽대의 뿌리. 둥글레 황정(黃精)은 둥글레 중 약재로서의 효능이 있는 둥글레를 말하며 황정(黃精)이 정식 약명이다. 비위(脾胃 : 지라와 위장)를 돕고 원기를 더하는 약으로, 오래 복용하면 몸이 가벼워지고 생명을 연장시킨다고 한다.

20 구문(鉤吻) : 식물의 이름. 초본(草本)과 목본(木本)의 두 종류가 있는데, 모두 독초(毒草)이다. 초본은 단장초(斷腸草)라고도 한다.

시 사람이 죽습니다. 구문이 사람을 죽인다는 것은 믿으면서 황정이 수명을 늘린다는 것은 믿지 않으니 또한 미혹된 것이 아니겠습니까?"[21]

혜숙야(嵇叔夜)[22]가 역산(歷山)[23]의 남쪽에 올라 회향(懷香)이 가시나무가 무성한 틈에서 자라는 것을 보고 마침내 옮겨 대청 앞에 심어 놓았다. 원래 높은 절벽에 자라고 있다가 사람의 집 안에 몸을 내맡기고 있는 것이, 부열(傳說)[24]이 은거를 그만두고 은(殷)나라에서 훌륭한 업적을 남겼던 것과 네 명의 늙은이가 산중을 떠나 한(漢)나라에 귀의했던 것과 같다. 그러므로 이로 인하여 부(賦)를 지었다.[25]

---

21 『박물지(博物志)』 권5, 「방사(方士)」.
22 혜숙야(嵇叔夜) : 혜강(嵇康, 223~262)의 자가 숙야이다. 위진(魏晉)시대 살았던 죽림칠현(竹林七賢) 가운데 한 사람으로 고대 도가 음악사상을 이론화한 사상가. 중산대부(中散大夫)를 지냈다. 『양생론(養生論)』을 저술하였고, 특히 낙천적인 성품으로 항상 거문고를 타고 시를 읊조리면서 스스로 즐겼다. 그가 창제(創製)한 거문고 즉 혜금(嵇琴)도 세상에 전한다고 한다. 노장(老莊)을 숭상하여 그의 벗인 완적(阮籍) · 산도(山濤) · 상수(向秀) · 유령(劉伶) · 왕융(王戎) · 완함(阮咸)과 함께 대나무 숲에 모여 술을 마시고 청담(淸談)을 하였으므로 세상에서는 이들을 '죽림칠현'이라 불렀다(『진서(晉書)』 권49, 「혜강전(嵇康傳)」).
23 역산(歷山) : 지금의 중국 산동성(山東省) 제남시(濟南市) 교외(郊外)에 있는 순(舜)임금이 농사지었다고 하는 산 이름. 순경산(舜耕山) · 천불산(千佛山)이라고도 한다.
24 부열(傳說) : 은(殷)나라 고종(高宗)인 무정(武丁) 즉 탕임금의 신하이다. 탕임금이 꿈에 성인(聖人)을 얻었는데, 이름을 열(說)이라고 했으므로, 백공(百工)을 시켜 이를 찾게 하여 부암의 성 쌓는 곳에서 찾아내어 재상으로 등용하여 중흥(中興)의 대업(大業)을 이루었다. 탕임금의 명에 의해 성(姓)을 부(傳)로 고쳤다. 「열명(說命)」 3편을 지었다(『사기(史記)』, 「은본기(殷本記)」; 『서경(書經)』, 「상서(商書)」, 〈열명편(說命篇)〉).
25 당(唐) 구양순(歐陽詢), 『예문유취(藝文類聚)』 권81, 「초부(草部)」 상, 〈초(草)〉.

난초(蘭草)와 지초(芝草) 파초(芭蕉)

소옹의 시에, "가시나무는 베어도 사라지지 않고 지초(芝草)와 난초(蘭草)는 심어도 잘 자라지 않는다."[26]

공자가 노나라로 돌아오다가 계곡 사이를 지날 때 향기로운 난이 홀로 무성한 것을 보고 탄식하여 말했다. "저 난은 왕자(王者)를 위하여 향기를 내야 하거늘 이제 홀로 무성하여 여러 풀과 더불어 나란히 짝이 되었구나." 이에 금(琴)을 연주하며[27] 스스로 그 때를 만나지 못함을 상심하였다.[28]

한유(韓愈)의 시 「의란조(猗蘭操)」에 "난초의 빛깔 윤택함이여, 양양(揚揚)하구나, 그 향기여. 캐서 차〔佩〕지 않은들 난초 어찌 서러워하리오."라고 하였다.

『가어(家語)』[29]에 "지란(芝蘭)[30]은 깊은 숲 속에서 생겨나니 사람이 없

---

26 『이천격양집(伊川擊壤集)』 권16, 「감사음(感事吟)」. 「감사음」에는 "지초(芝草)와 난초(蘭草)는 심어도 잘 자라지 않고, 가시나무는 베어도 사라지지 않네. 두 가지 일 모두 어찌할 수 없어, 배회하노라니 해가 저물려 하네〔芝蘭種不榮, 荊棘剪不去. 二者無奈何, 徘徊歲將暮〕."라고 되어 있다.

27 의란조(猗蘭操) : 유란조(幽蘭操)라고도 하는데, 공자가 이때 지은 금곡(琴曲)을 말한다. 큰 재덕(才德)을 지니고도 때를 만나지 못한 고결(高潔)한 선비에 비유하며, 후대에 의란조를 모방한 시를 쓴 사람이 많다.

28 『악부시집(樂府詩集)』, 「금곡가사(琴曲歌辭)」 2, 〈난조(蘭操)〉; 구양순(歐陽詢), 『예문유취(藝文類聚)』 권81, 「초부(草部)」 상, 〈난(蘭)〉.

29 『가어(家語)』: 『공자가어(孔子家語)』를 말하는데, 줄여서 『가어(家語)』라고 한다. 『한서』, 「예문지」에는 27권으로 기록되어 있는데, 안사고(顏師古)는 지금 전하는 『가어』와 다른

다고 향기가 나지 않는 것이 아니고, 군자는 도를 닦고 덕을 세우니 곤궁하다고 절개를 바꾸는 것이 아니다."[31]

장자[張載]의 「파초시(芭蕉詩)」에 "파초의 속이 차서 새 가지가 뻗고 나면, 새 속이 돌돌 말리면서 슬며시 벌써 따라오네. 원컨대 새 속을 보고 우리의 새 덕 기르기를 배우고, 금방 따르는 새 잎을 보고 우리의 새 지식 넓히기를 따르려 한다."라고 하였다.[32]

당나라 승려 회소(懷素)[33]는 항상 파초를 심어 글씨 쓰는 데 마련했다.[34]

것이라고 한다. 지금 전하는 것은 10권으로, 위나라 왕숙(王肅)이 주석하였다. 공문(孔門)의 제자들이 기록한 것이라고 하나, 왕숙이 지은 것이라는 의심을 받기도 한다.

30 지란(芝蘭) : 두 향초(香草)인 지초(芝草)와 난초(蘭草)를 합칭한 것으로, 이는 모두 선인(善人)을 비유한다.

31 『공자가어(孔子家語)』, 「재액(在厄)」.

32 『장자전서(張子全書)』 권13, 「잡시제십(雜詩第十)」, 〈파초(芭蕉)〉.

33 회소(懷素) : 당나라 때의 승려. 자는 장진(藏眞), 현장(玄奘)의 제자. 초서(草書)에 아주 능하여 『초서사십이장경(草書四十二章經)』 등을 남겼다. 광초(狂草)를 잘 써 명성을 떨쳤다. 일찍이 고향 마을에 파초(芭蕉) 만여 그루를 심어 파초 잎으로 종이를 대신해 글씨를 연습했는데, 이로 인해 그 거처를 녹천암(綠天庵)이라 부르게 되었다. 왕희지(王羲之)의 서법을 연구하여, 동시대의 장욱(張旭)과 함께 초서로 이름이 높았다. 술에 취하여 흥이 오르면, 붓을 놀려 물이 흐르는 듯이 유연한 초서(草書), 즉 광초(狂草)를 즐겨 썼다고 한다. 필적으로 『자서첩(自敍帖)』, 『성모첩(聖母帖)』, 『장진첩(藏眞帖)』 등의 법첩이 남아 있다.

34 지승(智昇), 『개원석교록(開元釋敎錄)』 권9.
『개원석교록(開元釋敎錄)』 : 당대의 승 지승(智昇)이 730년에 편찬한 20권의 일체경(一切經) 목록. 처음의 『총괄군경록(總括群經錄)』 10권은 후한부터 730년까지의 한역불전과 역자의 이야기를 기록한다. 후의 『별분승장록(別分乘藏錄)』 10권은 입장록(入藏錄)과 종속 목록으로 이루어지며, 현정입장록(現定入藏錄)으로서 1076부 5048권을 수장한다. 본록은 역경을 중시하기 때문에 중국 찬술의 논자에 약간 소홀한 면이 있다. 그러나 기존 경록의 잘못을 바로잡고 정연한 체제를 가지며, 후세 경록의 규범이 되어서 대장경(일체경)에 수록해야 할 불교경전의 기준이 되었다.

3 　나무〔木〕

『황극경세서(皇極經世書)』에 말했다. "나무는 별의 열매이다. 그러므로 과실이 그것을 형상했다. 잎사귀는 음(陰)이고, 꽃과 열매는 양(陽)이다."[35]

유종원(柳宗元)[36]의 글에 "모든 나무의 뿌리는 편안하게 뻗기를 원하고 배토(培土)는 평평하기를 바라며 토양(土壤)은 원래 서 있던 곳과 같기를 원하고 구덩이는 단단히 메워지기를 바란다. 모종은 어린 자식 다루듯 하되 버린 듯 내버려둔다."[37]

고려 명종(明宗)[38] 때 쓰러진 배나무가 저절로 일어났다.[39]

『십주기(十洲記)』[40]에 "취굴주(聚窟洲)[41]에 큰 나무가 있는데 이름을

---

35 소옹(邵雍), 『황극경세서(皇極經世書)』 권14, 「관물외편(觀物外篇)」 하.
36 유종원(柳宗元, 773~819) : 당나라의 문장가. 자는 자후(子厚), 하동(河東) 사람이므로 유하동(柳河東)이라고도 한다.
37 유종원(柳宗元), 『유하동집(柳河東集)』 권17, 「종수곽탁타전(種樹郭橐駝傳)」.
38 명종(明宗) : 고려의 제19대 왕(재위 1170~1197). 이름은 호(晧, 1131~1202), 초명은 흔(昕), 자는 지단(之旦). 인종(仁宗)의 셋째 아들.
39 『고려사(高麗史)』 권54, 「지(志)」 8, 〈오행(五行)〉 2, 목(木) 10. 명종 8년 2월의 일로 거창현(居昌縣) 민가에 쓰러진 배나무가 저절로 일어나고 가지와 잎이 새로 돋아난 일이 있다고 한다.
40 『십주기(十洲記)』 : 『해내십주기(海內十洲記)』의 준말로, 한(漢)나라 무제(武帝)의 물음에 동방삭(東方朔)이 대답하는 형식을 취하면서, 십주의 소재와 산물(産物)을 서술하였는데, 육조(六朝)시대에 나온 위작(僞作)으로 간주되고 있다.
　십주(十洲) : 신선들이 산다는 바다 속의 열 군데 선경(仙境)으로 조주(祖洲)·영주(瀛洲)·현주(玄洲)·염주(炎洲)·장주(長洲)·원주(元洲)·유주(流洲)·생주(生洲)·봉

반혼수(返魂樹)라 한다. 나무뿌리를 옥 가마에 넣고 고아서 즙을 낸 것을 반생향(返生香)이라 하는데, 죽어서 땅에 누운 시신이 그 냄새를 맡으면 다시 살아난다."라고 하였다.[42]

린주(鳳麟洲)・취굴주(聚窟洲)를 말한다(『해내십주기(海內十洲記)』).

41 취굴주(聚窟洲): 서해에 있다고 전해지는 3천 리 넓이의 땅.

42 『해내십주기(海內十洲記)』, 「취굴주재서해(聚窟洲在西海)」; 『예문유취(藝文類聚)』 권88, 「목부(木部)」 상, 〈목(木)〉.

초나라 주인이 소나무를 뜰에 심었는데 크기가 한 아름을 넘었다. 주인이 "이것은 베는 게 좋겠다."라고 말하니, 손님이 말했다. "아, 지나치시군요. 이 나무는 구름을 울리는 자태가 있고 큰 집의 재목이 될 자질이 있습니다. 한밤중의 이슬[43]같이 맑은 기운은 아름답게 안에서 서리고 해와 달의 밝은 빛은 밖에서 비치니, 뿌리는 황천 깊이 뻗어 가고 그 가지는 푸른 하늘에 닿을 듯하여 명당의 기둥감과 큰 집의 대들보감이 될 만합니다." 주인이 말하기를, "내가 앞으로 더 크게 키우겠다."라고 하였다.[44]

만송자(萬松子)가 만 그루의 소나무를 심으며 스스로에게 부쳐 말했다. "나는 만 가지 소리를 울려 내 귀에 이바지하고, 만 가지 색으로 푸르디푸르게 눈에 이바지하고 만 가지 풀 그늘로 어두컴컴하게 내 몸에 이바지하고 만 가지 고을마다 편안히 나의 자손을 남기니, 내가 이것으로 만물의 상(象)을 보는 것도 또한 가하지 않겠는가."

고려 현종(顯宗)[45] 7년(1016) 사헌대(司憲臺) 뜰의 잣나무가 말라 죽

---

43 한밤중의 이슬 : 항해(沆瀣)라고 하여 선인(仙人)이 마신다는 한밤중의 수기(水氣)가 엉긴 맑은 이슬을 말한다. 『초사』, 「원유(遠遊)」에, "육기를 먹고 항해를 마심이여, 정양으로 양치질하고 아침 노을을 머금는다〔湌六氣而飮沆瀣兮, 漱正陽而含朝霞〕."라는 말이 나온다.

44 『전당문(全唐文)』 권690, 「부재(符載)」 3, 「식송론(植松論)」.

45 현종(顯宗) : 고려 제8대 왕(재위 1009~1031). 이름은 순(詢, 992~1031). 자는 안세(安世). 처음에는 승려가 되어 숭교사(崇敎寺)와 신혈사(神穴寺)에 우거하다가 강조(康兆)의 정변에 의하여 목종이 폐위되자 왕위에 올라 왕조의 기틀을 다지는 데 크게 기여했다.

은 지 몇 년이 되었는데 이때 다시 살아났다. 사혜련(謝惠連)⁴⁶은 그것을 칭송하는 찬(贊)⁴⁷을 지었다.⁴⁸

진(晉)나라 손흥공(孫興公)⁴⁹이 서재 앞에 잣나무⁵⁰ 한 그루를 심었다. 고세원(高勢遠)이라는 이웃 사람이 말하기를 "잣나무가 무성하여 아름답지 않은 것은 아니지만 다만 동량으로 쓰일 수 없을 것 같다."라고 하니 손흥공이 말하기를 "단풍나무나 버드나무가 아무리 아름드리인들 또한 어느 곳에 쓰이겠는가?"라고 하였다.⁵¹

한(漢)나라 무제(武帝)⁵²의 원중(苑中)에 있는 버드나무가 사람같이

---

46 사혜련(謝惠連, 397~433) : 남조 송나라 진군(陳郡) 양하(陽夏) 사람. 사방명(謝方明)의 아들. 족형(族兄)인 사령운(謝靈運)과 함께 '대소사(大小謝)'로 병칭되었다. 10세 때 글을 지어 사령운의 인정을 받았다. 처음에 그가 살던 주(州)에서 그를 주부(州簿)로 임명했지만 나가지 않았다. 문집 6권이 있었지만 전해 오지 않고, 명나라 때 그의 작품을 한데 모은 『사법조집(謝法曹集)』이 현재 전하고 있다. 대표작으로 「제고총문(祭古冢文)」과 「설부(雪賦)」가 있다.

47 사혜련의 「송찬(松贊)」은 명나라 장부(張溥)가 편집한 『한위육조백삼가집(漢魏六朝百三家集)』 권71의 「송사혜련집(宋謝惠連集)」에 수록되어 있다.

48 『고려사(高麗史)』 권4, 「세가(世家)」 4, 〈현종(顯宗)〉 7년.

49 손흥공(孫興公) : 동진(東晉) 손작(孫綽, 314~371)의 자가 흥공(興公)이다. 젊어서부터 은거할 뜻을 품고 회계(會稽)에 머물면서 널리 산수를 유람했다. 벼슬은 정위경(廷尉卿)을 지냈다. 고승(高僧)들과 교유하기를 즐겼고, 불법(佛法)을 독실하게 믿었다. 유불도(儒佛道)의 합일을 주장했다. 영화(永和) 9년(353) 난정회(蘭亭會)에 참여했다. 노장(老莊)의 학문을 좋아했고, 유불(儒佛)에도 정통했다. 문장은 당시 으뜸으로 인정받았다. 저서에 『논어집해(論語集解)』와 『노자찬(老子贊)』, 『유도론(喻道論)』, 『도현론(道賢論)』, 「수초부(遂初賦)」, 「유천태산부(遊天台山賦)」 등이 있다.

50 잣나무〔栢〕: 『세설신어』, 『진서』 등의 기록에서는 '소나무〔松〕'로 되어 있다.

51 『진서(晉書)』 상, 「열전(列傳)」 26, 〈손작(孫綽)〉 ; 유의경(劉義慶), 『세설신어(世說新語)』, 「언어(言語)」 21.

52 무제(武帝) : 전한(前漢) 제7대 황제(재위 기원전 141~기원전 87). 이름은 유철(劉徹, 기원

생겨서 인류(人柳)라고 불렀는데, 하루에 세 번 일어나고 세 번 잔다.[53]

송나라 철종(哲宗)[54]이 강(講)을 마치고 버드나무 가지를 꺾으며 놀고 있었다. 정이(程頤)가 나아가 아뢰기를 "바야흐로 봄이 되어 생명의 싹을 틔우니 꺾어서는 안 됩니다."라고 하였다.[55]

『전국책(戰國策)』에 "버드나무는 옆으로 심어도 살아나고 거꾸로 심어도 살아나고 꺾어서 심어도 반드시 살아난다. 그러나 열 사람이 심어도 한 사람이 뽑아 버리면 버드나무는 없어질 것이다. 또한 열 사람이나 되는 많은 사람이 쉽게 살 수 있는 버드나무를 심지만 한 사람을 이기지 못하는 것은 어째서인가? 심기는 어려워도 제거하기는 쉽기 때문이다."라고 하였다.[56]

전 154~기원전 87), 시호는 세종(世宗). 즉위하자 권신들을 면직시키고 선비를 등용하여 관리의 자질을 향상시켰다. 오경박사(五經博士)를 설치하여 유학에 중점을 두었고, 분봉(分封)을 통하여 중앙집권화를 마무리했다.

53 『삼보고사(三輔故事)』. 삼보(三輔)는 한(漢)나라 무제(武帝) 태초(太初) 원년에 서울인 장안(長安)을 중심으로 부근의 땅을 셋으로 나눈 행정구역이며, 근기(近畿)의 별칭으로도 쓰이는 말이다. 후한(後漢) 조기(趙岐) 등이 당시 장안의 일사(逸事)·도성·궁실·저자 등의 시설들을 기록한 『삼보결록(三輔決錄)』과 함께 『삼보고사(三輔故事)』가 있었다고 하는데 모두 일실되었고, 청대의 장주(張澍)가 집일(輯佚)하고 진효첩(陳曉捷)이 주석한 판본이 전한다.

54 철종(哲宗) : 북송의 7대 황제(재위 1085~1100). 이름은 조후(趙煦, 1076~1100). 나이가 어려 조모 선인태후(宣仁太后)가 수렴첨정하면서 사마광(司馬光)을 재상으로 삼고 신당(新黨)을 축출했다. 태후가 죽은 뒤 장돈(章惇)을 재상으로 삼아 신종 때의 신법(新法)을 모두 회복하고 『신종실록』을 중수했다.

55 『송원학안(宋元學案)』 권15, 「이천학안(伊川學案)」.

56 유향(劉向), 『전국책(戰國策)』 권23, 「위책(魏策)」 2 ; 『한비자(韓非子)』 권7, 「유노(喩老)」 21 ; 『예문유취(藝文類聚)』 권89, 「목부(木部)」 하, 〈양유(楊柳)〉.
『전국책(戰國策)』: 전국시대(戰國時代, 기원전 475~222)의 수많은 제후국 전략가들의

5 대나무〔竹〕

공자가 위(衛)나라로 갈 때에 바람에 흔들리는 대나무가 있었는데 아름다운 대나무의 쓸쓸한 소리를 들으니 흔연히 기뻐하며 석 달 동안 고기 맛을 잊을 것 같았다. 공손청(公孫靑)[57]을 돌아보며 "사람이 고기를 먹지 않으면 야위지만 대나무가 없으면 속되게 된다. 너는 그것을 아느냐?"라고 하였다.[58]

뿌리가 굳세고 마디는 견고하니 굳셈〔剛〕이다. 그러나 잎은 무성하고 푸른빛이 생동하니 부드러움〔柔〕이다. 마음을 비워서 가리는 바가 없으니 충직함〔忠〕이다. 외롭게 뿌리내려 우뚝 솟아나려 하지 않고 반드시 서로 의지하여 빼어난 숲을 이루는 의로움〔義〕이다. 사계절을 하나로 관통하여 영화와 쇠락의 다름이 없으니 항상됨〔常〕이다. 장차 쓰임에 미쳐서는 찢겨져 간독(簡牘)이 되어 백대의 후세에도 드러내 보인다. 화살촉과 화살대 같은 것은 복종하지 않는 자[59]를 치고, 백성의 피해를 제

정치·군사·외교 등 책략을 모아 집록한 자료를 『전국책(戰國策)』이라 한다. 그러나 초기의 자료는 아주 미흡한 상태여서 북송의 증공(曾鞏)이 분실된 자료를 찾아 보정(補訂)하여 12개국 486장으로 정리했는데, 내용이나 문장이 매우 난해하고 거칠고 누락된 부분이 많아 후에 교주본(校注本)이 다시 나왔다. 주요한 것으로는 남송의 요굉(姚宏)이 동한(東漢)의 고유(高誘)의 주에 추가한 『고씨주전국책(高氏注戰國策)』, 표표(鮑彪)가 고유(高誘)의 주를 없애고 스스로 주를 단 『전국책주(戰國策注)』, 원대(元代) 오사도(吳師道)가 요굉(姚宏)본과 표표(鮑彪)본을 종합한 『전국책교주(戰國策校注)』 등이 있다.

57 공손청(公孫靑) : 춘추시대 제(齊)나라의 공손(公孫). 자는 자석(子石). 조부가 제경공(齊頃公)이다.
58 송(宋) 양만리(楊萬里), 『성재집(誠齋集)』 권44, 「청허자차군헌부(淸虛子此君軒賦)」.
59 복종하지 않는 자〔不庭〕 : 왕실(王室)에 내조(來朝)하지 않는 나라를 말한다. 『시경』, 「대아」, 〈한혁(韓奕)〉에 "내조하지 않는 나라를 바로잡아 너의 임금을 보좌하라〔榦不庭

거할 수 있으니 이것은 문(文)과 무(武)를 겸용한 것이다. 또 쪼개어 갈라서 대자리를 만들어 종묘(宗廟)에 펴면 효경(孝敬)을 펼칠 수 있고 잘라서 구멍을 내면 생황(笙簧)[60]이 되니 사람과 귀신을 조화롭게 할 수 있다. 이것은 예(禮)와 악(樂)을 병행하는 것이다. 그러므로 군자는 덕을 대나무에 비유하는 것이다.[61]

方, 以佐戎辟]."라고 한 데서 온 말이다.
60 생황(笙簧) : 대로 만든 악기인데, 소리 나는 구멍이 여럿이다.
61 『전당문(全唐文)』 권739, 유암부(劉巖夫), 「식죽기(植竹記)」 ; 『고금사문유취후집(古今事文類聚後集)』 권24, 「죽순부(竹笋部)」, 〈식죽기(植竹記)〉.

6　꽃〔花〕

소자(邵子)의 시에 "꽃구경이야 누구에게나 온전히 쉬운 일이지만 꽃을 알아보는 것은 어렵구나, 꽃을 잘 알아보는 사람 홀로 난간에 기대어 있구나."라고 하였다.[62]

명도(明道)의 시에 "꽃 곁으로 버들을 따라 앞 냇가에 이르렀네."라고 하였으니 그 생의(生意)를 취하여 봄과 내가 융화하여 하나가 된 것이다.[63]

소자가 말했다. "나무의 가지와 줄기는 흙과 돌이 만든 것이므로 바뀌지 않는다. 잎과 꽃은 물과 불이 만든 것이므로 변하고 바뀐다."[64]

송단보(宋單父)[65]는 씨앗을 잘 심는 기술이 있었다. 황제의 부름으로 여산(驪山)에 이르러 각종 꽃 일만 뿌리를 심으니 색과 모양이 제각기 달랐다. 나인(內人)들은 그를 화신(花神)이라 불렀고 화사(花師)라고도 했다.[66]

이천(伊川)은 바야흐로 봄을 맞이하였을 때, 요부(堯夫)[67]가 함께 천

---

62 『이천격양집(伊川擊壤集)』 권20, 「독상목단(獨賞牡丹)」.
63 정호(程顥), 『이정문집(二程文集)』 권1, 「춘일우성(春日偶成)」.
64 소옹(邵雍), 『황극경세서(皇極經世書)』 권14, 「관물외편(觀物外篇)」 하.
65 송단보(宋單父) : 당나라 때 모란〔牡丹〕재배로 유명했다. 자는 중유(仲孺), 낙양(洛陽) 사람이다. 유종원(柳宗元)은 그의 모란재배 기술을 칭찬했다.
66 유종원(柳宗元), 『유선생용성록(柳先生龍城錄)』 권하, 「송단보종목단(宋單父種牡丹)」.
67 요부(堯夫) : 소옹(邵雍)의 자이다.

문가(天門街)로 꽃구경을 나가고 싶어하였다. 이천이 사양하며 "평생 꽃
구경을 한 적이 없습니다."라고 말했다. 요부가 "그대는 무슨 걱정인가?
온갖 사물마다 모두 지극한 이치가 있으니 우리가 꽃을 구경하는 것은
평범한 사람들과는 다르다. 저절로 조화의 오묘함을 볼 수 있을 것이
다."라고 말했다. 이천이 "이와 같다면 선생을 따라 놀러 가고 싶습니
다."라고 하였다.[68]

　　소자(邵子)가 장돈(章惇)[69]에게 대답하여 말했다.[70] "뿌리를 보고 꽃의
품종과 색을 아는 것은 가장 높은 경지이고, 가지를 보고 꽃의 품종과
색을 아는 것은 그 다음이고, 꽃망울을 보고 꽃의 품종과 색을 아는 것
은 낮은 경지이다."[71] 이것으로 사대부가 사람을 알아보는 것에 비유하
면 마땅히 한미하고 빈천한 중에 인재를 구하는 것이다. 만약 그 명예가

---

68 『이정문집(二程文集)』 권상, 부록(附錄).
69 장돈(章惇, 1035~1106) : 송나라 건주(建州) 포성(浦城) 사람. 소주(蘇州)에 우거(寓居)했
　　고, 자는 자후(子厚)다. 박학하였고 문장을 잘하였다. 왕안석(王安石)이 그를 좋아하여
　　편수삼사조례관(編修三司條例官)을 삼았다. 철종이 그에게 추밀원사(樞密院事)를 맡도
　　록 하자, 유지(劉摯)와 소철(蘇轍)이 돌려가며 탄핵하였다. 고태후(高太后)가 죽자 상서좌
　　복야겸문하시랑(尙書左僕射兼門下侍郎)이 되어 자기 당파인 채경(蔡京)·채변(蔡卞) 등
　　소인을 등용하여 신법(新法)을 다시 사용하고 사마광(司馬光) 등 명현들을 배척하였다.
70 『동몽훈』에 의하면, 소옹이 위주(衛州)에 있을 때 상주태수(商州太守) 조랑중(趙郎中)이
　　장돈(章惇)과 동석할 자리를 마련하였는데, 장돈이 호걸로 자처하며 열변을 토하던 중
　　낙양에는 모란이 잘 자란다는 것을 언급하면서 낙양 사람인 소옹도 꽃에 대해 알고 있는지
　　묻자 대답한 내용이다.
71 여본중(呂本中), 『동몽훈(童蒙訓)』 권상.
　　여본중(呂本中, 1084~1145) : 본명은 대중(大中). 자는 거인(居仁), 호는 동래선생(東萊先
　　生). 원우(元祐) 연간(1086~1094)의 재상 여공저(呂公著)의 증손자이며, 여호문(呂好問)
　　의 아들이다. 선조의 덕택으로 관직에 들어섰지만, 신법(新法)·구법(舊法)의 당쟁에 말려
　　들어 여공저가 추방되자 역시 관직을 사임했다. 저서로 『동래선생시집(東萊先生詩集)』,
　　『강서시사종파도(江西詩社宗派圖)』, 『자미시화(紫微詩話)』 및 『동몽훈』 등이 있다.

뚜렷이 드러나기를 기다려서 비로소 칭찬하고 뽑아 쓸 줄 아는 것으로
는 사람을 알아본다고 말하기에 부족하다.

　두보(杜甫)[72]의 시에 "꽃과 버들은 스스로 사심이 없다."[73]라고 하였
다. 도읍으로 통하는 큰 고을로부터 심산유곡에 이르기까지, 궁궐〔禁苑〕
과 이름난 동산으로부터 대나무 울타리의 초옥에 이르기까지 봄의 온화
한 때를 맞이하여 어디를 간들 꽃과 버들이 없겠는가. 이것은 천지의 조
화가 지극히 공평함이다.

　두자미(杜子美)[74]의 나라가 파괴되고 도성이 황폐해진 것[75]에 대한 심
회는 꽃을 보고도 눈물을 흘리고 새소리를 듣고도 깜짝 놀란다.[76] 사람
의 마음은 슬프고 쓰라리면 좋아할 만하고 사랑할 만한 것을 보더라도
도리어 그 슬프고 쓰라림만 더해지는 것이다.

---

72 두보(杜甫, 712~770) : 자는 자미(子美), 호는 소릉(少陵). 중국 최고의 시인으로서 시성
　(詩聖)이라 불렸다. 벼슬은 검교공부원외랑(檢校工部員外郎)에 이르렀다. 이백(李白)과
　병칭하여 이두(李杜)라고 일컫는다.
73 두보(杜甫)의 시 「후유(後遊)」에 "강산은 기다리는 듯하고, 꽃과 버들은 또한 사심이 없도
　다〔江山如有待, 花柳更無私〕."라는 구절이 있다(『두소릉시집(杜少陵詩集)』 권9).
74 두자미(杜子美) : 두보(杜甫)의 자가 자미(子美)이다.
75 도성이 황폐해진 것 : 당시 장안은 안녹산의 난으로 피폐해졌는데, 두보는 안녹산의 난이
　일어난 지 2년째 되던 해에 장안에 머물러 있으면서 나라와 백성들의 고통을 「춘망(春望)」,
　「애강두(哀江頭)」, 「애왕손(哀王孫)」 등의 시로 묘사하였다. 안녹산의 난은 755년에서
　763년에 이르기까지 약 9년 동안 중국 당(唐)나라를 뒤흔든 반란으로 안녹산(安祿山)과
　사사명(史思明) 등이 주동이 되어 일으켰다.
76 두보의 시 「춘망(春望)」에 "나라는 망해도 산하(山河)는 그냥 있어, 장안(長安)에 봄이
　와서 초목이 우거졌다. 시세(時勢)를 슬퍼해 꽃에 눈물 뿌리고, 이별이 한스러워 새소리에
　놀란다〔國破山河在, 城春草木深. 感時花濺淚, 恨別鳥驚心〕."라는 구절이 있다(『두소릉
　시집(杜少陵詩集)』 권4).

7 　매화(梅花)

　　매화는 염제(炎帝)[77]의 경(經)에서 비롯되어 「열명(說命)」[78]의 서(書)와 「소남(召南)」[79]의 시(詩)에 등장한다. 그러나 기른 것은 모양 때문이 아니고 열매 맺게 한 것은 꽃 때문이 아니다. 남조와 북조의 여러 학자들에게 이르러서 음갱(陰鏗)[80] · 하손(何遜)[81] · 소자경(蘇子卿)[82]의 경우 시인의 풍류가 극진했다. 처음 어느 날 꽃의 향기가 천하에 퍼지고 당나라의 이백(李白)[83]과 두보(杜甫), 송나라의 황정견(黃庭堅)[84]과 소식(蘇

---

77 염제(炎帝) : 중국 고대 전설상의 제왕. 보통 신농씨(神農氏)라 불리며 농사짓는 법을 만들고 온갖 식물을 맛보아 약초를 정했다 하며 머리가 소머리처럼 생겼다 한다. 경(經)은 『신농본초(神農本草)』를 가리킨다. 신농씨가 각종 초목의 맛을 보며 온갖 질병에 대해 처방을 제시했는데, 후세에 이를 전승하여 『신농본초』라는 책을 만들었다고 한다(『사기(史記)』, 「삼황기(三皇紀)」;『통지(通志)』, 「삼황기(三皇紀)」).

78 열명(說命) : 『서경(書經)』, 「상서(商書)」의 편명(篇名)인데, 은(殷)나라 고종(高宗)이 꿈에 어진 사람을 보고서 그 형상을 그림으로 그려 그와 같은 사람을 찾던 결과 부암(傅巖)이란 곳에서 열(說)을 얻었다고 한다.

79 소남(召南) : 『시경(詩經)』, 「국풍(國風)」의 편명.

80 음갱(陰鏗) : 남조 진(陳)나라의 시인. 자는 자견(子堅). 사전(史傳)에 정통했고, 오언시를 잘 지어 당시 인정을 받았다. 양(梁)나라에서 벼슬해 상동왕법조참군(湘東王法曹參軍)을 지냈다. 진나라에 들어 시흥왕부중록사참군(始興王府中錄事參軍)에 오른 후 승진하여 진릉태수(晉陵太守)와 원외산기상시(員外散騎常侍)를 역임했다. 문집 3권이 있었는데, 지금은 없어졌다.

81 하손(何遜) : 남북조 때 남조 양(梁)나라의 시인. 자는 중언(仲言). 고을에서 수재(秀才)로 천거되어 수부낭중(水部郎中)을 역임했다. 시문을 잘 지었고, 문장은 유효작(劉孝綽)과 함께 인정을 받아 '하류(何劉)'로 불렸다. 설중매화(雪中梅花)를 읊은 동각(東閣) 시가 유명하다. 명나라 사람이 편집한 『하기실집(何記室集)』이 있다.

82 소자경(蘇子卿) : 한(漢)나라 소무(蘇武)의 자(字). 무제(武帝) 때에 중랑장(中郎將)으로 사신(使臣)이 되어 흉노(匈奴)에 가서 억류된 지 19년 만에야 풀려 돌아왔는데, 사신으로 갈 적에는 한창 나이였으나 돌아올 적에는 수발(鬚髮)이 다 희어졌다고 한다(『한서(漢書)』 권54).

軾)에 이르러 마침내 바람과 달과 꽃과 풀이 큰 맹세를 하는 데 주인이 되었다. 맨 앞에 복사꽃·오얏꽃·난초·혜초가 나와 손님자리 오른쪽에 자리하여 모두 매화의 둘레에 있으니 이때보다 융성한 적이 있지 않았다. 그러나 색이 더욱 빛날수록 쓸모는 더욱 적어지고 꽃이 더욱 날렵할수록 열매는 더욱 무디다. 매화가 처음에 입은 옷이 어찌 처음이라고 그렇게 시킨 것이겠는가. 앞에서 남긴 것을 지금 만난다고 하니 그것을 믿을 만하구나.[85]

『시경』에 "가래나무가 있고 매화나무가 있다〔有條有梅〕."[86]라고 하였는데, 모씨(毛氏)가 말하길 "매(梅)는 남(枏)[87]이다."라고 하였고, 육기(陸機)[88]가 말하길 "살구〔杏〕와 비슷하고 열매가 시다."라고 하여 꽃은 언급하지는 않았다. 옛날의 매화는 그 색과 향이 특이하여 반드시 후세와 같은 것은 아니겠지만 또한 알 수 없다. 대개 천지의 기는 오르고 내리며 변화하고 바뀌니 그 있는 곳이 일정하지 않은데 사물이 또한 그

---

83 이백(李白, 701~762) : 당나라 시선(詩仙). 자는 태백(太白), 호는 청련(靑蓮), 취선옹(醉仙翁).

84 황정견(黃庭堅, 1045~1105) : 북송 때의 시인. 자는 노직(魯直), 호는 산곡도인(山谷道人). 강서시파(江西詩派)의 대표 시인이다.

85 양만리(楊萬里), 『성재집(誠齋集)』 권80, 「조호화매시서(洮湖和梅詩序)」.

86 『시경』, 「국풍」, 〈진풍(秦風)〉, 종남산(終南山).

87 남(枏) : '楠', '柟'으로도 쓰는데, 매화나무 혹은 매실을 가리킨다. 『설문(說文)』의 단옥재(段玉裁) 주에 의하면 「소남(召南)」 등의 매(梅)는 신맛이 나는 열매〔매실〕를 말하고 진(秦)·진(陳)의 매(梅)는 매화나무〔楠樹〕라고 하여 구분하고 있다.

88 육기(陸機, 260~303) : 진(晉)대의 문장가. 자는 사형(士衡). 명문가 출신으로, 젊어서 아버지의 군대를 지휘하며 아문장(牙門將)이 되었으나 오나라가 멸망하자 고향으로 돌아가 학문에 전념하며 「변망론(辯亡論)」을 지었다. 혜제(惠帝) 때 팔왕(八王)의 난에 휘말려 죽임을 당했다. 저서에 『육사형집(陸士衡集)』 10권이 있다.

기를 따르므로 바뀐다. 옛날에 있던 것이 지금은 없거나, 혹은 옛날에 평범하던 것이 지금은 특이하거나 혹은 옛날에 특이하던 것이 지금은 평범하니 모두 일정하게 말하기 어렵다. 또한 고인의 제사에는 쑥을 태우고 울창주(鬱鬯酒)[89]를 따라 그 향을 취하였다. 그러나 지금 사람들의 쑥 덤불〔蕭艾〕과 울금(鬱金)이 무슨 향이 있겠는가? 대개 「이소(離騷)」[90]에서 이미 쑥 덤불은 악초(惡草)[91]라고 지적해서 말했다. 유성지(游成之)가 말하기를, "한 기운이 흙을 뭉쳐 그릇 만들 듯 하였는데 누가 단서(端緖)를 헤아리겠는가. 옛날에 없던 것이 지금 새로 나오지 않았으며, 옛날에 일찍이 보던 것이 뒤에 변하여 없어졌는지를 어찌 알겠는가."라고 하였다.[92]

월나라 사신이 매화가지 하나를 가지고 가서 양왕(梁王)에게 주니, 양왕의 신하인 한자(韓子)가 말하기를 "열국(列國)의 임금에게 매화 가지 하나를 주는 법이 어디 있느냐?"라고 하였다.[93] 매화로 소식을 부치는 것이 이것에서 시작되었다.

---

89 울창주(鬱鬯酒) : 고대에 제사를 지낼 때 쓰던 일종의 향주(香酒)인데, 이 술을 땅에 뿌려서 강신(降神)하게 한다.

90 「이소(離騷)」 : 「이소경(離騷經)」. 전국시대 초(楚) 회왕(懷王) 때 굴원(屈原)이 지은 부(賦). 굴원이 근상(靳尙)의 참소로 쫓겨난 후 임금을 그리워하는 정을 읊은 내용이다.

91 쑥 덤불은 악초 : "난초와 지초는 변하여 향기를 잃고, 전초와 혜초는 바뀌어 띠풀이 되었네. 어찌하여 옛날엔 향기롭던 이 풀들이 지금은 이처럼 쑥 덤불이 되었는가〔蘭芷變而不芳兮, 荃蕙化而爲茅. 何昔日之芳草兮, 今直爲此蕭艾也〕."라는 표현을 말한다(『초사(楚辭)』, 「이소경(離騷經)」).

92 송(宋) 나대경(羅大經), 『계림옥로(鶴林玉露)』 권4.

93 유향, 『설원』 권12, 「봉사편(奉使篇)」.

국화(菊花)

무릇 꽃은 봄에 무성하고 열매는 가을에 익으니, 그 뿌리와 지엽도 모두 그러하지 않음이 없다. 그러나 국화는 유독 가을에 꽃이 피니 바람과 서리에 더욱 무성하여 낙엽이 떨어지는 시기에 꽃의 빛깔과 향기와 자태를 더하여 섬세하고 미묘하며 한가로운 아취(雅趣)가 있어 심산유곡의 편안하고 고요한 즐거움이라 할 만하다. 그렇다면 옛사람이 그 향기를 취하여 덕에 비유하고 세한(歲寒)의 지조에 짝하는 것이 어찌 우연히 그런 것일 뿐이겠는가?[94]

세월은 저물어 가니 초목은 변하여 쇠락하나 이에 홀로 찬란하게 향기를 내뿜으니 풍상도 눈 흘긴다. 이것은 숨어 사는 사람, 은사의 지조이다. 비록 적막하고 쓸쓸하지만 도가 살찌는 맛이니 그 즐거움을 바꾸지 않을 것이다. 신농씨(神農氏)는 국화로 양생의 으뜸가는 약을 만들었으며, 남양 사람은 그 못의 물을 마시고 모두 백세를 누렸다. 사람으로 하여금 그 해에 무언가 할 수 있게 한다면 명의(名醫)가 백성을 돕는 일은 역시 이와 같았을 것이다. 국화는 군자의 도에 대해 진실로 취미(臭味)가 있도다.[95]

높다랗게 달려 있는 둥근 꽃은 천극(天極)[96]을 본받은 것이고, 순수한

---

94 『광군방보(廣羣芳譜)』 권49, 「화보(花譜)」, 〈국화(菊花)〉 2.
95 송(宋) 범성대(范成大), 『범촌국보(範村菊譜)』.
96 천극(天極) : 하늘의 남북(南北) 양극(兩極), 북극성(北極星), 전하여 임금을 가리키기도 한다.

황색(黃色)으로 다른 색이 섞이지 않은 것은 후토(后土 : 토지신)의 색이
며, 일찍 심어 늦게 피는 것은 군자의 덕이며, 서리를 무릅쓰고 꽃을 피
우는 것은 굳세고 곧은 기상이며, 술잔 안에 꽃잎이 떠 있으니 신선이
마시는 것이다.[97]

굳센 마음을 얻음은 동쪽 울 밑의 국화[98]와 닮았고, 죽음에 이르도록
향기를 탐함은 묵은 가지를 그리워하는 것이다.

---

97 종회(鍾會), 「국부(菊賦)」 ; 『예문유취(藝文類聚)』 권81, 「초부(草部)」 상, 〈국(菊)〉.
98 동쪽 울 밑의 국화 : 진(晉)나라 도연명(陶淵明)의 시 「음주(飮酒)」에서 "동쪽 울 밑에서
국화를 따다가 유연히 남쪽 산을 바라보네〔採菊東籬下 悠然見南山〕."라고 하여 국화를
표현한 말이다.

주렴계(周濂溪)의 「애련설(愛蓮說)」에 "진흙 속에서 나왔지만 진흙에 물들지 않고, 맑은 잔물결에 씻겨도 요염하지 않으며, 줄기 속은 텅 비어 통하고 겉은 곧으며, 덩굴도 가지도 뻗지 않고, 향기는 멀수록 더욱 맑고, 우뚝이 깨끗하게 서 있어, 멀리서 바라볼 수만 있고 가까이 가서 가지고 놀 수 없음을 사랑하노라. 나는 연꽃을 군자라고 이르노니, 연꽃을 사랑함이 나와 같은 자가 누구인가?"라고 하였다.

진(晉)나라 혜원법사(慧遠法師)[99]는 여산(廬山)에 살았는데, 백련화(白蓮花)가 있었다. 도잠(陶潛) 등 18인과 함께 서방(西方)의 정업(淨業)을 닦기로 서원(誓願)하고 이름을 백련사(白蓮社)[100]라 하였다.[101]

---

99 혜원(慧遠) : 동진(東晉) 때의 승려. 염불결사(念佛結社)인 백련사(白蓮社)의 개조로, 속성(俗姓)은 가(賈), 여산(廬山)에 살았기 때문에 여산혜원(廬山慧遠)이라 하여 수나라 때 지론종(地論宗)의 학장(學匠)인 정영사(淨影寺)의 혜원과 구별하고 있다. 장안(長安)에 온 구마라습(鳩摩羅什)과 불교 교의에 대하여 문답하고, 불자는 제왕을 예배할 필요가 없다고 주장하여 『사문불경왕자론(沙門不敬王者論)』을 저술했다. 또 승가데바(僧伽提婆)에게 청하여 『아비담심론(阿毘曇心論)』과 『삼법도론(三法度論)』을 다시 번역케 하고, 담마류지(曇摩流支)로 하여금 『십송율(十誦律)』을 완역하게 하는 등 중국 불교를 학문적으로 확립했다.

100 백련사(白蓮社) : 승속 합작(僧俗合作)의 단체 이름으로, 동진(東晉) 때 여산(廬山) 동림사(東林寺)의 고승(高僧) 혜원법사(慧遠法師)가 당대의 명유(名儒)인 도잠(陶潛)·육수정(陸修靜) 등을 초청하여 승속(僧俗)이 함께 염불 수행을 목적으로 백련사를 결성하고 서로 왕래하며 친밀하게 지냈던 데서 온 말로, 즉 동림사에 백련이 많았기 때문에 붙여진 이름이다(『양고승전(梁高僧傳)』권6).

101 『고금사문유취후집(古今事文類聚後集)』권32, 「화훼부(花卉部)」, 〈백련사(白蓮社)〉 ; 『승사략(僧史畧)』하.

10 과(果)

대나무 무성하고 신령한 과실은 들쭉날쭉하다. 장공(張公)이 심었던 대곡(大谷)[102]의 배, 양후(陽侯)가 심었던 오비(烏椑)의 감, 주 문왕(文王)이 심었던 약지(弱枝)의 대추, 방릉(房陵) 주중(朱仲)의 오얏이 심겨 있지 않은 곳이 없다.[103] 삼도(三桃)는 앵도(櫻桃)·호도(胡桃)의 다른 종류를 나타낸다.[104] 두 사과〔林檎 : 능금〕는 붉고 흰 빛을 발하네, 석류와 포도의 진귀함 그 곁에 그득그득 쌓여 있다. 매화·살구·앵도〔郁棣, 郁李 : 산앵도〕의 종류 번성하고 영화로워 화려하게 장식한다. 꽃과 열매가 난만히 비추니 말로는 다할 수 없다.[105]

....

102 대곡(大谷) : 낙양(洛陽) 남쪽에 있는 골짜기 이름으로 맛 좋은 배의 생산지로 전해지는 곳이다.

103 방릉(房陵)은 호북성(湖北省)에 있는 현의 이름이다. 『술이기(述異記)』에 "방릉현 정산(定山) 주중(朱仲)의 집에 남색 오얏이 있는데, 전대에 보기 드문 기물(奇物)이었다."라고 하였다.

104 삼도(三桃)는 후도(候桃)·앵도(櫻桃)·호도(胡桃)를 말하는데, 반악(潘岳)의 한거부(閑居賦)에 "삼도는 앵도와 호도의 다른 종류를 나타낸다."라고 하였다. 반악은 진(晉)나라 사람으로 일찍이 하양(河陽)의 원이 되어 곳곳에 복숭아를 심었다고 한다(『진서(晉書)』, 「전(傳)」).

105 『문선(文選)』 권16, 반안인(潘安仁), 「한거부(閑居賦)」.
반악(潘岳, 247~300) : 서진(西晉) 형양(滎陽) 중모(中牟) 사람. 자는 안인(安仁). 50세 때인 혜제(惠帝) 6년에 모친의 병으로 벼슬을 그만두었다. 이때 「한거부(閑居賦)」를 지었는데, 『예기(禮記)』의 편명인 〈중니한거(仲尼閑居)〉의 의의를 취하여 지었으며, 대체로 세상일을 전혀 간섭하지 않고 조용히 지내는 것을 주로 삼았다. 젊어서는 용모가 아주 준수하였는데 서른두 살의 나이에 귀밑머리가 하얗게 세었다. 이에 느낀 바가 있어서 「추흥부(秋興賦)」를 읊었다. 문학적 재능이 뛰어나 당시의 권세가 가밀(賈謐)의 문객들 '24우(友)' 가운데의 제1인자였으며, 육기(陸機, 261~303)와 함께 서진문학의 대표적 작가로 병칭되었다. 「서정부(西征賦)」와 「금곡집시(金谷集詩)」, 「추흥부(秋興賦)」 등이 유명하다. 저서에 『반황문집(潘黃門集)』이 있다.

온갖 과일이 껍질을 벗으니[106] 서로 다른 색이 다 같이 영화롭다. 붉은 앵두나무〔櫻〕는 봄을 따르고 흰 능금〔柰〕은 여름을 이룬다. 만약 서늘한 바람이 매섭고 흰 이슬〔白露〕이 엉기고 무서리〔微霜〕가 맺히면 자리(紫梨)[107]는 물기를 머금고 개암나무〔槧 : 진(榛)〕·밤나무는 갈라져 벌어진다. 포도(葡萄)는 어지러이 무너지고 석류(石榴)는 다투어 벌어진다. 과실이 잘 익어 저절로 떨어지니 물씬물씬 풍기는 향내가 강렬하다.[108]

---

106 껍질을 벗으니 : 갑탁(甲坼)·갑택(甲宅)으로도 쓴다. 초목이 발아할 때 씨의 껍질이 갈라져 벌어지는 것을 말한다.

107 자리(紫梨) : 천 년에 한 번 꽃 피어 열매를 맺는다는 배의 이름으로, 노자(老子)가 서쪽으로 유람할 적에 요지(瑤池)로 서왕모를 찾아가 그 소녀(小女)인 태진(太眞)과 자리를 함께 먹었다는 전설이 있다(『별국동명기(別國洞冥記)』권2 ; 『예문유취(藝文類聚)』권86, 「과부(果部)」상).

108 『문선(文選)』권4, 좌사(左思), 「촉도부(蜀都賦)」.

「촉도부(蜀都賦)」: 위(魏)·촉한(蜀漢)·오(吳) 세 나라 도읍의 번화 상을 부의 형식으로 묘사한 작품인 「삼도부(三都賦)」중 하나이다.

좌사(左思) : 중국 서진(西晉)의 시인. 자는 태충(太沖). 여동생이 궁중에 여관(女官)으로 들어갔기 때문에 도읍 낙양(洛陽)으로 나와 10년 동안 구상하여 「삼도부(三都賦)」를 지었는데 처음에는 사람들이 알아주지 않다가 당대의 문사 황보밀(皇甫謐)이 감탄하여 서문을 써 주고 당시 문단의 영수였던 장화(張華)에게 절찬받게 되어 일약 유명해졌다. 낙양의 지식인들이 다투어 베끼는 바람에 낙양의 종이 값이 올랐다고 한다(『진서(晉書)』권92, 「문원열전좌사(文苑列傳左思)」).

11 **귤감**(橘柑)

산사(山楂)[109]의 달고 신 맛은 각기 효능이 있지만 남포(南苞)[110] 석공 (錫貢)[111]에 함께 올리지 못하니 과일 중에도 또한 탄식함이 없겠는가.

안자(晏子)[112]가 초나라로 사신을 가니 초왕이 귤을 내놓았다. 안자가 껍질을 벗기지 않고 통째로 먹었다. 왕이 물었다. "귤은 마땅히 껍질을 벗겨서 먹어야 한다." 안자가 대답했다. "임금이 내려주신 것은 참외나 복숭아도 껍질을 깎지 않고 먹으니, 신이 껍질을 벗기지 않은 것은 알지 못해서가 아닙니다."[113]

---

109 산사(山楂) : 본문에는 사귤(楂橘)로 되어 있는데, 산사를 가리키는 것으로 보인다. 산사 라는 이름은 열매가 사과 맛이 나고 색이 붉어 작은 사과와 같아서 붙여진 이름이다. 산사 열매는 산의 풀숲에서 자라고 원숭이와 쥐가 잘 먹기 때문에 원숭이 후(猴)나 쥐 서(鼠)를 붙여서 후사·서사라고도 한다. 또한 산사의 모양이 붉은 대추와 비슷하기 때문에 적조자(赤棗子)라 부르기도 하였다.

110 남포(南苞) : 알 수 없음.

111 석공(錫貢) : 때가 되면 일정하게 바치는 공물과는 다르게 천자(天子)의 명에 따라 수시 로 물품을 진공(進貢)하는 것을 말한다. 『서경』, 「우공(禹貢)」에 "귤과 유자는 싸 두었다 가 천자가 바치라 하면 바친다〔厥包橘柚錫貢〕."라는 말이 나온다.

112 안자(晏子) : 춘추시대 제(齊)나라 정치인. 이름은 영(嬰), 자는 평중(平仲). 관중(管仲) 과 함께 명재상으로 이름을 떨쳤다

113 『설원(說苑)』, 「봉사(奉使)」 14, 〈경다신식(更多訊息.)〉.

12   오이〔瓜〕, 여지(荔枝), 앵도(櫻桃), 배〔李〕, 모과〔木瓜〕

용의 발굽, 네 발 짐승의 발바닥, 양의 뼈, 토끼의 대가리는 모두 오이의 별칭에 속한다.

양(梁)나라 변정(邊亭)과 초나라 변정이 다 오이를 심었다. 양나라 변정 사람들은 부지런히 자주 물을 주어 오이가 잘 자랐고, 초나라 사람들은 물을 잘 안 주니 오이가 잘 자라지 못했다. 초나라 사람들이 밤에 슬그머니 양나라 변정의 오이를 비틀어 버리니 양나라 대부 송취(宋就)는 사람을 시켜 밤에 슬그머니 초나라 변정에 오이에 물을 주게 하였다. 초의 현령이 매우 기뻐하여 들은 것을 갖추어 초왕에게 아뢰니 이에 중한 폐물로 사례했다. 그러므로 양나라와 초나라의 물대기는 송취로부터 비롯된 것이다.[114]

송나라 인종(仁宗)[115]이 하루는 생 여지(荔枝)가 생각이 났는데 근시(近侍)가 사오기를 청하자 임금이 말하기를 "안 된다. 만약 사게 되면 내년에는 반드시 상납하는 수가 늘어날 것이니 백성에게 끊임없이 화를 미치게 될 것이다."라고 하였다.[116]

---

114 가의(賈誼), 『신서(新書)』 권7, 「퇴양(退讓)」.
115 인종(仁宗) : 송나라 제4대 황제(재위 1022~1063). 이름은 조정(趙禎, 1010~1063).
116 송(宋) 유덕린(俞德鄰), 『패위재집(佩韋齋集)』 권17, 「집문(輯聞)」.
　　　유덕린(俞德鄰) : 자는 종태(宗太). 함순(咸淳) 연간에 진사가 되었고 문장으로써 명망이 높았다. 원나라 군사에 의해 인질로 잡혔다가 무사히 풀려났다. 행성(行省)의 부름에 나가지 않고 임원(林園)에서 은거했다. 강상(綱常)에 관한 시를 많이 지었다. 저서에 『패위재집(佩韋齋集)』이 있다.

한나라 혜제(惠帝)[117]가 이궁(離宮)으로 나갔는데 숙손통(叔孫通)[118]이 말했다. "옛날에 봄에 과일을 천신(薦新)[119]하였는데, 지금 앵도가 익었으니 올릴 만하다." 종묘에 과일을 올리는 것이 이로부터 시작되었다.[120]

당나라 최원(崔遠)은 문재(文才)가 맑고 고우며 풍채가 준수하고 단아하여, 사람들은 놓아 두기만 하고 먹지 않는 배[121]라 하였으니 여러 사람이 모인 자리에서 보배로 여겨졌음을 말한다.[122]

모과시에 말했다. "오래전 신농(神農)의 약품에 들어 있었는데, 일찍이 공자는 싸서 가지고 가는 예[123]를 보았다."[124]

---

117 혜제(惠帝, 재위 기원전 195~기원전 188) : 전한(前漢)의 제2대 황제. 이름은 유영(劉盈, 기원전 210~기원전 188). 한 고조(高祖) 유방(劉邦)의 차남. 어머니 고황후(高皇后) 여씨(呂氏)의 그늘에 가려 불운한 황제로 지냈다.

118 숙손통(叔孫通) : 한(漢)의 초기에 국가의 의례를 제정한 유학자. 숙손은 성이고 통은 이름이다. 전한 때 노(魯)나라 설(薛) 땅 사람. 처음에는 진(秦)나라 2세황제(二世皇帝)를 섬겨 박사(博士)를 지내다가 고향에 돌아와 항량(項梁)과 항우(項羽)를 섬겼다. 나중에 다시 유방(劉邦)을 따라 박사가 되고, 직사군(稷嗣君)으로 불렸다. 태상(太常)에 임명되었고, 종묘의법(宗廟儀法)을 제정했다.

119 천신(薦新) : 새로 나는 물건을 먼저 신위(神位)에 올리는 것. 『예기(禮記)』, 「월령(月令)」, 중하지월장(仲夏之月章) 중춘(仲春 : 2월)의 달에 "함도를 올리면 먼저 종묘에 천신(薦新)한다〔羞以含桃 先薦寢廟〕."라는 말이 나온다.

120 『사기(史記)』, 「숙손통열전(叔孫通列傳)」;『한서(漢書)』, 「숙손전(叔孫傳)」.

121 놓아 두기만 하고 먹지 않는 배 : 정좌리(釘座梨) 또는 정좌리(釘坐梨)라고 하는데, 진귀(珍貴)함을 뜻한다.

122 『구당서(舊唐書)』 권177, 「최공(崔珙)」.

123 싸서 가지고 가는 예 : 포저(苞苴)를 말하는데, 물건을 싸는 것과 물건 밑에 까는 것이라는 뜻으로 증정(贈呈)하는 물건 또는 뇌물로 보내는 물건을 이르던 말이다. 『시경』, 「위풍(衛風)」, 〈모과(木瓜)〉에 "나에게 모과를 따 주었는데 내가 경거(瓊居)로 갚았네. 보

13 **채(菜)**

공자가 진(陳)나라와 채(蔡)나라 사이에서 곤궁한 처지에 있을 때 안
자(顔子)는 나물을 캤다.[125]

공의휴(公儀休)[126]가 노나라 재상이 되었을 때 채소를 뽑아서 버리고
백성들과 이익을 다투지 않았다.[127]

명나라 왕질(王質)[128]은 청렴하고 지조가 있다고 이름났는데 촉(蜀)
땅에 있으면서 오직 나물만 먹었으므로 사람들이 왕청채(王靑菜)라 불
렀다.[129]

곽임종(郭林宗)은 벗을 만나면 밤에 비를 무릅쓰고 부추를 솎았다.[130]

답하려는 것이 아니라 길이 잘 지내자고 해서이네〔我以木瓜 報之以瓊琚 匪報也 永以爲
好也〕.”라는 구절이 있다. 모전(毛傳)에 “공자가 말씀하시길, ‘나는 「모과」에서 싸서 가
지고 가는 예를 보았다.’〔孔子曰吾於木瓜見苞苴之禮行〕.”라고 하였는데, 과실을 상대
방에게 줄 때에는 반드시 싸서 주는 것이 예라고 한다.

124 『어정패문재광군방보(御定佩文齋廣羣芳譜)』 권58, 구준(丘濬), 「사송모과(謝送木瓜)」.

125 『장자(莊子)』, 「잡편(雜篇)」, 〈양왕(讓王)〉.

126 공의휴(公儀休) : 전국(戰國)시대 노나라 목공(穆公)의 신하.

127 『사기(史記)』, 「순리열전(循吏列傳)」.

128 왕질(王質) : 명나라 봉양부(鳳陽府) 태화(太和) 사람. 자는 몽근(夢瑾). 관직은 형부상서
(刑部尙書)까지 올랐다. 관아에 있을 때도 푸른 채소만 먹어 왕청채(王靑菜)라는 별칭이
생겼다고 한다.

129 명(明) 이현(李賢), 『고양집(古穰集)』 권29, 「잡록(雜錄)」.

130 『곽임종별전(郭林宗別傳)』.

나대경(羅大經)[131]이 말했다. "서산(西山) 황정견(黃庭堅)[132]이 백성에게 이 색[133]이 있어서는 안 된다고 논하였는데, 내 생각에 백성에게 이 색이 있지만 정록사대부(正綠士大夫)는 이 맛을 알지 못한다. 하나의 명(命)이 임금으로부터 공경(公卿)에게까지 이른다면 모두 나물 뿌리를 씹는 사람이 얻을 것이니 마땅히 반드시 그 직분의 소재를 알아야만 한다. 백성이 어찌 먹고 마실 것이 없음을 근심하겠는가."[134]

적청(狄靑)[135]이 진정(眞定) 지역의 부장이 되어 매번 연회를 베풀면 유역(劉易)[136]은 기쁘게 먹었지만 고마채(苦馬菜)[137]가 없으면 바로 소리치고 화를 냈다. 성 주변에 자라지 않아 적청은 내군(內郡)에서 구하였는데 연회 뒤에는 하루 종일 모으러 다녔다. 오직 이 나물만 먹게 되니 유역도 견딜 수 없어 비로소 평소에 먹는 반찬을 달라고 말했다. 사람들

---

131 나대경(羅大經) : 남송 길주(吉州) 여릉(廬陵) 사람. 자는 경륜(景綸). 영종(寧宗) 가정(嘉定) 연간에 태학생이 되었다. 이종(理宗) 보경(寶慶) 2년(1226)에 진사(進士)가 되고, 용주(容州)의 법조연(法曹掾)과 무주군사추관(撫州軍事推官)을 역임했지만 탄핵으로 파직되었다. 주자의 제자이며, 저서에 『학림옥로(鶴林玉露)』 16권이 있다.
132 『학림옥로』에는 "眞西山論菜云"으로 되어 있다.
133 이 색〔此色〕: 채(菜)의 색을 말하는 것으로 푸른 빛(녹색)을 의미한다.
134 나대경(羅大經), 『학림옥로(鶴林玉露)』 권9.
135 적청(狄靑) : 북송(北宋) 인종(仁宗)의 장수. 자는 한신(漢臣), 시호는 무양(武襄). 평민 출신으로 용맹과 지략을 갖추어 추밀사까지 올랐으나 구양수(歐陽脩) 등의 탄핵을 받아 판진주(判陳州)로 좌천되었다.
136 유역(劉易) : 송나라 때 흔주(忻州) 사람. 박학(博學)했고, 병법(兵法)에 대해 논하기를 좋아했다. 한기(韓琦)가 정주(定州)를 맡자 자신이 지은 『춘추론(春秋論)』을 바쳐 태학조교(太學助敎)와 병주주학설서(幷州州學說書)에 임명되었지만 나가지 않았다. 조변(趙抃)이 다시 그의 행의(行誼)를 추천하여 퇴안처사(退安處士)라는 호가 내려졌다
137 고마채(苦馬菜) : 백룡두(白龍頭)·고개채(苦芥菜)라고도 하는데 쓴맛이 나는 풀로, 우리나라에서는 씀바귀·고들빼기라고 부른다.

은 적청이 유역을 잘 다룬다고 하였다.

장영(張詠)[138]이 숭양(崇陽) 성문 아래에 앉아 있다가 마을 사람이 나
물을 지고 가는 것을 보았다. 어디서 난 것인지 물었는데 시장에서 사오
는 것이라고 하였다. 장영이 화를 내며 말했다. "그대는 시골에 살면서
스스로 씨앗을 뿌려 키워서 먹어야 하지 않는가? 얼마나 게으른 것이
냐?" 매를 때려 보냈다.[139]

송나라 태종(太宗)[140]이 소이간(蘇易簡)[141]에게 "먹을 수 있는 것 중에
무엇이 가장 진미인가?"라고 물었다. 소이간이 대답했다. "어떤 것도 정
해진 맛이 있는 것이 없으니 다만 입에 맞는 것이 가장 맛있는 것입니
다. 신은 일찍이 술을 마음껏 마셨더니 한밤중에 갑자기 목이 타서 덜
녹은 눈〔雪〕 속에 덮여 있는 절인 채소 동이를 열어 연달아 몇 가닥을
먹고 나서, 스스로 생각하기에 신선(神仙)의 주방(廚房)에만 있다는 난

---

138 장영(張詠, 946~1015) : 송나라 복주(濮州) 사람. 호는 괴애(乖崖), 자는 복지(復之),
　　시호는 충정(忠定). 급제 후 악주숭양현(鄂州崇陽縣)・승주(昇州)・진주(陳州) 등을 다
　　스렸다. 지방관으로 있으면서 최초의 관방지폐(官方紙幣)를 발행했다.
139 장영(張詠), 『장괴애집(張乖崖集)』 하.
140 태종(太宗) : 북송(北宋)의 제2대 황제(재위 976~997). 이름은 조경(趙炅, 939~997). 22
　　년 동안 재위하면서 중앙집권을 강화하고 절도사(節度使)가 지배하고 있던 지군(支郡)을
　　환수했으며, 과거(科擧) 제도를 확대하고 숭문원(崇文院)을 건설하는 한편, 『태평어람(太
　　平御覽)』 등의 서적을 편찬했다.
141 소이간(蘇易簡, 958~996) : 송 태종 때의 한림학사(翰林學士). 자는 태간(太簡). 문장으
　　로 이름을 떨쳤다. 서법가로도 유명하여 소순흠(蘇舜欽)・소순원(蘇舜元)과 함께 동산삼
　　소(銅山三蘇)로 일컬어진다. 평소 술을 즐겼는데 지나치게 술을 즐기다 탄핵을 당하고
　　마침내 술로 인해 세상을 떠났다. 저서에 『문방사보(文房四寶)』, 『속한림지(續翰林志)』,
　　『가모본란정(家摹本蘭亭)』 등이 있다.

조의 포〔鸞脯〕와 봉황의 태〔鳳胎〕의 맛도 여기에는 미칠 수 없을 것 같았습니다." 임금이 웃으며 그렇다고 하였다.[142]

위징(魏徵)[143]은 초근(醋芹 : 미나리 발효식초)을 즐겨 석 잔을 마셨다. 당나라 태종(太宗)[144]이 말하기를 "경은 좋아하는 것이 없다고 하더니 이제 그것을 알겠구나." 공이 말하길 "임금은 무위하기 때문에 좋아하는 바가 없지만 신은 일을 만들어 종사하니 오직 이 거두어들인 물건에 치우쳐있을 뿐입니다."라고 하였다.[145]

채소 중에 좋은 것은 곤륜(崑崙)의 빈(蘋), 오래 사는 나무의 꽃, 적목(赤木)의 잎과 구구(具區)[146]의 청(菁)이다.[147]

송우(宋宇)가 채소 서른 품목을 심었는데, 제때에 비가 내린 뒤 채마

---

142 남송(南宋) 강소우(江少虞), 『사실유원(事實類苑)』 권15.
143 위징(魏徵, 580~643) : 당(唐) 태종(太宗) 때의 명신(名臣). 자는 원성(元成), 시호는 문정(文貞), 봉호(封號)는 정국공(鄭國公). 요직을 역임하였고 재상을 지냈으며 직간(直諫)으로 유명했다. 주(周)·수·오대(五代) 등의 정사편찬과 『유례(類禮)』, 『군서치요(群書治要)』 등의 편찬에 큰 공헌을 하였다.
144 태종(太宗) : 당나라의 제2대 황제(재위 626~649). 이름은 이세민(李世民, 598~649). 재위 23년 간을 '정관지치(貞觀之治)'라고 부르는데, 중국 역사에서 유례를 찾아보기 힘든 선정(善政)과 태평성대를 누렸던 시기였다. 중국 황제의 모범으로 칭송받았으나, 말년에는 고구려 원정의 실패 등으로 정권이 동요됐다.
145 유종원(柳宗元), 『용성록(龍城錄)』 권상, 「위징기초근(魏徵嗜醋芹)」, "侍臣曰 : 魏徵嗜醋芹, 每食之欣然稱快, 此見其眞態也. 明旦召賜食, 有醋芹三盂, 公見之欣喜翼然, 食未竟而芹已盡. 太宗笑曰 : 卿謂無所好, 今朕見之矣. 公拜謝曰 : 君無爲, 故無所好, 臣執作從事, 獨僻此收斂物."
146 구구(具區) : 중국 월(越)나라에 위치한 태호(太湖)를 달리 이른 말이다.
147 『여씨춘추(呂氏春秋)』, 「효행람(孝行覽)」, 〈본미(本味)〉.

밭을 돌아보면서 말했다. "이것은 솥과 도마를 돕는 것이다."[148]

148 풍지(馮贄), 『운선잡기(雲仙雜記)』 권3.
    『운선잡기(雲仙雜記)』: 당나라 풍지(馮贄)가 찬한 것으로 총 10권이며, 고금의 일사(逸事)를 두루 수록하고 있다.

육우(陸羽)[149]의 『다경(茶經)』[150]은 건안(建安)의 생산품은 들지 못했고, 정위(丁謂)[151]의 다법(茶法)은 단지 차를 채취하여 만드는 방법의 근본만 논했다.[152]

왕몽(王濛)[153]은 차를 좋아하여 사람이 지나가면 번번이 마시게 했다. 사대부들이 매우 괴롭게 여겨 매번 왕몽이 차 시중을 들려 하면 반드시 "오늘은 수액(水厄)이 있겠구나."라고 말하였다.[154]

송나라 장영(張詠)이 숭양(崇陽)을 다스릴 때 백성들이 차로 생업을 삼는 것을 보았다. 장영이 말하기를 "차는 이익이 넉넉하니 관가에서 그

---

149 육우(陸羽, 733~804) : 당나라 은사(隱士). 자는 홍점(鴻漸), 호는 상저옹(桑苧翁), 동강자(東岡子) 등이다. 차를 즐겨 『다경(茶經)』 3편을 지어 천하의 다풍(茶風)을 일으켜 후인들에게 다신(茶神)·다성(茶聖)·다선(茶仙)으로 일컬어진다.

150 『다경(茶經)』 : 육우(陸羽)가 지은 다도(茶道)의 고전으로 760년경에 간행되었다. 모두 3권으로 상권은 차의 기원 및 차를 만드는 법과 그 도구, 중권은 다기(茶器), 하권은 차를 끓이는 법과 마시는 법 그리고 산지와 문헌 등을 기록하고 있다.

151 정위(丁謂, 962~1033) : 송나라 장주(長州) 사람. 자는 위지(謂之)였는데, 뒤에 공언(公言)으로 고쳤다. 상서좌복야(尚書左僕射)와 동중서문하평장사(同中書門下平章事)를 지내고, 진국공(晉國公)에 봉해졌다. 지모가 뛰어났지만 아주 교활하여 인종(仁宗) 때 내시 뇌윤공(雷允恭)과 결탁하여 임금을 속인 죄가 드러나 유배되었다. 시 짓기를 좋아했고, 도화(圖畵)나 박혁(博奕), 음률에도 정통했다.

152 채양(蔡襄), 『다록(茶錄)』.

153 왕몽(王濛, 309~347) : 동진(東晉)의 명사(名士). 자는 중조(仲祖). 외척(外戚)으로 회계왕(會稽王) 사마욱(司馬昱)의 정치를 도왔다. 벼슬은 사도좌장사(司徒左長史)를 지냈다.

154 『태평어람(太平御覽)』에 인용된 『세설신어(世說新語)』 일문(佚文), "王濛好飮茶, 人至輒命飮之. 士大夫皆患之, 每欲往候, 必云今日有水厄."

것을 취할 것이다."라 하고 차를 뽑아 버리라고 명했다.[155]

이계경(李季卿)이 육우(陸羽)를 불러 차를 끓이게 하고 돈 30문(文)을 주고 사려 하니 육우가 부끄럽게 여기고 다시 「훼다론(毀茶論)」을 지었다.[156]

구준(丘濬)이 말했다. "백성은 오곡을 바탕으로 먹고 사는데, 음식을 내려보내는 것은 소금이고 그 음식을 소화시키는 것은 차이다. 이미 그 음식에 세금을 매기고 또 그 음식을 내려보내는 도구에 세금을 부과하고 그 음식을 소화시키는 것에도 세금을 부과하니 백성은 또한 불행히도 당송의 세상에 태어난 것이다."[157]

옛날에는 다(茶)자가 없었고 단지 도(荼)자만 있었는데 중당(中唐)시대 육우(陸羽)의 『다경(茶經)』에서부터 처음으로 도(荼)가 변하여 다(茶)가 되었다. 도(荼)는 쓴 나물이다. 도명(荼茗)[158]의 도(荼)는 육경에는 보이지 않는다. 왕포(王褒)[159]의 「동약(僮約)」[160]에 양무(陽武)에 가서 차

---

155 진사도(陳師道), 『후산총담(後山叢談)』.
156 『신당서(新唐書)』187, 「열전(列傳)」121, 〈육우전(陸羽傳)〉, "禦史大夫李季卿宣慰江南, 次臨淮, 知伯熊善煮茶, 召之, 伯熊執器前, 季卿爲再擧杯. 至江南, 又有薦羽者, 召之, 羽衣野服, 挈具而入, 季卿不爲禮, 羽愧之, 更著「毀茶論」."
157 구준(丘濬), 『대학연의보(大學衍義補)』 권29.
158 도명(荼茗): 『이아』, 곽박(郭璞) 주(注)에 "빨리 따는 것을 도(荼)라 하고 늦게 따는 것을 명(茗)이라 한다〔今呼早採者爲茶, 晚取者爲茗〕."라고 하였다.
159 왕포(王褒): 남북조시대 북주(北周) 사람. 자는 자연(子淵). 사전(史傳)을 두루 읽었고, 글을 잘 지었다. 양(梁)나라에서 비서랑(秘書郎)을 지냈고, 궁정시인으로 시를 많이 지었으며, 나라가 망한 뒤에는 망국의 슬픔을 시에 담았다.
160 「동약(僮約)」: 전한(前漢) 시기 왕포가 작성한 노비매매문서. 차를 달이고 산 내용이

를 샀다고 했고, 진(晉)나라 온교(溫嶠)[161]가 표를 올려 다명(茶茗)을 바
쳤으니 대개 진(秦)나라 사람이 촉(蜀)을 취한 뒤부터 비로소 차를 마시
는 일이 있게 되었다.[162]

　기모경(棊母㷡)은 차의 해로움을 논하여 말했다. "막힌 것을 풀어 주
고 뭉친 것을 삭히니 하루에 이로움이 잠깐 좋다. 그러나 원기(元氣)를
여위게 하고 정기(精氣)를 침해하니 평생의 해로움은 크다."[163]

　채군모(蔡君謨)[164]가 차 끓이는 법을 바치자 구양자(歐陽子)[165]가 말하
기를 "군모(君謨) 자네는 선비인데 어찌하여 이런 일까지 하게 되었는
가?"라고 하였다.[166]

　빈주(賓主)의 예를 차려 놓고 차가 아니면 교류하지 않았으니 사가(私

　　수록되어 있다.
161　온교(溫嶠) : 진나라 장수, 자는 태진(太眞).
162　고염무(顧炎武), 『일지록(日知錄)』 권7, 「다(茶)」, "苦茶不見於詩禮, 而王褒僮約云陽武
　　買茶, 張載登成都白菟樓, 詩云芳茶冠六, 淸孫楚詩云薑桂茶荈出巴蜀, 本草衍義, 晉溫
　　嶠上表貢茶千斤茗三百斤, 是知自秦人取蜀而後始有茗飮之事."
163　고염무(顧炎武), 『일지록(日知錄)』 권7, 「다(茶)」.
164　채군모(蔡君謨) : 채양(蔡襄, 1012~1067)의 자가 군모(君謨)이다.
165　구양자(歐陽子) : 송(宋)나라 구양수(歐陽脩, 1007~1072)를 말한다. 자는 영숙(永叔),
　　호는 취옹(醉翁) 또는 육일거사(六一居士). 여릉(廬陵) 사람. 10세 때 한유의 문집을
　　읽고 매료되어 서곤체(西崑體)가 유행하던 송나라 초기의 문단을 혁신했다. 당송팔대가의
　　한 사람으로 한림학사·참지정사 등을 역임하였으며 한기(韓琦)와 마음을 합하여 정사를
　　도왔고, 희녕(熙寧) 초에 왕안석(王安石)과 불합하여 치사(致仕)하였다. 저서에 『신오대
　　사(新五代史)』, 『신당서(新唐書)』, 『모시본의(毛詩本義)』, 『집고록(集古錄)』, 『문충집(文
　　忠集)』 등이 있다.
166　『소식시전집(蘇軾詩全集)』 권23, 「여지탄(荔支歎)」.

家)에서 사용하는 것은 모두 이것을 앙모함이다. 전매상의 저잣거리 말에 재갈을 물려 두었으니 공가(公家)의 이익은 오로지 이것에서 분별된다.[167]

호인(胡寅)이 말했다. "차는 사람에게 쓰이는 바가 술보다 더 긴급하다."[168]

고려 및 조선 초 대간(臺諫)은 단지 언책(言責)을 맡을 뿐 자리에서 업무를 담당하지는 않았다. 아침 일찍 차 마시는 모임을 열고 헌부(憲府)를 파하니 이른바 '차 마시는 시간'이다.

---

167 송(宋) 임동(林駉), 『고금원류지론속집(古今源流至論續集)』 권4, 「각다(榷茶)」.
168 『문헌통고(文獻通考)』 권18, 「정각고(征榷考)」 5, 「각다(榷茶)」, "致堂胡氏曰 : 茶者, 生人之所日用也, 其急甚於酒."

주자가 말했다. "호랑(虎狼)의 부자(父子) 관계, 봉의(蜂蟻)의 군신(君臣) 관계, 시달(豺獺)의 보본(報本), 저구(雎鳩)의 부부(夫婦) 관계는 비록 그 한 쪽은 얻었지만 사람이 통하는 이치와 같은 것은 없다. 원숭이는 사람과 모습이 비슷하기 때문에 바로 알 수 있지만 여우는 설 수 있기 때문에 괴이할 수 있다."[169]

해치(獬豸)[170]는 뿔이 하나이고 성질이 충직하여 사람이 싸우는 것을 보면 바르지 못한 자를 받아 버리고, 사람이 논의하는 것을 들으면 바르지 못한 사람을 물어 씹었다. 옥사에 미심쩍은 자는 양을 시켜 들이받게 하였고 고요(皐陶)[171]는 양(羊)을 공경하여 무릎을 꿇고 앉아서 섬겼다. 일명 해치(觟䑏)라고 한다.

원(元)나라 주인[172]이 회회국(回回國)[173]을 쳐 없애고 드디어 인도국

---

169 『중용혹문(中庸或問)』 1-1, "虎狼之父子, 蜂蟻之君臣, 豺獺之報本, 雎鳩之有別, 則其形氣之所偏, 又反有以存其義理之所得, 尤可以見天命之本然, 初無間隔, 而所謂道者, 亦未嘗不在是也." ; 『주자어류』 97:20, "但隨其光明發見處見處可見, 如螻蟻君臣之類. 但其稟形旣別, 則不復與人通之理. 如獼猴形與人略似, 則便有能解; 野狐能人立, 故能爲怪."
170 해치(獬豸) : 동물 이름. 신령스러운 양[神羊]으로 능히 옳고 그름을 분별한다 하여 그 모양을 어사(御史)의 관(冠) 장식으로 쓰며, 법관의 관을 치관(豸冠, 또는 해치관·치각관(豸角冠)), 시비곡직(是非曲直)을 가리는 어사를 치사(豸史)라고도 한다. 또 사람의 마음속을 잘 알아보기에 궁궐 문 앞에 새겨서, 거기 드나드는 백관(百官)들이 충신인지 간신인지를 알아보는 뜻으로 세우며, 서울 광화문(光化門)에도 세워져 있다.
171 고요(皐陶) : 순(舜)임금의 신하. 법리(法理)에 통달(通達)하여 법(法)을 세워 형벌(刑罰)을 제정하고, 또 옥(獄)을 만들었다.
172 원나라 주인 : 원세조(元世祖)를 말한다. 성은 기악온(奇握溫), 이름은 쿠빌라이(忽必烈,

(印度國)으로 진격하려 하였다. 시위(侍衛) 중에 어떤 자가 짐승 한 마리를 보았는데, 모양은 사슴과 같고 말의 꼬리를 했으며 빛깔은 푸르고 뿔이 하나였다. 사람의 말을 능히 하면서 이르기를 "너의 임금은 싸움을 그만두고 일찍 돌아가는 것이 옳을 것이다."고 하였다. 원나라 주인은 괴이하게 여겨 야율초재(耶律楚材)[174]에게 물으니 "이는 각단(角端)이란 짐승인데, 하루에 1만 리 길을 달리고 사이(四夷)의 말도 다 할 줄 압니다. 이는 싸우고 죽이는 것을 싫어한다는 상징인데, 대개 하늘이 죽이는 것을 싫어함을 그것을 보내 폐하(陛下)께 고하는 것입니다. 천심을 받들어 몇 나라 인명을 제대로 살도록 하소서."라고 하니, 그날로 당장 군사를 이끌고 돌아갔다.[175]

낙타[176]는 풍후[177]를 알고 또 땅 속에 있는 샘의 물줄기를 안다.

1215~1294).

173 회회국(回回國) : 서역(西域)의 나라 이름. 회회교(回回敎)를 믿는 나라, 곧 아라비아를 말한다.

174 야율초재(耶律楚材, 1190~1244) : 우르츠사하리. 몽고제국 초기의 공신(功臣). 자는 진경(晉卿), 호는 담연거사(湛然居士), 시호는 문정(文正). 요(遼)나라 왕족 출신의 거란족(契丹族)이다. 대대로 금나라를 섬겼고, 많은 책을 읽어 천문(天文)과 지리·수학·의학·유불도(儒佛道) 사상에 두루 통달했다. 금나라 말 부름을 받아 좌우사원외랑(左右司員外郎)이 되었다. 원나라 태조 14년(1219) 연경(燕京)을 점령하면서 태조가 불러 곁에 두었다. 장염인(長髥人)이라 부르면서 정벌에 나설 때마다 불러 점을 치게 했다. 시인으로서도 뛰어나 문집 『담연거사집(湛然居士集)』 14권과 서역에 종군했을 때의 견문기 『서유록(西遊錄)』 등을 남겼다.

175 『성호사설(星湖僿說)』 6권, 「만물문(萬物門)」, 〈각단(角端)〉 ; 『속자치통감(續資治通鑑)』 권162, "是歲, 蒙古主進次東印度國鐵門關. 侍衛見一獸, 鹿身馬尾, 綠色而獨角, 能爲人言, 曰: 汝君宜早回. 蒙古主怪之, 以問耶律楚材, 對曰: 此名角端, 解四夷語, 是惡殺之象. 今大軍征西已四年, 上天惡殺, 遣告陛下. 願承天心, 宥此數國人命, 實無疆之福. 蒙古主遂大掠而還."

176 낙타(駱駝) : 탁타(馲駞)·탁타(馲駝) 등으로도 쓴다.

곰은 겨울잠을 자면서 굶으면 스스로 자신의 발바닥을 핥기 때문에 그 좋은 맛이 발바닥에 있다.[178]

현도관(玄都觀)[179]에 늙은 사슴이 있었는데 장차 손님이 오려 하면 사슴이 문득 밤에 울었다.[180]

맹손(孟孫)이 사냥하다가 새끼 사슴을 잡아 진서파(秦西巴)에게 들려 가지고 돌아오는데 어미 사슴이 따라왔다. 서파는 차마 새끼 사슴을 데려가지 못하고 놓아 주었다. 석 달이 지나 맹손이 그를 불러 아들의 스승으로 삼고 말하기를 "사슴 새끼에게도 차마 하지 못했는데 내 아들에게 차마 하겠는가."라고 하였다.[181]

안자(晏子)가 말했다. 사슴은 산에서 태어나지만 목숨은 부엌에 달려 있다.[182]

옛날의 피폐(皮幣)[183]는 빙형(聘享)[184]의 예에 썼다. 한 무제(武帝)는

---

177 풍후(風候) : 바람이 부는 상태, 기후.
178 명(明) 팽대익(彭大翼), 『산당사고(山堂肆考)』 권217, 「모충(毛蟲)」.
179 현도관(玄都觀) : 당(唐)나라 때 장안(長安)에 있던 도관(道觀)의 이름. 현재 섬서성(陝西省) 장안현(長安縣)에 있는데, 수나라 때 장안의 고성(故城)에 있던 통도관(通道觀)을 이곳으로 옮기고 현도관이라 칭하였다.
180 『동파속집(東坡續集)』 권3, 「화도시일백이십수(和陶詩一百二十首)」, 〈선도산록(仙都山鹿)〉.
181 유향(劉向), 『설원(說苑)』 권5, 「귀덕(貴德)」 ; 『한비자(韓非子)』 권7, 「유로(喻老)」 ; 『회남자(淮南子)』 권18, 「인간훈(人間訓)」.
182 『안자춘추(晏子春秋)』 내편(內篇), 「잡편(雜篇)」 상.
183 피폐(皮幣) : 고대 빙형(聘享)에 사용하던 귀중한 예물로 일종의 신용 화폐이다.

흰 사슴 가죽 사방 1척에 가장자리를 여러 가지 색채로 수놓은 피폐를 만들었는데, 값이 사십만에 달했다. 조근(朝覲)[185]의 예에는 천벽(薦璧)[186]을 썼다.[187]

여간현(餘干縣)에 흰 사슴이 있었다. 진(晉)나라 성제(成帝)[188]가 사로 잡았는데 동패(銅牌)가 뿔에 달려 있었다.[189]

고량(高凉)에서 원숭이를 잡아서 길렀는데 이름을 파아(巴兒)라고 하였다. 심하게 훈련시켜 음식을 탐하지 않게 되었다. 그 후에 옛 산의 원숭이가 우는 것을 들었는데 음식을 먹지 않고 죽었다.[190]

진(晉)나라 때 황제가 행차하면 코끼리가 끄는 수레로 길을 인도하게 하여 교량을 시험하였다.[191]

---

184 빙향(聘享) : 예를 갖추어 방문하여 헌납하는 것을 빙문(聘問)이라고 하는데, 빙문에는 반드시 대접하는 잔치[宴享]를 열기 때문에 빙향(聘享)이라고 한다.

185 조근(朝覲) : 제후가 천자를 알현(謁見)하는 일을 말한다. 봄에 알현하는 것을 '조(朝)', 여름에 알현하는 것을 '종(宗)', 가을에 알현하는 것을 '근(覲)', 겨울에 알현하는 것을 '우(遇)'라 한다.

186 천벽(薦璧) : 벽옥을 진헌하는 것을 말하는데, 투항의 의미로 옥을 바치는 것이다.

187 『사기(史記)』 권30,「평준서(平準書)」, "古者皮幣, 諸侯以聘享. 金有三等, 黃金爲上, 白金爲中, 赤金爲下. 今半兩錢法重四銖, 而姦或盜摩錢裏取鉛, 錢益輕薄而物貴, 則遠方用幣煩費不省, 乃以白鹿皮方尺, 緣以藻繢, 爲皮幣, 直四十萬. 王侯宗室朝覲聘享, 必以皮幣薦璧, 然後得行."

188 성제(成帝) : 동진(東晉)의 황제. 이름은 사마연(司馬衍, 321~342). 자는 세근(世根).

189 『술이기(述異記)』 권상, "餘干縣有白鹿, 土人皆傳千年矣, 晉成帝遣捕, 得銅牌在角後."

190 당(唐) 단공로(段公路), 『북호록(北戶錄)』 권1,「비원(緋猿)」.

191 『태평어람(太平御覽)』,「수부(獸部)」 2,〈상(象)〉.

『이아(爾雅)』에 말하길, 무소는·머리는 소와 같고 돼지와 비슷하다. 뿔이 두 가지인데, 하나가 이마 위에 있는 것은 시서(兕犀)이고 하나가 코 위에 약간 작게 있는 것은 호모서(胡帽犀)이다.[192]

서각(犀角)이 일척(一尺) 이상이 되는 것은 물고기를 새겨서 입에 물고 물속에 들어가면 물이 열리고, 삼척이 되면 물속에서도 숨을 쉴 수 있다.[193]

서각은 차도(叉導)[194]를 만드는데, 독약을 끓여서 차도로 휘저으면 다시 독기(毒氣)가 없어진다.[195]

『설원(說苑)』에 진(晉)나라 평공(平公)이 조회에 나가는데 어떤 새 한 마리가 평공의 주위를 맴돌고 있었다. 평공이 말하기를 "내가 듣기로 패왕(霸王)이 나타나려 하면 봉황이 내려온다고 했는데, 이것이 그 봉황인가?" 사광(師曠)이 말하기를 "동방에 간가(諫珂)라고 부르는 새가 있습니다. 여우를 좋아하고 같은 새들은 싫어합니다. 지금 임금께서는 여우 가죽으로 만든 겉옷을 입고 조회에 나가고 계십니까?" 평공이 "그렇다."라고 하자 사광이 말했다. "지금 이 새는 여우 겉옷 때문에 그런 것이지 임금의 덕의 때문에 그런 것이 아닙니다."[196]

---

192 『태평광기(太平廣記)』, 「보(寶)」 4, 〈잡보(雜寶)〉 상, 서(犀).
193 『포박자(抱樸子)』, 「내편(內篇)」 17장, 〈등척(登陟)〉, "得眞通天犀角三寸以上, 刻以爲魚, 而銜之以入水, 水常爲人開. 方三尺, 可得氣息水中."
194 차도(叉導) : 서각으로 만든 일종의 도구인데, 그 정확한 모양은 알 수 없다.
195 『포박자(抱樸子)』, 「내편(內篇)」 17장, 〈등척(登陟)〉, "以其角爲叉導, 毒藥爲湯, 以此叉導攪之, 皆生白沫湧起, 則了無復毒勢也."

제경공(齊景公)이 나라를 다스리는 데 무엇을 근심해야 하는지 물었다. (관중이) 대답했다. "사당의 쥐입니다. 사당은 나무를 얽어 흙을 발라 만들었습니다. 쥐가 그곳에 의탁해 살고 있어서 불로 쫓아내려 하면 그 나무가 다 탈까 두렵고, 물을 부어 쫓아내려 하면 그 흙이 무너져 내릴까 두렵습니다. 이 쥐를 잡아 버리지 못하는 이유가 사당이기 때문입니다. 지금 임금의 좌우의 신하는 나가서는 임금을 팔아 이익을 취하고 들어오면 임금을 만나 해를 피합니다. 이것이 사당 쥐의 근심입니다."[197]

진나라 태강(太康) 중에 회계군(會稽郡)의 팽기(蟛蜞 : 방게)와 게는 모두 늙은 쥐가 변한 것이다. 보리를 많이 갉아먹고 처음 성장해서는 살은 있지만 뼈가 없다.[198]

고양이의 코는 항상 차가운데 하지(夏至) 하루는 따뜻하다. 날이 저물면 눈동자가 동그랗게 된다.[199]

---

196 『설원(說苑)』, 「변물(辨物)」.
197 『한비자(韓非子)』, 「외저설우(外儲說右)」 상 ; 『설원(說苑)』, 「정리(政理)」 ; 『안자춘추(晏子春秋)』, 내편(內篇) 문편(問篇), 「문상(問上)」, 〈경공문치국하환안자대이사서맹구(景公問治國何患晏子對以社鼠猛狗)〉.
198 『수신기(搜神記)』 권7, "晉太康四年, 會稽郡蟛蚑及蟹, 皆化爲鼠. 其衆覆野. 大食稻, 爲災. 始成, 有毛肉而無骨."
199 단성식(段成式), 『유양잡조속집(酉陽雜俎續集)』 권8, 「지동(支動)」, "猫目睛晝圓, 及午收斂如綖. 其鼻常冷, 惟夏至一日溫暖."
단성식(段成式) : 당나라 때의 학자. 자는 가고(柯古). 단문창(段文昌)의 아들이다. 음보로 교서랑(校書郞)이 되었다. 박학(博學)이라는 영예를 안으면서 연구에 정진하여 비각(秘閣)의 책은 모두 읽었다고 전한다. 특히 불서(佛書)에 정통했다. 상서랑(尙書郞) · 길주자사(吉州刺史)와 태상소경(太常少卿) · 강주자사(江州刺史) 등을 역임했다. 저서에 농주(隴州)의 장수 조귀(趙貴)의 집에서 고양이와 쥐가 새끼를 함께 길렀는데 서로 해치지 않았다. 최우보(崔祐甫)는 말하기를 "이것은 동물이 자신의 본성을 잃은 것입니다. 이러한 것을 경사라고 말하는지 신은 자세한 것을 알지 못하겠습니다."[200]

『회남자』에 말했다. "큰 집이 완성되면 제비와 참새가 서로 축하한다."[201]

「연부(鷰賦)」[202]에 말했다. "가을은 음을 등져 용이 물속으로 잠기고, 봄은 볕을 쬐어 봉황이 일어난다. 때에 따라 마땅히 행하고 감춤이 군자

필기소설집(筆記小說集)『유양잡조(酉陽雜俎)』가 있다.
『유양잡조(酉陽雜俎)』: 단성식이 기괴하고 불경(不經)한 내용의 이야기를 모아 엮은 책이다. 원래 책명은 양(梁) 원제(元帝)가 지은 『방유양지일전(訪酉陽之逸典)』에서 따온 것으로, 인용한 책 가운데에는 이미 그 원전이 없어진 것들도 있어 문헌적 가치도 높다. 정편(正編) 20권, 속편(續編) 10권으로 구성되어 있다.
200 『구당서(舊唐書)』,「열전(列傳)」69,〈최우보전(崔祐甫傳)〉. 절도사(節度使) 주자(朱泚)가 그 고양이와 쥐를 한 우리에 담아 조정에 바치자 당시 재상 상곤(常袞)은 이를 큰 상서라 하며 백관을 거느리고 표문(表文)을 올려 하례하므로, 중서사인(中書舍人) 최우보(崔祐甫)는 그러한 같은 행위가 부적절함을 지적해서 말한 것이다(『구당서(舊唐書)』,「열전(列傳)」69,「최우보전(崔祐甫傳)」).
최우보(崔祐甫, 721~780): 당나라 때 정치가. 자는 이손(貽孫), 시호는 문정(文貞). 성품이 강직하여 직언을 서슴지 않았던 것으로 유명했다. 문집이 있었으나 전하지 않는다.
201 『회남자(淮南子)』,「설림훈(說林訓)」.
202 「연부(鷰賦)」: 서진(西晉) 부함(傅咸, 239~294)이 지은 것이다. 부함의 자는 장우(長虞), 시호는 정(貞)으로 부현(傅玄)의 아들이다. 무제(武帝) 초에 부친의 관작을 계승하여 태자세마(太子洗馬)에 올랐고, 청천후(淸泉侯)를 수여받은 뒤 상서좌승(尙書左丞)이 되었다. 태자중서자(太子中庶子)·어사중승(御史中丞)을 거쳐 사례교위(司隷校尉)까지 이르렀다. 문집 30권이 있었지만 실전되었고, 명나라 때 편집한 『부중승집(傅中丞集)』이 있다(『진서(晉書)』 권47).

의 출처와 비슷하다. 참으로 날짐승·들짐승의 무리에 들기는 어려우니
이 사람이 아니면 누구와 더불어 살겠는가."[203]

　　승려 도림(道林)[204]이 쌍학을 얻어 그 날개를 단련시켰는데 학이 추녀
를 날아오르다 다시는 일어나지 못했다. 도림이 말하기를 "이미 구름 위
를 치솟는 의기가 있으니 사람의 이목을 즐겁게 하는 노리개가 되려 하
겠는가."라고 하였다.[205]

　　「학부(鶴賦)」에 말했다. 몸은 깨끗함을 숭상하므로 그 빛은 희다. 소
리가 하늘에 들리므로 그 머리는 붉다. 물에서 먹으므로 그 뿌리는 길
다. 앞이 높으므로 뒤의 발가락은 짧다. 높은 곳에서 살기 때문에 다리
가 길고 꼬리가 물을 돌린다. 구름에서 날기 때문에 깃털이 많고 살이
적다.[206]

　　벼와 기장의 은혜는 이미 중하고, 아름다운 연못을 만나니 또한 깊다.

---

203 『예문유취(藝文類聚)』 권92, 「조부(鳥部)」 하, 〈연(鷰)〉.
204 도림(道林) : 진 애제(哀帝) 때의 고승 지둔(支遁, 314~366)을 말한다. 어떤 사람이 그에
　　게 쌍학(雙鶴)을 선사했는데 학을 사랑하던 그는 그 학이 깃이 자라나 날려 하자 그
　　깃을 잘랐다. 학이 날려다가 자빠져 다시 일어나지 못한 채 날개를 퍼덕이며 머리를
　　돌려 쳐다보는데 원망하는 것과 같았다. 그러자 "이미 하늘을 날 자태가 있는데 어찌
　　사람의 구경거리가 되고 싶어하겠느냐?" 하고 깃이 다시 자라자 놓아 보냈다 한다(『양고
　　승전(梁高僧傳)』 권4).
205 『세설신어(世說新語)』, 「언어(言語)」 2.
206 부구백(浮邱伯), 『상학경(相鶴經)』.
　　부구백(浮邱伯) : 전국시대 말 순자(荀子)의 제자. 한비자(韓非子)·이사(李斯)·장창
　　(張蒼) 등과 동문수학했으며 전국 말기 교육에 종사하여 신공(申公)·초원왕(楚元王)·
　　유교(劉交) 등을 제자로 두었다.

은혜를 품고 차마 가지 못하니 강호의 마음이 없는 것은 아니다.[207]

환공(桓公)이 두 마리 기러기가 날아가는 것을 보고 관중(管仲)에게 말했다. "저 날아가는 기러기는 가고 싶은 곳을 가니 날개가 있기 때문이다. 과인에게 중보(仲父)[208]가 있는 것은 마치 날아가는 기러기가 날개가 있는 것과 같다."[209]

기러기와 난새가 허공을 날아오르는 것은 튼튼한 날개의 힘이다. 연못의 규룡이 하늘을 나는 것은 구름과 안개의 공이다. 그러므로 현인을 부르고 인재를 등용하는 것은 임금의 중요한 일이다.[210]

『전국책』에 다음과 같은 내용이 있다. 기러기가 동쪽으로부터 날아오자 경영(更羸 : 위나라 명사수)이 활시위를 당기는 시늉만 하여 기러기를 떨어뜨렸다. 위왕(魏王)이 묻기를 "활솜씨가 이런 경지에까지 이를 수 있는가?"라고 하니 경영이 대답했다. "그 기러기가 날아올 때는 느리고, 그 우는 소리가 처량하기 때문입니다. 느릿느릿 나는 것은 상처가 아픈 것이고 우는 소리가 처량한 것은 무리를 잃었기 때문입니다. 그러므로 활시위 소리만 듣고도 아래로 떨어진 것입니다."[211]

---

207 『예문유취(藝文類聚)』 권90.
208 중보(仲父) : 제(齊)나라 환공(桓公)이 관중(管仲)을 높여 부른 이름.
209 『관자(管子)』, 「패형(霸形)」.
210 『포박자(抱朴子)』, 「외편」, 〈귀현(貴賢)〉.
211 『전국책(戰國策)』, 「초책(楚策)」 4 ; 『태평어람(太平御覽)』, 「공예부(工藝部)」 1, 〈사(射)〉 상.

『회남자』에 다음과 같은 내용이 있다. 저 기러기는 바람을 따라 날아 오르니 그 기력을 아끼고, 갈대를 입에 물고 날아가 주살에 맞는 것을 대비한다.[212]

「응부(鷹賦)」에 "금방(金方 : 서쪽)의 사나운 기운을 바탕으로 화덕(火德)의 염정(炎精)을 제 마음대로 한다."[213] "마땅히 서방의 신 백제(白帝)[214]가 용사(用事)하는 것이니, 푸른 구름에 들어가 몸을 맡긴다. 토끼가 교활하게 엎드려 숨은 것에 성내며, 높이 나는 새들이 무리를 짓는 것을 부끄럽게 여긴다. 강한 날개 떨치며 곧바로 날아올라 한 쌍의 발을 엇갈려 세차게 공격한다. 달아나는 놈들은 허리가 꺾이고 목덜미가 끊어지며, 시끄럽게 울부짖는 놈들은 피를 뿌리고 터럭이 어지럽게 흩어진다. 비록 백번 적중하는 것은 나[我]이지만 한 번 불러 끝내는 것은 군(君)에게 달려 있다."[215]

당나라 유제현(劉齊賢)이 진주 사마(晉州司馬)가 되었는데, 어떤 사람이 진주에는 좋은 매가 생산되니 유제현을 시켜 매를 잡도록 청하였다. 고종(高宗)이 말하기를 "유제현이 어찌 새매를 잡아 바칠 자이겠는가."라고 하였다.[216]

---

212 『회남자(淮南子)』,「수무훈(脩務訓)」.
213 『태평어람(太平御覽)』,「우족부(羽族部)」13, 〈응(鷹)〉에 인용된 수(隋)나라 위언심(魏彦深)의 「응부(鷹賦)」.
214 백제(白帝) : 5천제(天帝)의 하나로 방위로는 서방(西方)을, 계절로는 가을을 맡아 다스린다고 한다.
215 당(唐) 고적(高適),「봉화골부(奉和鶻賦)」.
216 『자치통감(資治通鑑)』 권201,「당기(唐紀)」.

당나라 태종(太宗)이 아름다운 새매를 구해서 팔에 올려놓고 있었는데 멀리서 위징(魏徵)이 오는 것을 보고 품속에 숨겼다. 위징이 일을 상주하는 것을 오래 하여 새매가 품속에서 죽었다.[217]

왼쪽으로 돌아보는 것이 흘겨보는 듯하고 오른쪽으로 돌아보는 것도 흘겨보는 듯하다. 예리한 발톱은 칼날같이 달려 있고, 발은 마른 나뭇가지와 같다. 날카로운 부리는 요란한 창과 같고 총명한 눈은 별처럼 빛난다.[218]

『한비자』에 다음과 같은 내용이 있다. 송나라 사람이 밭을 갈고 있을 적에 밭 가운데로 토끼 한 마리가 달아나다가 나무 그루터기에 부딪혀서 목이 부러져 죽자, 이때부터 일손을 놓고 그 그루터기만 지켜보며 토끼가 다시 오기를 기다리니 길 가던 사람들이 모두 비웃었다.[219]

초나라 사람이 산 꿩을 지고 가는데 길 가던 사람이 "무슨 새인가?" 하고 묻자 꿩을 지고 가던 사람이 그를 속여 "봉황이다."라고 하였다. 길 가던 사람이 천금을 주고 그것을 샀다. 초왕에게 바치고자 하였으나 하룻밤이 지나서 죽어 버렸다. 길 가던 사람은 그 천금이 아까운 것이 아니라 왕에게 바치지 못한 것을 한스러워했다. 왕이 감동하여 그를 불러 후사하였다.[220]

---

217 『자치통감(資治通鑑)』, 「당기(唐紀)」, "太宗得佳鶻, 自臂之, 望見徵來, 匿懷中, 徵奏事固久不已, 鶻竟死懷中."
218 『예문유취(藝文類聚)』 권91, 「조부(鳥部)」 중, 〈응(鷹)〉에 인용된 진(晉) 부현(傅玄)의 「응부(鷹賦)」.
219 『한비자(韓非子)』, 「오두(五蠹)」.

『열자(列子)』에 다음과 같은 내용이 있다. 바닷가에 살던 사람이 매번 갈매기와 어울려 놀았는데 그 아버지가 말하길 "잡아 오너라. 내가 가지고 놀고 싶다."라고 하자 다음날 바닷가에 갈매기가 춤을 추면서도 내려와 앉지 않았다.[221]

백로(白露)에 냇물에서 고기를 잡고 있는 것을 보고 어사가 백로(白鷺)의 깃털로 수레를 장식했다.

송나라 이방(李昉)[222]은 다섯 마리 새를 기르면서 모두 객(客)으로 이름 붙였다. 흰 솔개는 한객(閑客), 백로는 설객(雪客), 학은 선객(仙客), 공작은 남객(南客), 앵무는 농객(隴客)이라 하였다. 오객(五客)의 그림을 그리고 각각 다섯 편의 시를 지었다.[223]

---

220 『윤문자(尹文子)』,「대도(大道)」상, "楚人擔山雉者, 路人問 : 何鳥也? 擔雉者欺之日: 鳳凰也. 路人日 : 我聞有鳳凰. 今直見之, 汝販之乎? 日 : 然. 則十金, 弗與, 請加倍, 乃與之. 將欲獻楚王, 經宿而鳥死, 路人不遑惜金, 惟恨不得以獻楚王. 國人傳之, 咸以爲眞鳳凰, 貴欲以獻之, 逐聞楚王. 感其欲獻於己, 召而厚賜之, 過於買鳥之金十."

221 『열자(列子)』,「황제(黃帝)」, "海上之人有好漚鳥者, 每旦之海上, 從漚鳥游, 漚鳥之至者百住而不止. 其父日 : 吾聞漚鳥皆從汝游, 汝取來, 吾玩之. 明日之海上, 漚鳥舞而不下也."

222 이방(李昉, 925~996) : 송(宋)나라 초기의 학자. 자는 명원(明遠), 심주(深州) 요양(饒陽) 출신. 태종의 명으로 『태평어람(太平御覽)』을 찬(撰)하였다.

223 송(宋) 강소우(江少虞), 『사실유원(事實類苑)』권34,「이문숙(李文肅)」, "李昉再入相, 以司空致仕. 爲詩慕白居易之淺切, 所居有園林, 畜五禽, 皆以客爲名. 白鷴日閑客, 鷺日雪客, 鶴日仙客, 孔雀日南客, 鸚鵡日隴客. 昉各爲詩一章, 盡爲客圖, 傳於好事者."
강소우(江少虞) : 남송 상산(常山) 사람, 자는 우중(虞仲). 휘종(徽宗) 정화(政和) 연간에 진사가 되어 건주(建州)·요주(饒州)·길주(吉州)의 태수(太守)를 지냈다. 고종(高宗) 소흥(紹興) 15년(1145) 길주에 부임했을 때 『사실유원』을 집록했다. 그 외의 저작으로 「잡저(雜著)」,「경설(經說)」,「주의(奏議)」등이 있었으나 모두 없어졌다.
『사실유원(事實類苑)』: 일명 『송조사실유원(宋朝事實類苑)』이라고 하는데 송대(宋代)

위왕(魏王)의 정원 안에 공작은 뭇 새들과 더불어 같은 무리에 들어 있다. 공작이 처음 왔을 때는 대단히 빼어나고 아름답게 보였으나 지금 은 길 가는 사람도 쳐다보지 않는다. 임치후(臨淄侯)[224]는 세상이 선비 를 대하는 것이 모두 이와 같다고 느끼고 마침내 부(賦)를 지었다.[225]

한나라 흥평(興平)[226] 원년 조서(詔書)에 말했다. "지난번 익주(益州) 에서 앵무를 바쳤는데, 밤이면 삼씨[麻子]를 석 되나 먹으니 손해만 있 고 이로움이 없다. 본래 살던 곳으로 돌려보내도록 하라."[227]

봉황이 처음 일어나자 변방의 참새들이 선웃음 치며 비웃다가 구름 사이를 빙빙 돌아 날아오르게 되자 참새들은 스스로 멀리 미치지 못함 을 알게 되었다.[228]

의 사료(史料)를 집록한 것으로 모두 78권이다. 북송 태조(太祖)로부터 신종(神宗)에 이르는 120여 년 간의 사실(史實)을 분류하여 기록한 것으로 절반 이상이 없어졌거나 불완전한 상태로 남아 있다.

224 임치후(臨淄侯) : 위 무제(魏武帝) 조조(曹操)의 아들 조식(曹植, 192~232)을 말한다. 어린 나이로 조조의 사랑을 받아 평원후(平原侯)에 봉해지고, 임치후(臨淄侯)로 옮겨 봉해졌다. 형 조비(曹丕, 文帝)가 황제(文帝)가 되자 견성왕(鄄城王)·옹구왕(雍丘王)에 봉해지면서 엄격한 감시 아래 신변의 위험을 느끼며 불우한 나날을 보냈다. 항상 등용되 기를 기대했지만 끝내 기용되지 못하고 마지막 봉지인 진(陳)에서 죽었다. 시호가 사(思) 이므로 진사왕(陳思王)으로 불린다. 시문을 잘 지어 약 80여 수의 시가 전하고, 사부(辭 賦)나 산문도 40여 편 남아 있다. 「칠보시(七步詩)」가 유명하다.

225 『예문유취(藝文類聚)』권90, 「조부(鳥部)」중, 〈공작(孔雀)〉, "魏王園中有孔雀, 久在池 沼, 與衆鳥同列. 其初至也, 甚見奇偉, 而今行者莫眄. 臨淄侯感世人之待士, 亦咸如此, 故興志而作賦."

226 흥평(興平) : 후한(後漢) 헌제(獻帝) 때의 연호. 194~195년.

227 『태평어람(太平御覽)』, 「우족부(羽族部)」11, 〈앵무(鸚鵡)〉, "獻帝興平玄年, 益州蠻夷 獻鸚鵡三. 詔曰 : 往者益州獻鸚鵡三枚, 夜食三升麻子. 今穀價騰貴, 此鳥尾娑有損, 可付 安西將軍楊定國, 令歸本土."

한나라 제도에 백성이 나이 팔십 세가 되는 사람에게 비둘기 형상으로 장식한 옥장(玉杖)을 하사하였다. 비둘기는 목이 메지 않는 동물이므로 노인이 목이 메지 않기를 바란 것이니 백성을 사랑하는 까닭이다.[229]

형(荊) 땅의 올빼미가 장차 둥지를 옮기려 하였는데 비둘기가 우연히 만나니 "그대는 장차 어디로 가려는가?"라고 물었다. 올빼미가 대답하기를 "오나라에 둥지를 틀려 한다."라고 하자 비둘기가 말하기를 "어찌하여 형 땅을 떠나 오나라에 둥지를 지으려 하는가?"라고 물었다. 올빼미가 대답하기를 "형 땅의 사람들이 내 울음소리를 싫어한다."라고 하자 비둘기가 말했다. "그대가 그대의 울음소리를 바꿀 수 있으면 형 땅을 떠나 오나라에 둥지를 틀 일이 없을 것이다. 그대의 울음소리를 바꿀 수 없을 것 같으면 오초의 백성들은 인정이 다르지 않다. 그대를 위한 계책은 목덜미를 구부리고 날개를 접어 죽을 때까지 다시는 울지 않는 것이다."[230]

원앙부(鴛鴦賦)에 "혼(魂)은 상사수(相思樹) 위에 깃들고 문채는 신시(新市)의 베틀에 생겨난다."라고 하였다.[231]

---

228 한영(韓嬰), 『한시외전(韓詩外傳)』 권9, "夫鳳凰之初起也, 翾翾十步, 藩籬之雀喔咿而笑之, 及其升於高, 一詘一信, 展而雲間, 藩木之雀超然自知不及遠矣."
  『한시외전(韓詩外傳)』: 시인(詩人)의 뜻을 추측하여 내·외전(內外傳) 수만 언(言)을 지었는데 현재 외전만 남아 있다.
  한영(韓嬰): 한(漢)나라 때 연(燕) 사람. 문제(文帝) 때 박사, 경제(景帝) 때 상산왕유순 태부(常山王劉舜太傅)가 되었다(『한서(漢書)』, 「유림전(儒林傳)」).
229 『예문유취(藝文類聚)』 권92, 「조부(鳥部)」 하, 〈구(鳩)〉.
230 『예문유취(藝文類聚)』 권92, 「조부(鳥部)」 하, 〈구(鳩)〉.
231 『예문유취(藝文類聚)』 권92, 「조부(鳥部)」 하, 〈원앙(鴛鴦)〉.

산음(山陰)의 도사가 기러기를 사랑하며 길렀는데, 왕희지(王羲之)가 그것을 사고 싶어했다. 도사가 『도덕경』을 써 주면 마땅히 여러 마리 중에서 주겠다고 말하자 왕희지가 『도덕경』을 써 주고 거위를 농(籠)에 넣어 돌아왔다.[232]

육구몽(陸龜蒙)[233]이 싸움용 오리를 기르고 있었는데 어느 날 아침 역사가 지나가다 탄환으로 오리를 쓰러뜨렸다. 육구몽이 말하기를 "이 오리는 사람의 말을 잘하여 임금께 진상하기 위해 소주에 부치려 하던 것인데 쓰러졌으니 어찌할 것인가?"라고 하였다. 사자가 놀라 주머니 속의 금을 모두 털어 그 입을 막았다. 사인이 사람의 말을 하는 것의 진상을 물으니 대답하기를 "스스로 자신의 이름을 부를 수 있을 뿐이다."라고 하였다.[234]

주박(朱博)[235]이 어사가 되니 새들이 관부에 모여들었다.[236]

---

232 『진서(晉書)』 권80, 「왕희지열전(王羲之列傳)」.
233 육구몽(陸龜蒙, ?~881) : 당(唐)나라 소주(蘇州) 출신. 자는 노망(魯望), 호는 천수자(天隨子)·보리선생(甫里先生). 명문 출신으로 육경(六經)에 능통했으며, 특히 『춘추(春秋)』에 조예가 깊었다. 잠시 장박(張搏)의 막료생활(幕僚生活)을 한 뒤 송강(松江)의 보리(甫里)에 은거하며 농경을 장려하며 지내다 조정에서 좌습유(左拾遺)의 관직을 내려 불렀으나 곧 죽었다. 저서에 농서(農書)인 『뇌사경(耒耜經)』과 『당보리선생문집(唐甫里先生文集)』, 『입택총서(笠澤叢書)』 등이 있다.
234 송(宋) 공명지(龔明之), 『중오기문(中吳紀聞)』.
235 주박(朱博) : 전한 경조(京兆) 두릉(杜陵) 사람. 자는 자원(子元). 성제(成帝) 초에 대장군막부(大將軍幕府)에 속했고, 역양(櫟陽)·운양(雲陽)·평릉(平陵)·장안(長安) 네 현의 현령(縣令)을 역임했다. 의협심이 넘치고 사람 사귀기를 좋아했지만 항상 기묘한 속임수로 남을 복종시켰다. 애제(哀帝) 즉위 후 부태후(傅太后)의 권세에 의지해 승상이 되고 양향후(陽鄕侯)에 봉해졌으나 권귀(權貴)들과 결탁하여 정치를 어지럽히다가 투옥되자 자살했다.

『운선잡기(雲仙雜記)』[237]에 인용된 『고은외서(高隱外書)』에 "대옹(戴顒)[238]이 어느 봄날에 감귤 두 개와 술 한 말[239]을 가지고 나가므로, 어떤 이가 그에게 어디를 가느냐고 묻자, 그가 대답하기를, '가서 꾀꼬리 소리를 들을 것이다. 꾀꼬리 소리는 속인의 귀를 일깨우는 침폄(針砭)[240]과 같아서 시상을 고쳐시켜 준다오. 그대는 그것을 아는가?'"라고 하였다.

---

236 『태평어람(太平御覽)』 권954, 「목부(木部)」 3, 〈백(栢)〉.

237 『운선잡기(雲仙雜記)』 : 당나라 풍지(馮贄)가 찬한 것으로 총 10권이며, 고금의 일사(逸事)를 두루 수록하고 있다.

238 대옹(戴顒) : 남조(南朝) 송(宋)나라 때의 은사(隱士). 진(晉)의 은사(隱士) 대규(戴逵)의 아들이다. 자기 아버지의 뒤를 이어 형 대발(戴勃)과 함께 동려(桐廬)에 숨어 살았는데, 대단한 명망이 있었다. 형이 죽자 동려를 떠나 오하(吳下)로 옮기니 그곳 선비들이 그를 위해 살 집을 마련해 주었다. 음률(音律)에 능했으며 국가에서 누차 불렀으나 나가지 않았다(『송서(宋書)』 권93 ; 『남사(南史)』 권75).

239 감귤 두 개와 술 한 말 : 쌍감두주(雙柑斗酒)라고 하는데, 전하여 후세에는 봄날의 흥겨운 놀이의 뜻으로 쓰인다.

240 침폄(針砭) : 쇠로 만든 침과 돌로 만든 침. 경계·교훈이란 뜻으로 사용하기도 한다.

16 범[虎]

고소련(顧少連)²⁴¹이 등봉(登封)²⁴² 주부(主簿)가 되었는데 범이 있으므로 악신(嶽神 : 산신)에게 공문서를 보내니 범이 해치지 못했다.²⁴³

한나라 종균(宗均)이 구강(九江)의 태수가 되었는데, 옛날부터 범이 많아 항상 함정을 설치했지만 여전히 상해를 입었다. 종균이 말하기를 "범이 지금 위해가 되지만 재앙은 잔리(殘吏)에 달려 있다. 사로잡는 데 힘들이고 애를 쓰게 하는 것은 백성을 걱정하는 근본이 아니다."라고 하였다.²⁴⁴

송나라 범승상(范丞相)은 범 이야기를 좋아해서 집을 지어 담호(談虎)라고 했다.

후진(後秦)의 적백기(狄伯奇)가 젊어서 사냥을 나갔다가 표범을 잡았다. 그 무늬와 색이 화려함을 갖추고 있어 스스로 감탄하고 처음으로 서예를 배웠다.²⁴⁵

---

241 고소련(顧少連) :. 당나라 때의 정치가. 자는 이중(夷仲). 덕종 때 한림학사(翰林學士)가 되어 이부상서(吏部尙書)·동도유수(東都留守)를 지냈다.
242 등봉(登封) : 태산에 올라가 그 신을 봉하는 의식. 제왕의 위세를 선양하는 행사의 하나이다.
243 『신당서(新唐書)』, 「고소련전(顧少連傳)」.
244 『전후한문(全後漢文)』 권27.
245 『태평어람(太平御覽)』 권982, 「수부(獸部)」 4, 〈표(豹)〉.

살찐 여우와 아름다운 무늬의 표범이 그물과 덫의 근심을 면하지 못
하는 것은 그 가죽이 재앙이 되기 때문이다.[246]

---

246 『장자(莊子)』, 「외편」, 〈산목(山木)〉, "夫豊狐文豹, 棲於山林, 伏於巖穴, 靜也, 夜行晝居,
    戒也. 雖飢渴隱約, 猶且胥疏於江湖之上而求食焉定也. 然且不免於罔羅機辟之患, 是何
    罪之有哉, 其皮爲之災也."

17 소〔牛〕

진목공(秦穆公)이 백리해(百里奚)[247]의 소가 살찐 것을 보고 물었다. "어떻게 살을 찌웠는가?" 백리해가 대답했다. "음식을 때에 맞추어 주고 난폭하게 다루지 않았습니다. 그리하여 살이 찐 것입니다."[248]

백리해(百里奚)가 소를 길렀는데 발굽에 살이 세 치나 늘어져 있었다. 목공(穆公)이 금식(禽息)[249]을 시켜 보고 오게 하니 금식이 들어와 말했지만 목공은 믿지 않았다. 금식이 무릎을 꿇고 말하기를 "소를 기르는 것은 임금이 잊지 말기를 바라기 때문입니다." 하였다. 목공이 이에 백리해에게 물으니 백리해가 말했다. "신이 잘하는 것은 소를 기르는 것이 아니라 바로 백성을 기르는 것입니다."[250]

유표(劉表)[251]는 천 근이나 되는 소가 있었는데, 조조(曹操)[252]가 그

---

247 백리해(百里奚) : 춘추(春秋)시대 진(秦)나라 사람. 자(字)는 정백(井伯), 우(虞)의 우공(虞公)을 섬기다가, 뒤에 진(秦)의 목공(繆公)을 섬겨 재상(宰相)이 되었다.

248 유향(劉向), 『설원(說苑)』, 「신술(臣術)」, "秦穆公觀鹽, 見百里奚牛肥, 日 : 任重道遠以險, 而牛何以肥? 對曰 : 臣飮食以時, 使之不以暴, 有險, 先後之以身, 是以肥也."

249 금식(禽息) : 춘추시대 진(秦)나라의 대신(大臣). 직간을 잘하기로 유명했다.

250 『태평어람(太平御覽)』, 「수부(獸部)」 11, 〈우중(牛中)〉, "昔百里奚賢, 秦穆公欲干之. 繆公好牛, 奚因賃官以養牛. 蹄上, 垂肉三寸. 公使禽息行牛, 息入言之, 公不信怒. 息復言之, 公又怒. 吏曰 : 再怒其主, 罪當刖, 使守門. 公出, 禽息跪而請之曰 : 夫養牛者, 愿君勿忘也. 公乃問百里奚, 奚曰 : 臣之長非養牛者也, 乃養民也."

251 유표(劉表, 142~208) : 후한 말기 고평(高平) 사람. 자는 경승(景升). 노공왕(魯恭王)의 후손. 형주자사(荊州刺史)가 되어 형주 호족의 지지를 얻어 호북(湖北)과 호남(湖南) 지방을 장악했다. 조조(曹操)와 원소(袁紹)가 관도(官渡)에서 대치하고 있을 때 어느 쪽도 도와주지 않았다. 조조가 원소를 물리치고 정벌하러 왔지만 도착하기 전에 병으로 죽었다. 아들 유장(劉璋)이 조조에게 항복했다. 저서에 『역주(易注)』와 『역장구(易章句)』,

---

소를 가지고 군사(軍士)에게 제사를 지냈다.[253]

정자(程子)가 말했다. "심하구나! 소인배의 무도한 짓이로다. 소가 건
장할 때는 그 힘으로 먹고 살다가 늙으면 도살한다." 손님이 말하기를
"어쩔 수 없이 그러한 것입니다." 정자가 말했다. "그대는 이익을 계산할
줄은 알지만 의로움은 알지 못하는 사람이다. 정치를 하는 근본은 백성
의 행실을 일으키도록 하는 것보다 큰 것이 없으니, 백성이 풍속이 선하
고도 의식이 풍족하지 못한 경우는 있지 않았다."[254]

원나라 세조(世祖)는 사사로이 소나 말을 도살하는 것을 금지하였다.[255]

『한서』, 「오행지」의 전에 말했다. "사려가 너그럽지 못하면 성(聖)이
라고 할 수 없다. 때로는 소가 화를 당하기도 하니 소가 많이 죽으면
괴이하다고 말한다."[256]

송나라에 어떤 사람이 인의(仁義)를 실천하는 것을 좋아했는데, 소가

『후정상복(后定喪服)』 등이 있다.

252 조조(曹操, 155~220) : 후한 말기의 패국(沛國) 초현(譙縣) 출신으로 위(魏)나라를 세웠
다. 자는 맹덕(孟德). 환관 조등(曹騰)의 양자, 조숭(曹嵩)의 아들. 후한 헌제(獻帝, 재위
189~220) 때에 승상(丞相)을 지냈으며, 위왕(魏王)으로 봉해졌다. 아들인 조비(曹丕)가
위나라 황제의 지위에 오른 뒤에는 무황제(武皇帝)로 추존되었다.

253 『진서(晉書)』 권98, 「열전(列傳)」 68, 〈왕돈환온(王敦桓溫)〉, "溫作色謂四座曰 : 頗聞劉
景升有千斤大牛, 啖芻豆十倍于常牛, 負重致遠, 曾不若一羸牸, 魏武入荊州, 以享軍士."

254 『이정유서(二程遺書)』 권21상, 「사설(師說)」, 〈이천선생어(伊川先生語)〉.

255 『원사(元史)』 권105, 「형법지(刑法志)」 4.

256 『한서(漢書)』 권27, 「오행지(五行志)」.

흰 송아지를 낳으니[257] 공자가 상서롭다고 말했다. 그 뒤에 그 부자가
모두 눈이 멀어 전쟁에서 죽음을 면했고, 사로잡혔다가 풀려났으며, 질
병도 나았다.[258]

당나라 감찰어사(監察御史) 장정규(張廷珪)가 말했다. "임금이 믿는
바는 백성에게 있고, 백성이 믿는 바는 음식에 있고 음식이 바탕이 되는
것은 농사에 있고 농사의 바탕이 되는 것은 소에 있다. 소가 없어지면
농사도 없어지고 농사가 없어지면 백성은 망한다."[259]

주익공(周益公)[260]이 「전귀보(田鬼譜)」 서문에서 말했다. "삼대시대에
는 제사 지내는 소 이외에는 손님을 대접하고 군사에게 호궤하고 수레에
멍에를 메어 부렸으나 농사에는 미치지 않았다. 소가 항상 밭두둑에 있었
다면 무왕(武王)이 천하를 평정하고 어찌 삼농(三農)[261]으로 돌려보내지
않고 도림(桃林)으로 풀어 주었겠는가.[262] 『산해경』에는 '후직(后稷)의 자

---

257 소가 흰 송아지를 낳으니 : 『열자』에는 "검은 소가 흰 송아지를 낳았다〔黑牛生白犢〕."라
　　고 하였다.
258 『열자(列子)』, 「설부(說符)」 ; 『논형(論衡)』, 「복허(福虛)」 ; 『회남자(淮南子)』, 「인간훈
　　(人閒訓)」.
259 『신당서(新唐書)』 권131, 「열전(列傳)」 43, "君所恃在民, 民所恃在食, 食所資在耕, 耕所
　　資在牛, 牛廢則耕廢, 耕廢則食去, 食去則民亡, 民亡則何恃爲君?"
260 주익공(周益公) : 송(宋) 효종(孝宗) 때 주필대(周必大, 1126~1206)를 말한다. 자는 자충
　　(子充). 우승상(右丞相)을 거쳐 제국공(濟國公)에 봉해졌다. 경원(慶元) 초년에 벼슬을
　　그만두고 스스로 평원노수(平園老叟)라 하였다. 저서에 『평원집(平園集)』 200권과 『이노
　　당시화(二老堂詩話)』 1권, 『근체악부(近體樂府)』, 『문충집(文忠集)』, 『성재집(省齋集)』,
　　『옥당잡기(玉堂雜記)』 등 81종이 있다. 시호(諡號)는 문충(文忠)이다.
261 삼농(三農) : 세 가지의 농사. 평지에서 짓는 농사, 산에서 짓는 농사, 소택지(沼澤地)에서
　　짓는 농사를 의미하는데, 농사를 통틀어서 말하는 총칭으로 사용되기도 한다.
262 무왕(武王)이 …… 풀어 주었겠는가 : 무왕(武王)이 강태공(姜太公)의 계책에 따라 상

손이 처음 우경(牛耕)을 시작했다.'²⁶³라고 하였고, 혹은 한나라 조과(趙過)²⁶⁴가 처음으로 우경을 했다고 하는데 모두 틀렸다. 대개 춘추시기 사이에 일어났기 때문에 염경(冉耕)²⁶⁵의 자(字)에 우(牛)를 쓴 것이다."²⁶⁶

유후촌(劉后村)²⁶⁷이 대문진(戴文進)²⁶⁸의 화우(畵牛) 발문에 말했다.

(商)나라를 정벌하여 멸망시키고 나서는, 다시는 전쟁을 하지 않겠다는 의지를 천하에 보이기 위하여 말(馬)은 모두 화산(華山)의 남쪽으로 돌려보내고, 소(牛)는 모두 도림(桃林)의 들판에 풀어 버린 데서 온 말이다(『서경(書經)』, 「무성(武成)」).

263 『산해경』 권13, 「해경(海經)」에 "후직(后稷)이 백곡(百穀)의 씨를 뿌렸으며, 직의 손자 숙균(叔均)이 비로소 소로 밭갈기를 시작했다(后稷是播百穀, 稷之孫日叔均, 始作牛耕)."라고 하였다.

264 조과(趙過) : 한 무제(武帝) 때 수속도위(搜粟都尉)가 되어 대전법(代田法)을 시행했으며, 경운(耕耘)·낙종(落種) 등에 사용되는 농기구를 제작했다.

265 염경(冉耕) : 춘추시대 말 노(魯)나라 사람. 자는 백우(伯牛). 염옹(冉雍)·염계(冉季)와 친족이다. 공자(孔子)의 제자로 공문십철(孔門十哲)의 한 사람이고, 덕행(德行)으로 이름이 났다. 공자가 노나라 사구(司寇)로 있을 때 중도재(中都宰)로 삼았다. 질병에 걸려 위독해지자 공자가 문병을 한 뒤 손을 잡고 슬퍼하면서 "이런 사람에게 이런 병이 걸리다니, 운명이로구나(斯人也間病而有斯疾 命也夫)."라고 말했다. 송나라 진종(眞宗) 대중상부(大中祥符) 2년(1009) 동평공(東平公)에 추봉되었다.

266 주필대(周必大), 『문충집(文忠集)』 권54, 「증씨농기보제사(曾氏農器譜題辭)」; 명(明) 서광계(徐光啟), 『농정전서(農政全書)』 권21, 「농기(農器)」.

267 유후촌(劉后村) : 후촌은 유극장(劉克莊, 1187~1269)의 호이다. 송대(宋代)의 문인. 자는 잠부, 시호는 문정(文定). 진덕수(眞德秀)에게 수학했다. 건양령(建陽令)으로 재직하던 중 시화(詩禍)로 파면을 당한 뒤 20여 년 동안 출사하지 못했다. 환장각학사(煥章閣學士)로 치사(致仕)했다. 시는 만당(晚唐)을 배웠고, 강호시파(江湖詩派)를 대표했다. 저서에 『후촌선생대전집(後村先生大全集)』이 있다.

268 대문진(戴文進) : 문진은 명나라 선종제(宣宗帝) 때의 화가 대진(戴進)의 자이다. 호는 정암(靜庵). 처음에 이당(李唐)·마원(馬遠)·하규(夏珪) 등 남송(南宋)의 원체수화(院體水畵)를 배워 출발하였으나, 점차 독자적인 화법으로 산수화에 뛰어난 솜씨를 나타냈다. 산수 외에도 신상(神像)·인물·동물·식물 등 모든 화제를 취급하였다. 대표작에 「춘동산수도(春冬山水圖)」, 「춘유만귀도(春遊晚歸圖)」 등이 있다.

"조패(曹霸)[269]와 한간(韓幹)[270]은 소와 말을 그려 개원(開元)의 천자를 만났고, 최백(崔白)[271]은 영모화(翎毛畵)를 그린 화공으로 희녕(熙寧)에서 대조(待詔)했고, 역원길(易元吉)[272]은 소와 원숭이를 그려 광요(光堯)[273]의 시를 하사받았으나 대문진의 소는 비록 미묘하지만 임금의 칭찬은 받지 못했다. 만일 우리들이 시골에 사는 사람들이 아니었다면, 이 흑모단(黑牡丹)[274]은 아마 누구도 짐작조차 못하였을 것이다."

『설문』에 "소는 큰 동물이다. 천지의 수는 견우성에서 일어난다. 그러므로 물(物)자는 우(牛)자를 따른다."

진랍국(眞臘國 : 캄보디아 지방)의 풍속은 소를 죽이지 않고 죽으면 썩

---

269 조패(曹霸) : 위(魏)나라 무제(武帝) 즉 조조(曹操)의 후손으로 그림을 잘 그렸다. 그의 유명한 그림 솜씨를 읊은 두보(杜甫)의 시가 있다(『두소릉시집(杜少陵詩集)』 권13, 「단청인(丹靑引)」).

270 한간(韓幹) : 당(唐) 현종(玄宗) 때 사람으로 인물화(人物畵)와 말의 그림을 잘 그렸다. 처음에는 조패(曹霸)를 사사(師事)하였으나 뒤에 스스로 일가(一家)를 이루어 독보적 존재가 되었으며, 「옥화총(玉花驄)」, 「조야백(照夜白)」 등의 말 그림이 특히 유명하다(『상우록(尙友錄)』).

271 최백(崔白) : 북송의 화가. 자는 자서(子西). 연지도(蓮池圖)와 화죽도(花竹圖)·영모도(翎毛圖)를 장기로 하고, 도석인물화(道釋人物畵)와 불화(佛畵)도 잘 그려 이름이 높았다. 신종(神宗) 희녕(熙寧)에 화원예학으로 임명했을 때 보직은 받지 않고 화원과의 관계는 유지하면서 작품을 그렸다.

272 역원길(易元吉) : 송나라 때의 화가. 자는 경지(慶之). 형호(荊湖) 지역을 유람하면서 고전과 자연을 연구하였다. 자신이 살던 장사(長沙)에 농장과 연못을 꾸며 매화·국화·대나무 등을 심고 물새와 산짐승 등을 기르면서 그것을 관찰하여 그림으로써 독보적인 경지에 이르렀다 한다. 특히 원숭이 그림에 뛰어났다. 영종(英宗)의 부름으로 궁정에서 그림을 그렸다.

273 광요(光堯) : 송 고종(高宗)의 존호(尊號).

274 흑모단(黑牡丹) : 자흑색의 모란꽃을 말하는 것인데 소의 아명(雅名)으로 쓰인다.

어 문드러지기를 기다린다. 살아서는 그 힘을 이용하고 죽어서는 차마 그 고기를 먹지 못한다고 말한다.[275]

임금은 무고하게 소를 죽이지 않는다. 그러므로 좌씨(左氏)는 제나라의 제도를 기록하면서 "공선(公膳)[276]은 매일 닭이 두 마리씩이다."라고 하였다. 시인의 말에 빈객의 자리를 베푸는 것은 토끼 대가리와 삶은 자라 종류에 지나지 않는다고 말했으니, 옛사람이 육생(六牲)[277]을 소중하게 여긴 것이 이와 같다.[278]

입춘에 토우(土牛)[279]를 만들고 밭 가는 사람이 대문에 서 있으며 밖에서는 유사(有司)가 단을 만들어 선농(先農)[280]에게 제사를 지내 권농하는 뜻을 보인다.

---

275 원(元) 주달관(周達觀), 『진랍풍토기(眞臘風土記)』, 「주수(走獸)」, "牛甚多, 生不敢騎, 死不敢食, 亦不敢剝其皮, 聽其腐爛而已. 以其與人出力故也, 但以駕車耳."

276 공선(公膳) : 대궐에서 대신에게 공적으로 먹이는 식사를 말한다. 『좌전(左傳)』, 「양공(襄公)」 28년조에 "공선은 매일 닭이 두 마리씩이다〔公膳日雙雞〕."라고 하였다.

277 육생(六牲) : 희생(犧牲)으로 쓰는 여섯 가지의 가축(家畜). 곧 소·말·양·돼지·개·닭.

278 고염무(顧炎武), 『일지록(日知錄)』 권6, 「육생(六牲)」, "國君無故不殺牛, 大夫無故不殺羊, 士無故不殺犬豕, 而用大牲則卜之, 以求其吉. 故左氏載齊國之制, 公膳止于雙雞. 而詩人言賓客之設不過兔首炰鱉之類. 古人之重六牲也如此."

279 토우(土牛) : 흙으로 만든 소. 옛날 입춘 날에 토우를 만들어 멍에를 씌우고 채찍으로 때리면서 관청 뜰에서 밭 가는 시늉을 하며 풍년을 기원하던 풍속이 있었다. 조정에서는 입춘일에 영춘식(迎春式)을 거행할 때, 백성들에게 권농(勸農)하는 뜻으로 이 토우에게 제(祭)를 지냈다 한다.

280 선농(先農) : 최초로 백성에게 농사를 가르친 신농씨(神農氏)를 이름이다. 신농씨(神農氏)와 농사일을 맡아보았다는 후직씨(后稷氏)를 제사하는 것을 신농제라 하며 나라에서 거행하는 제례(祭禮)의 하나로, 경칩(驚蟄) 뒤에 오는 첫 해일(亥日)에 선농단(先農壇)에서 지낸다.

말〔馬〕, 나귀〔驢〕

의씨(儀氏)의 굴레, 중백씨(中帛氏)의 입과 이빨, 사씨(謝氏)의 입술과
갈기, 정씨(丁氏)의 몸집 모두 말의 상을 보는 방법이다.[281]

『주례(周禮)』에, "원잠(原蠶)[282]을 금한다."[283]라고 했는데, 풀이하는
자가 "원(原)이란 거듭함이다."라고 하였다. 천문에 진(辰)은 말이 되고
잠(蠶)은 용의 정기가 된다고 하였으니, 누에와 말은 기가 같아서 사물
이 두 가지가 함께 번성할 수는 없다. 그러므로 누에를 거듭 치는 것을
금한 것은 아마도 말에 해가 되기 때문일 것이다.[284]

일찍이 『주례』를 읽었는데 주공(周公)이 마정(馬政)의 절실함에 유의
한 것을 알겠다. 나라의 정사를 관장하는 것은 사마(司馬)가 하는 것인
데, 대개 일이 이보다 급한 것이 없음을 경계하여 보였다. 그것에 속한
것은 교인(校人)을 두어 왕의 육마를 관장하고 유인(庾人)을 두어 왕의
열두 개의 마구간을 관장한다. 취마(趣馬 : 말을 기르는 관원)는 그 말의
질병을 치료하고 그 가치를 평가하며, 목사(牧師)는 그 땅을 관장하고,
위사(圉師)는 그 교육을 주로 하고, 원인(圉人)은 그 노역을 함께하니 주
관(周官) 삼백 가지가 간략하다고 할 수 있다. 그러나 다만 말에 관직을
설치했으니 만약 법을 세운 것이 많고 성인이 중요하게 여기는 바가 자
세하였다면 모두 알았을 것이다. 백성에게 취한 것에 이르러서는 6천

---

281 『후한서(後漢書)』 권24, 「마원열전(馬援列傳)」, 〈상동마식표(上銅馬式表)〉.
282 원잠(原蠶) : 1년에 누에를 두 번 치는 것.
283 『주례』, 「하관(夏官)」, 〈마질(馬質)〉.
284 『태평어람(太平御覽)』, 「자산부(資産部)」 5, 〈잠(蠶)〉.

400정(井)의 땅에서 백승(百乘)의 말을 내었으니 쌓인 수를 헤아리면 참으로 이루 말할 수 없는 수라 할 것이다. 그러나 희녕(熙寧) 연간의 보마법(保馬法)[285]이 간략한 것은 아니다.

사람은 말을 타고 천하를 다스린다. 왕은 말에 오른다.[286] 그러므로 그 글자가 왕으로 말을 삼는다.[287]

홍무(洪武) 4년(1371) 촉 명승(明昇)[288]이 귀주(貴州) 양용(養龍)의 구덩이에서 나온 신마를 바치면서 안장을 올리지 않았다. 상이 말하기를 "하늘이 낳은 영물은 반드시 신사(神司)가 있어야 한다." 하였다. 태상에게 명하여 마조(馬祖)를 제사 지내고 오래 지나 점차 길이 들었다. 황제가 그 말을 타고 청량산에 저녁달을 보러 가서 비월봉(飛越峯)이라는 이름을 내려 주었다.[289]

---

285 보마법(保馬法) : 백성에게 조합(組合)을 설치하게 하고 말 기르기를 원하는 보정(保丁)에게 관마(官馬)를 주고 해마다 그 발육 정도와 죽고 병든 것을 조사하여 5등급으로 나누어 보상하게 하는 법. 왕안석(王安石) 신법(新法) 중의 한 가지.

286 왕은 말에 오른다 : '王者駕馬'로 본문에 없다. 『천중기』 등에 근거해서 보충했다.

287 명(明) 진요문(陳耀文), 『천중기(天中記)』 권55, 「마(馬)」 ; 『어정연감유함(御定淵鑑類函)』 권434, 「수부(獸部)」 5, 〈마(馬)〉.

288 촉 명승(明昇, 1355~1393) : 본관은 서촉(西蜀). 하(夏)나라 왕 옥진(玉珍)의 아들. 명(明)나라 태조(太祖) 때 촉(蜀)을 근거지로 대하(大夏)를 세웠다가 항복하여 귀의후(歸義侯)에 봉해졌다. 1372년(공민왕 21) 남녀 28명과 함께 고려에 귀화, 이듬해 총랑(摠郎) 윤희종(尹熙宗)의 딸과 결혼하여 개경에서 살았다. 조선 태종 때 화촉군(華蜀君)에 봉해지고, 충훈세록(忠勳世祿)을 하사받았다. 죽은 뒤 연안(延安)에 사당이 세워졌다. 고려 공민왕(恭愍王) 21년(1372) 5월에 명 태조가 우리나라로 보내어 안치(安置)하였다(『동사강목(東史綱目)』 권15).

289 『명사(明史)』 권50, 「길례(吉禮)」 4, 〈마신(馬神)〉.

한나라 관의(官儀)에 천자는 말 여섯 필, 제후는 다섯 필, 태수도 다섯 필을 썼다.

봄에는 마조(馬祖)[290]에게 제사 지내고, 여름에는 선목(先牧)[291]에게 제사 지내고, 가을에는 마사(馬社)[292]에게 제사 지내고, 겨울에는 마보(馬步)[293]에게 제사 지낸다.[294][295]

천자는 열두 개의 한(閑)이 있다. 한은 하나의 마구간에 말 216마리가 건(乾)의 책수에 응하게 한 것이다. 여섯 개의 구(廐)가 교(校)가 되는데 다섯 마리의 좋은 말과 한 마리의 노둔한 말이니 이것을 소비(小備)라고 한다. 교에는 좌우가 있으니 한이 열두 개가 되는 것은 달〔月〕의 도에 부합하는 것이다. 노둔한 말과 좋은 말의 수는 모두 3천4백5십6 이니 이것을 대비(大備)라고 한다.[296]

---

290 마조(馬祖) : 천사(天駟) 방성(房星)의 신을 말한다.
291 선목(先牧) : 처음으로 말을 먹여 기른 사람을 말한다.
292 마사(馬社) : 처음으로 말을 탄 사람을 배향한 곳, 또는 마구(馬廐)의 신을 말한다.
293 마보(馬步) : 말의 돌림병〔馬疫〕을 맡는 마신(馬神)의 이름이다.
294 『주례(周禮)』, 「하관사마(夏官司馬)」.
295 나라에서 지내는 제사는 대사(大祀)·중사(中祀)·소사(小祀)로 구분하는데, 대사는 종묘(宗廟)·영녕전(永寧殿)·사직(社稷)에 지내는 제사이고, 중사는 풍운뇌우(風雲雷雨)·악(嶽)·해(海)·독(瀆) 및 공자(孔子)의 사당과 역대 시조(始祖)에게 지내는 제사이고, 소사는 마조(馬祖)·선목(先牧)·마사(馬社)·마보(馬步)·영성(靈星)·노인성(老人星)·명산(名山)·대천(大川) 등에 지내는 제사이다(『대전회통(大典會通)』, 「예전(禮典)」).
296 장열(張說), 「대당개원십삼년농우감목송덕비(大唐開元十三年隴右監牧頌德碑)」.
장열(張說) : 당나라 낙양(洛陽) 사람. 자(字)는 도제(道濟)·열지(悅之). 연국공(燕國公)에 봉해졌다. 현종(玄宗) 때 당시의 권신(權臣)인 요숭(姚崇)의 모함을 받아 악주(岳州)로 쫓겨났다가 얼마 뒤에 복관(復官)되었다. 문장에 뛰어나 허국공(許國公) 소정(蘇頲)과 함께 이름을 나란히 하여 연허대수(燕許大手)라고 칭해졌다. 『양사공기(梁四公記)』,

진(秦)나라의 견수(汧水)는 멀리 아득한데 아직도 비자(非子)[297]의 기풍이 생각난다. 노나라 들판은 구차하지만 오히려 사극(史克)의 송(頌)[298]은 전해진다.

세상에 어찌 천리마가 없겠는가, 사람들 중에서 구방고(九方皐)[299]를 얻기 어렵다.[300]

반드시 그 땅을 가려야 수초가 아름답고 바람의 기운이 차면 말의 힘

『규염객전(虯髯客傳)』 등을 지었다.

297 비자(非子) : 주나라 효왕(孝王)의 신하로 말을 잘 길렀다. 이름은 성보(成父), 비자(飛子)라고도 한다. 견수(汧水)와 위수(渭水) 사이에서 말을 길러 많이 번식시켜 효왕이 부용읍(附庸邑)인 진(秦)나라에 봉해 주고, 군사를 출정시킬 때는 반드시 먼저 말 맡은 귀신에게 제사 지냈다고 한다.

298 사극(史克)의 송(頌) : 사관(史官)인 사극(史克)이 노희공(魯僖公)이 말을 잘 기르는 것을 찬미한 『시경』, 「노송(魯頌)」, 〈경(駉)〉편을 말한다. 그 마지막에 "다른 삿된 생각이 하나도 없이, 말은 그저 힘차게 앞으로 치달리네〔思無邪, 思馬斯徂〕."라는 구절이 있어 「사무사송(思無邪頌)」으로 일컬어지기도 한다.

299 구방고(九方皐) : 춘추시대 진(秦) 목공(穆公) 때 말을 잘 알아보던 사람. 구방(九方)은 성이고 고(皐)가 이름이다. 구방고가 백락(伯樂)의 추천을 받고서 목공(穆公)을 위하여 천리마를 찾아낸 다음 '색깔이 노란 수컷〔牡而黃〕'이라고 하였는데, 정작 목공이 보니 '색깔이 까만 암컷〔牝而驪〕'이었으므로 의심을 하면서 백락을 책망하자, 백락이 탄식하면서 "그는 말의 안에 들어 있는 본질적인 능력만을 볼 뿐, 바깥에 드러나 있는 모양이나 색깔은 보지 않기 때문에 그렇게 된 것이다."라고 찬탄을 했던 고사가 있다(『열자(列子)』, 「설부(說符)」).

300 황정견(黃庭堅), 『산곡집(山谷集)』, 「과평거회이자선시재병주(過平輿懷李子先時在並州)」.
황정견(黃庭堅, 1045~1105) : 송나라 후기의 시인. 호는 산곡(山谷). 소식의 문하생 중 최고로 꼽혔다. 두보(杜甫)를 종주(宗主)로 하며 도연명(陶淵明)·이백(李白)·한유(韓愈)·서곤파(西崑派)와 왕안석(王安石)·소식(蘇軾) 등의 송시(宋詩)를 집대성한 강서시파(江西詩派)의 비조(鼻祖)이다.

은 굳세어지니, 주나라의 견수(汧水)와 위수(渭水) 지역, 당나라의 농우(隴右)와 같은 곳이 그러한 땅이다. 반드시 그 알맞은 사람을 얻으면 춥고 더운 때 음식에 절도가 있어 말의 성질이 적합하다. 주나라의 비자(非子), 당나라의 모중(毛仲)[301]과 같은 사람이 그러한 사람일 것이다.

구씨(丘氏)가 말했다. "땅을 잘 가려 기르고 알맞은 사람을 얻어 잘 자라게 하니, 공격하는 데 사용하면 바람과 우레가 진동하는 것 같고 물건을 맡겨 지키게 하면 범과 표범이 산에 있는 것 같다. 장차 회흘(回紇)[302]이 말에서 내려 굽실거리고 절하는 것을 알게 되면 호인은 감히 남하하지 못하고 부견(符堅)[303]은 철기의 말을 길렀으니 이로부터 북맥(北貊)의 효기(梟騎 : 강한 기병(騎兵))가 꺾이고 무너졌으며, 이로부터 내조(來助)가 있게 되었다."

제나라 환공(桓公)이 고죽을 정벌하고 돌아가다가 길을 잃자 관중이 말했다. "늙은 말의 지혜가 쓸 만합니다."[304]

---

301 모중(毛仲) : 당나라 현종(玄宗) 때 왕모중(王毛仲)을 말한다. 미천한 출신으로 말을 잘 길러, 현종이 황태자로 있을 당시에 동궁(東宮)의 낙타·말·매·사냥개 등을 맡았다. 현종이 즉위한 뒤에 대장군에 임명되고 곽국공(霍國公)에 봉해지기까지 하였으나 교만을 부리다가 자결하라는 명을 받고 목을 매어 죽었다.
302 회흘(回紇) : 종족의 이름으로, 외올아(畏兀兒)·회골(回鶻)이라고도 한다. 본디 흉노족의 후예로, 돌궐족에 복속되었다. 당나라 때 이르러 비로소 회흘이라 칭하였으며, 송나라와 원나라 때에는 외올아(畏兀兒)라 칭하였으며, 천산(天山) 남로(南路)의 지역에 거주하였다.
303 부견(符堅) : 전진(前秦)의 군주(君主). 처음엔 왕맹(王猛)을 등용하여 세력을 떨치다가 진(晉)에게 망하였다.
304 『한비자(韓非子)』, 「설림(說林)」 상, "春秋時, 齊桓公伐孤竹, 迷失歸途. 管仲說 : 老馬之智可用也. 乃放老馬而隨之, 遂得道."

황제(黃帝)는 소를 부리고 말을 탔는데 무거운 것은 끌어오고 먼 곳에 이르게 하여 천하를 이롭게 했다.[305] 무왕(武王)은 말을 놓아주고 소에 발굽을 붙여 무(武)를 그만두고 문(文)을 닦아 천하에 보였다.[306]

노희공(魯僖公)은 농사에 힘쓰고 곡식을 중시하여 먼 들에서 말을 놓아 먹였다. 위문공은 마음가짐이 성실하고 깊으며 7척이나 되는 키 큰 암말도 3천 마리가 되었다.[307]

당나라는 적수(赤水)의 언덕에 방(坊)을 만들어 장만세(張萬歲)[308]에게 명하여 번식하도록 하니 60만 필에 이르렀다.[309]

한나라 사람은 백성이 길러서 관에서 사용했고, 당나라 사람은 관에서 길러서 백성들에게 공급했고, 송나라는 융적(戎狄)에게 사들였다. 명나라는 전대의 제도를 겸용하여 국내에서는 백성들이 길렀고 국외에서는 관에서 길렀다. 또한 다마(茶馬)[310]를 설치하였으니 이것이 바로 오랑캐에게 사들이는 것이다.[311]

---

305 『주역(周易)』, 「계사(繫辭)」 하, "服牛乘馬, 引重致遠, 以利天下."
306 『상서(尙書)』, 「무성(武成)」, "厥四月, 哉生明, 王來自商, 至于豊. 乃偃武修文, 歸馬于華山之陽, 放牛于桃林之野, 示天下弗服."
307 『예문유취(藝文類聚)』 권93, 「수부(獸部)」 상, 〈마(馬)〉.
308 장만세(張萬歲) : 당나라 태종 때의 유명한 목축가.
309 『전당문(全唐文)』 권361, 극앙(郤昂), 「기빈경영사주팔마방송비(岐邠涇寧四州八馬坊頌碑)」.
310 다마(茶馬) : 다마사(茶馬司), 송대 관청의 하나로서 다(茶)와 서역 말을 교역하는 일을 맡아보았다.
311 구준(邱濬), 『대학연의보(大學衍義補)』 권125, 「목마지정(牧馬之政)」 하.

송나라 고종은 말의 발소리를 듣고 그것이 좋은 말인지를 알아냈다.[312]

우리나라 제주는 옛날의 탐라국이니 신라 때부터 조정에 귀속되었다. 원나라 세조는 방성(房星)[313]의 분야로 여겨 잘 달리는 말 암수를 풀어 놓아 목장을 만들었는데 지금에 이르기까지 좋은 말이 생산되어 매해 오백 필의 공물을 바친다.

제오륜(第五倫)[314]은 회계태수(會稽太守)가 되어 몸소 꼴을 베어 말을 길렀다. 군자는 사치하여 윗사람을 범하지 않고 검소하여 아랫사람을 핍박하지 않는다. 어찌 존귀한 자리에 있는 사람이 천리 먼 곳에 가서 말먹이꾼과 같아질 수 있겠는가?[315]

한나라 영제(靈帝)는 나귀를 타고 다녔는데 공경들도 따라 했다. 나귀는 야인(野人)들이 사용하는 것인데 어찌 제왕이나 군자의 곁에서 모시고 타는 일이 있는가? 나라가 다시 크게 어지러워졌으니 집정자가 모두 나귀와 같았던 것이다.[316]

----

312 『속자치통감(續資治通鑑)』 권118, 「송기(宋紀)」.
313 방성(房星) : 28수(宿) 중의 하나, 창룡칠수(蒼龍七宿)의 네 번째 별. 천사(天駟) 또는 방사(房駟)라고도 한다. 말이 방성(房星)의 정기를 받고 태어나서 명마가 된다고 한다(『송사(宋史)』 권50, 「천문지(天文志)」 3).
314 제오륜(第五倫) : 후한 때의 정승. 경조(京兆) 장릉(長陵) 사람. 자는 백어(伯魚). 선조는 전국시대의 전(田)씨로 서한 원릉으로 이주한 뒤 모두 다섯 번 옮겼다 해서 제오씨가 되었다. 광무(光武) 연간에 효렴(孝廉)으로 천거되어 회계태수(會稽太守)를 지냈다. 재직하면서 무축(巫祝)을 금지하고 밭갈이하는 소를 도살하는 것을 막아 백성들이 편안하게 생업에 종사할 수 있었다. 장제(章帝)가 즉위하자 사공(司空)에 발탁되었는데, 법 집행이 매우 엄격하였으며 관료로서 사심이 없고 청렴하다는 칭찬을 들었다.
315 『후한서(後漢書)』 권41, 「반표열전(班彪列傳)」.

왕안석(王安石)이 물러나 종산(鍾山)에 살면서 오로지 나귀만 타고 다녔다. 어떤 사람이 견여(肩輿)[317]를 권하자 왕안석이 말하기를 "예로부터 왕공이나 귀인은 비록 법도가 아니더라도 감히 사람을 가축으로 대신하지 않는다."라고 하였다.

316 『후한서(後漢書)』, 「오행지(五行志)」 13.
317 견여(肩輿) : 두 사람이 앞뒤에서 메는 간단한 가마.

19 양(羊)과 돼지[豕]

복식(卜式)[318]이 양을 기르니 양이 매우 살지고 아름다워서 황제가 이유를 물으니 복식이 대답했다. "유독 양만 그런 것이 아닙니다. 백성을 다스리는 것도 또한 이와 같으니 악한 것은 바로 제거해서 무리에 위해가 되지 않도록 해야 합니다."[319]

송 인종은 일찍이 양고기를 먹고 싶은 생각에 잠이 오지 않았다. 시신(侍臣)이 말하기를 "어찌하여 구해 오라 하지 않으십니까?"라고 하자 임금이 말하기를 "이로부터 밤중에 도살하여 때 아닌 공급에 대비할 것이니 어찌 하루 저녁의 시장기를 참지 못해 한없이 죽이는 길을 열겠는가."라고 하였다.[320]

양웅이 말했다. "양의 몸에 범의 가죽을 씌워 놓았으니 풀을 보면 기뻐하고 표범을 만나면 두려워 떤다. 그 가죽이 범이라는 것을 잊은 것이다."[321]

양을 훔친 자가 있었는데 그 머리는 진(晉)나라 숙향(叔向)[322]에게 보

---

318 복식(卜式) : 한(漢)나라 때 사람. 양을 길러 부자가 된 후 많은 재산을 내놓아 무제(武帝)의 변방 경영을 돕고 빈민을 구제하여 그 공로로 어사대부(御史大夫)까지 되었다(『한서(漢書)』 권58).

319 『한서(漢書)』, 「복식전(卜式傳)」.

320 『사실유원(事實類苑)』, 「조종성훈(祖宗聖訓)」 4, 〈인종황제(仁宗皇帝)〉 1.

321 『법언의소(法言義疏)』 권4, 「오자(吾子)」.

322 숙향(叔向) : 춘추시대 진(晉)나라의 현자(賢者). 성은 양설(羊舌), 이름은 힐(肹) 또는 숙힐, 숙향은 자(字)이다. 평공(平公) 때 교육계(敎育係)로 벼슬했다. 『춘추좌씨전(春秋

---

318 ● 순암 안정복의 만물유취

내자 그의 어머니가 매장하고 먹지 않았다. 삼 년 뒤에 양을 훔친 일이 밝혀져서 숙향의 집으로 추포하러 왔다. 양을 조사하니 뼈와 살은 다 없어졌는데 오직 혀만 남아 있어 나라 사람들이 모두 기이하게 여기고 양설(羊舌)로 족(族)을 삼았다.[323]

「춘추설제사(春秋說題辭)」에 두성(斗星)이 때때로 정기가 흩어져 돼지가 되니 4월에 태어나는 것은 천시에 응하는 것이다.[324]

左氏傳)』에서는 법가(法家)사상의 선구를 이룬 자산(子産)과 대비하여 유가(儒家)사상의 전통적인 담당자로 군자(君子)라 했다. 제(齊)나라의 안영(晏嬰), 오(吳)나라의 계찰(季札), 정(鄭)나라의 자산과 함께 당대의 대표적인 현인으로 불렸다.

[323] 『예문유취(藝文類聚)』 권94, 「수부(獸部)」 중, 〈양(羊)〉.

[324] 『초학기(初學記)』 권29.
『초학기(初學記)』: 당(唐)나라의 서견(徐堅) 등이 편찬한 유서(類書: 일종의 백과사전). 30권. 고금(古今)의 시문(詩文)을 전거(典據)로 하여, 23부 313항목으로 분류·배열하였다.

20 개〔犬〕, 닭〔鷄〕

"임금의 문이여, 아홉 겹이나 되는구나. 사나운 개가 으르렁거리며 사람을 맞아 짖어댄다."³²⁵ 양억(楊億)³²⁶이 말했다. "대신(大臣)은 사나운 개가 되어 사람을 맞아 물어뜯으니 도가 있는 선비가 쓰이지 않는 까닭이다."³²⁷

송나라 황우(皇祐)³²⁸ 중에 시어사(侍御史) 송희(宋禧)가 청하기를 궁중에서 나강(羅江)의 개를 기르면 뜻밖에 생기는 일에 대비가 될 것이라고 하였다. 임금이 말하기를 "병사 백만을 길러 오랑캐를 위의로 제압하는 것인데 오히려 뜻밖에 생기는 일을 걱정하다니 경이 기르게 하려는 것은 말할 게 못된다."라고 하였다. 조영숙(曹穎叔)이 "조정에서 하는 말은 개나 말 같은 미천한 것에는 미치지 않는다."³²⁹라고 말하니 송희는 쫓겨났다.³³⁰

---

325 『초사(楚辭)』 권6, 「구변(九辯)」, "君之門以九重, 猛犬狺狺而迎吠兮."
「구변(九辯)」: 상고 때부터 전해 오는 악장(樂章) 이름으로 구가(九歌)와 더불어 우임금의 음악이라고 한다. 여기서는 전국시대 초나라 시인 송옥(宋玉)이 그 이름을 빌려 스승인 굴원(屈原)이 임금에게 충성을 바치고도 쫓겨난 처지를 가을이 되어 영락하는 초목에 빗대어 한탄한 작품을 말한다. 모두 아홉 편으로 구성되어 있다.
326 『한비자』에는 양청(楊靑)으로 되어 있다. 양억(楊億)은 송나라 사람으로 한림학사를 지냈고, 문장으로 일찍부터 인정받아 국사 편수에 여러 차례 참여한 인물이다(『송사(宋史)』 권305, 「양억열전(楊億列傳)」).
327 『한비자(韓非子)』, 「외저설우상(外儲說右上)」.
328 황우(皇祐): 송나라 인종(仁宗) 때의 연호로 1049년부터 1053년까지이다.
329 조정에서 하는 말은 …… 미치지 않는다: 『예기(禮記)』, 「곡례(曲禮)」 하, 2, "言朝言不及犬馬."
330 북송(北宋) 위태(魏泰), 『동헌필록(東軒筆錄)』 권12.

양주(楊朱)의 아우 포(布)는 흰 옷을 입고 나갔다가 검은 옷을 입고 들어오니 개가 짖었다. 양포가 개를 때리려 하니 양주가 말했다. "개를 때리지 말라. 흰 것이 나갔다가 검어져서 돌아오니 괴이하지 않을 수 있겠는가?"[331]

『여씨춘추』에 말했다. "제(齊)나라에 개의 관상을 잘 보는 사람이 있었다. 그의 이웃 사람이 쥐를 잡으려고 개를 샀는데 몇십 년 동안 쥐를 잡아먹지 않았다. 관상을 보는 사람이 말하기를 '이 개는 뜻이 노루나 사슴 같은 산짐승에 있지 쥐에 있지 않으니 쥐를 잡아먹게 하려면 차꼬를 채워야 한다.'라고 하였다. 마침내 뒷발에 차꼬를 채우자 개는 쥐를 잡았다."[332]

한탁주(韓侂胄)[333]가 일찍이 남원산장(南原山莊)을 지나다 대나무 울타리를 두른 초가집을 살펴보고 말했다. "여기에는 참으로 시골집의 기상이 있구나. 다만 개 짖는 소리와 닭 우는 소리가 빠졌구나." 조금 뒤에 수풀 사이에서 개 짖는 소리가 들려서 돌아보니 바로 사역(師睪)[334]이었다.[335]

---

331 『열자(列子)』 권8, 「설부(說符)」; 『한비자』 권8, 「설림(說林)」 하.
332 『여씨춘추(呂氏春秋)』 권26, 「토용론(土容論)」.
333 한탁주(韓侂胄) : 남송(南宋) 때의 정치가. 안양(安陽) 출신. 한기(韓琦)의 증손. 영종(寧宗) 옹립에 공을 세우고 외척으로서 정계에 등장하였으나, 우승상 조여우(趙如愚)와 대립, 그를 참언(讒言)하여 지방으로 유배 보내고, 그가 추천한 주희(朱熹)와 그 학파를 위학(僞學)으로 몰아 추방함으로써 경원(慶元)의 당금(黨禁)을 불러일으켰다.
334 사역(師睪) : 송(宋)나라 조사역(趙師睪)을 말한다. 호는 동장(東墻). 그는 당시에 정권을 잡은 한탁주(韓侂胄)의 애첩(愛妾)들에게 북주(北珠)로 만든 관(冠)을 뇌물로 바치고 벼슬을 구하여 공부시랑(工部侍郎)에 오른 인물이다.

송도종(宋度宗)[336]이 닭 한 마리를 길렀다. 이윽고 사람의 말을 할 줄 알아 도종과 더불어 담론을 나누었는데 매우 조리가 있었다. 도종은 이로 인하여 크게 진보가 있었다.[337]

빈맹(賓孟)[338]이 수탉이 제 꼬리를 물어뜯어 버리는 것을 보고 시자(侍者)에게 물으니 시자가 말하기를 "희생이 될 것을 스스로 두려워하기 때문입니다." 하였다. 빈맹이 말했다. "닭도 그것을 꺼리는데 사람이 등용되는 것이겠느냐?"[339]

흠선사(欽禪師)[340]가 설법을 하면 흰 닭이 항상 설법을 듣고 살아 있는 생명을 먹지 않았다.

---

335 『송사(宋史)』 권247, 「열전(列傳)」 6, 〈종실(宗室)〉 4.
336 송도종(宋度宗): 『예문유취(藝文類聚)』, 『태평어람』, 『몽구(蒙求)』 등의 기록에는 모두 남조(南朝) 때에 진(晉)나라 연주자사(兗州刺史)인 '송처종(宋處宗)'으로 되어 있다.
337 『태평어람(太平御覽)』 권918, 「우족부(羽族部)」 5, 〈계(雞)〉.
338 빈맹(賓孟): 본문에는 '맹빈(孟賓)'으로 되어 있는데 『좌전』에 근거해서 고쳤다.
339 『좌전(左傳)』, 「소공(昭公)」 22년.
340 흠선사(欽禪師): 당(唐)나라의 도흠선사(道欽禪師)를 말하는 것으로 추측된다. 도흠선사가 설법을 하면 토끼가 와서 설법을 듣고, 기르는 닭이 산 것을 먹지 않는 등 여러 가지 이적(異蹟)이 있었다고 한다(『송고승전(宋高僧傳)』 권9).

21 기린(麒麟)[341]

「춘추보건도(春秋保乾圖)」[342]에 말하기를 "세성(歲星)이 흩어지면 기린이 된다."라고 하였다.[343]

기린의 수컷이 우는 것을 유성(游聖)이라 하고, 암컷이 우는 것을 귀화(歸和)라 하고, 여름에 우는 것을 부요(扶幼)라 하고, 가을에 우는 것은 양수(養綏)라고 한다.[344]

기린이 기린이 되는 까닭은 덕 때문이지 형벌 때문이 아니다. 만약 기린이 성인을 기다리지 않고 나타나면 그것을 상서롭지 못하다고 하는 것도 또한 마땅하다.[345]

서릉(徐陵)[346]의 나이가 두어 살 되었을 때 고승 보지(寶誌)[347]가 그의 정수리를 어루만지면서 말하기를, "천상의 석기린(石麒麟)이로구나."라고 하였다.[348]

---

341 기린(麒麟) : 수컷을 기(麒)라 하며 암컷은 린(麟)이라 한다〔牡曰麒, 牝曰麟〕(장읍(張揖), 『광아(廣雅)』).
342 「춘추보건도(春秋保乾圖)」 : 한(漢)나라 위서(緯書) 중의 한 편명.
343 『태평어람(太平御覽)』, 「수부(獸部)」 1, 〈기린(麒麟)〉.
344 『태평어람(太平御覽)』, 「수부(獸部)」 1, 〈기린(麒麟)〉.
345 한유(韓愈), 『창려선생집(昌黎先生集)』, 「획린해(獲麟解)」.
346 서릉(徐陵) : 남북조시대의 문인. 자는 효목(孝穆).
347 보지(寶誌, 418~514) : 육조(六朝) 때의 고승(高僧). 보지(寶志) 또는 보지(保志), 보지(保誌)라고도 한다.
348 『남사(南史)』 권62, 「서릉전(徐陵傳)」.

『설원(說苑)』에 기린을 다음과 같이 설명했다. 노루의 몸, 소의 꼬리,
말의 발에 둥근 발굽을 하고 있으며, 뿔이 하나인데 뿔 위에 살이 있
다. 인(仁)을 머금고 의(義)를 품었으며 소리는 율려(律呂)에 맞고 걸음
걸이는 규(規)에 맞고 절선(折旋)은 구(矩)에 맞는다. 땅을 가린 뒤에
밟고 자리를 고르게 한 뒤에 처하며 무리를 짓지 않으며 떠돌아다니지
않는다.[349]

　　설종(薛綜)[350]이 말했다. "아름답구나. 기린이여! 오직 들짐승의 우두
머리이다. 덕으로 몸을 지키고 어금니와 뿔을 드러내지 않는구나."[351]

　　송나라 태종(太宗)[352]이 남주(嵐州)의 기린[353]을 후원에서 기르면서
말했다. "사시가 조화를 이루는 것이 으뜸이 되니 상서롭고 기이한 짐승
은 무익하다." 방주(坊州)의 기린[354]을 중원에 기르면서 말했다. "백성을
편안히 하는 것이 으뜸이 되니 상서로운 새와 짐승으로 어찌 충분하겠
는가?"[355]

---

349 『설원(說苑)』 권18, 「변물(辨物)」.
350 설종(薛綜) : 삼국시대 오(吳)나라 사람. 자는 경문(敬文). 저서에는 『시부잡론(詩賦雜
論)』 등이 있다.
351 『예문유취(藝文類聚)』 권98, 「상서부(祥瑞部)」 상, 〈린(麟)〉.
352 태종(太宗) : 북송(北宋)의 제2대 황제(재위 976~997).
353 남주(嵐州)의 기린 : 983년 남주(嵐州)에서 일각수(一角獸)를 바쳤는데, 서현(徐鉉)이
기린[麟]은 천하통일의 상서라고 말하자 송 태종은 진기한 금수는 정사에 무익하다면서
후원에서 기르도록 하고 외부로 선포하지 않았다.
354 방주(坊州)의 기린 : 986년 방주(坊州)에서 일각수(一角獸)를 바쳤는데 근신(近臣)들이
지난번 남주(嵐州)에서 진상한 것은 암 기린[麟]이고 이것은 수 기린[麒]이라 하여
나라 안밖에 선포하기를 청했으나 태종은 역시 허락하지 않고 원중(苑中)에서 기르도록
했다.

기린의 외뿔은 해내(海內)가 다함께 주인을 하나로 함을 밝힌다.[356]

구문충(歐文忠)[357]이 말했다. "기린은 사람을 멀리하는 짐승이다. 노나라 애공이 사냥을 나가서 찾아내어 잡은 것이지 그 스스로 나타난 것은 아니다. 기린을 잡았다고 기록하여[358] 기롱하였다."[359]

355 임경(林駉), 『고금원류지론(古今源流至論)』 전집(前集) 권5, 「재상(災祥)」.
   임경(林駉): 송나라 사람. 자는 덕송(德頌). 저서에 『고금원류지론(古今源流至論)』, 『황감전후집(皇鑑前後集)』 등이 있다.
356 『춘추감응부(春秋感精符)』. 『춘추감응부』는 한대(漢代) 참위서(讖緯書)로 망실되어 전하지 않는다.
357 구문충(歐文忠): 문충은 구양수(歐陽脩)의 시호이다.
358 기린을 잡았다고 기록하여: 공자가 『춘추』에 '서수획린(西狩獲麟)'이라고 쓴 것을 말한다.
359 구양수(歐陽修), 『신오대사(新五代史)』 권63, 「전촉세가(前蜀世家)」 3.

22 봉황(鳳凰)

황제(黃帝)가 은혜를 베풀고 덕을 닦아 천하가 화평한데도 봉황이 나타나지 않자 천로(天老)를 불러 물으니, 천로가 대답했다. "머리에는 덕을 이고, 목에는 의(義)를 걸고, 등에는 인(仁)을 지고 있습니다. 반드시 목을 늘이고 날개를 떨쳐 날아오르니 오색이 갖추어집니다. 노니는 데는 반드시 장소를 가리고 굶주려도 함부로 내려앉지 않습니다." 황제가 이에 중궁(中宮)에서 재계하니 봉황이 해를 가리며 이르렀다.[360]

양웅이 말했다. "군자는 다스려짐에 있어서 봉황과 같고, 어지러워짐에 있어서도 봉황과 같다."[361]

닭의 머리,[362] 뱀의 목, 제비의 턱, 거북의 등, 물고기의 꼬리 다섯 가지 채색을 하고 높이가 6척에 이른다.[363]

다섯 가지 덕(德)과 여섯 가지 상(像)을 지녔다.

소호(少昊)는 기관(紀官)을 두었고,[364] 황제(黃帝)는 조율력(調律曆)을 만들었다.[365]

---

360 『태평어람(太平御覽)』, 「우족부(羽族部)」 2, 〈봉(鳳)〉.
361 『법언(法言)』 권6, 「문명혹문(問明或問)」.
362 닭의 머리 : 본문에는 '雞頸'이라고 되어 있으나, 『이아』 원문에 의거해서 '雞頭'로 고쳤다.
363 『이아(爾雅)』, 「석조(釋鳥)」, 곽박(郭璞) 주(注).
364 『광운(廣韻)』, 「상평성(上平聲)」, 〈환관(桓官)〉, "官 : 官宦. 『左傳』云 : 黃帝以雲紀官, 炎帝以火紀官, 大皥以龍紀官, 少皥以鳥紀官."

기린의 몸은 신후(信厚)하고 봉황은 치란을 알며 거북은 길흉을 점치고 용은 변화에 능하다. 그러므로 네 가지 신령한 존재라고 말한다.[366]

비록 벽소(璧沼)[367]의 물은 마실 만하지만 다시 예천(醴泉)[368]으로 가고 싶고, 비록 경림(瓊林)[369]은 깃들어 살 만하지만 다시 대숲에서 돌아다니고 싶다.[370]

---

365 『한서(漢書)』 권21, 「상율력지(上律曆志)」 1상, "傳黃帝調律, 漢元年以來用之."
366 송(宋) 위식(衛湜), 『예기집설(禮記集說)』 권56.
367 벽소(璧沼) : 주(周)나라 때의 대학인 벽옹(辟雍)을 빙 두른 연못. 전하여 태학을 가리키는 말로도 쓰인다.
368 예천(醴泉) : 태평시대의 상서(祥瑞)로서 땅에서 솟아나는 단술과 같은 샘물을 말한다.
369 경림(瓊林) : 원명(苑名)으로 경림원(瓊林苑)을 말하는데 문인들이 모이는 곳이다.
370 『전당문(全唐文)』 권177, 왕발(王勃), 「한오루봉부(寒梧棲鳳賦)」.

23 **어별(魚鼈)** 게〔蟹〕, 고래〔鯨〕, 점액어(點額魚)[371]

이천(伊川)이 「양어기(養魚記)」에서 말했다. "예전 성인의 정치에서 금하던 것을 보니, 눈이 촘촘한 그물을 못에 치지 말고, 물고기 꼬리가 한 자를 넘지 않으면 죽이지 않고 시장에서 팔지 않으며 사람이 먹지 않는다고 하였으니 성인의 인함은 사물을 기르고 해치지 않는다. 미물을 잡는 것이 이와 같다면 우리가 삶을 즐기고 그 본성을 따르는 것은 마땅히 어찌하여야 하겠는가." 또 말했다. "처음 놓아주면 넓고 넓어서 물고기는 그 알맞은 곳을 얻은 것이다. 끝내 그것을 보면 애처로우니 내가 마음에서 느끼는 것이다. 나는 강과 바다가 크다는 것을 알아서 충분히 너로 하여금 그 본성을 따르게 할 수 있지만 그 길을 얻지 못하고 한갓 두곡의 물로 너의 목숨을 살린다. 물고기여, 물고기여. 내 마음이 애처롭게 느끼는 것이 어찌 물고기에 그칠 뿐이겠는가."[372]

소동파의 시에 "그대에게 목어(木魚)[373] 삼백 마리를 준다."[374]라고 하였다. 목어라고 말하는 것은 밤에도 눈을 붙이지 않으니 이것으로 수행하는 자가 잠을 잊고 수도하는 것에 비유하였다.[375]

---

371 점액어(點額魚) : 점액은 용문점액(龍門點額)에서 나온 말로 잉어가 용문(龍門)을 올라가려고 도약하다가 오르지 못하고 석벽(石壁)에 이마를 찧는 것을 말하는데, 과거시험에 낙방한 것에 비유한다. 여기에 인용된 기사는 해당 내용이 없다.
372 『이정문집(二程文集)』 권8, 「양어기(養魚記)」.
373 목어(木魚) : 나무를 깎아 물고기 모양으로 만들어 두드려 소리를 내는 불구(佛具)를 말하는데, 종려나무 순〔棕筍〕의 모양이 물고기와 같기 때문에 그 별명으로도 쓰인다.
374 『동파전집(東坡全集)』 권18, 「종순(棕筍)」.
375 『군적일람(群籍一覽)』 권상, 북송(北宋) 유부(劉斧), 「척록(摭錄)」. "僧言木魚者, 魚晝夜不合目, 修行者忘寐修道, 魚可化龍, 凡可入聖."

소망지(蕭望之)[376]가 상주한 말에 "현의 관리가 일찍이 스스로 고기잡이를 하였는데 바다에서 물고기가 나오지 않았습니다. 후에 다시 백성들과 함께하니 물고기가 바로 나왔습니다."라고 하였다.[377]

마른 못에서 고기잡이를 하면 어찌 물고기를 얻지 못하겠는가. 그러나 내년에는 물고기가 없을 것이다.[378]

태공망(太公望)은 태자의 스승인데, 태자가 소금에 절인 어물을 즐겼으나 주지 않으며 말했다. "소금에 절인 어물은 상에 올리지 않는 것입니다. 어찌 예가 아닌 것으로 태자를 기를 수 있겠습니까?"[379]

청전(靑田)[380]의 골짜기는 겨울에도 끓는 듯이 물이 따뜻하여 여러 물고기가 모여드니 어창(魚倉)이라 이름 붙였다.[381]

초나라 사람이 물고기를 왕에게 바치며 말했다. "먹어도 다 없어지지 않고 팔아도 팔리지 않으며 버리자니 아깝기 때문에 와서 바치는 것입

---

376 소망지(蕭望之) : 전한(前漢) 선제(宣帝) 때의 명신(名臣). 자는 장천(長倩). 동해(東海) 난릉(蘭陵) 사람. 벼슬은 태자태부(太子太傅)에 이르렀다. 선제(宣帝)의 유조(遺詔)를 받아 어린 원제(元帝)를 도와 국정을 보좌했으나 후에 석현(石顯) 등의 모함을 받아 독약을 마시고 자살하였다(『한서(漢書)』 권18, 「소망지전(蕭望之傳)」).
377 『한서(漢書)』, 「식화지(食貨志)」 상.
378 『여씨춘추(呂氏春秋)』, 「효행람(孝行覽)」 2.
379 『태평어람(太平御覽)』, 「인개부(鱗介部)」 7, 〈어(魚)〉 상.
380 청전(靑田) : 산 이름으로 밭에서는 푸른 영지가 나고 백학이 사는 곳이라 하여 신선이 산다는 곳을 뜻한다.
381 『태평어람(太平御覽)』, 「거처부(居處部)」 18, 〈창(倉)〉.

니다." 초왕이 말했다. "고기 잡는 사람은 인한 자이다. '부엌에 살찐 고기가 있고 마굿간에 살찐 말이 있고도 백성에게 굶주린 기색이 있다.'라고 하는 것을 과인이 들은 지 오래되었지만 실천하지 못하고 있었다. 고기 잡는 사람이 그것을 알고 나에게 깨우친 것이다." 이에 환과를 구휼하고 고독을 보존하도록 창고의 곡식을 내어 부족한 것을 구제하게 하니 초나라 백성들이 흔연히 크게 기뻐하였다.[382]

당나라 중종이 사자를 보내 강회(江淮)에 가서 어별을 사들여 놓아주도록 하니, 이예(李乂)[383]가 간하여 말했다. "강남의 시골 사람은 물속에서 채취하거나 고기를 잡는 것으로 생업을 삼고 있어서 어별의 이익은 백성들[黎元]의 생계수단이 되니 그 어별을 구제해 주는 것이 어찌 사람을 걱정하는 것만 하겠습니까? 더구나 생물을 사는 무리들은 오직 이익으로만 그것을 보니 돈이 날마다 생기면 그물질하는 것은 해가 갈수록 더할 것입니다. 어별을 사들여 구해 주는 돈을 돌려 가난한 사람들의 부세를 줄여 주는 것만 못합니다."[384]

송나라 인종의 궁정연회에 갓 잡은 게 28매가 있었다. 임금이 1매의 값이 몇 전이나 되는지 물었다. 대답하기를 일천이라고 하자 상이 기뻐

---

382 유향(劉向), 『신서(新序)』, 「잡사(雜事)」 2.
383 이예(李乂) : 당 태종 때의 정치인. 조주(趙州) 사람. 자는 상진(尙眞 : 『구당서』에는 본명이라 했음). 벼슬은 자미시랑(紫微侍郎)을 거쳐 형부상서(刑部尙書)를 지냈다. 저서에 『이씨화악집(李氏花萼集)』이 있는데 형제들의 글을 함께 모아 만든 문집으로 이예의 글이 가장 많다.
384 『전당문(全唐文)』 권266, 이예(李乂), 「간견사강남이관물충직속생소(諫遺使江南以官物充直贖生疏)」; 『신당서(新唐書)』, 「이예전(李乂傳)」.

하지 않으며 이십팔만 전이나 되는 것을 나는 차마 먹을 수 없다고 하며 마침내 먹지 않았다.[385]

관중(關中)에는 게가 없었다. 진(秦)나라 사람이 마른 게 한 마리를 가져오니 기이한 물건으로 여겼다. 집안에 학질을 앓는 사람이 있었는데 빌려가서 문에 걸어 두었더니 마침내 차도가 있었다. 비단 사람만 알지 못하는 것이 아니라 귀신도 또한 알지 못했던 것이다.[386]

『태현경(太玄經)』에 말하기를 "게가 기어서 간 후에 지렁이가 흙탕샘으로 들어온다[蟹之郭索, 後蚓黃泉]."라고 하였다. 주에 "비록 곽삭(郭索)[387]은 발이 많은 게이지만 발이 없는 지렁이만 같지 못하니 마음을 쓰는 것은 한결같다."라고 하였다.[388]

『비아(埤雅)』에 "달이 어두우면 살찌고, 달이 밝으면 마른다."라고 하

---

385 송(宋) 소박(邵博), 『문견후록(聞見後錄)』 권1.
   소박(邵博) : 자는 공제(公濟), 호는 서산(西山). 낙양(洛陽) 사람으로 소백온(邵伯溫)의 둘째 아들인데, 생애나 행적이 자세히 알려지지 않았다. 저서에 『서산집(西山集)』이 있었으나 전하지 않고, 『문견록』이 남아 있는데 부친 소백온의 『문견록』과 구분하기 위하여 『문견후록』이라 한다.
386 고사손(高似孫), 『해략(蟹略)』 권1, 「치학(治瘧)」.
   고사손(高似孫) : 송나라 말기 소흥(紹興) 사람. 자는 속고(續古), 호는 소료(疎寮). 도학(道學) 배척에 전력한 고문호(高文虎)의 아들. 벼슬은 회계주부(會稽主簿), 처주수(處州守)를 지냈다. 관직에 있으면서 탐학(貪虐)하고, 당시 권력자에게 아부가 심하였다. 신기한 내용이 담긴 책을 많이 읽어 저서를 냈는데, 문장이 난삽하고 난해하다. 저서에 『소료소집(疏寮小集)』과 『사략(史略)』, 『소략(騷略)』, 『위략(緯略)』, 『해략(蟹略)』, 『연전(硯箋)』, 『당악곡보(唐樂曲譜)』, 『당과명기(唐科名記)』 등이 있다.
387 곽삭(郭索) : 게의 이칭으로, '발이 많다[多足]'는 뜻으로 붙여진 별칭이다.
388 『태현경(太玄經)』, 「예(銳)」.

였다.[389]

게는 물에 사는 동물 중에 작은 것이다. 『예기(禮記)』에 보이고 『국어 (國語)』에 기록되어 있고, 『태현경(太玄經)』 및 『진춘추(晉春秋)』 등에 나타난다.[390]

『회남자(淮南子)』에 "푸른 진흙은 자라를 죽이지만 현(莧)[391]을 얻으 면 다시 살아난다."라고 하였다.[392]

자라는 해를 따라가니 아침에는 머리를 동쪽으로 향하고 저녁에는 머 리를 서쪽으로 향한다.[393]

---

389 육전(陸佃), 『비아(埤雅)』; 명(明) 팽대익(彭大翼), 『산당사고(山堂肆考)』 권225, 「해 (蟹)」.

390 『전당문(全唐文)』 권800, 「육구몽(陸龜蒙)」 2, 〈해지(蟹志)〉.

391 현(莧): 소채(蔬菜)의 하나. 비름·현채(莧菜)·인행(芒荇)이라고도 한다.

392 『태평어람(太平御覽)』 권938, 「인개부(鱗介部)」, 〈별(鼈)〉; 『예문유취(藝文類聚)』 권 96, 「인개부(鱗介部)」 상, 〈별(鼈)〉. 『회남만필술(淮南萬畢術)』을 인용하여 말했는데, 『회남만필술』은 서한(西漢) 회남왕(淮南王) 유안(劉安)이 지었다고 하는 『내서(內書)』, 『중편(中篇)』, 『외서(外書)』 중의 『외서』를 말한다. 『내서』는 현재 『회남자』(또는 『회남 홍렬(淮南鴻烈)』)이고, 『중편』은 연단(煉丹)이나 장생술에 관한 내용이다. '만필'이 무엇 을 뜻하는지는 확실하지 않지만, 대체로 변화의 도나 신선, 황백의 일에 대해서 담론하는 내용이다. 현재 『회남만필술』은 없어져서 전하지 않고, 『수서(隋書)』, 「경적지(經籍志)」 와 『구당서(舊唐書)』, 「경적지(經籍志)」 등에 기록만 남아 있다.

393 도본준(屠本畯), 『민중해착소(閩中海錯疏)』 권하, 「별(鼈)」, "鼈隨日光所轉, 朝首東向, 夕首西向." 도본준(屠本畯, 1542~1622): 명나라 문신. 자는 전숙(田叔), 자호는 감선생(憨先生). 벼슬은 복건염운사동지(福建鹽運司同知)·진주태수(辰州太守)를 지냈다. 저서에 『태상 전록(太常典錄)』, 『전숙시초(田叔詩草)』, 『최씨춘추보전(崔氏春秋補傳)』 등과 중국 최 초의 지방 해산동물지(海産動物志)인 『민중해착소(閩中海錯疏)』가 있다.

거북과 자라는 모두 나루에서 멀리 떨어진 곳에 멀리 알을 낳는다. 그러므로 거북은 생각하고 자라는 바라본다고 말한다.[394]

사나운 범을 사냥하는 것은 후원이 아니고 고래를 낚는 것은 맑은 연못이 아니다. 어째서 그러한가? 후원은 범이 사는 곳이 아니고 연못은 고래가 사는 깊은 물이 아니다.[395]

---

394 『민중해착소(閩中海錯疏)』 권하, 「별(鱉)」.
395 『태평어람(太平御覽)』 권938, 「인개부(鱗介部)」 10, 〈경예어(鯨鯢魚)〉.

24   용(龍)

『관자(管子)』에 말하기를 "용은 작아지고자 하면 지렁이나 애벌레가 되고 커지고자 하면 천지 끝까지 다하며, 위로 오르고자 하면 구름 위로 솟구치고 아래로 내려가고자 하면 땅 속 깊은 지하수에 숨는다."라고 하였다.[396]

『설문』에 "용은 능히 작아지고 능히 커지며, 능히 길어지고 능히 짧아지며, 능히 어두워지고 능히 밝아지니 춘분에 하늘로 오르고 추분에 땅 속으로 들어간다."라고 하였다.[397]

동보(董父)라는 사람은 용을 좋아하여 용이 무엇을 좋아하는지를 알아내어 그것을 용에게 먹이자, 용이 대부분 그를 따랐다.[398]

정(鄭)나라에 큰 홍수가 나서 용이 도성의 시문(時門) 밖 유연(洧淵)에서 싸우니 나라 사람들이 재앙을 맞는 제사를 지낼 것을 청하였다. 자산(子産)이 말하기를 "용에게 구하지 말라. 용은 우리에게 구하는 것이 없다."라고 하니 곧 그만두었다. 자산은 지혜롭다고 할 만하다.[399]

유동미(劉洞微)는 용 그림을 잘 그렸다. 하루는 어떤 부부 두 사람이

---

396 『관자(管子)』, 「수지(水地)」.
397 『설문해자(說文解字)』, 「용부(龍部)」.
398 『논형(論衡)』, 「용허(龍虛)」 ; 『춘추좌씨전(春秋左氏傳)』, 「소공(昭公)」 29년.
399 『춘추좌씨전(春秋左氏傳)』, 「소공(昭公)」 19년.

문의 그림을 보고 말했다. "수컷 용은 뿔이 구불구불하여 오목한 부분이 가파르며 눈은 깊고 코는 시원하게 뚫렸으며 등지느러미가 날카롭고 비늘이 빽빽하다. 암컷 용은 뿔이 작고 평평하며 눈이 선명하고 코가 곧으며 등지느러미가 둥글고 비늘이 성글다." 유동미가 어떻게 그것을 아는지 물었더니 그 사람들은 자신들이 용이라고 말하고는 마침내 두 마리 용으로 변해서 가버렸다.[400]

---

400 장군방(張君房), 『승이기(乘異記)』, 「논자웅룡(論雌雄龍)」.

장군방(張君房) : 북송 안륙(安陸) 사람. 『도장(道藏)』을 총감수한 인물이다. 상서탁지원외랑(尙書度支員外郎)과 집현교리(集賢敎理) 등을 지냈다. 황명을 받들어 비각(秘閣)의 도서(道書)를 교정하는 일을 책임졌다. 조정에서 내린 도교 서적과 『구도장(舊道藏)』을 수집하여 도사(道士) 10명과 함께 편수 교정했고, 『대송천궁보장(大宋天宮寶藏)』 4,565권을 정리했다. 또 경교종지(經敎宗旨)와 선진위적(仙眞位籍) · 재계(齋戒) · 복식(服食) · 연기(鍊氣) · 내외단(內外丹) · 방술(方術) · 시가(詩歌) · 전기(傳記) 등 1만여 조항을 포괄한 『운급칠첨(雲笈七籤)』 122권을 완성했다.

25 거북〔龜〕

신령한 거북은 다섯 가지 색을 갖추었으니 색이 옥과 같다. 음을 등지고 양을 향하니 위가 융성함은 하늘을 형상했고 아래로 평평함은 땅을 본받았고, 순환하고 운행하여 사시에 응한다. 뱀의 머리에 용의 목덜미[401]이며 왼쪽 눈동자는 해를 형상했고 오른쪽 눈동자는 달을 형상했다. 그러므로 길흉과 존망의 변화를 먼저 안다.[402]

『주례(周禮)』의 춘관(春官)과 추관(秋官)은 여섯 마리 거북이를 관장한다.[403]

『비아(埤雅)』에 "현묘한 거북은 뼈가 바깥에 있고 살이 안에 있으며 내장은 머리에 속하고 어깨가 넓으며 수컷이 없어서[404] 뱀과 서로 짝을 짓는다. 그러므로 거북과 뱀을 합하여 현무(玄武)라고 한다."라고 하였다.[405]

신령한 거북이 원군(元君)의 꿈에 나타날 수는 있었지만 어부 예저(豫且)[406]의 그물은 피하지 못했다. 일흔두 번이나 등에 구멍을 뚫으며 점

---

401 용의 목덜미 : 『설원』에는 '용의 날개〔龍翅〕'로 되어 있다.
402 『설원(說苑)』, 「변물(辨物)」.
403 『주례(周禮)』, 「춘관(春官)」, 〈귀인(龜人)〉.
404 내장은 머리에 …… 수컷이 없어서 : 본문은 "腸屬于肩無雄"라고 되어 있는데, 『산당사고(山堂肆考)』에 인용된 「비아」에 근거해서 "내장은 머리에 속하고 어깨가 넓으며 수컷이 없다〔腸屬于首, 廣肩無雄〕."라고 고쳤다.
405 팽대익(彭大翼), 『산당사고(山堂肆考)』 권225, 「갑충(甲蟲)」, 〈귀(龜)〉.
406 예저(豫且) : 춘추시대 송(宋)나라 어부. 『장자』, 「외물편」에는 '여저(余且)'로, 유향(劉

을 치면 한 번도 틀린 적이 없었으나 창자를 도려내는 재앙은 피하지 못했다. 이와 같다면 지혜가 있는 사람도 곤경에 처하는 경우가 있고 신령스러운 능력으로도 미치지 못하는 일이 있다.[407]

죽어서 뼈다귀로 남아 귀하게 되려 하겠는가? 살아서 흙탕물 속에 꼬리를 끌고 싶어하겠는가?[408]

장의(張儀)가 촉을 이기고 그로 인하여 성을 쌓는데 큰 거북이 구덩이에서 나와 이리저리 기어 다녔다. 이에 거북이 기어가는 곳을 따라 성을 쌓았다.[409]

거북은 일명 동거선생(洞去先生)이라 한다.

『국어(國語)』에 말했다. "사람에게 쓰이는 것으로는 거북만한 것이 없다."[410] [411]

向)의 『설원(說苑)』에는 '예저(豫且)'로 기록되어 있는데, 아마도 같은 사람일 것이다.
[407] 『장자(莊子)』, 「외물(外物)」, "仲尼曰 : 神龜能見夢於元君, 而不能避余且之網. 知能七十二鑽而無遺筴, 不能避剖腸之患. 如是則知有所困, 神有所不及也."
[408] 『장자(莊子)』, 「추수(秋水)」.
[409] 『사기(史記)』 권70, 「장의열전(張儀列傳)」; 『화양국지(華陽國志)』; 『태평어람(太平御覽)』 권931, 「인개부(鱗介部)」 3, 〈귀(龜)〉.
[410] 『사기(史記)』 권30, 「평준서(平準書)」에 "하늘에 쓰이는 것은 용만한 것이 없고, 땅에 쓰이는 것은 말만한 것이 없다〔天用莫如龍, 地用莫如馬, 人用莫如龜〕."라는 구절이 나온다.
[411] 『전한서(前漢書)』, 「식화지(食貨志)」.

26 고기잡이〔漁釣〕

황제(黃帝)가 천하를 변화시키니 고기 잡는 자는 물가에서 다투지 않는다.[412]

『회남자(淮南子)』에 말했다. "성인은 도덕으로 낚싯대와 낚싯줄을 삼고 인의로 미끼를 삼아 천하 사이에 던지니 또 어찌 물고기를 놓치고 새를 잃는 일이 있겠는가?"[413]

임공자(任公子)[414]가 동해에서 낚시질하여 커다란 고기를 얻어 절하(浙河)[415]의 동쪽으로부터 창오(蒼梧)[416]의 북쪽에 이르는 사람들은 이 물고기를 물리도록 먹지 않은 자가 없었다.[417]

육구몽(陸龜蒙)의 시에 "채강(采江)의 물고기여, 아침 배에 농어가 있구나. 채강의 소채여, 저녁 바구니에 창포가 있구나. 장수함이여, 요절

---

412 『문선(文選)』 권347상.
413 『회남자(淮南子)』, 「원도훈(原道訓)」; 『태평어람(太平御覽)』 권834, 「자산부(資産部)」 14, 〈조(釣)〉.
414 임공자(任公子): 전설상에 나오는 고기를 잘 잡았던 사람 임보(任父)를 말한다. 50필의 거세한 소를 미끼로 매달아 회계산(會稽山)에 걸터앉아서 동해 바다로 낚시줄을 던졌는데, 1년 뒤에 큰 고기를 낚아 이를 건육(乾肉)으로 만든 뒤 사람들을 질리도록 먹여 주었다고 한다.
415 절하(浙河): 『장자』에는 '制河'로 되어 있는데 절강을 말한다.
416 창오(蒼梧): 산 이름. 구의산(九疑山)이라고도 부른다. 지금 호남성(湖南省) 영원현(寧遠縣) 동남쪽에 있다.
417 『장자(莊子)』, 「외물(外物)」; 『태평어람(太平御覽)』 권834, 「자산부(資産部)」 14, 〈조(釣)〉.

함이여, 귀함이여, 천함이여."라고 하였다.[418]

여망(呂望)[419]은 위수(渭水)에서 낚시질하였는데, "그 낚싯줄은 가늘게 하고 그 미끼는 향기롭게 하여 천천히 던져 넣어서 물고기를 놀라게 하지 말라."라고 하였다.[420]

자사(子思)가 위(衛)나라에 있을 때 위나라 사람이 낚시질로 환어(鰥魚 : 큰 물고기)[421]를 잡았다. 자사가 "환어는 비록 잡기 어렵지만 미끼를 탐내어 죽고, 선비는 비록 도를 품고 있지만 녹을 탐내어 죽는다."[422]

용양군(龍陽君)[423]이 물고기 십여 마리를 낚고서 눈물을 흘리므로, 위왕(魏王)[424]이 그 이유를 물었다. 대답하기를, "신(臣)이 처음에 고기를 잡았을 때는 매우 기뻤으나, 나중에 더욱 많이 잡으면서 마침내 앞서 잡았던 고기를 버리고 싶었습니다. 지금 온 천하에는 미인(美人)이 매우 많은데 그들이 신이 총애받는 것을 안다면 부랴부랴 앞 다투어 찾아오

---

418 『전당시(全唐詩)』 권621, 육구몽(陸龜蒙), 「갱가(賡歌)」.

419 여망(呂望) : 강태공(姜太公)을 말한다. 태공(太公) 또는 강상(姜尙)·여상(呂尙)·태공망(太公望) 등 다양하게 불린다.

420 『전한문(全漢文)』 권39 ; 『사기(史記)』, 「제태공세가(齊太公世家)」, 〈색은(索隱)〉.

421 환어(鰥魚) : 전설상의 큰 물고기. 본문에는 '동어(鮦魚 : 가물치의 일종)'로 되어 있지만, 『공총자』, 『태평어람』 등에도 '환어'로 기록하고 있으므로 『공총자』에 근거해서 환어로 고쳤다.

422 한(漢) 공부(孔鮒), 『공총자(孔叢子)』 권상, 「항지(抗志)」 10 ; 송(宋) 강탁(汪晫), 『자사자전서(子思子全書)』 내편, 「천명(天命)」 1.

423 용양군(龍陽君) : 전국(戰國)시대 위(魏)나라 사람. 남색(男色)으로 위왕(魏王)의 총신(寵臣)이 되었다. 전하여 남색을 파는 자를 말하기도 한다.

424 위왕(魏王) : 본문에는 '초왕(楚王)'으로 되어 있는데 『전국책』에 근거해서 고쳤다.

는 자가 많을 것입니다. 그렇게 되면 신은 또한 앞서 잡힌 고기의 신세가 되어 장차 버림받을 것입니다."⁴²⁵

진문공(晉文公)이 사냥을 나갔다가 대택(大澤 : 넓은 늪지대) 가운데서 길을 잃어 나가는 곳을 알지 못해 어부에게 물었다. 어부가 말하기를 "기러기와 두루미는 넓은 강과 바다를 지키다가 작은 못으로 옮겨 오면 그물에 걸리는 화를 당합니다. 임금께서는 짐승을 뒤쫓다 여기에 이르셨으니, 어찌 행차하심이 너무 먼 것이 아니겠습니까?" 진문공이 종자에게 어부의 말을 기록하라고 하였다.⁴²⁶

태공(太公)이 말했다. "물고기는 미끼로 구하니 이에 낚싯줄에 끌려 온다. 사람은 녹으로 먹으니 이에 임금에게 복종한다. 그러므로 미끼로 물고기를 취하고 녹으로 사람을 취한다. 작은 낚시로는 시내에서 낚시질하여 물고기를 사로잡고 큰 낚시는 나라를 낚시질하여 제후를 사로잡는다."⁴²⁷

왼쪽에는 물고기 통발을 끼고 오른쪽에는 마른 장대를 잡고 웅덩이 가에 서서 버드나무 사이에 기대니 마음은 물고기 주둥이를 떠나지 않고 생각은 붕어〔鮒魚〕와 편어(鯿魚)⁴²⁸에서 벗어나지 못한다.⁴²⁹

---

425 『전국책(戰國策)』 권25, 「위책(魏策)」 4.

426 『군서치요(羣書治要)』 권42 ; 『태평어람(太平御覽)』 권490, 「인사부(人事部)」 131, 〈미망(迷忘)〉.

427 『육도(六韜)』, 「문도(文韜)」, 〈문사(文師)〉 ; 『태평어람(太平御覽)』 권832, 「자산부(資産部)」 14, 〈조(釣)〉.

428 편어(鯿魚) : 방어(魴魚)의 일종이다. 『이아(爾雅)』, 「석어(釋魚)」 주(註)에 "강동에서는

방어를 편어라 불렀다[江東呼魴魚爲鯿].”라는 설명이 있다. 다른 이름으로 사두편(槎頭鯿) 또는 사두축경편(槎頭縮頸鯿)이라고 하는데, 사람의 포획을 금하기 위하여 사목(槎木)으로써 물을 끊어 놓았기 때문이라고 한다. 한수(漢水)에서 잡히는 것이 맛이 좋기로 유명하다(진(晉) 습착치(習鑿齒), 『양양기구전(襄陽耆舊傳)』).

429 『고문원(古文苑)』, 「조부(釣賦)」, 송옥(宋玉)

송옥(宋玉, 기원전 290?~기원전 222?) : 전국시대 초(楚)나라 언(鄢) 사람. 자는 자연(子淵), 굴원(屈原)의 제자라고도 한다. 경양왕(頃襄王) 때 대부(大夫)를 지냈다. 당륵(唐勒), 경차(景差)와 함께 문장을 좋아했고, 부(賦)로 명성을 얻었다. 「구변(九辯)」을 지어 굴원의 뜻을 서술하면서 슬퍼했다. 『문선(文選)』에 그의 작품은 후세 사람들의 위작으로 의심받고 있다. 『고문원(古文苑)』에 실려 있는 부 작품은 후세 사람들이 탁명(托名)한 작품이다. 문체가 화려한 것으로 유명하다.

『고문원(古文苑)』: 중국 동주(東周)로부터 남제(南齊)까지의 시부잡문(詩賦雜文)을 모은 책. 원래의 것은 당(唐)나라 때 편찬하였다고 하나 확실하지 않으며, 지금 전하는 것은 송(宋)나라의 한원길(韓元吉)이 편찬한 9권본과, 장초(章樵)가 이를 주석보수(註釋補修)한 21권본이다.

27 전렵(田獵) 망고(網罟)

양군(梁君)이 사냥을 나가 흰 기러기를 보고 쏘려고 하였는데 길에 다니는 사람이 멈추지 않아 화가 나서 행인을 쏘려고 하니 공손룡(公孫龍)이 말했다. "임금은 흰 기러기 때문에 사람을 죽이려 하시니 범이나 이리와 다르지 않습니다." 임금이 말하기를 "사람들은 금수를 사냥하지만 나는 좋은 말을 사냥하고 돌아가는구나."라고 하였다.[430]

진서산(眞西山)이 말했다. "한나라 사람이 부(賦)를 지어 사냥의 성대함을 늘어놓고 말하기를, '털이 바람에 날리고 피의 비가 내려 들판을 적시고 하늘을 덮는다.'[431]라고 하였다. 아! 만물이 이때에 태어났으니 영대(靈臺)의 세상과 더불어 살았으면 어떻다 하였겠는가."[432]

한나라 환제(桓帝)가 광성(廣成)에서 사냥대회[433]를 열었는데, 진번(陳蕃)[434]이 간하여 말했다. "지금 세 가지가 텅 비는 재앙이 있으니, 전야(田野)가 텅 비었고, 조정이 텅 비었고, 창고가 텅 비었습니다. 어찌 눈

---

430 『태평어람(太平御覽)』 권832, 「자산부(資産部)」 12, 〈렵(獵)〉 하.

431 털이 바람에 …… 하늘을 덮는다 : 『문선(文選)』, 반고(班固)의 「서도부(西都賦)」에 보이는데, 사냥할 적에 많은 길짐승을 쏘아 맞히니, 마치 비가 온 것처럼 그 피가 땅을 적셨고, 날짐승을 쏘아 맞히니 그 털이 바람에 날린다는 말로, 짐승을 많이 잡은 것을 말한다.

432 『대학연의(大學衍義)』 권34, 「성의정심지요(誠意正心之要)」 2, 〈계일욕(戒逸欲)〉, 반유지계(盤游之戒).

433 사냥대회 : 본문에는 교렵(校獵)이라 하였는데, 짐승을 일정한 곳에 몰아 놓고 무기를 사용하여 사냥을 하는 군사 훈련의 일종이다.

434 진번(陳蕃) : 후한(後漢)의 평여(平輿) 사람. 자는 중거(仲擧). 환제(桓帝)가 사망하고 두태후(竇太后)가 권력을 잡은 뒤 태부(太傅)가 되고 고양후(高陽侯)에 봉해졌다. 명현(名賢)들을 징용(徵用)하였다.

부신 무력을 기치를 높이 드날리고, 수레와 말의 장관으로 마음을 유쾌하게 하시겠습니까?"[435]

진(晉)나라 문공(文公)이 사슴을 쫓다가 놓쳐서 농부에게 물으니 농부가 발로 가리켰다. 문공이 말하기를 "발로 가리키다니 어찌된 것이냐?"라고 하자, 농부가 말했다. "뜻밖에 임금이 이와 같은 것입니다. 시에 이르기를 '까치가 둥지를 지으니, 비둘기가 차지해 사는구나〔維鵲有巢 維鳩居之〕.'라고 하였습니다. 임금이 버리고 돌아가지 않으면 다른 사람이 살게 될 것입니다." 문공이 돌아가는 길에 난무자(欒武子)[436]를 만났다. 난무자가 말하기를 "짐승은 잡았습니까? 어찌하여 얼굴에 기쁜 빛이 있습니까?"라고 하니 문공이 좋은 말을 얻었다고 했다. 난무자가 말하기를 "남의 말만을 취하고 그 사람을 버리는 것은 도적입니다."라고 하자, 진 문공은 다시 오던 길로 되돌아가서 그 농부를 수레에 싣고 함께 돌아왔다.[437]

부자(符子)가 말하기를 "진(晉)나라 공자(公子) 중이(重耳)가 제나라로 달아나다가 큰 못을 돌아다니면서 거미가 그물을 치고 줄을 당겨 벌레를 잡아먹는 것을 보았다. 공자 중이는 구범(咎犯)을 돌아보고 말했다. '이 벌레는 지혜가 부족한 것인데도 오히려 그 지혜로 그물을 쳐서 줄을 당겨 벌레를 잡아먹는데 하물며 사람이 지혜를 가지고도 하늘의 그물을 넓게 드리울 수 없고, 땅의 줄을 이어서 펼 수도 없고 방장의

435 『후한서(後漢書)』, 「진번전(陳蕃傳)」.
436 난무자(欒武子) : 무자는 난서(欒書)의 시호이다. 춘추시대 진(晉)나라의 대부(大夫).
437 『신서(新序)』, 「잡사(雜事)」 2.

다스림을 받는다. 이는 거미의 지혜만도 못하니 또 누가 사람이라 할 수 있겠는가.' 구범이 말했다. '그대가 끝까지 행한다면 나라도 있고 후사도 있을 것입니다.'"라고 하였다.[438]

복희(伏羲)는 그물을 만들고 순임금은 산과 못을 태웠고 우임금은 용과 뱀을 몰아냈고, 주공은 범·표범·무소·코끼리를 몰아냈으니 어찌 인하지 않은 것이겠는가? 그 마음을 정성스럽게 하고 욕심을 바로잡아 만물이 마침내 본성을 따르고 백성이 높은 곳에 살게 되었을 따름이다.

위왕(魏王)이 포전(圃田)에서 사냥하는데 징군(徵君)[439]이 말했다. "왕은 가벼운 천승으로 이렇게 유람을 하는데 장차 선비를 구하고자 하는 것입니까 아니면 짐승을 잡고자 하는 것입니까. 선비를 잡고자 한다면 선비는 반드시 날개를 끼고 다투어 왕의 그물에 몸을 던지려 할 것입니다. 짐승을 잡는다면 난새와 봉황새는 추우(騶虞)라도 나라에 보탬이 될 수 없을 것입니다. 왕은 어찌하여 현사의 숲과 못에 인의(仁義)의 그물을 펼쳐 전렵할 것을 생각지 않으십니까?"[440]

명나라 남산[441]의 벼슬이 없는 백성 왕수일(王守一)[442]은 거미의 그물

---

438 『예문유취(藝文類聚)』 권97, 「충치부(蟲豸部)」, 〈지주소(蜘蛛蛸)〉.
439 징군(徵君) : 조정으로부터 부름을 받은 학덕이 높은 선비를 일컫는 징사(徵士)의 존칭이다.
440 명(明) 왕순화(王舜華), 『천록각외사(天祿閣外史)』 권4, 「간렵(諫獵)」.
441 남산(南山) : 종남산(終南山)을 말한다.
442 왕수일(王守一) : 본문에는 '왕수인(王守仁)'으로 되어 있는데, 『태평광기』, 『고금사문유취(古今事文類聚)』 등에 근거해서 고쳤다.

을 볼 때마다 항상 가지고 다니는 지팡이로 헐어내고 찢어서 깨끗하게 없애 버리고 말했다. "천지간에 날고 달리는 무리들은 뒤쫓아 잡거나 때려잡아야 할 것이 본래 한두 가지가 아니다. 그러나 모두 입과 배를 위하고 생명을 기르는데, 오직 거미만 그물을 펼친다. 그물을 설치하는 기교로 다른 생명을 해친다. 나는 이래서 거미를 싫어한다."[443]

---

443 『고금사문유취(古今事文類聚)』후집 권51, 「충치류(蟲豸類)」, 〈주망필훼(蛛網必毀)〉; 『산당사고(山堂肆考)』권227, 「곤충(昆蟲)」, 〈설기해물(設機害物)〉.

『주례(周禮)』에 이르기를 외골(外骨)[444]과 내골(內骨),[445] 각행(卻行)[446]과 측행(仄行),[447] 연행(連行)[448]과 우행(紆行)[449]을 하는 것, 목구멍으로 우는 것,[450] 옆구리로 우는 것,[451] 날개로 우는 것,[452] 넓적다리로 우는 것,[453] 가슴으로 우는 것[454]을 소충(小蟲)에 속하는 것이라고 한다.[455]

『회남자』에 말했다. "무릇 혈기가 있는 동물들은 어금니가 있거나 뿔이 달렸거나 앞뒤로 발톱이 달려 있다. 뿔이 있는 것은 들이받고 이빨이 있는 것은 물어뜯고 독이 있는 것은 쏘고 발굽이 있는 것은 발길질하여 찬다. 기쁘면 서로 희롱하고 성나면 서로 해치는 것이 천성이다."[456]

『주례』에 털이 짧은 짐승[臝]은 항상 힘이 있지만 달리지는 못하고 그 소리가 크고 웅장하다. 그러므로 쇠북을 거는 틀[鍾虡]이 된다. 날개

444　외골(外骨) : 귀(龜 : 거북)에 속하는 것.
445　내골(內骨) : 별(鱉 : 개미과)에 속하는 것.
446　각행(卻行) : 인인(蚓蚓 : 지렁이과)에 속하는 것.
447　측행(仄行) : 해(蟹 : 게과)에 속하는 것.
448　연행(連行) : 어(魚)류에 속하는 것.
449　우행(紆行) : 사(蛇)류에 속하는 것.
450　목구멍으로 우는 것[脰鳴] : 와민(鼃黽 : 개구리나 맹꽁이)에 속하는 것.
451　옆구리로 우는 것[旁鳴] : 조예(蜩蜺 : 매미나 쓰르라미)에 속하는 것.
452　날개로 우는 것[翼鳴] : 황병(蟥蚄 : 풍뎅이과)에 속하는 것.
453　넓적다리로 우는 것[股鳴] : 공서(蚣蝑 : 여치나 베짱이)에 속하는 것.
454　가슴으로 우는 것[胸鳴] : 영원(蠑螈 : 양서류)에 속하는 것.
455　『주례(周禮)』, 「동관고공기(冬官考工記)」 ; 『태평어람(太平御覽)』 권944, 「충치부(蟲豸部)」 1, 〈충(蟲)〉.
456　『회남자(淮南子)』, 「병략훈(兵略訓)」.

가 있는 것들은 항상 힘이 없고 가벼우며 그 소리가 맑고 드날리면서 멀리 들린다. 그러므로 경(磬)을 거는 틀[磬虡]이 된다.[457]

　고려 인종 때 황충(蝗蟲)이 소나무를 갉아먹었다. 왕이 말하였다. "옛사람이 이르기를, '신하로서 편안히 자리만 지키면 이는 탐하는 것이니 그 재앙은 벌레가 뿌리를 갉아먹는 것이다. 덕이 일정하지 못하면 이는 번거로운 것이니 벌레가 잎을 갉아먹는 것이다. 덕이 없는 자를 내쫓지 않는 것은 벌레가 밑동을 갉아먹는 것이고, 부역으로 농사를 방해하는 것은 벌레가 줄기를 갉아먹는 것이고, 악한 것을 엄폐하여 재액이 생기는 것은 벌레가 심지를 갉아먹는 것이다.' 하였다. 옛날 진(晉)나라 무제(武帝)가 가충(賈充)[458]과 양준(楊駿)[459]을 총애하고 신임하자 황충의 해가 있었으니, 이것은 덕이 없는 자를 내쫓지 않아서 생긴 것이다. 경방(京房)[460]이 말하기를, '녹을 먹으면서도 성인의 교화에 보탬이 되지 못하면 하늘이 황충으로 보여 준다.'라고 하였다. 사람에게는 무익하고 만물을 갉아먹는 것이니 이것은 공경들이 녹만 먹고 무익하다는 징험이다."[461]

---

457 『주례(周禮)』, 「동관고공기(冬官考工記)」.
458 가충(賈充) : 자는 공려(公閭), 벼슬은 상서령(尙書令)에 이르렀는데, 아첨과 순종을 매우 잘했던 자이다.
459 양준(楊駿) : 진(晉) 무제(武帝)의 장인. 무제가 죽고 혜제(惠帝)가 서자 국정을 도맡아서, 자기의 친당(親黨)만을 등용하여 정권을 농락하다가 결국 삼족이 몰살되었다.
460 경방(京房) : 한나라 원제(元帝) 때의 역학자(易學者). 자는 군명(君明). 음률(音律)에 밝았고, 재변(災變) 말하기를 좋아하여 뒤에 소인 석현(石顯)의 참소로 처형당했다. 저서에 『경씨역전(京氏易傳)』이 있다.
461 『고려사절요』 권10, 「인종공효대왕(仁宗恭孝大王)」 2, 계축11년(1133), 5월.

쉬파리는 고기 국물을 좋아하여 빠져 죽는 것도 잊는다.

『한비자』에 말하기를 "불로 나방을 쫓으려고 하면 나방이 더욱 많아
지고 물고기로 파리를 쫓으려고 하면 파리가 더욱 몰려든다."라고 하였
다.[462]

파리는 그 앞다리를 서로 맞대는 것을 좋아하니 새끼줄을 꼬는 모양
을 하고 있으므로 '승(蠅)'자는 '승(繩)'에서 만들어졌다.[463]

맥(麥)이 나비가 되니, 날개가 생기고 눈이 만들어지고 심지(心智)가
있게 된 것이다. 이것은 무지(無知)로부터 유지(有知)가 되는 것이니 기
가 바뀐 것이다. 나비는 더듬이가 코에 해당한다.[464]

양제(煬帝)[465]의 금원(禁苑)에 한 그루 큰 나무가 눈 속에서 홀연히 꽃
잎이 무성해지고 열매를 맺어 빛이 찬란했다. 며칠 사이에 모두 붉은 나
비로 변해 날아가 버렸다. 다음해 당나라 고조(高祖)[466]가 장안에 들어
왔으니 이것이 그 징조였다.[467]

『전국책』에 말했다. "고추잠자리는 다리가 여섯에 날개가 넷으로 천

---

462 『한비자(韓非子)』, 「외저설좌하(外儲說左下)」.
463 『비아광요(埤雅廣要)』.
464 『수신기(搜神記)』 권12 ; 『태평어람(太平御覽)』, 「요이부(妖異部)」 4, 〈변화(變化)〉 하.
465 양제(煬帝) : 수나라의 제2대 황제(재위 569~618). 이름은 양광(楊廣).
466 고조(高祖) : 당나라 초대 황제(재위 618~626). 이름은 이연(李淵, 566~635), 자는 숙덕
(叔德).
467 『태평광기(太平廣記)』, 「초목(草木)」 2, 〈화접수(化蝶樹)〉.

지 사이에 날아다니며 모기와 같은 작은 벌레를 잡아먹고 감로를 받아
마시며 스스로 근심이 없이 지내며 사람들과 더불어 다투지 않는다. 그
러나 저 오 척의 어린아이가 끈끈한 실에 미끼를 매달아 네 길 높은 곳
에 던져 올려 끌어내리면 땅강아지나 개미의 먹이가 된다는 것은 알지
못한다."[468]

『회남자』에 매미는 다섯 가지 덕[469]이 있다고 하였다.

매미는 마시기만 하고 먹지 않다가 30일 만에 허물을 벗고 탈바꿈한
다.[470]

날개는 서리 내린 낙엽과 같고, 소리는 비온 뒤의 샘물 같다.[471]

「형부(螢賦)」에 "이미 어두운 땅 속을 환히 비치니 군자가 도가 있는

---

468 『전국책(戰國策)』,「초책(楚策)」4, 〈장신위초양왕(莊辛謂楚襄王)〉.
469 매미의 다섯 가지 덕 : 육운(陸雲)의 「한선부서(寒蟬賦序)」에 의하면 문(文)·청(淸)·
렴(廉)·검(儉)·신(信)을 말한다. "머리에 갓끈을 두르고 있는 것이 문덕이요, 이슬을
마시는 것은 청렴함이요, 서직을 먹지 않는 것은 염치요, 둥지를 틀고 살지 않는 것은
검소함이요, 기후에 응하여 지조를 지키는 것은 신의이다〔蟬有五德, 頭上有緌, 則其文
也. 含氣飲露, 則其淸也. 黍稷不亨, 則其廉也. 處不巢居, 則其儉也. 應候守節, 則其信
也〕."라고 하였다.
　　육운(陸雲) : 서진(西晉)의 문장가. 자는 사룡(士龍). 오군(吳郡) 오현(吳縣) 사람으로
형 육기(陸機)와 함께 낙양(洛陽)으로 들어가 '이륙(二陸)'으로 불리며 문명을 떨쳤다
(『진서(晉書)』권54,「육운열전(陸雲列傳)」).
470 『한비자(韓非子)』,「설림훈(說林訓)」.
471 반방(潘牥),「선(蟬)」.
　　반방(潘牥, 1204~1246) : 송나라 민현(閩縣) 사람. 자는 정견(庭堅), 호는 자암(紫岩).
저서로 『자암집(紫岩集)』이 있다.

것과 비견되고 어두운 방에 들어가도 속이지 않고 지인(至人)이 자취가
없는 것과 같다."라고 하였다.[472]

차윤(車胤)[473]은 주머니에 반딧불을 넣고 글을 읽었는데, 뒤에 큰 반
딧불이 서재 창가에 있다가 매번 글 읽기를 마치면 바로 가 버렸다.[474]

월왕이 오나라를 정벌하려는데 사람들이 죽음을 가볍게 여기기를 원
하여 성난 개구리를 보고 격식을 차려 인사했다. 시종이 말했다. "어찌
하여 경의를 표하십니까?" 왕이 말하길, "개구리가 기개가 있기 때문이
다."라고 하였다.[475]

구양자(歐陽子)가 말했다. "지렁이는 흙을 먹고 샘의 물을 마시니 그
살아가는 것이 간단하고 쉽게 만족한다. 그러나 그 구멍을 우러러 부르
는 듯, 울부짖는 듯, 노래하는 듯하니 그 또한 구하는 바가 있는 것인가?
아니면 구하는 것을 쉽게 채우고 스스로 그 즐거움을 노래하는 것인가?
그 삶이 누추함을 괴롭게 여기고 스스로 그 불행을 슬퍼하는 것인가?

---

472 낙빈왕(駱賓王), 「형화부(螢火賦)」.
　　　낙빈왕(駱賓王) : 당나라 시인(詩人). 초당(初唐) 무주(婺州) 의오(義烏) 사람. 측천무후
　　　(則天武后) 때 불만을 품어 벼슬을 버리고 서경업(徐敬業)과 함께 양주(楊州)에서 반란
　　　을 일으켰다. 문장을 잘하여 왕발(王勃)·양형(楊炯)·노조린(盧照鄰) 등과 함께 초당사
　　　걸(初唐四傑)이라 일컬어진다.
473 차윤(車胤, 330~400) : 동진(東晉)의 학자. 자는 무자(武子).
474 『진서(晉書)』 권83, 「차윤열전(車胤列傳)」 ; 이용(李冗), 『독이지(獨異志)』 권중, "車胤
　　　好學, 常聚螢光讀書. 時值風雨, 胤歎曰, 天不遺我, 成其志業耶. 言訖, 有大螢傍書窗,
　　　比常螢數倍, 讀書訖即去."
475 『한비자(韓非子)』, 「내저설상(內儲說上)」, "越王慮伐吳, 欲人之輕死也, 出見怒蛙乃爲
　　　之式. 從者曰 : 奚敬於此? 王曰 : 爲其有氣故也."

스스로 그 소리를 즐기며 그와 같은 부류를 부르는 것인가? 어찌 그 때에 지극한 기〔至氣〕가 만들어지는데 스스로 그 소이연을 알지 못하여 스스로 그만두지 못하는 것인가? 어찌하여 담담하게 그만두지 못하는가? 나는 여기에서 감회가 있구나."[476]

고려 태조 8년 지렁이가 궁성에서 나타났는데, 길이가 70척이나 되었다. 당시 사람들은 발해국이 와서 항복한 것에 감응했다고 말한다.[477]

여동래(呂東萊)가 말했다. "몸이 한가하고 마음이 편안한 즐거움, 아름다운 음악과 여색의 즐김, 화려한 장신구의 즐김, 전원생활의 편안함은 실로 다스려짐의 큰 좀벌레이다."[478]

궁실에서 사치를 숭상하는 것은 산림을 좀먹는 것이다. 기계(器械)를 갈고 다듬는 것은 재화를 좀먹는 것이다. 의복을 아름답고 화려하게 하는 것은 베와 비단을 좀먹는 것이다. 배와 입의 욕심대로 내버려두는 것은 어류와 육류를 좀먹는 것이다. 비용을 절약하지 않는 것은 창고를 좀먹는 것이다.[479]

정자가 말했다. "농부가 춥고 더울 때 오곡을 파종하여 내가 먹을 수 있다. 백공이 기예로 기물을 만들어 내가 쓸 수 있다. 남에게 미칠 만한 공적도 없이 세월만 보내는 것은 천지간의 한 마리 좀벌레가 된다. 다만

---

476 『구양수집(歐陽修集)』 권15, 「잡설(雜說)」.
477 『고려사(高麗史)』 권55, 「지(志)」 9, 〈오행(五行)〉 3, 토(土) 122.
478 송(宋) 여조겸(呂祖謙), 『동래집(東萊集)』 권3, 「건도육년윤대차자(乾道六年輪對劄子)」.
479 『염철론(鹽鐵論)』 권6, 「산부족(散不足)」.

성인이 남긴 글을 엮어 모으더라도 보탬이 있을 것이리라."[480]

문중자(文仲子)가 말했다. "엉기고 막힘은 지혜의 해충이고, 원망하고 서운해함은 인의 해충이고, 자잘하고 인색함은 의(義)의 좀벌레이다."[481]

벽어(壁魚)가 도경(道經)의 함안으로 들어가서 신선이라는 글자를 좀 먹고 몸이 오색이 되는데 사람이 그것을 삼키면 신선이 될 수 있다.[482]

『회남자』에 말했다. "목욕 준비가 갖추어지니 서캐와 이가 서로 조문

---

480 『송사(宋史)』 권427, 「열전(列傳)」 186, 〈도학(道學)〉 1, 정이(程頤).
481 왕통(王通), 『중설(中說)』 권8, 「상위편(魏相篇)」.
　　　왕통(王通, 584~617) : 수나라 강주(絳州) 용문(龍門) 사람. 자는 중엄(仲淹), 시호는 문중자(文中子). 당나라 왕발(王勃)의 조부. 스스로 유자(儒者)임을 자부하고 강학에 힘을 쏟아 설수(薛收)와 방교(房喬)·이정(李靖)·위징(魏徵)·방현령(房玄齡) 등을 배출했다. 수나라 때 촉군사호서좌(蜀郡司戶書佐)를 지냈다. 문제(文帝) 인수(仁壽) 연간에 장안(長安)에 와서 「태평십책(太平十策)」을 상주했는데, 채택되지 않은 것을 알고 하분(河汾) 일대로 돌아와 제자를 가르치는 것으로 업을 삼았다. 제자가 수천 명이라 하분문하(河汾門下)라는 말이 나왔다. 양제(煬帝)로부터는 부름을 받았지만 응하지 않고 『문중자(文中子)』 10권(또는 『중설(中說)』)을 세상에 남겼다. 일찍이 『춘추(春秋)』를 모방해 『원경(元經)』(또는 『육경(六經)』)을 지었지만 그의 이론이 유자(儒者)들에게 환영받지 못했다.
482 손광헌(孫光憲), 『북몽쇄언(北夢瑣言)』 권12.
　　　손광헌(孫光憲, 미상~968) : 오대 말기와 북송 초기 능주(陵州) 귀평(貴平) 사람. 자는 맹문(孟文), 호는 보광자(葆光子). 경사(經史)에 정통해서 많은 책을 모아 교정했고, 시사(詩詞)에도 능했다. 오대의 전란을 피해 강릉(江陵)으로 피난 갔을 때 천거로 형남(荊南) 고수흥(高季興)·고종해(高從海)·고보융(高保融)의 삼대를 섬기면서 형남절도부사(荊南節度副使), 첨교비서소감겸어사대부(檢校秘書少監兼御史大夫)를 역임했다. 당말 오대의 사회 풍속과 문인들의 일화를 모은 『북몽쇄언(北夢瑣言)』과 역사서 『속통력(續通曆)』을 지었다.

한다."⁴⁸³

장자(莊子)가 말했다. "편안함을 탐하는 것은 모두 돼지의 이〔蝨〕⁴⁸⁴
이다."⁴⁸⁵

완적(阮籍)이 말했다. "잠방이 속에 사는 이〔虱〕를 보지 못했는가. 깊
은 솔기 속으로 도망치고 해진 솜 속에 숨으며 스스로 좋은 집이라고
생각한다."⁴⁸⁶

긴 주둥이에 가는 몸을 하고 낮에는 사라졌다가 밤에만 나타난다. 고
기를 좋아하고 연기를 싫어한다. 손가락으로 눌러 죽이니 이름을 모기
라고 한다.⁴⁸⁷

송나라 철종이 손을 씻으며 개미를 피했다. 정이(程頤)가 말했다. "이
마음을 사해에 미루는 것이 제왕의 요도(要道)입니다."⁴⁸⁸

---

483 『회남자(淮南子)』, 「설림훈(說林訓)」.
484 돼지의 이〔蝨〕: 『장자』의 '유수(濡需)'를 말한다. 『장자』, 「서무귀(徐無鬼)」에 의하면
    "돼지의 성긴 털 속에 살면서 스스로 큰 궁궐이나 큰 정원으로 여기며, 돼지의 발굽이나
    젖 사이 사타구니를 스스로 편안하고 좋은 집으로 생각하여 하루아침에 백정(白丁)이
    팔뚝을 걷어붙이고 풀을 깐 다음 불을 피워 돼지를 잡으면 제 몸과 돼지가 함께 타죽는다
    는 사실을 모른다."라고 하였다.
485 『장자(莊子)』, 「서무귀(徐無鬼)」, "濡需者, 豕虱是也. 郭注: 而偸安一時之利者, 皆豕
    虱也."
486 「대인선생전(大人先生傳)」.
487 『예문유취(藝文類聚)』권97, 「충치부(蟲豸部)」, 〈문(蚊)〉.
488 『송사(宋史)』권427, 「열전(列傳)」186, 〈도학(道學)〉1, 정이(程頤).

동중서(董仲舒)가 말했다. "하내(河內) 사람이 일찍이 수천만의 인마(人馬)를 보았는데, 모두 기장 알만큼 자잘한 것들이 이리저리 분주하게 왕래하므로 가인(家人)이 거기에 불을 질러 태우고 보니, 사람으로 보였던 것은 모두 모기였고, 말로 보였던 것은 모두 큰 개미였으므로 모기의 호칭을 서민(黍民)이라 하고, 개미의 호칭을 현구(玄駒)라고 한다."[489]

『한비자』에 말했다. "천 장(丈)이나 되는 제방도 땅강아지와 개미의 굴 때문에 무너진다."[490]

부자(符子)가 말했다. "동해에 자라가 있는데, 봉래를 이고 푸른 바다를 떠다니고 있었다. 개미들이 가서 그것을 보고 말하기를 '저놈의 관은 어째서 우리가 이고 다니는 알갱이[491]와 다른가. 봉해진 땅의 꼭대기를 소요하고 구덩이 아래에 돌아가 엎드려 사는데 이것은 우리가 스스로 마음껏 즐기는 것이니 수백 리를 몸을 괴롭혀 가서 보는 것이 무슨 소용인가?'라고 하였다."[492]

---

489 최표(崔豹), 『고금주(古今注)』 권하, 「서진문답석의(西晉問答釋義)」 8.
　　『고금주(古今注)』: 진(晉)나라 때 최표(崔豹)가 명물(名物)을 고증하여 엮은 책으로 3권으로 이루어져 있다. 내용은 여복(輿服)·도읍(都邑)·음악(音樂)·조수(鳥獸)·어충(魚蟲)·초목(草木)·잡주(雜注)·문답석의(問答釋義)의 8편으로 되어 있다.
　　최표(崔豹): 서진(西晉) 연국(燕國, 北京市) 사람. 자는 정웅(正熊). 혜제(惠帝) 때 상서좌병중랑(尚書左兵中郎)과 태부복(太傅僕)을 지냈다. 성제(成帝) 함강(咸康) 중에 후조(後趙) 석호(石虎) 밑에서 상시(常侍)와 시중(侍中)을 지냈다. 저서에 『논어집의(論語集義)』와 『고금주(古今注)』가 있다.
490 『한비자(韓非子)』 권7, 「유로(喩老)」.
491 이고 다니는 알갱이: 대립(戴粒)을 말하는데 개미의 별명으로 쓰인다.
492 『예문유취(藝文類聚)』 권97, 「충치부(蟲豸部)」, 〈의(蟻)〉.

『포박자(抱朴子)』에 말했다. "개미떼도 임금이 있으니 한 주먹의 궁에서 무리와 더불어 살며, 한 덩어리 대에서 무리와 더불어 다스리고 한 톨의 음식을 무리와 더불어 모아 두고 한 마리 벌레의 살점을 무리와 더불어 빨고 하나의 죄라도 의심이 없어야 무리와 더불어 죽인다."[493]

진(陳)나라 사공(司空)이 읍재가 되었는데 있는 곳이 심산유곡에 멀리 떨어져 있어 홀로 앉아 수심에 잠겨 있는데 돌아다니는 개미에 힘입어 그의 마음에 즐거움이 되고 그의 근심을 떨쳐 버렸다.[494]

뱀은 겨울이면 문득 흙을 머금고 겨울잠에 들어갔다가 봄이 되면 겨울잠에서 나와 흙을 토해 낸다.[495]

정백자(程伯子)가 송(頌)에 말했다. "죽이자니 인(仁)을 손상시키고 놓아주자니 의(義)를 해친다."

동해에 사구(蛇丘)의 땅이 있는데 뭇 뱀들이 살았으며 사람은 없었다.[496]

---

493 『도추(道樞)』 권1, 「오화(五化)」.
494 『태평어람(太平御覽)』, 「충치부(蟲豸部)」 4, 〈의(蟻)〉.
495 『이아익(爾雅翼)』, "蛇, 草居, 常飢, 每得食稍飽, 輒復蛻殼, 冬輒含土入蟄, 及春出蟄則吐之."
496 『태평광기(太平廣記)』, 「사(蛇)」 1, 〈사구(蛇丘)〉.

29 꿀벌〔蜜蜂〕

추담(鄒湛)[497]이 말했다. "맹수가 밭에 있으면 창을 들고 나가 내쫓는 것은 평범한 사람도 할 수 있다. 벌과 전갈이 소매 속에 들어 있으면 귀신 같은 용사라도 깜짝 놀라니 뜻하지 않게 나타났기 때문이다."[498]

벌은 향기로운 꿀을 따서 모으는데 그 방이 비(脾)와 같아서 지금은 밀비(蜜脾)[499]라고 한다. 그 왕이 사는 곳은 겹쳐서 쌓은 것이 대와 같아서 봉대(蜂臺)라고 한다.[500]

밀랍은 벌꿀을 주로 하니 천하의 맛은 꿀보다 더 단 것은 없고 밀랍보다 더 담박한 것은 없다. 여기에 후하게 하는 것은 반드시 저기에 박하게 하니 이치가 본래 그러하다.[501]

아침저녁으로 배아(排衙)[502]하니 반드시 무리가 모여 시끄럽다. 조아(朝衙)를 마치면 밖으로 나가 꽃을 모아 공과(工課)를 바치고 만아(晚衙)를 마치면 방으로 들어간다. 삼사월에 태어난 것은 검은 색으로 벌의 이름을 상봉(相蜂)이라 하니 벌의 왕이다. 상봉만 꿀을 빚어낼 수 있는데

---

497 추담(鄒湛) : 진(晋)나라 때 사람. 무제(武帝) 때의 명장 양호(羊祜)의 종사관을 지냈다.
498 『진서(晉書)』 권45, 「열전(列傳)」 15, 〈유의전(劉毅傳)〉.
499 밀비(蜜脾) : 꿀벌들이 만들어서 꿀을 저장하는 방(房), 즉 벌집을 가리킨다.
500 육전(陸佃), 『비아(埤雅)』 권10, 「석충(釋蟲)」, 〈봉(蜂)〉.
501 육전(陸佃), 『비아(埤雅)』 권10, 「석충(釋蟲)」, 〈봉(蜂)〉.
502 배아(排衙) : 중국 제도에 있어서 주관(主官)이 당(堂) 위의 자리로 올라가 있으면 아서(衙署)에서 의장(儀仗)을 늘어놓은 다음 요속(僚屬)들이 차례대로 배알하면서 양쪽 가에 나뉘어 서 있는 것을 말한다.

칠팔월 사이에 상봉이 모두 죽는다. 세상에서 이른바 상봉이 겨울을 넘기면 벌의 일족은 반드시 텅 비어 버린다고 하는 것이다.[503]

오명국(吳明國)에 난봉(鸞蜂)[504]은 소리가 난봉(鸞鳳: 난새와 봉황) 같은데 몸은 오색으로 덮여 있고 무게가 십여 근이나 된다. 깊은 산 험준한 바위에 벌집을 만드니 나라 사람이 그 구멍을 찾아서 꿀을 채취하는데 두세 합을 넘지 않아야 한다. 만일 지나치게 채취하면 바람과 우레의 기상이변이 생긴다. 그것을 먹으면 사람이 장수하게 되고 얼굴이 아이 같아진다.[505]

온갖 꽃을 찾아 꿀을 모은 뒤에 결국은 그 모진 고생 누구를 위해 달게 해주었는가?[506]

---

503 팽대익(彭大翼), 『산당사고(山堂肆考)』 권226, 「곤충(昆蟲)」, 〈추아(趨衙)〉.
504 난봉(鸞蜂): 전설상의 벌을 말하는데 난봉밀이라는 진귀한 꿀을 만든다고 전해진다.
505 소악(蘇鶚), 『두양잡편(杜陽雜編).
  『두양잡편(杜陽雜編)』: 당나라의 소악(蘇鶚)이 찬한 전기집(傳奇集)으로 3권이다. 당나라 대종(代宗) 광덕(廣德) 원년에서 의종(懿宗) 함통(咸通) 14년까지의 진기한 이야기를 기록하였다.
506 나은(羅隱), 「봉(蜂)」, "不論平地與山尖, 無限風光盡被占. 採得百花成蜜後, 爲誰辛苦爲誰甜."
  나은(羅隱, 833~909): 당나라 여항(餘杭) 사람. 일설에는 신성(新城) 또는 신등(新登) 사람이라고도 한다. 자는 소간(昭諫), 호는 강동생(江東生), 본명은 횡(橫)이다. 일찍이 십여 차례 과거에 낙방하는 불운이 이어지자 이름을 바꾸었다. 진해장군(鎭海將軍) 전류(錢鏐)가 불러 장서기(掌書記)가 되었고, 나중에 절도판관(節度判官)과 저작좌랑(著作佐郞)·간의대부(諫議大夫)·급사중(給事中)을 지냈다. 주전충(朱全忠)이 그의 인물을 아껴 불렀지만 응하지 않았다. 어려서부터 재능이 있었고, 특히 시에 뛰어나 이름이 높았다. 저서에 『참서(讒書)』, 『강동갑을집(江東甲乙集)』, 『양동서(兩同書)』 등이 있다.
  소식(蘇軾, 1037~1101)의 시에 "옛날 혜원(慧遠) 스님은 술 받아 도연명을 먹였는데, 오늘은 불인(佛印) 스님이 돼지를 구워서 나를 대접하네. 벌이 온갖 꽃을 따다가 꿀을 만든 뒤에는 모르겠소만 모진 고생을 하며 누굴 위해 달게 해 주었는가〔遠公沽酒飮陶潛, 佛印燒猪待子瞻, 采得百花成蜜後, 不知辛苦爲誰甛〕?"라는 구절이 있다(『소동파시집(蘇 東坡詩集)』권50, 「희답불인(戲答佛印)」).

부록

천도류 원문 | 지리류 원문 | 동식류 원문 | 찾아보기

천도류 원문

1　天地

程子曰, "天地之常, 以其心普萬物而無心. 聖人之常, 以其情順萬事而無情."

觀天以天, 不若觀天以心, 故天象之高明, 卽此心之高明, 天象之昭回, 卽此心之昭回.

邵子曰, "天有四時, 地有四方, 人有四支, 是以指節可以觀天, 掌文可以察地."

『淮南子』曰, "禹使太章, 步自東極至于西極, 二億三萬三千五百里. 使竪亥, 步自北極至于南極, 二億三萬三千五百里七十五步."

春爲蒼天, 夏爲昊天, 秋爲旻天, 冬爲上天. 於春言色, 於夏言氣, 於秋言情, 於冬言位, 以相備也.

程子曰, "以形體謂之天, 以主宰謂之帝, 以妙用謂之神, 以功用謂之鬼神, 以性情謂之乾, 其實一而已. 所自以名之者, 異也, 夫天專言之則道也."

胡致堂曰, "自地以上, 無非天, 昔人以積氣名其象."

程子曰, "聖人, 天地之用也."

丘濬曰, "乾之三畫, 萬世文字之祖. 元亨利貞四字, 萬世義理之宗."

朱子曰, "靜而無一息之不中, 則吾心正而天地之心亦正, 故陰陽動靜各得其所, 而天地於此乎位矣. 動而無一事之不和, 則吾氣順而天地之氣亦順矣. 故充塞無間驩欣交參, 而萬物於是乎育矣."

2 太極

朱子曰, "那箇滿山, 靑黃碧綠, 無非是這太極."

邵子曰, "心爲太極, 道爲太極."

朱子曰, "伏羲畫卦, 文王演易, 未嘗言太極, 而孔子言之. 周公象易, 孔子讚易, 未嘗言太極, 而濂溪言之. 先聖後聖, 其揆一也."

邵子「無名公傳」云, "能造萬物者, 天地也. 能造天地者, 太極也. 太極, 其可得以名乎, 故強名之太極. 太極者, 其無名之謂乎."

朱子「答呂子約」曰, "至靜之時, 但有能知能覺者, 而無所知所覺者, 此於易卦爲純坤, 不爲無陽之象."

朱子在玉山, 借得洪景盧內翰所修國史, 見所藏濂溪傳載太極說而云, '自無極而爲太極', 以爲增此二字, 爲前賢之累, 啓後學之疑.

草廬開物之前, 混沌太始如此也者, 太極爲之. 開物之後, 有天地有人物如此者, 太極爲之也. 閉物之後, 人銷物盡, 天地復合爲混沌者, 亦太極爲之也. 常常如此, 無增無減.

朱子曰, "萬物各有太極."

眞西山曰, "周子恐人以太極爲一物, 故以無極二字, 加於其上, 猶言本無一物, 只有此理也."

皇明曹端曰, "學者欲至乎聖人之道, 須從太極上立跟腳."

3　　陰陽

程子曰, "陰陽之氣, 有常存而不散者, 日月是也. 有消長而無窮者, 寒暑是."

朱子曰, "天地間無兩立之理, 非陰勝陽, 即陽勝陰."

鼠之前四爪後五爪, 陰陽相半, 無如此物, 故取夜半, 陰盡陽生之義, 以子爲十二時之冠.

冬至之日, 陽之進也. 夏至之日, 陰之至也, 故於文爲簪. 簪者, 二至之日也.

朱子「與留丞相」書曰, "天下事勢, 有消長賓主之不同. 以易而言, 方其復而長也, 一陽爲主於下, 而五陰莫之能遏, 及其遯而消也, 五龍夭矯於上, 而不足以當. 一陰羸豕蹢躅之孚, 甚可畏也."

皇明隆慶六年, 太學士張居正, 進『帝鑒圖說』, 穆宗嘉納, 宣付史館, 以昭我君臣交修之義. 其圖說大綱凡二. 一曰,「聖哲芳規」, 凡八十一目善, 爲陽爲吉, 故用九, 九從陽數也. 二曰,「狂愚覆轍」, 其目凡三十六惡, 爲陰爲凶, 故六, 六從陰數也.

邵子曰, "無極之前, 陰含陽也. 有象之後, 陽分陰也. 陰爲陽之母, 陽爲陰之父, 故母孕長男而爲復, 父生長女而爲姤. 是以, 陽起於復, 陰起於姤也."

董子曰, "陽爲德陰爲刑, 刑主殺而德主生. 故陽常爲大夏, 而以生育長養爲事, 陰常居大冬, 而積於空虛不用之處, 以此見天之任德, 不任刑也."

朱子曰, "草得陰氣, 木得陽氣, 故草柔而木堅, 獸得陰氣, 鳥得陽氣, 故獸伏草而鳥棲木. 然卻有陰之中陽, 陽中之陰者."

天地之間一氣而已, 分陰分陽, 便是兩物.

4 五行

『白虎通』曰, "水之爲淮也, 沾濡任生. 木之爲言觸也, 陽氣動躍. 火之爲言委隨也, 萬物布施變化. 金之爲言禁也, 陰始起而禁止萬物. 土之爲言吐也, 言在中央吐含萬物."

五德之運, 黃承赤, 白繼黃.

邵子曰, "太柔爲水, 太剛爲火, 少柔爲土, 少剛爲石, 水火土石交而地之體盡之矣. 水爲雨, 火爲風, 土爲露, 石爲雷, 雨風露雷交而地之化盡之矣. 雨化物之走, 風化物之飛, 露化物之草, 雷化物之木, 走飛草木交而動植之應盡之矣."

滄洲山下出澄綠水, 金石, 終不沉歿.

先王之制樂也, 具五行之氣, 而水火不可得以用也, 故寓火於金, 寓水於石. 梟氏爲鐘, 火之至也. 泗濱浮磬, 水之精也.

丘氏曰, "五行, 獨土神稱后者, 后君也, 位居中, 統領四行, 故稱君也."

朱子曰, "年月日時, 無有非五行之氣. 人之生, 適遇其時氣, 有得淸者, 有得濁者, 貴賤壽夭皆然, 故參差不齊."

5 造化 并論天地萬物

許魯齋嘗著「天地萬物造化論」一首, 博大湖瀚, 精微悉備, 推原萬物之根柢, 發明造化之秘奧.

「造化論」曰, "未判之初, 有太易, 有太初, 有太始, 有太素. 太易者, 未見氣者也. 太初者, 氣之始也. 太始者, 形之始也. 太素者, 質之始也. 形質未相離, 乃謂之混沌."

天之每度二千九百三十二里, 周圍一百七萬九百一十三里, 往三十五萬六千九百七十一里.

天依形, 故運行太虛冲漠之際而無停. 地附氣, 故束於勁風, 旋轉之中不墜.

星之有名者, 一千五百二十. 晉陳卓總其名巫咸甘石有著, 凡一千四百六十四星, 以爲定紀. 今見其昭昭者云.

日往千里, 王畿千里, 取象於目. 盖立表較二寸, 則爲地一千里, 以此定之.

晝夜所經謂之一度, 仲夏躔東井, 而去極近, 則晝長而夜短. 仲冬躔南斗, 而去極遠, 則晝短而夜長.

月如銀丸, 而向日處一半, 常光旣望之月, 與日相對. 人處中間, 乃見其全, 日在其傍自下而視, 故但見如一層.

日初而涼, 日中而熱. 乃天道下沛而日, 則剝在下臨故也.

月行二十七日而周天, 復行二日而與日會.

晝夜百刻而辰周十二, 故以八刻二十八分爲一時. 註曰, "初初刻十分, 初一至初四刻各六十分, 正初刻十分, 正一至四刻各六十分."

天地相去, 八萬四千里, 冲和之氣, 在其中矣. 半爲陽位, 半爲陰位.

裨海環中國, 外如赤縣神州者九, 乃有太瀛海環其外, 天地之際焉. 北景在齊州之南, 故開北戶以向日. 天笠在中國之西, 故啓東牖而迎陽. 溫淸地當巽維, 日初極熱而午乃溫. 骨利幹, 僻在北際, 羊胛適熟而日已復出. 五臺六月山飛陰雪, 故曰氷天. 象臺歲際碧記納涼, 故曰炎海. 泰山有日觀鷄鳴而日已昇. 挹婁處堅谷接九梯而氣采燠. 東海入於無際, 水流之勢斯低謂之近, 尾閭之洩. 天南風氣所宜與極北每相類, 謂之回北而爲南.

周世洛陽立表, 求地中處, 在今河南登封縣.

晝生者類父, 夜生者類母.

堅土之人剛, 弱土之人肥, 墟之土人大, 沙土之人細, 息土之人美, 耗土之人醜, 輕土之人多利, 重土之人多遲.

鳶飛魚躍, 性之適也. 鵃鳴螽躍, 跂行喙息, 翔飛蠕動, 皆一性也. 蜂分蟻爭, 義之似也. 雞知將旦, 鶴知夜半, 不類信乎? 人狎鷗忘機, 犬吠盜而機露, 不類智乎. 虎嘯而風生, 龍吟而雲起, 將雨而魚噞, 將風而鵲下, 不類感應乎. 燕知戊己, 虎知破衝, 巢居知風, 穴居知雨, 不類幾先乎. 蠖屈而求伸, 狋斷而求活, 不類自全乎. 乾鵲知來而不知往, 猩猩知往而不知來.

熊山行數千里, 各於岩穴林薄間, 有藏伏之所, 山中人謂之熊館, 虎豹出百里遠失古道.

雀之爲蛤, 以殊形而相禪. 龜之旣神, 以鑽骨而效靈. 鸜鴿來魯而知人事之感, 杜鵑入洛而驗地氣之遷.

桂枝之下草不植, 麻黃之下雪不積, 觀木而可驗晴雨. 註曰, "櫸木名雨師, 將雨其葉潤." 占草而可知水旱. 註曰, "旱則旱草生, 水則水草生."

茨近陽而性暖, 菱昔日而性寒.

賁星墜而渤海決, 銅山摧而離鍾鳴, 此異類之應也. 磁石之引針, 琥珀之拾芥, 此同類之感也. 燧取火於日, 鑑取水於月, 此無情之感也.

天文

子産曰, "天道遠, 人道邇, 禆竈焉如天道."

慕容皝, 知高詡善天文, 謂曰, "卿有佳書, 而不使我見, 何以爲忠?" 詡曰, "臣聞, 人君執要, 人臣執職者勞, 是以后稷播穀, 堯不預焉. 占候天文, 非人君所宜親."

陸賈『新語』曰, "堯舜不易日月而興, 桀紂不異星辰而亡, 天道不改而人道易也."

管輅弟辰, 常欲學仰觀之術. 輅曰, "『孝經』『論語』, 足爲三公, 無用知此也."

天文之學, 愈疏則多中, 愈密則多不中. 春秋時言天者, 不過本之分野, 合之五行, 驗之日食, 星孛之類而已. 五緯之中, 但言歲星, 而餘四星不占, 何可簡也,而其所詳, 在於君卿大夫, 言語動作威儀之間, 及人事之治亂敬怠, 故其說也. 易知而其驗也, 不爽. 楊子『法言』曰, "史以天占人, 聖以人占天."

三代以上, 人人皆知天文. '七月流火', 農夫之辭也. '三星在天', 婦人之語也. '月離于畢', 戍卒之作也. '龍尾伏辰', 兒童之謠也.

邱濬曰, "天有天文, 人有人文. 人君上察天, 下觀人文, 故天有日月星辰也, 有四時六氣也. 其形象之昭然, 其氣運之錯然, 皆有文而可察也. 人有三綱六紀也, 有禮節法度也. 其彛倫之秩然, 其典則之粲然, 皆有文而可觀也."

<h1>7   鬼神</h1>

「正蒙」曰, "鬼神者, 二氣之良能." 釋之者曰, "鬼神者, 乃陰陽二氣之屈伸往來也. 氣之方來者, 皆屬陽, 是神也. 氣之反屈者, 皆屬陰, 是鬼也. 午前是神, 午後是鬼, 初一以後是神, 十六以後是鬼."

六經言鬼神, 而未嘗分屬. 劉歆逐裂, 爲天神地祇人鬼. 鄭氏又謂, '聖人之精氣爲神, 賢智之精氣爲鬼.' 怪之甚矣.

子之氣卽親之餘也. 子能盡誠感之, 則自然自無而有.

『說苑』, 子貢問孔子, "死人有知無知?" 孔子曰, "吾欲言死者有知, 恐孝子順孫妨生以送死也. 欲言死者無知, 恐不孝子孫棄而不葬也."

我文宗大王, 嘗御集賢殿, 御書數語, 祭棘城癘疫之鬼. 略曰, "無情之謂陰陽, 有情之謂鬼神. 無情則不可與語, 有情可以理曉."

眞西山曰, "陰陽二氣, 流行於天地之間, 萬物賴之以生成, 此所謂鬼神也. 今人只以塑像爲鬼神, 又以幽暗不可見爲鬼神. 殊不知山峙川流, 日照雨潤雷動風散, 乃分明有跡之鬼神也."

朱子「答董叔」書曰, "鬼神之理, 聖人盖難言之. 謂眞有一物不可, 謂非眞有一物亦不可, 且闕之可也."

8 　四時

邵子曰, "天之四府, 春夏秋冬也. 聖人之四府, 易書詩春秋也."

錢牧齋曰, "天地之運, 隨時變嬗, 四時之景, 本無美惡. 推夫歡樂者, 遇之則爲美景, 憂愁者, 觸之則爲惡候. 倘使人君之改化, 盎憩春生, 則雖夏之暑, 秋之凄, 冬之烈, 而民視之者融, 融焉, 都是春耳."

冬至之後爲呼, 夏至之後爲吸, 此天地一歲之呼吸也.

程明道曰, "仲尼元氣也, 顔子春生也, 孟子幷秋殺盡見."

漢宣帝時, 魏相奏請, 通陰陽者四人, 各主一時之至明言所職, 以和陰陽, 如高帝時調者, 趙堯擧春, 季舜擧夏, 倪湯擧秋, 夏禹擧冬之類. 帝從之.

陳北溪曰, "四時雖不同, 同出於春. 春則春之生, 夏則春之長, 秋則春之收, 冬則春之藏也."

莊子曰, "四時殊氣, 天不私, 故歲成."

9 　春

董子曰, "『春秋』王道之端, 得之正. 正次王, 王次春. 春者, 天之心也. 正者, 王之所爲也. 其意曰, '上承天之所爲, 而下以正其所爲', 正王道之端云耳."

後漢, 方春行寬大之詔.

邵子, 收天下春, 歸之肝肺.

管仲曰, "吾不能以春風風人, 吾不能以夏雨雨人, 吾窮必矣."

10 夏

『白虎通』曰, "夏至陰始起, 反大熱何也? 陽氣推而上, 故大熱."

11 夏秋

唐玄宗, 製「秋風詞」一曲, 每奏淸風徐來, 庭葉交墜.

『淮南子』, 春女悲秋, 一衣知物化也.

12 冬

方氏曰, "天氣上騰, 地氣下降, 則天地判, 而各正其位矣. 各正其位, 天地不通, 以其不通, 故閉塞."

眞西山曰, "盍觀乎冬之爲氣乎, 木歸其根, 蟄坏其封, 凝然寂然, 不見兆朕, 而造化發育之妙, 實胚胎乎其中. 盖闔者, 闢之基, 貞者, 元之本, 而艮所以爲物之始終."

冬至陽始起, 反大寒何也. 陰氣推而上, 故大寒也.

13 寒暑

武王蔭暍人於柳下, 而天下懷.

楚莊王循三軍撫而勉之士, 皆如挾纊.

郭崇韜謂唐莊宗曰, "昔在河上, 勁敵未滅, 故雖有盛暑, 不介聖懷. 今倘艱難之時, 則暑氣自消矣."

李德裕極執時, 金盤貯水, 浸白龍皮, 煩暑都盡, 如涉高秋.

劉松袁術三伏之暑, 飮至無知以避暑, 故河朔有避暑飮.

鮑氏曰, “日在地下則寒, 日在天上則暑.”

杜詩, “大庇天下寒士, 皆歡顔.”

范質扇書, “大暑去酷吏.”

14　晝夜

邵子『皇極經世書』曰, “陽爻晝數也, 陰爻夜數也. 天地相唧, 陰陽相交, 故春夏晝數多夜數少, 秋冬晝數少夜數多.”

張子曰, “晝夜者, 天之一息乎. 寒暑者, 天之晝夜乎. 天道春秋分而氣易, 猶人一寤寐而魂交, 魂交成夢, 百感紛紜, 對寤而言, 一身之晝夜. 氣交爲春, 萬物揉錯, 對秋而言, 天之晝夜也.”

蔡西山曰, “星爲晝, 辰爲夜. 晝變物之形, 夜變物之體, 物之所以感於天之變.”

15　四方

邵子曰, “先天八卦方位, 自震至乾爲順數, 自巽至坤爲逆數. 知往者順, 若順天而行, 是左施也, 皆已生之卦也. 知來者逆, 若逆天而行, 是右行也, 皆未生之卦也.”

方氏曰, “夫自秦而上, 西北袤而東南蹙, 秦而下, 東南展而西北縮. 先王盛時, 四方各有不盡之地.”

16 元亨利貞

朱子曰, “元亨利貞, 譬諸穀. 萌是元, 苗是亨, 稼是利, 實是貞. 穀之實又復結生.”

析而四之則爲四時, 合而兩之則爲陰陽, 貫而一之則渾然一元之氣.

義農爲上古之元, 堯舜其亨, 禹湯其利, 文武周公其貞也. 夫子爲中古之元, 顔子爲亨, 子思其利, 孟子其貞也. 周子爲宋朝之元, 程張爲亨, 朱子其利, 而未有其貞.

17 日月 附日月蝕

程子曰, “日月在之天, 猶人之有目, 目無背見, 日月無背照也.”

沈括曰, “日月在天, 如兩鏡相照, 而地居其中, 傍皆空水也. 故月中微異之處, 乃鏡中大地之影.”

朱子曰, “日蝕本不足而變, 但天文才遇此際, 亦爲陰陽厄, 會於人事上, 必爲灾戾, 故聖人畏之.”

邵子曰, “日隨天而轉, 月隨日而行, 星隨月而見. 故星法月, 月法日, 日法天. 天半明半暗, 日半贏半縮, 月半盈半虧, 星半動半靜, 陰陽之義也.”

吳氏曰, “月之體如彈丸, 其邇日者常明, 常明則常盈, 而無虧之時. 當其望也, 日在月之下, 而月之明尙下, 是以人見其體之盈. 及其晦也, 日在月之上, 而月之明, 亦而上, 自下而觀者, 不見其明之全. 倘能飛步太虛, 傍觀其側, 則弦之月, 如望棄凌到影俯視于上, 則晦之月, 亦如望月之體常盈, 而人有所不見, 遂以爲月之虧, 可乎.”

委照而吳業昌, 淪精而漢道隆, 擅扶桑於東沼, 嗣若英於西冥.

18　星辰

朱子曰, "緯星是陰中之陽, 經星是陽中之陰. 盖五星, 皆是地上木火土金水之氣
上結而成, 却受日光經星, 却是陰陽氣之餘凝結者. 但經星閃爍開闔, 其光不定.
緯星則不然, 縱有芒角其本體之光, 亦自不動."

北辰爲天之樞, 如輪之轂, 如磑之臍, 雖欲動而不可得, 非有意於不動也.

『說文』曰, "君臣和而三台齊, 國有道而景星明, 賢士擧而少微大, 故知庶民之惟
星, 而無困民之政, 知賢人之爲德星, 而有用賢之功."

『周禮』保章氏, 志日月星辰之變動.

老人見則主壽昌, 南斗主爵祿, 東壁主文章, 奎爲封豕, 參爲白虎, 胃爲天倉, 婁
謂衆聚. 旄頭之北, 宰制胡虜, 天畢之陰, 畜洩雷雨.

東方朔曰, "星辰動搖, 民勞之應."

錢樂, 則以朱黑白, 而別三家之星. 葛衝, 則以以靑白黃, 而別三家之星. 以考星
宿, 非運天不可也.

三辰主綱紀, 七政運樞機.

程子曰, "德隆則星隨德而見, 星隆則人反隨星而應."

因房星而明堂, 因虛危而爲廟, 則制作可考.

昴星明則獄平, 牽牛明則穀豐.

19　風

太公爲灌壇令, 朞年, 風不鳴條.

天地之氣, 噓而成雲, 噫而成風.

海鳥爰居, 止于魯東門三日, 是歲, 海多大風.

馬子才「迎薰堂記」曰, "有風入肌骨, 蕩滌腸胃胷中之感, 拂不平者, 不覺散失, 起視萬物, 欣欣熙熙, 如春臺之人, 有善笑色萬竅起吟, 如歌咏太平之聲異哉. 是風舜孝格天, 五絃之上微動, 帝指拂拂以起, 若湯之時吹雲, 横霓沛作霖雨, 文武成康, 使天地祖考, 安寧富祿. 漢文時吾民阜財, 國亦富實, 至唐貞觀與三代同其和, 自舜而至於宋, 三千三百餘歲, 是風也, 凡六來矣."

自初春至初夏, 有二十四番風.

風之所出無異也, 而呼者吸者. 呼者號者, 其聲若是不同, 以其所托者物, 物殊形爾.

號令, 合民心, 祥風至.

20 雲

『公羊傳』曰, "觸石而出, 膚寸而合, 不崇朝而徧天下者, 惟泰山之雲也."

「天官書」曰, "郁郁紛紛, 蕭索輪困, 是謂卿雲, 卿雲之見善喜氣也."

山雲草莽, 水雲魚鱗, 旱雲烟火.

『周禮』保章氏, 以五雲之物, 辨吉凶水旱豊菽之象.

黃帝之興, 黃雲與入堂. 文命之候, 玄龍御雲. 天命於湯, 白雲入房.

21 雷電

宋汪澈言, 春秋魯隱公時, 大震雷繼以雨雪, 孔子以八日之間, 再有大變, 謹以書之.

雷電伯夷之廟罪之也, 於是展氏有隱慝.

程子曰, "雷者, 陰陽之相軋. 電者, 陰陽之相擊也."

胡致堂曰, "天地之間, 無非陰陽聚散闔闢之所爲也, 可以神言, 不可以形論, 非如異端所謂, 龍車石斧鬼鼓火鞭, 怪誕之難信也."

宋寅和展所立元祐奸黨碑, 爲雷震擊碎.

朱子詩曰, "我願君王法天造, 早施雄斷答群心."

杜詩曰, "上天久無雷, 無乃號令華."

眞西山曰, "易稱鼓萬物者, 莫疾乎雷. 其與日之烜, 雨之潤, 風之散, 同於生物而已."

22 虹霓

朱子曰, "螮蝀本只是薄雨, 爲日所照成影. 然亦有形能吸水吸酒, 人家有此, 或爲妖或爲祥."

漢靈帝時, 異氣墜北宮, 其貌如龍. 蔡邕曰, "所謂天投霓也."

23 雨

雨者, 輔也. 言輔時生養.

程子曰, "易言密雲不雨, 自我西郊. 今長安西風而雨, 恐是山氣使然也."

朱子曰, "雨如飯甑有蓋, 其氣蒸鬱而汗下淋漓則爲雨. 如飯甑不蓋, 則其氣散而不收爲霧."

雨有水雨爲霧沛之雨, 火雨爲急暴之雨, 土雨爲霖霖之雨, 石雨爲雹凍之雨.

太平之世, 凡三十六雨.

遵懸子徙廛, 尤魯侯之焚巫, 祇桑林之六禱, 修季宰之再雩, 誠在幽其必貫, 感何遠而不孚.

24 雹雪

程子曰, "世人說雹, 是蜥蜴做. 是這氣相感應, 使作得他如此."

朱子曰, "大雪爲豐年之兆者, 雪非豐年. 盖爲凝結得陽氣在地, 來年發達生長萬物."

程子曰, "雹之兩頭皆尖, 陰陽交爭, 打得如此碎了. 雹字從雨, 從包, 是這氣包住, 所以爲雹也."

朱子曰, "雪花六出, 盖只是霰下, 被猛風拍開, 故成六. 六者陰數, 太陰玄精石亦六稜, 盖天地自出之數."

王孫子曰, "昔衛君重裘累茵而坐, 見路有負薪而哭者. 問曰, ‘何故也?’ 對曰, ‘雪下衣薄, 是以哭之.’ 於是衛君懼, 見於顏色, 曰, ‘爲君而不知民, 孰以我爲君?’ 於是開府金出倉栗, 以賑."

25 霜露

朱子曰, "露氣與霜氣不同, 露能滋物而霜殺物也. 雪霜亦異, 霜能殺物而雪不殺物也. 雨與露不同, 雨氣昏而露氣清也. 露與霧不同, 露氣肅而霧氣昏也."

政令苛刻, 則夏下霜. 誅伐不行, 則冬霜不殺草.

豐山之鍾, 霜降則自鳴.

高麗肅宗元年四月, 霜雹. 中書星奏曰, "乞令御史臺刑部, 凡疑獄促決, 無使寃濫." 王從之.

26 霧霞

朱子曰, "天氣降而地氣不接則爲霧, 地氣升而天地不接則爲霞."

朱子嘗登雲谷, 晨起穿林薄中, 幷無露水沾衣. 但見烟霞在下, 茫然如大洋海,
衆山僅露峯尖, 烟雲環繞往來, 如移動, 天下之奇觀也.

27 煙火

劉向校書天祿閣, 老人吹藜杖頭, 火烟以照之.

『周禮』司烜, 以陽燧取火於日. 司爟掌火, 春季出火, 秋季內火. 四時取火之木,
各隨其時之方色取之.

唐淸明, 取楡柳火, 順陽氣也, 賜近臣火.

韓文公曰, "火洩於密, 而爲用且大, 能不違於道, 可燔可炙, 可鎔可甄, 以利乎生
物, 及其放而不禁, 反爲災也."

本朝世宗時, 寧海有火. 文宗明尙州地火. 成化癸卯寧海地火, 晝有烟氣, 夜有
光. 投以木則成火.

28 氷

申豊曰, "古者日在北陸而藏氷, 西陸朝覿而出之. 其藏也, 黑牡秬黍, 以亨司寒.
其出也, 桃弧棘矢, 以除其災. 其藏之也周, 用之也徧, 則冬無愆陽, 夏無伏陰,
春無凄風, 秋無苦雨, 雷出不震, 無蓄霜雹, 癘疾不降, 民不夭札."

程子曰, "氷以風壯, 而以風出, 其藏也周, 用之密, 亦古者, 本末備擧, 變調之一事也."

陵臺氷井, 六月猶堅.

老成子, 四時能造氷.

長慶元年二月, 海州海氷, 南北二十里.

我國義城氷井, 夏凍冬溫.

29 水災

唐德宗時, 州縣水災. 陸贄奏曰, "宜分道命使, 寬息征徭, 量與官物, 所費者財用, 所收者人心, 不失人, 何憂乏用."

竈陘産蛙, 渠竇生魚, 龍鬪門外, 鼠巢樹上.

『春秋繁露』曰, "大水鳴鼓而攻社, 何也. 大水者, 陰滅陽也, 卑勝尊也, 故鳴鼓而攻之, 朱絲而脅之, 爲其不義. 此亦春秋之不畏强禦也."

30 旱災

水災常數, 安石所以誤, 神宗天心仁愛忠鈇, 所以忠武帝.

朱宜都有二石, 旱則鞭陰石, 久雨則鞭陽石.

胡氏曰, "『春秋』書不雨至于七月, 則八月常雨矣. 然而不書八月雨者, 見文公無意於雨, 不以民事係夏樂也."

旱之爲言悍也. 陽驕蹇所至也.

31 地震

胡氏曰, "天地之變, 非一端也. 盡以爲人事致之, 牽合傅會, 泥而不通, 盡以爲氣數適, 然則修德正事, 反災爲祥者, 亦不少矣." 此論漢文時地震.

漢鮑宣疏曰, "陛下父事天, 母事地, 子養黎民. 卽位以來, 父虧明, 母震動, 子訛相驚. 宜深自責."

32 災異

楚莊王見天不見妖, 則禱於山川曰, "天其忘予歟?"

明太祖謂中書省曰, "人之常情, 聞禎祥則有驕心, 聞災異則有懼心. 朕命天下, 勿奏祥瑞, 若遇災害卽時報聞."

庶徵衍於箕子, 而妖祥之說起. 五行傳於劉向, 而災祥之說盛. 皆本之君心而徵之天意.

陸象山曰, "昔之言災異者多矣. 旁引物情, 曲指事類, 不能無偶然而合者, 然一有不合, 人君將忽焉. 不懼春秋著災異, 不著事應者, 實欲人君無所不謹也."

災異之生, 不在天而在人主之一心. 以之用人, 吾見鴟鴉翔而鳳凰伏矣. 以之聽諫, 吾見黃鍾毀而瓦缶鳴矣.

人之常情, 好祥惡妖. 然天道幽微, 莫測莫恃. 祥而不戒, 祥未必皆吉. 覩妖已能懲, 妖未必皆凶. 盖聞災而懼, 或蒙見休見瑞而喜, 以致致咎, 何則人心懼則戒. 心常存喜則侈心易縱也.

武王勝殷, 得二虜而問曰, "國有妖乎?" 一虜曰, "有晝見星而血雨, 妖也." 一虜曰, "此非妖也. 子不聽父, 弟不聽兄, 君令不行, 此妖之大者也."

宋李淸臣廷對策曰, "天地譬如人身, 心肺有所壅塞, 則五官爲之不寧. 民人生聚, 天地之心肺也, 日月星辰, 天地之五官也. 善止天地之異者, 止民之疾痛而已."

楊萬里曰, "變災爲祥, 人君之一念."

33　祥瑞

春秋二百四十年之間, 祥瑞不一槪見, 豈無可書之實耶. 盖聖人垂敎以爲無益也.

程子曰, "聖人不貴祥瑞, 因災異而修德則無損, 因祥瑞而自恃則有害."

後魏之世, 焚連理木, 煮白雉而食, 然未足爲治.

吳韋昭曰, "祥瑞, 家中筐篋中物耳."

古人有以芝蘭玉樹, 譬于子弟之賢, 則人君之得賢臣, 奚特佳子弟於父兄乎.

『西京雜記』, 樊噲問於陸賈曰, "自古人君受命, 必有瑞應, 豈有是乎?" 賈曰, "目瞤得酒食, 燈華得錢財, 乾鵲噪而行人至, 蜘蛛集而百事喜. 小旣有徵, 大亦宜然."

三代以上, 祥瑞在天下, 初不聞獻某瑞也. 鳳儀之說, 因論韶而及之. 屢豊之說, 因論武而及之. 陶唐曰峻德, 不曰赤龍之祥, 虞舜曰玄德, 而不曰慶雲之祥. 夏后曰文命誕敷, 而不曰洛龍之祥也. 玄鳥墮卵, 白狼啣環, 不曰湯以是王也. 火鳥流屋, 曰魚登舟, 不曰武以是王也. 後世君臣, 非唐虞制作, 不三代而固. 有獲麟作歌者, 有得鼎賦詩者, 有喜禽改元者. 若使祥瑞, 盡可憑, 則雊雉宜變也, 高宗何以興. 桑穀宜災也, 太戊何以治. 二龍遊庭, 夏之瑞也, 夏何以微. 甘露下降, 唐之瑞也, 唐何以亂. 君子又奚取於祥瑞耶. 嗚呼雨暘時, 若則慶雲可無出也. 溝洫疏通, 則醴泉可無湧也. 黍稷茂盛, 則芝草可無生矣. 鷄豚繁息, 則鳳凰不必郊, 猿猱不必囿矣. 祥瑞獨何爲哉.

五代多祥瑞. 程子曰, "比如盛冬發出一花相似, 然出不以時則是異也."

明太祖, 却鳳翔之瑞麥, 而以三光平, 五穀熟爲瑞. 歐陽修, 戒澧州之瑞木曰, "方今但見其失, 未見其得. 此乃誤事之妖木也."

34 變化 卽物妖

黃秀化熊, 牛哀作虎, 朱翁爲鷄. 雀化爲金印, 腐草爲螢, 朽瓜爲魚. 封卲化虎,
楓樹化爲老人, 望夫化爲石. 涪州村民, 爪甲漸變如虎毛斑斑通身. 杜濟穿井,
獲土缶中有拘焉, 投之於河, 化爲龍.

程子曰, "麟無種, 種於氣, 厥初生民亦如是. 至如禽獸草木, 無種而生. 若海中
島嶼人不及者, 安知其無種之人, 不生於其間. 且如人身上, 着新衣服, 過幾日,
便自有蟣虱生其間, 此氣化也. 氣旣化後, 更不化, 便以種生去."

卲子曰, "日爲暑, 月爲寒, 星爲晝, 辰爲夜, 暑寒晝夜交而天之變盡矣. 水爲雨,
火爲風, 土爲露, 石爲雷, 雨風露雷交而地之化盡矣. 以至乎性情形體無不應,
走飛草木無不感."

35 氣數

『皇極經世書』天有元會運世之數, 而氣化之醇醨, 與世道相驗. 世有治亂興亡之
運, 而世道之昇降, 與氣化相參. 盖天未嘗外乎人, 人未嘗外乎天, 而轉移之機,
實在乎人耳.

自其常而觀之, 則理爲之主. 自其變而言之, 則數或不能無也. 允釐百工之時,
而洪水方割, 至於九載. 懋昭大德之君, 而蹇陽肆凶, 至於七年. 此則似非人事
之所召, 而實由天數之或然也. 然堯不諉之數, 而旁求俾乂之人, 湯不諉之數,
而自有六事之責, 終底地平天成之績. 擧國滂沱之慶, 則不可謂天之定數, 而不
容人事者也. 此理之所以局於數, 而數之所以終囿於理者也.

伊川云, "某與邵堯夫, 同里巷居三十年, 世間事無所不論, 惟未嘗一字及數耳."
又曰, "邵堯夫於物理上儘說得, 亦大段漏洩他天機."

蔡九峯『皇極內篇』曰, "有理斯有氣, 氣著而理隱. 有氣斯有形, 形著而氣隱. 人
知形之數, 而不知氣之數. 人知氣之數, 而不知理之數." 又曰, "義之所當爲而不

爲者, 非數之所能知也. 義之所不當爲而爲者, 亦非數之所能知也."

蔡西山曰, "邵子一元之數, 卽一歲之數也. 一元有十二會, 三百六十運, 四千三百二十世, 猶一歲十二月, 三百六十日, 四千三百二十辰也. 前六會爲息, 後六會爲消, 卽一歲之自子至巳爲息, 自午至亥爲消. 開物於星之六十六, 猶歲之驚蟄也. 閉物於三百一十五, 猶歲之立冬也. 此皆自然之數, 非有所牽合也."

朱子曰, "堯時會在巳午之間, 今漸及未矣. 至戌上說閉物, 到那時不復有人物矣."

元世祖至元, 元年甲子初入午會, 第十一運.

李必曰, "天命他人皆可言, 惟君上不可言. 盖君上所以造命也, 若言命則禮樂刑政, 皆無所用矣."

王隆問關朗曰, "先生每及興亡之際, 必曰用之以道, 輔之以賢, 何也?" 朗曰, "夫死生有定數, 吉凶有前期. 然變而能通, 故治亂有可易之理. 是以君子之於易, 動則觀其變而玩其占, 問之而後行, 考之以後擧. 欲令天下, 順時而進, 知亂而退, 此占等所以見重於先王也. 故曰危者使平, 易者使傾. 非運之不可變也, 化之不可行也."

程子曰, "關朗卜百年事最好, 雖是天命, 可以人奪也. 如仙家養形, 以奪旣衰之年, 聖人有道, 以延旣衰之命."

36 **曆象** 并璣衡漏刻

漢興四百年中, 更三造曆. 唐三百中, 更七造. 宋三百餘年中, 更十八造曆.

漢太初以鍾律, 唐大衍以蓍策, 元授時以晷景.

班固「律曆志」云, "治曆有不可不擇者三家, 專門之裔, 明經之儒, 精數之士也." 是以漢之公卿壺遂, 司馬遷請改正朔, 而不能爲數也. 及鄧平唐都洛下閎輩出,然後成太初曆, 崔浩之魏曆稱精矣, 而惟高允能辨五星之差. 程子曰, "常堯夫差法冠絶古今", 堯夫常曰, "楊子雲知曆法又知曆理." 許衡郭守敬王恂之作曆, 就晷測影凌駕百代. 夫洛下閎唐都鄧平專門者也, 子雲堯夫許衡明經者也, 高允郭守敬王恂情數者也.

曆敬天授民而設也. 敬天, 在順時布令, 觀變警心所重, 莫知刑賞. 授民, 在東作西成, 南訛朔易, 所重莫如農業. 故堯舜之以羲工熙績爲欽天, 而成周之曆以無逸豳風爲月令, 非徒如保章挈壺之流, 斤斤於時刻分抄之末而已.

告朔頒正之儀, 吉凶興作之事, 皆協於時日. 鍾律大小之別, 聲音清濁之分, 皆宜於月令. 慶賞誅罰之典, 施別黜陟之擧, 皆由於考績. 非曆則禮失其用, 樂失其節, 刑失其時, 政失其道.

驪翰改色, 寅丑殊建. 漢秉素祇之徵, 魏稱黃星之驗.

蘇頌使契丹, 遇冬至, 其國曆後宋曆一日. 盖亥時節氣交, 猶是今夕若踰數刻, 則屬子爲明日, 各從其節氣也.

放翁詩曰, "中原日月用胡曆."

淵明詩曰, "雖無紀曆志, 四時自成歲."

明司天監進元主所制水晶宮漏刻. 上曰, "廢萬機之務, 而用心於此, 所謂作無益, 害有益." 命碎之.

周衰曆官失紀, 散在諸國, 於是國自爲曆, 高麗用唐宣明曆. 自長慶距太祖開國殆逾百年, 其術已差, 前此唐已改曆矣. 自是曆凡二十二改, 而高麗猶馴用之, 至忠宣王改用元援時曆, 而開方之術不傳, 故交食一節, 尙循宣明舊術, 虧食加時不合於天矣.

本朝世宗大王, 製自擊漏簡儀臺欽敬閣, 制作精微. 工匠皆無測上意者, 惟護軍蔣英實運智, 騁巧無不吻合, 上甚重之.

鄭康成曰, "轉運者爲機, 止息者爲衡."

璇璣玉衡之制, 起於高辛. 而虞舜察之, 以璇爲璣, 而用以轉動, 是之謂璣. 以玉爲管, 而備置其中, 是之謂衡. 璣以定天體, 衡以齊七政. 秦火之後, 其法蕩然. 漢洛下閎始經營之, 鮮于妄人又量度之, 至耿壽昌始鑄而爲之, 象轉而望之, 以知日月星辰之所在. 唐李淳風因之而爲三重儀, 在外曰六合, 其內曰三辰, 最內曰四游, 而一行復益之, 以黃道儀. 靖康之亂, 儀象歸于金元人襲之, 而規環不協, 難復施用. 於是郭守敬, 乃創爲簡儀仰儀及諸儀表, 其說以爲昔人以管窺天宿度餘分. 未得其的, 乃用二線, 推測于日餘分纖微, 皆有可考. 又當時四方測景之所, 凡二十有七, 東極高麗, 西極滇池, 南踰未壓, 北盡鐵勒, 皆古人所來爲者. 其法俱在『元史』, 而儀表至今用之.

楊爛「渾天儀賦」曰, "三十五官有群生之繫命, 一十二次當下土之封畿. 天如倚盖, 地若舟浮, 出於卯入於酉, 而生晝夜交於奎合於角, 而有春秋."

漏刻之作, 肇於軒轅之日, 宜乎夏商之代. 又云, 至冬至晝漏四十刻, 冬至之後日長九日加一刻, 以至夏至晝漏六十五刻, 夏至之後日短九日減一刻. 漢制又以先冬至三日晝, 冬至後三日, 晝漏四十五刻, 夜五十五刻, 晝夜合百刻. 先夏至三日晝, 夏至後三日晝, 漏六十五刻, 夜三十五刻, 晝夜合百刻.

漢制鼓以動衆, 夜漏鼓鳴, 則起晝漏壺乾, 鍾鳴則息.

挈壺司刻, 漏樽瀉流, 仙叟秉矢, 隨水浮沈.

37 閏法

鶗鴂飛數逐月, 如正月一飛, 二月二飛. 閏月則止于窠中, 不復起.

「五行志」, "周衰天子不頒朔, 魯曆不正置閏, 不得其月之大小, 不得其度." 故秦宣公享國十二年, 初志閏月, 此各國曆法不同之一證也. 春秋各國之曆不同, 經之所據特魯曆耳.

杜預唯勘經傳上下日月, 以爲長曆, 置閏疏數無復定準, 自言與常曆不同.

『皇書』曰, "月一會而加半日減半日, 是以爲閏餘也. 日一大運而進六, 日月一大運而退六日, 是以爲閏差也."

丘濬曰, "期者, 一歲之足日也, 歲子, 一歲之省日也. 閏者, 補三歲之省日, 湊爲三歲之足日也. 盖無閏則時不定, 時不定則則歲不成."

日一年三百六十六日, 月一年三百五十四日也, 餘十二日者, 日一年盈六日, 月一年縮六日, 共十二日爲閏.

38 三才

朱良規曰, "天之風月, 地之花柳, 人之歌舞, 無此不成三才."

朱子「答陳同父」書曰, "三才之所以爲三才者, 固未甞有二道也. 天地無心而人有慾, 故天地之運行無窮, 而在人者有時而不相. 似盖義理之心, 頃刻不存, 則人道息, 人道息, 則天地之用, 雖未甞已, 而其在我者, 則固卽此而不行矣. 不可俚見其穹然者, 常運乎上, 隤然者, 常在乎下, 便以爲人道無時不立, 而天地賴之以存之驗也."

孔子贊乾曰, "閑邪存其誠", 贊坤曰, "敬以直內." 盖乾者, 聖人之道, 而誠爲成德之事也. 坤者, 賢人之道, 而敬爲入德之方也.

『皇極經世書』曰, "暑變物之性, 寒變物之情, 晝變物之形, 夜變物之體. 夫人也者, 暑寒晝夜無不變, 雨風露雷無不化, 性情形體無不感, 走飛草木無不應, 所以目善萬物之色, 耳善萬物之聲, 鼻善萬物之臭, 口善萬物之味, 靈于萬物不亦宜乎."

『說文』說, 王字之義曰, "一貫三也." 言一人而貫通三才.

39

應天

寵籍言執政未能守紀綱, 蔡襄論朝廷未能修人事, 韓琦條十事則以節浮費酌茶
法爲先, 范仲淹列四事則以察官吏修常平爲要. 愚未知今日之事天, 其已修耶
未修耶?

季文子曰, "不畏于天, 將何能保."

明太祖曰, "得乎民心, 則得乎天心. 今欲弭天災, 但當謹于修己誠于愛民, 庶可
答天之眷." 乃免民田租.

桓公問, "王者, 何所貴", 管仲曰, "貴天公仰視天." 仲曰, "所謂大者, 非蒼蒼莽莽
之天也. 君人者, 以百姓爲天."

『詩』曰, "昊天曰明, 及爾出王, 昊天曰朝, 及爾游衍." 言天道昭明, 凡人君出入
往來之頃, 優游暇逸之時, 天之監臨, 無乎不在.

宋孫覿諂附金人, 而嘗以順天逆天之說自解. 或戲之曰, "子之在金營也, 順天爲
甚, 壽而康宜哉."

感應

孔穎達易疏曰, "感者動也, 應者報也. 皆先者爲感, 後者爲應. 自有近事相感,
亦有遠事相感. 若周時獲獜, 乃爲漢高之應, 漢代黃星, 乃爲曹公之兆."

朱子曰, "天氣之相召也. 如磁石之取針, 硫黃之取火, 非有意取之. 自然之理也."

思踏縣厓, 脚心酸澁. 談及酸梅, 口中生津.

朱子曰, "谷之虛也, 聲達焉則響應之, 乃自然之神化也." 聖人之神天也, 故能知
周萬物.

朱子「答胡季隨」書曰, "感物而動者, 聖愚之所同. 然衆人昧天性, 故其動也流,

賢人知天性, 故其動也節, 聖人盡天性, 故其動也無事於節, 而自無不當."

風竹, 便是感應.

41 **福善禍淫 并陰報**

聖賢非無福善禍淫之言, 而豈眞有上帝司其禍福. 如道家所謂天神察其善惡,
程子所謂地獄果報者哉? 善與不善一氣之相感, 如水之流濕, 火之就燥, 不期然
而然, 無不感也, 無不應也. 其有不齊, 則如夏之寒, 冬之燠也, 得於一日之偶逢,
非四時之正氣也.

賞罰之柄, 乃移於冥漠之中, 以輔王政之窮. 今日所傳地獄之說, 感應之書, 卽
苗民詛盟之餘習也. "明明棐常, 鰥寡有蓋", 則王政行於上, 而人自不復有求於
神. 故曰, "有道之世, 其鬼不神."

王者之法, 執實以御虛, 聖人之敎, 徵虛以佐實. 王者之法曰, "爲善必賞之一人,
天下勸, 爲惡必罰之一人, 而天下懲." 此執實而御虛也, 其道必之於人. 聖人之
敎曰, "作善降祥, 作惡降殃, 不在其身, 在其子孫." 此徵虛而佐實也, 其道必之
於天. 然有愚夫愚婦於今日, 歆之以爵賞, 未必慕也. 聞異世之福田, 則忍性而
修焉. 惕之以刑書, 未必援也. 聞其司之業報, 則竦志而改焉, 何也. 昭然可見者,
有時而不售黑, 然罔稽者, 無處而可跡也. 此聖人以神道設敎之意耳.

王后在天, 伯有爲厲, 卽此便是若樂. 何必堂獄, 名垂竹帛, 華袞斧鉞, 豈謂無報?

陸象山曰 "此心若正, 無不是福, 此心若邪, 無不是禍. 世俗不曉, 只將目前富貴
爲福, 目前患亂爲禍."

隋李士謙曰, "夫言陰德, 其猶耳鳴. 己獨知之, 人無知者."

金世宗謂宰臣曰, "人皆以奉道崇佛, 設齋誦經爲福. 朕使百姓無冤, 天下安樂,
不勝於彼乎?"

楚莊王吞蛭而疾愈. 劉之亨夢鯉而延壽.

曹彬冬不茸, 屋恐傷蟄蟲.

王陽明曰, "爲善之人, 非獨其宗族親戚愛之, 朋友鄕黨敬之, 雖鬼神亦陰相之. 爲惡之人, 非獨宗戚親族叛之, 朋友鄕黨怨之, 雖鬼神亦陰殛之."

范文正夢公之祖告曰, "陰府以汝陰德, 延壽三紀, 三子榮顯." 後皆如其言.

42 法天

丘濬曰, "聖人居天位, 備天德, 心與天通, 道與天契, 一念合天, 何徃不濟. 況地者天之對, 而日月天地之精華, 四時爲天地之運動者哉. 先於天而天不違, 後乎天而我不違天者也. 然則未至於大人之地, 而居大人之位者, 何以致其力哉, 亦曰公而已. 天者公 而聖人無私, 亦天也. 此其所以與天合歟. 旣公矣, 又何加焉, 曰敬. 旣敬矣, 又何加焉, 曰勤. 公以主之, 敬以持之, 勤以行之, 則吾心與天心合矣."

朱子曰, "諸侯守一國, 則一國鬼神屬焉. 天子有天下, 則天下鬼神屬焉. 若縱欲心無道, 天上許多星辰, 地下許多山川, 如何不變怪."

葉悅曰, "天聰無耳, 天明無目. 區區恃耳目之聰明, 而欲成參贊化育之功者, 眞揭竿于海, 而求七子者也."

范祖禹曰, "聖人之事天也, 非在於七日三日齋, 執珪幣饗園邱也. 聖人無日而不事天."

『皇極經世書』曰, "聖人心代天意, 口代天言, 手代天工, 身代天事."

呂大防疏曰, "畏天之威, 于時保之, 先王所以興也. 我生不有命在天, 後王所以壞也."

天地乃無言之聖人, 而聖人乃有言之天地也.

43　天時人事

邵伯溫曰, "時者天也, 事者人也. 天之時由人之事, 人之事由天之時也, 故天有是時, 則人有是事, 人有是事, 則天有是時. 興事而應時者, 其惟人乎, 有其時而無其事, 則時不足以應, 有其人而無其時, 則事不足以興. 有其人而無其時, 則有之矣, 有其時而無其人, 蓋未之有也. 故消息盈虛者, 天之時也, 治亂興廢者, 人之事也."

又曰, "盡人事而後可以言天. 苟一切歸之天, 則人事廢矣. 是猶未嘗播種耕耘, 而罪歲者也."

邵子曰, "六物其而不得魚者有焉, 未有六物不具而得魚者也. 是知具六物者, 人也. 得魚與不得魚者, 天也. 六物不俱而不得魚者, 非天也, 人也."

陸宣公曰, "人事理而天命降亂者, 未之有也. 人事亂而天命降康者, 亦未之有也."

程子曰, "世間有三件事, 可以奪造化之權. 爲國而至於祈天永命, 養形而至於長生, 學而至於聖人. 此三事, 分明人力以勝造化, 自是人不爲耳."

44　令節

自混沌旣判陰陽, 旣分一元流行, 五行迭運. 氣候, 於是而有盈縮寒暖之代, 物化, 於是而有榮枯盛衰之異. 人事隨化而有變, 人情隨遇而有感, 此節日之所以有名也.

東坡「與李公擇」書, "人生爲寒食重九, 愼不可虛擲. 四時之變, 無如此節."

45　冬至

李文元曰, "至箴曰, '天道旣復, 人事當新.'"

陰旣剝矣, 而陰無長盛之理. 陽雖伏矣, 而陽無終盡之理. 故日之行乎北陸者, 至是日則轉而南至, 雷之藏於地中者, 至是日則舊而成聲. 一陽之微闔, 發於沖寂之中. 若爐寒而灰煖一氣之和, 萌蘗於凝冱之地. 如水涸而潮生, 卽陰陽迭代之處, 品物亨長之幾.

天心半夜子, 道脈一分陽.

動靜者, 天道之復也, 善惡者, 人道之復也. 群陰凝冱, 生理幾乎絶矣, 而一陽之氣, 闖然萌動, 則天道之復也. 衆慾交蔽, 天理哉乎熄矣, 而一念之善, 藹然發見, 則人心之復也.

『皇書』曰, 冬至之後爲呼, 夏至之後爲吸, 此天地一歲之呼吸也. 言陽爲呼, 陰爲吸, 天地之一歲, 猶人之一息.

冬至之月所行, 如夏至之日, 夏至之月所行, 如冬至之日.

46 元日

魏武帝元朝, 百官上壽設白獸尊, 獻直言者, 發尊飮酒.

或問董勛, "屠蘇必隨幼飮, 何也?" 曰, "少者得歲故先, 老者失歲故後."

先王體元以居正, 元者, 原也, 始也, 一也, 首也.

47 人日

三陽偏勝節, 七日最靈辰.

魏徵以人日謁見, 太宗曰, "今日卿至, 可謂人日."

48 上元

漢家祀太乙之辰, 以昏時已到明, 上元觀燈, 是其遺事.

宋仁宗御樓, 遣中使傳宣從官曰, "朕非好遊觀, 與民同樂耳."

49 寒食 并淸明

開元二十年, 勅士庶寒食上墓拜歸.

龍星木之位也, 春屬東方, 心爲大火, 懼火盛故禁火. 是以寒食有龍忌之禁.

唐朝每歲淸明, 內苑官小兒於殿前鑽火, 先得進上, 賜能三匹.

綵索低垂山杏雨, 紙錢亂掛海棠風.

50 祀日 并上巳

春分前後戊日, 使民社后土以祈農.

社自天子至於庶人, 莫不咸用. 漢卜日丙午, 魏擇用丁未, 晉則社孟月之酉日, 各因其行運.

『漢志』三月上已, 官民皆禊飲於東流水上. 『宋書』自魏後, 但用三月三日, 不復用巳日也.

秦昭王三日, 置酒河曲, 見有金人捧水心釰曰, "今君制有西夏." 及秦覇諸侯, 乃立爲曲水祠.

51 端午 并伏日

玉盤堆角黍, 金盞泛菖蒲, 臂煌長命縷, 衣帶赤靈符.

『風俗通』, 五日以五綵絲繫臂, 令人不病, 名曰長命縷.

漢高祖王漢中巴蜀, 其地溫暑, 草木早生晚落, 氣異中國, 故令自擇伏日.

秦德公, 磔狗以禦蠱.

52 七夕 并中元重陽

武陵有一山領, 有池魚鼈備, 有七月七日, 皆出遊類族各別.

秋之於時, 後夏先冬, 八月於秋, 季始孟終, 十五於夜, 又月之中, 是爲中元.

魏文帝曰, "月日并應陽數, 故曰重陽."

紅萸懸綵佩, 黃菊泛金觴.

黃花一盃酒, 白髮幾重陽.

53 臘 并除夕

『風俗通』曰, "夏曰淸祀, 殷曰嘉平, 周曰大蜡, 漢曰臘. 臘者獵也, 取獸而祭."

王者各以衰日爲臘. 漢火德, 火衰於戌, 故以戌日. 魏土德, 土衰於辰, 故以辰日. 晉金德, 金衰於丑, 故以丑日.

唐中宗, 召王公近臣, 入閣守歲. 吳蜀風俗, 相與餽問, 請之餽歲.

『風土記』, 除夜宗其先祖, 長幼聚飲諷誦而散, 謂之分歲.

54　節祀

南獻廢俗節之祭, 朱子問曰, "端午能不食粽乎? 重陽不飲茱萸酒乎? 不祭而自享, 於汝心安乎?"

魏孝文詔罷寒食享, 胡致堂美之.

55　聖節　并生日

唐以生日爲節, 德宗不立節, 稱觴上壽而已.

明皇以降誕日, 宴百僚於黃鶴樓, 以每年八月五日, 爲千秋節.

眞西山曰, "明皇君臣, 上驕下諂, 創立節名, 後世沿循, 遂成故典. 臣子以此爲尊君, 固已末焉, 人主亦從而忘其親, 可乎?"

朱子曰, "年及無間已, 負蓬弧之志, 日臨初度復, 增莪蔚之悲."

或問, "程子曰, '人無父母生日, 當倍悲痛, 安忍爲樂?' 而嘗有壽母生朝, 及太碩人生朝與賀, 高倅詞何也." 朱子曰, "此等事亦或有不得已者, 其情各不同也."

宋陳恭公生辰, 其姪獻「范蠡遊五湖圖」, 或獻「老人星圖」以爲賀.

지리류 원문

1 地形

朱子曰, "地形如饅頭. 其極尖則崑崙也."

邵子曰, "察地理者, 觀山水而已." 盖山起西北, 水聚東南, 五岳四瀆, 如肢體脈絡, 各有倫序, 故觀山水可以知地理.

朱子曰, "冀都天地中間, 好風水也."

兩山夾行, 中間必有水. 兩水夾行, 中間必有山.

江浙之山多自南來, 水多北流, 故冬寒夏熱.

周公以土圭測天地之中, 則豫州爲中, 四方各五千里.

東國地形, 大畧崑崙一支, 行大漢之南, 東爲醫無閭山, 自此大斷, 爲遼東之野. 度野起爲白頭山, 卽『山海經』所謂不咸山也. 背後抽一脈爲朝鮮, 而慶尙卽新羅辰韓弁韓地, 京畿忠淸全羅卽古馬韓及百濟地, 咸鏡平安黃海卽古朝鮮高句麗地, 江原別爲濊貊地. 唐末王太祖, 建統合三韓爲高麗, 我朝繼運矣. 東南西皆海, 獨北一路通, 女眞遼藩. 多山少野, 其民柔謹. 局促長亘三千里, 東西不滿千里. 際海而南者, 可值浙江吳會之間, 義州可當靑州之域.

古人謂我國爲老人形, 而坐亥向巳, 向西開面, 有拱揖中國之狀, 故自昔忠順於中國. 且無千里之水, 百里之野, 故不生巨人. 西戎北狄, 與東胡女眞, 無不入帝中國, 而獨我國無之, 惟謹守封域恪勤事大.

漢陽比於中國之嵩山, 則差爲近北, 故北極出地三十八度.

白頭山上有大澤, 西流爲鴨綠江, 東流爲豆滿江, 豆滿鴨綠內卽我國也.

2 區域 并地圖郡縣

洪武十三年, 上以輿地之廣, 不可無書以紀之. 乃命儒臣, 以天下道里類分, 方隅之目爲八, 總類爲書, 名曰『寰宇通衢』書.

掌天下之地圖, 而隸于司馬, 何也. 戰國策士, 每言窺周室, 則可以按圖籍. 漢大將軍王鳳亦云, "太史公書, 有地形阨塞, 不宜在諸侯王." 然則古人圖志, 雖司徒營之, 卽藏之司馬, 秘而不見, 所以弭奸妨禍也. 自漢掌之司空, 浸以洩露, 當時如淮南諸王, 皆按輿地圖謀變, 以此知古人之慮遠矣.

洪武初太祖命畫工周元素, 畫天下江山圖於殿壁. 元素曰, "臣雖解會事天下江山, 非臣所諳陛下東征西伐, 孰知險夷, 請草大勢, 臣從中潤色之." 上卽秉筆揮品畢. 元素下殿頓首曰, "陛下江山已定, 臣無所措手矣."

宋眞宗時盛度, 奉使陝西, 因覽疆域, 參質漢唐故地繪, 上「西域圖」曰, "有河山之險而不能固, 有甲兵之利而不能禦."

唐太宗諸國朝貢, 作「王會圖」.

『周禮』大司徒掌「輿地圖」, 周知地域之廣狹長短, 以驗民居之所容, 辨其土地之寒煖燥濕, 以識民性之所安.

職方氏掌天下之圖, 乃辨九州國, 使同貫利. 註曰, "必周知其有無貫以通之, 一天下之財用, 養天下之民."

『大明一統誌』載今古事跡, 記形勝, 備風俗, 考沿草, 廣見聞, 前古所未有也.

域中天外, 指掌可求. 地角河源, 不出戶庭.

唐一行言, 天下十二次, 認山河脈絡於兩戒, 識雲漢升沈於四維, 參以古漢郡國, 其區赴分野, 如指諸掌.

丘氏曰, "北齊制郡爲九等, 唐宋制縣爲七等, 所以別疆域之廣狹, 人民之多寡, 均科差之輕重也. 今我朝郡縣, 大小懸絶. 設官雖有全減之殊, 品秩卽無大小之異, 宜勘酌唐宋之制, 而定州縣之等, 以此科其財賦, 以此定徭役, 將見疆域整齊, 事力均一, 差賦公平, 太平之基, 端在於此."

邑猶�, 聚會之稱也. 州之言殊也, 言殊含同類異其界也. 郡之言君也, 郡之爲字君在左邑右, 君爲元首, 邑以載民, 故取名於君, 而謂之郡也.

我國州郡, 京畿道四牧七府八郡十八縣, 忠淸道四牧十二郡三十八縣, 黃海二牧四府七郡十一縣, 江原道一牧六府十二郡十二縣, 全羅道三牧五府十二郡三十七縣, 慶尙道三牧十府十四郡四十縣, 平安道三牧七府十八郡十三縣, 咸鏡道一府一牧十二都護四郡三縣, 合三百二十九官.

3 　分野 并朝鮮

山陰姜武孫「分野辨」云, "在天爲分星, 在地爲分野, 是亦理之可信者也. 自『周禮』保章氏, 以星土辨九州之地, 後世宗之, 但星經旣亡. 今所據者, 只班固『漢志』鄭康成引之以分十二次, 而魏陳卓更分繫二十八宿, 可謂詳矣. 然卽其言而考之, 可疑不止一端, 揚在東而星紀則在北, 雍在西而鶉首則任南, 如此之類, 指不勝屈. 夫州郡錯互則地與地不相合, 躔次參差則地與天不相合. 尙欲泥其書, 以驗災祥而決休咎乎. 或云封國之年, 其歲星所在之辰卽屬分野, 則同歲受封者必多, 何而齊魯宋鄭諸國各分躔次, 而絶不相侔也."

唐一行云, “星之與土, 以精氣相屬, 不繫乎. 方隅其占以山河爲界, 不主於州國.” 其說似近, 然天下大矣, 決不止乎中國也. 考昴畢之界曰天街, 天街者, 中與外之交也. 必若諸儒之言, 是天已盡於中國, 而中國十二州已盡, 天之三百六十五度矣. 豈理也哉?

或曰, “天市垣之二十二星在天業, 有其象則列國之休咎.” 自之於此較之十二次分野之說, 似爲勝之. 然中國所占止此, 則此外之災祥, 皆可置而不論. 又何以五星聚井沛公帝, 彗星掃蔡符賢危, 熒惑守心而宋憂, 景星見尾而燕盛哉.

元郭守敬精於天文, 而獨於分野署而不言. 但推太陽黃道十二次入宮宿, 係之十二國之分.

十二分野, 盖古受封之日, 歲星所在之辰而國屬焉. 此語出於堪輿說.

朝鮮分野: 世之論我國之爲小中華者, 皆考信於鄭樵「通志」. 以牛女下十二國爲華夏之地, 則我東在於東北牛之末躔矣. 又按趙普之李淳風「乙巳占疏」曰, “五星二十六宿, 在中國而不在四夷.” 今我國此當箕尾, 得婺女而五緯之占, 與中國同休咎. 考諸天文, 此我國天文之所以爲中華也. 唐一行以中華山河, 爲兩戎之脈, 而北戎之脈, 東循塞垣以至朝鮮, 則考諸地理, 我國亦中華者也.

趙普疏曰, “分野獨擅於中華, 星次不霑於荒服”, 而今中國箕尾之分野, 與朝鮮同焉, 則朝鮮亦中國而已.

一行曰, “自積石終南北低常山東至朝鮮, 是爲北戎.”

4　國都

胡安國曰, “保國必先定計, 必先建都.”

葉時曰, “周公所以爲民立極者, 惟在王畿. 盖王畿立而後根本定, 方位設而後等給明, 都野分而後疆理正, 官職擧而後綱目張. 民極之立, 孰大於此者.”

丘氏曰, "自邰而豳而岐而豊而鎬而又宅洛, 此周家所以日盛也. 至平王而東遷, 則淪于衰微矣. 竊嘗論之, 遷都之擧, 惟可於方盛之時. 至于衰微而遷者, 未有能復興者也. 觀於東周東晉南宋可見矣."

顧炎武『日知錄』曰, "古人君失其故都, 未有能國者也. 夏失河北, 五子僑國河南, 再傳至相, 卒爲浞所滅. 周失豊鎬, 平王以東. 晉失洛陽, 宋失開封, 而元帝高宗遷於江左, 遂以不振. 唐自玄宗以後, 天子屢嘗出狩, 乃未幾而復國者, 以不棄長安故也. 故子儀曲鑾之奏, 代宗垂泣. 宗澤還凉之秦, 忠義歸心. 後之人主失其都, 而爲興復之計者, 其念之哉."

朱子嘗著說, 以爲帝王定都, 第一修德.

蔡邕『獨斷』曰, "天子所都曰京師. 京, 水也. 地下之衆者, 莫過乎水, 地上之衆者, 莫過乎民. 師衆也, 京大也."

唐孫郃「卜世論」曰, "周都天地之中, 欲使四方之會. 不恃山河之險, 在乎利民, 豈反卜年卜世耶."

匡衡曰, "今長安, 天子之都, 親承聖化, 然其習俗, 無異於遠方. 郡國來者, 無所法則, 或見侈靡, 而倣效之. 此敎化之本原, 風俗之樞機, 宜先正者也."

馬廖曰, "長安語曰, '城中乎高髻, 四方高一尺. 城中乎廣眉, 四方且半額.' 吏不奉法, 良由慢起京師."

李固曰, "京師心腹也, 州郡四支也, 心腹痛則四支不擧."

朱子曰, "冀州天下間好箇風水. 脈從雲中來, 前面黃河, 泰山爲龍, 華山爲虎, 嵩山爲案."

周公謹云, "咸陽有六岡, 如乾之六爻, 故曰咸陽."

王者, 君國而字民, 則宅中而圍大者, 何也. 盖長處衣冠禮樂之區, 有聲名文物之敎, 爲天地立心, 爲生民立極, 則凡都邑之建, 豈不審哉. 河漢標異, 二五儲精, 天生帝王, 將以治中國也. 陰陽所會, 民物所萃, 天祐中國, 以居帝王也. 故古之帝王, 必建之於都邑, 決之於蓍龜, 咨之於衆庶, 謀之於卿士, 必辨其方, 東西南北前後左右, 於此而取中也. 必正其位, 左祖右社前朝後市, 於此而定制也.

我國洪武甲戌, 移都漢陽, 靑城伯沈德符董其役, 欲築外城, 未定周回遠近, 一夜天下大雪, 外積內消, 太祖異之, 命從雪立址.

漢陽自安邊鐵嶺一脈, 南行五六百里, 到楊州殘山, 自艮方斜過, 以入忽起爲道峯山萬丈石峯. 自此向坤方向小斷, 而又特起爲三角山. 自此南下爲萬景臺, 一枝西南去, 一枝南爲白岳, 爲宮城之主. 東南北皆大江也, 西通海潮盤結, 於衆水都會之間, 玆爲一國山水聚會精神之處.

三角連行爲勢, 石峰極意淸秀, 如萬火朝天, 別有異氣, 畫亦難形. 城內白岳仁王, 石勢使人可畏. 南山一枝, 逆江作局, 局內明朗森肅, 土色潔淨堅白, 故漢陽人事, 多疏通明穎.

5   海 并潮汐水路

朱子曰, "天地始生, 混沌未分時, 只有水火二者, 水之滓便成地. 今登高而望郡山, 皆波浪之狀, 便是水泛如此. 初間極頓, 後來方凝得堅."

又曰, "嘗見高山有螺蚌殼, 或生石中, 此石卽舊日之土, 螻蚌卽水之物. 下者卽變而爲高, 柔者卽變而爲剛."

又曰, "天地之化, 往者消而來者息, 非以往者之消, 復爲來者之息也. 水流東極, 氣盡而散, 如沃蕉釜, 無有遺餘, 故歸虛, 非山澤通氣, 而流注不窮也."

揚子曰, "百川學海而至海."

文子曰, "古之善爲君者, 法海以象其大, 注下以成其廣."

邵子曰, "海潮者, 地之喘息也, 所以應月者, 從其類也."

余靖曰, "春夏晝潮常大, 秋冬夜潮嘗多."

天包水, 水承地, 而一元之氣, 升降於太虛之中. 方其氣升而地沈, 則海水溢而爲潮, 及其氣降而地浮, 則海水縮而爲汐.

卯酉之月, 陰陽之交也. 氣以交而盛, 故潮之大也, 獨異於他月. 朔望之後, 則天地之變也. 氣以變而盛, 故潮之大也, 獨異於他月.

『山海經』以爲海鰌之出入. 浮屠以爲神龍之變化.

天地之有水, 猶人身之有血也. 水由氣而往來於海, 猶血以氣而往來於脈. 時刻不爽者, 卽一息四至之期也.

我國漢陽西南, 有龍山湖, 西阻沙岸, 水不添泄, 而蓮生其中, 至本朝定鼎, 沙岸忽爲潮水衝擊破壞, 潮水直達龍山, 八道漕運, 悉泊龍山.

松都東江, 通潮漕運停泊, 國亡後, 潮追不至. 今爲淺川, 舟船不至.

我國東西南皆海, 船無有不通. 然東海, 風高水悍, 慶尙東海邊諸邑, 與江原嶺東咸鏡一道, 互相通船, 西南海舶, 則不習水勢, 罕至, 而惟西南海則水緩, 故南自全羅慶尙, 北通黃海平安至. 然黃海長淵地, 有所謂長山串者, 地入海中, 爲角尖處, 有礁石濤瀧之險. 忠淸泰安地, 有所謂安興串, 海中雙岩峭起, 惟此南北二串, 屹然相對於海中, 而舟行到此多敗, 故人皆畏之. 陸水行船處, 則慶尙之洛江, 北至尙州, 西至晉州, 而金海管轄其口. 全羅之羅州靈山江, 靈光法聖浦, 興德沙津浦, 全羅斜灘, 則水雖斷, 而皆以潮通船. 忠淸錦江一水源雖遠, 公州以東, 則水淺不通船. 自扶餘始通潮, 而恩津江景爲都會之地. 牙山貢稅湖, 德山由宮浦, 水大而源長, 洪州廣川瑞山聖淵, 雛溪港以通潮, 故行船. 京畿則開城後西江, 北至江陰, 西至延安, 東通漢陽. 平安則平壤之大同江, 安州之淸川江, 亦通船利. 然一國之中, 惟漢江最大而源遠, 東南則達于忠州, 東北則達于春川, 正北則至漣川之澄波渡, 互相通船矣.

6 江河 并湖池

張騫謂河出崑崙, 元世祖命篤實者, 窮河源, 得其源於土蕃, 朶甘思之南, 曰星宿海, 四山之間有泉近百, 若星宿然.

呂東萊曰, "禹不惜數百里也, 疏爲九河, 以分其勢. 善治水者, 不與水爭利也."

元順帝至正二十年, 黃河淸三日. 二十一年, 河自平陸, 至孟津三門磧下五百里, 皆淸七日.

朱子曰, "濫觴之初, 厥流涓涓, 其生之微, 若未易達, 其行行之果, 則不可遏. 始焉一勺, 終則萬里, 是以君子取法於斯."

汝水甚有神, 化隆則水生, 政薄則津渴.

我國八道俱無湖, 惟嶺東有六湖. 高城三日浦, 淸妙中穠麗, 幽閑中開朗, 如淑女親粧, 可愛而可敬. 江陵鏡浦臺, 如漢高祖氣像, 豁達中雄渾, 窅遠中安穩, 有不可名狀. 歙谷侍中臺, 明朗中森嚴, 平易中深邃, 如名相據府, 可親而不可侮. 杆城華潭, 如月墮淸泉. 永朗湖, 如珠藏大澤. 襄陽靑草湖, 如鏡開畵奩.

堤川地有義林池, 自新羅築大隄障水, 以灌一邑之稻田.

7 井泉 并湯泉

梁州有廉泉, 廣州有貪泉.

安豊有吐泉, 人至旁大叫大涌, 小叫小涌, 若咄之彌甚.

南劍州去楷山乳泉服之, 如登嶺如飛.

岐山縣周公廟有泉, 時平則淸, 亂則濁.

『博物志』云, "凡水有石硫黃, 其水則溫. 或云神人所煖, 主療人病."

臨邛火井, 漢室盛則赫熾. 桓靈之際, 火漸微. 孔明一窺而更盛. 景曜元年, 人以家火投之卽滅, 其年蜀漢亡.

8 山岳 幷山水遊覽

陸樹聲「淸暑筆談」曰, "有天地自有山川, 自一氣初分而言, 則曰融結, 氣之成形, 則曰流峙, 形區性別則, 曰動靜. 水飮也, 而融而流動者, 其陽乎. 山陽也, 而結而靜峙者, 其陰乎. 故知陰陽互爲體用."

「春秋說」曰, "山之爲言宣也. 含澤布氣也."

天有四序, 星辰辨其分. 地有五方, 山岳鎭其域. 陰陽交暢, 則品物成矣. 精氣相射, 則神祇著矣.

明太祖遣使來祭我國山川文曰, "高麗爲國, 奠于海東, 山勢磅礴, 水德汪洋, 實皆靈氣所鍾, 故能使境土安寧, 國君世享富貴, 尊慕中國, 以保生民, 神功爲大. 朕於山川之祀, 無所不通, 是用修其祀事, 以答神靈."

蔡伯靖曰, "山本同而末異, 水本異而末同."

自淺而造深, 從卑而陟高, 皆有次第. 於山必辨其脊脈, 於水必求其源委. 窮深極遠而老不倦, 歷險履艱而氣彌厲, 悅奧妙, 探幽閟, 而不墮於玄虛, 好奇怪, 尙詭瑋, 而不隣於荒誕. 至其登絶頂而撫六合, 馭泠風而超鴻濛, 觀瀾鉅海, 濯纓淸湖, 而感慨不歇, 樂之無窮, 則其有得於胸次者, 豈特巍然其高, 坎然其深者而已哉. 其必有妙與術存焉.

梁方云, "使吾得與魚鳥同遊, 則去人間如屣耳."

情因所執而遷移, 物觸所遇而興感. 故振轡於市朝, 則充屈之心生, 濶步於林野, 則遼落之志興. 屢借山水以化鬱結.

我國金剛山萬二千峰, 純是石也. 峯巒洞府水泉淵瀑, 無非白石結作, 故山一名

皆骨, 言山無寸土也. 乃至萬仞之嶺, 百丈之潭, 渾是一石, 此天下所無. 山中央
有正陽寺, 寺有歇惺樓, 得地最要, 坐其上, 可得一山眞面目眞精神. 如在瓊瑤
窟裏, 淸氣爽朗, 全人不覺, 換滌腸胃間塵土耳. 寺北爲萬瀑洞, 有九潭之勝. 內
有摩訶衍普德窟, 架空結搆, 殆如鬼力. 上爲衆香城, 在萬仞峯嶺, 地皆白石, 而
有層級, 如鋪床卓. 上安一立石, 如佛像, 左右床上, 又兩行列排, 小小石佛, 皆
無眉目. 上頂曰毘盧峯. 山西北, 有靈源洞, 別成一界. 而東爲內水站, 卽嶺脊脈
也. 踰脊卽楡店寺也. 楡店東北, 有九龍洞天瀑. 自高飛下穴, 而爲大石臼者九
層, 而皆有一龍守之. 楡店以西謂之內山, 以東謂之外山, 玆乃天下之奇異, 當
爲中國第一名山. 願生高麗之說, 豈虛語也. 智異山在南海上, 一名頭流山. 『地
誌』以爲太乙所居, 群仙所會. 洞府盤互深鉅, 內多長谷. 山之陽有花開洞, 山水
甚佳. 又有萬壽洞靑鶴洞, 俱勝地也. 漢拏山在濟州, 山上有大池, 每人語喧鬧,
則輒雲霧大作. 絶頂有一方巖, 如人鑿成. 其下莎草成蹊, 香風滿山時, 聞笙簫
聲, 不知自何來, 諺傳神仙恒遊之所也. 世以金剛爲蓬萊, 以智異爲方丈, 以漢
拏爲瀛州, 所謂三神山也.

9 山居 并園林郊野

東坡曰, "江山風月, 本無嘗主, 閑者便是主人."

魏淸逸草堂, 有水竹之勝. 寇萊公鎭洛寫刺訪之, 將別謂公曰, "盛刺不復還, 留
爲山家之寶."

范文正月有退志, 子弟請沼第樹園圃, 以爲逸老之地. 公曰, "年踰六十, 生且無
幾, 乃謀樹第治圃, 何時而居乎. 且西都士大夫園林相望, 而誰障吾遊者, 豈必
有諸而己後爲樂乎?"

李格非「洛陽名園記」曰, "洛陽之盛衰, 天下治亂之候也. 園圃之興廢, 洛陽盛衰
之候也."

『韓詩外傳』, 孔子出遊少原之野, 有婦人哭甚哀, 問之曰, "向刈蓍薪亡吾簪, 是

以哀也. 非傷亡簪, 不忘故也."

距國百里外, 郊.

10 石泥塵沙

邵伯溫曰, "星隕爲石, 星與石, 本乎一體也."

石以砥焉, 鈍爲利. 法以砥焉, 化愚爲智.

明太祖時, 有言瑞州出文石者. 上曰, "遠取文石, 能不厲民乎."

『大戴禮』曰, "白沙在泥, 與之皆黑."

鄧訓好以靑泥封書.

武都紫泥用封爾書.

董子曰, "上之化下, 下之從上, 猶泥之在鈞, 惟甄者之所爲."

大秦國人, 但食沙石子.

佛戒, 聲色香味觸法, 怨忿汚人之淨心, 故云六塵.

『家語』曰, "得其人, 如聚沙而雨之."

老子曰, "和其光, 同其塵."

11 道路

漢王陽爲益州刺史, 行部至九折坂, 歎曰, "奉先人遺體, 奈何數乘此險?" 後以病去. 王遵爲刺史, 至坂驅車曰, "王陽爲孝子, 王遵爲忠臣."

逢萌被徵上道, 迷不知東西云, "朝所徵我者, 爲聰明叡智, 有益於政, 方面不知,安能濟政." 卽駕而歸.

楊子之隣人亡羊, 楊子曰, "獲羊乎?" 曰, "岐路旣多之中, 又有岐焉. 吾不知所之
故返." 楊子曰, "大路以多岐亡羊, 學以多方喪性."

天下之道, 莫險於蜀, 而韋皐守之說者, 以爲蜀道易. 夫天梯石棧之百步九折,
金牛子午之蛇盤鳥攏已, 自鴻濛剖判之, 初天設於蚕叢一隅, 則豈一箇韋皐, 所
可剗除鏟削而, 平易之者耶. 特以政稍寬, 不若嚴武之苛酷, 則行旅不憚於踰越,
踐履之苦, 欲出於成都, 錦官之路於昔之險阻, 今視之若平易也. 蜀道之難, 猶
待官吏之稍賢, 而遽謂之以易焉, 則聖人之道, 行之於春臺, 封域之中, 用之一
國, 而一國之道, 皆易用之天下, 而天下之道, 皆易向之. 羊腸九折, 今則五劇三
條, 昔之箭括一門, 今乃莊嶽康衢, 則道路險夷, 固不係乎山川之通塞也.

愚嘗讀「大東」之詩而歎曰, "周道一也, '方其盛時, 則君子履之, 而小人視焉.' 及
其衰也, 則'公子行之, 而人心疚焉'. 時異事變, 而人情所感之不同, 如此."

邵子曰, "所行之路, 不可不寬, 寬則少礙." 伯溫氏釋之曰, "心寬則身寬, 身寬則
日用間無往而不寬." 故其詩曰, "面前徑路無令窄, 人間大率多荊棘."

明時朝鮮貢道, 由鴉鶻關迂回耶十日程, 奏請由鴨綠從便. 時劉大夏爲宰相語
曰, "誰不知鴨綠之便, 而顧迂之至, 今殆祖宗朝微意也." 乃不許.

國中則有條狼氏, 郊外則有野廬氏.

『說苑』, 楚莊王伐陳, 舍於有蕭氏. 謂路室之人曰, "巷其不善乎, 何溝澮之不浚
乎?" 以莊王之伯, 而留意於一巷之溝, 此以知勤民也.

『國語』, 單襄公述周制以告王曰, "列樹以表道." 古人於官道傍之必皆種樹, 以
記里至, 以蔭行旅. 是以南土之棠, 召伯所茇, 道周之杜, 君子來游.

子路治蒲樹木甚茂, 子産相鄭桃李垂街. 下至隋唐, 官槐官柳, 亦多見之詩篇.

明道先生言於神宗曰, "王道, 若履大路而行, 霸者, 崎嶇反側於曲徑之中."

12 逆旅 并邸驛

太公東就國, 道遠行遲逆旅. 主人曰, "時難得而易失, 客寢處甚安, 殆非就封者也." 太公聞之, 夜衣而行至國, 萊侯來伐, 與之爭營丘.

郭林宗, 每行宿逆旅, 輒躬洒掃.

漢周楊嘗修逆旅, 以供遏客, 而不受報.

劉寔杖策徒行, 每止不累主人, 薪水自備.

『周禮』, 凡國野之道, 十里有廬, 廬有飲食. 三十里有宿, 宿有路室, 五十里有市, 市有候館, 以待朝聘之官.

漢和帝, 五里一置, 十里一候.

唐制駕部, 掌傳驛邸, 四方之所達, 爲驛千六百三十九.

高麗恭愍王, 下旨置郵.

13 橋梁

「唐六典」舉京都衝要之地, 造舟之梁四, 石柱之梁, 十有一, 皆國工修之. 其餘皆所管州縣隨時營葺. 其大津無梁, 皆給船人, 量其大小難易, 以定其差等.

五代王周爲義武節度使, 定州橋壞, 覆民租車. 周曰, "橋梁不修, 刺史之過也." 乃償民粟爲治其橋.

朱子「答應仁仲」書, '趙氏之幣, 欲以施諸鄉人之爲橋道.' 夫鄉人之有役於村里者多矣. 未聞君子之有施也, 獨於橋梁治道之役, 則不害其爲施者, 何也.

蘇東坡, 以犀帶施造東新橋.

臨安驛路有白塔橋, 印賣朝京里程圖. 有人題壁曰, "白塔橋邊賣地經, 長亭短驛甚分明, 如何只說臨安路, 不數中原有幾程."

蘇老泉「詩論」曰, "橋之所以爲安於舟者, 以有橋而言也. 水潦大至, 橋必解而舟不至於必敗. 故舟者所以濟, 橋之所不及."

人無褰裳車不濡軌, 用濟車徒以利來往.

14 宮殿 幷樓臺 第宅門戶

帝之聖者曰堯, 而土階其級. 王之聖者曰禹, 而宮室其卑.

范仲淹曰, "人苟有道義之樂, 形骸可外, 況居室哉."

隆慶初王世貞上疏, 請正殿名, 以尊治體曰, "太祖名大朝門曰奉天門, 殿曰奉天殿, 以至詔赦誥敕俱, 以奉天冠之明. 人主不敢以一人, 肆於民上, 無往非奉天也. 義至精願詔門因奉天, 故號以昭象魏之重."

夫臺榭之觀, 非爲流連荒縱之供也. 盖氣煩則慮亂, 視雍則志滯. 君子必有遊息之所, 高明之具, 使之淸寧平夷, 恒若有餘, 然後理達而事成.

居之者樂, 爲之者苦.

宋理宗御淸暑殿, 講臣眞德秀進曰, "此高孝二祖儲神宴閑之地, 瞻仰楹桷, 當如二祖在上."

朱子「答蔡季通」書, "聞營書堂, 誠欲速就. 然當使伯夷築之, 乃佳耳."

開滌靈襟, 助發神觀.

「答陳同父」書, "聞葺治園亭, 規模甚盛. '樓亭側畔楊花落, 簾幕中間燕子飛', 只是富貴者事做, '沂水舞雩'意思不得, 亦不是'躬耕隴畝, 抱膝長吟'底氣像."

「己酉擬上封事」, "如將傾之屋輪, 輪奐丹腹, 雖未覺其有變於外, 而材木之心, 皆已朽蠹腐爛已, 不可復支持矣."

奉誠之園, 平泉之莊, 王侯卿相, 百年之後裔孫之克守者, 幾何.

魯人美僖公之復宇, 晉臣頌文子之成室.

室大則多陰, 多陰則蹶. 臺高則多陽, 多陽則痿.

宋向戌來聘于魯, 見孟獻子, 尤其室曰, "子有令聞, 而美其室, 非所望也."

吾儕小人, 皆有閭廬, 以避燥濕寒, 星子罕之言也. 況以人君之富且貴乎. 然民不得, 則蓽門圭竇之人, 皆議其上.

賜之墻, 夫子之宮室.

端門方徹而飛山之宮, 已基於方寸. 唐帝所以無終宮殿新成, 而邪曲之私, 不容於靈臺, 宋祖所以大度.

我朝明宗景福宮重修文, 退溪製進曰, "思天警之甚可畏, 念民勞之不可再. 謹德隅於屋漏, 喩心正於殿門, 踐其位, 行其禮, 凜凜乎懷懷乎. 常若上帝之對越, 祖宗之如臨, 則逸欲何自而生, 守成之難, 有不必憂矣."

天子有靈臺, 以候天地. 諸侯有時臺, 以候四時.

孔子問項橐曰, "家何在?" 曰, "萬流屋是也." 言與萬物同流匹也.

康節詩曰, "心安身自安, 身安室自寬, 誰謂一室小, 寬如天地間."

趙汝愚爲朱子營造, 朱子辭之曰, "私家齊舍, 豈可恩煩官司."

李沆曰, "今市新宅, 須一年繕全. 人生朝暮不可保, 又豈能久居."

楊子曰, "孔氏者戶也." 又曰, "天下有三門, 由於情欲, 出自禽門. 由於禮義, 入自人門. 由於獨智, 入自聖門."

邵子曰, "不出戶庭, 眞游天地."

公儀休相魯, 魯君死, 左右請閉門. 曰, "止. 池淵不稅, 蒙山不賦, 苛政不布, 吾已閉心矣! 何閉於門哉?"

孫敬常閉門, 號閉門先生.

15 寺觀 幷土木

漢明帝時, 東都門外, 創置白馬寺, 此僧寺之始也. 晉何充, 捨宅安尼, 此尼寺之始也.

高麗太祖訓要曰, "道詵云, '吾所占宅外, 妄加創造, 則損薄地德, 祚業不永.' 朕念我世國王公侯, 各稱願堂, 或增創造, 則大可憂也. 新羅之末葉, 競造浮屠, 損地德, 以底於亡, 可不戒哉."

大明宣宗時, 西園果寺舊塔損壞, 乞役民爲之. 上曰, "卿欲卽此求福乎. 朕以安民爲福, 勿勞吾民."

燕主起承華殿, 負土北門, 與穀同價.

士窟曰, "高山浚源, 不生草木. 松柏之地, 其土不肥. 今土木勝, 吾懼其不安人也."

我國陜川伽倻山有海印寺. 新羅哀莊王, 旣死已歛而復蘇, 與冥官約發願. 送使入唐, 購八萬大藏經, 以舶載來. 刻而加添以銅錫爲粧, 而建閣百二十間藏. 度至今千餘年, 板如新刻, 而飛鳥回避此閣, 不坐屋凡上. 此實可異也.

16 險阻 幷城池

『易』稱王公設險, 『春秋傳』莒恃陋, 而不修城郭, 君子以爲罪之大者.

眞西山曰, "修築城壁, 固當致力於無事之日. 豊年樂歲, 雖未逸民勞, 猶之可也."

無袞陽, 則荊州不足以用, 用無漢中, 則巴蜀不能以存. 險無閑中, 則河南不能以安居. 無巴蜀則吳楚不得以奠枕.

紀陟有言, "疆界雖遠, 要必爭之地, 不過數四, 猶人六尺之體, 要害亦數處耳."

唐之末也, 置鄭綑於鳳翔, 而唐幾再振. 宋之南也, 置宗澤於磁相, 而宋乃復振.

昔廬陵羅泌, 讀楊子雲「蜀記」, 而感蜀之通中國也. 曰, "山川設險, 此天地所以限疆界也. 但多慾之君, 溪心堅志以自取敗. 蜀之通秦, 盖因怪誕之牛, 而褒斜之路於是棧之矣."

『周禮』司險掌九州之圖, 以周知山林川澤之阻, 盖因地勢, 以爲險阻於外者也. 古人守國, 遠而有關塞, 則守在四夷, 近而有甸服, 則守在九畿.

城池之險也, 楚以之强, 亦以之亡. 山河之險也, 晉以之存, 亦以之分江, 固自如也. 而今孫仲謀安在哉, 涯固無羨也, 而今司馬氏安在哉, 地之不可恃也, 如此.

世固有名險於天者, 而險不可歸之天. 世固有據利于地者, 利不可歸之地. 盖險雖天造, 而天不能以自固其險, 利雖地設, 而地不能以自用其利. 故天之險得人而爲險, 地之利得人而爲利, 此非其所恃者耶.

胡安國曰, "設險以得人爲本, 保險以智計爲先, 人勝險爲上, 險勝人爲下, 人與險均, 纔得中策. 方今所患在徒險而人謀未善也."

『易』曰, "城復于隍", 則是浚溝之土, 所以爲城也. 鑿池之土, 所以爲郭也. 溝池深於外, 則城郭固於內, 用其深以增其高也.

子服景伯曰, "民保於城, 城保於德."

丘氏曰, "『易』曰'王公設險, 以守其國.' 自古所以爲天下國家禍患者, 盜賊也夷狄也, 人君設險, 以爲屏蔽, 城于外所以禦夷狄, 城于內所以禦盜賊, 皆不可無者. 盍觀人家之備盜賊乎, 藩籬垣墻, 所以防外寇之攘奪者, 固在所急, 而緘縢局鐍, 所以防人家之竊剽者, 亦不可少也."

墨子縈帶爲垣, 高不可登. 折箸爲城, 堅不可入.

『吳越春秋』曰, "築城以衛君, 造郭以守民."

山城之設, 不見於前史, 而其在地利, 亦不爲無助. 因山爲城, 城勢險峻, 則自我守之, 甕聽風扇不必設, 暗門撞車不必修, 自彼攻之, 雲梯飛樓無所用, 地道注盤無所爲, 與平地守城者功相萬也. 昔唐太宗欲伐高句麗, 羣臣皆曰, "高麗因山爲城, 未可猝拔." 其後契丹欲伐高麗, 其臣諫曰, "高麗鳥棲山城, 大軍往征, 不徒無功, 恐不能自還."

我國山城中, 惟南漢近於京城, 地形甚固, 故爲保障重地, 卽廣州府治也. 石城山一枝, 北走漢江之南, 州治在萬仞山巓, 卽古百濟始祖, 溫祚王故都也. 內夷淺而外峻絶, 淸人初起兵不留刃, 而終不能陷此城.

江華府一境, 東北環江, 西南環海, 爲大島. 漢水至通津, 西南折而爲甲串渡, 又漢至摩尼後崩洪處. 石脈橫亘水中, 如門國, 中央稍凹陷, 是爲孫石項. 三南稅船, 皆由此入漢水. 直西者, 循楊花北岸, 會後西江水, 入于海. 江華居其間, 爲要衝之地也. 江華南北百餘里, 東西五十里. 江岸皆石壁, 石壁下卽泥濘, 無泊舟處, 獨昇天浦對岸一處可泊, 然非潮滿不可用舟. 左右不用城郭, 只設墩臺於山脚臨江處, 以備. 冠東自甲串南至孫石項, 惟甲串可用船渡, 餘岸皆泥濘, 故如北岸. 守昇天甲串兩路, 則島爲天塹矣. 是以高麗避元兵, 移都十年. 雖陸地糜爛, 終不能犯島矣. 入我朝置留守官鎭守. 及英廟留守金始㷨, 築城於東面, 北自燕尾亭, 南至孫石項. 未幾潦水, 城圯而築城時, 遇平地泥濘, 輒塡以土石作基, 故江岸皆堅, 可通人馬. 沿江四十里處處皆可泊舟, 而島始不可守矣.

漢陽前面旣阻大江, 獨西一路通兩西而都城. 西去五里爲沙峴, 又有綠礬峴. 唐將過此謂一夫當關, 萬夫莫開云. 又西行四十里爲碧蹄嶺, 又西行四十里爲臨津渡, 而江南岸山麓, 如城形. 且當西路要扼, 眞可守之地也.

開城府北有靑石洞, 長谷十里, 屈曲盤回, 兩壁如門. 淸兵至此大畏, 亦西路險要之處也.

海南縣三州院, 石脈渡海爲珍島郡, 水路三十里, 而碧波亭實當其口. 水中石脈, 自院至亭橫亘如梁, 而梁上梁下, 截如階級. 海水至此, 自東趨西, 如垂瀑而甚急. 壬辰倭船, 自南海北上, 水軍大將李舜臣, 打鐵鎖橫亘於石梁上以俟之, 倭船至梁上, 胸於鐵鎖 卽倒覆於梁下, 梁上船不見低處, 不知其倒覆, 五百餘艘一時全沒. 此非但人謀之所致, 抑亦有賴於地勢也.

順庵

동식류 원문

1 草

孔子墓, 不生刺人草木.

明道窓前有草茂, 不去曰, "欲見造物生意."

師曠曰, "歲欲豐, 甘草薺先生, 歲欲惡, 惡草藻先生, 歲欲旱, 旱草蒺藜先生, 歲欲水, 水草藕先生, 歲欲流, 流草蓬先生."

草木生於和氣中, 亦能吐華, 以爲天地之藻飾. 春禽感于時令, 亦能出好音, 以爲林園之勝槩. 況士生聖時, 食飮善敎, 安能不寫其襟臆以報上之萬一乎. 愚雖不敏, 尙能效春蚓秋蚕之一鳴, 執事勿以爲道傍之, 若李林中之老櫟而棄之.

堯時有指佞草, 佞人入則屈而指之.

鄭玄有書帶草.

玄宗興慶池, 有醒醉草, 嗅之立醒.

黃帝問天老曰, "天地所生, 豈有食之令人不死者乎?" 天老曰, "太陽之草, 名黃精, 餌之可以長生. 太陰之草, 名曰鉤吻, 入口必死人. 信鉤吻之殺人, 不信黃精之益壽, 不惑乎?"

嵇嵇叔夜登歷山之陽, 見懷香生蒙楚間, 遂遷而樹子中堂. 感其棄本高崖, 委身階庭, 似傅說顯殷, 四叟歸漢, 故因賦之

2 蘭芝 幷芭蕉

邵詩, "荊棘剪不去, 芝蘭種不榮."

孔子反魯見谷中香蘭獨茂, 歎曰, "夫蘭爲王者香, 今乃獨茂, 與衆草爲伍. 仍鼓琴自傷其不逢時也.'

韓文, "蘭之猗猗, 揚揚其香. 不採而佩, 於蘭何傷."

『家語』, "芝蘭生於深林, 不以無人而不芳, 君子修道立德, 不爲困窮而改節."

張子「芭蕉詩」, "芭蕉心盡展新枝, 新卷新心暗已隨, 願學新心養新德, 施隨新葉起新知."

唐僧懷素, 常種芭蕉, 以供揮洒.

3 木

『皇書』曰, "木者星之子也, 是以果實象之. 葉陰也, 華實陽也."

柳文, "植木之性, 其木欲舒, 其培欲平, 其土欲故, 其築欲密. 其蒔也若子, 其置也若棄."

高麗明宗時, 僵梨自起.

『十洲記』, "聚窟洲, 有大樹, 名爲返魂樹, 於玉釜中煮取汁, 名爲返生香, 死尸在地, 聞氣仍活."

4 　松柏 幷楊柳

楚國主人, 樹松於庭, 大於拱把. 主人曰, "是可朶之." 客曰, "噫! 其甚也. 是木有憂雲之姿, 有搆廈之材. 沆瀁華注於內, 日月之光薄於外, 根實黃泉, 枝摩靑天, 則可以柱明堂而棟大廈也." 主人曰, "余將大之."

萬松子樹萬松, 以自寄曰, "吾以萬聲鳴鳴供吾耳, 以萬色蒼蒼供目, 以萬蔭棽棽供吾身, 以萬村魁魁遺吾子孫. 吾以觀萬物之象, 不亦可乎."

高麗顯宗七年, 司憲臺, 枯栢復生. 謝惠連贊之.

晉孫興公齋前一株栢枝, 高勢遠隣人曰, "栢樹非不楚楚可憐, 但恐無棟樑用耳." 孫曰, "楓柳雖合抱, 亦何所施."

漢苑中有柳如人, 號曰人柳, 一日三起三眠.

宋哲宗講罷戲析柳枝, 伊川進曰, "方春發生, 不可摧折."

『戰國策』, "夫柳橫樹之則生, 倒樹之亦生, 折而樹之又生. 然十人附之, 一人拔之, 則無柳矣. 且以十人衆附, 易生之物, 然而不勝一人拔者, 何也? 附之難而去之易故也."

5 　竹

孔子適衛, 有風動竹, 聞蕭瑟之聲, 欣然忘味三月不肉, 顧謂公孫靑曰, "人不肉則瘠, 不竹則俗, 汝知之乎."

勁本堅節, 不受霜雪, 剛也. 然葉萋萋, 翠筠浮浮, 柔也. 虛心而無所隱蔽, 忠也. 不孤根以挺聳, 必相依而林秀, 義也. 四時一貫, 榮悴不殊, 常也. 及於將用, 用則裂爲簡牘, 昭示百代. 至若鏃而箭之, 可以討不庭除民害, 此文武之兼用也. 又劃破之, 爲篾席, 敷之於宗廟, 可以展孝敬, 截而穴之, 爲笙簹, 可以和人神. 此禮樂之幷行也. 故君子比德於竹焉.

6 　花

邵子詩, "賞花全易識花難, 善識花人獨倚欄."

明道詩, "傍花隨柳過前川, 取其生意, 春融與己一也."

邵子曰, "木之枝幹土石之所成, 所以不易. 葉花水火之所成, 故變而易也."

宋單父有種藝術, 上皇召至驪山, 種花萬本, 色樣各不同. 內人呼爲花神, 亦曰花師.

伊川方春時, 堯夫欲同遊天門街看花. 伊川辭曰, "平生未嘗看花." 堯夫曰, "庸何傷乎! 物物皆有至理. 吾儕看花異於常人, 自可以觀造化之妙." 伊川曰, "如是則願從先生遊."

邵子「答章惇」曰, "見根核而知花之品色者, 上也. 見枝條而知花之品色者, 次也. 見蓓蕾而知花之品色者, 斯爲下矣. 以喩士大夫知人, 當於孤寒貧賤中求之, 若待其名譽彰聞, 始知獎拔, 不足言知人矣."

杜詩, "花柳自無私." 自通都大邑, 以至深山窮谷, 自禁苑名園, 以至竹籬茅舍, 當春和時, 何處無花柳. 此造化之至公也.

杜子美國破城荒之懷, 見花而淺淚, 聞鳥而驚心. 人心悲傷, 見可喜可愛之物, 適以重其悲傷也.

7 　梅花

梅, 肇於炎帝之經, 著於「說命」之書, 「召南」之詩. 然以滋不以象, 以實不以花也. 至南北諸子, 如陰鏗何遜蘇子卿, 詩人之風流極矣. 始一日以花聞, 及唐之李杜, 宋之黃蘇, 遂主風月花草之夏盟, 首出桃李蘭蕙, 而居客之右, 蓋梅之有遭, 未有盛於此時者也. 然色彌彰, 實彌晦, 花彌利, 實彌鈍也. 梅之初服, 豈端使之然哉. 前之遭, 今之遭, 其信然歟.

『詩』曰, "有條有梅." 毛氏曰, "梅, 柟也." 陸機曰, "似杏實酸", 未嘗及花也. 古之梅花, 其色香之奇, 未必如後世, 亦未可知也. 盖天地之氣, 騰降變易, 不常其所, 而物亦隨之故. 或昔無而今有, 或昔庸凡而今瑰異, 或昔瑰異而今庸凡, 皆難以一定言. 且如古人之祭, 炳蕭酌之鬱鬯, 取其香也. 而今人蕭與鬱金, 何嘗有香? 盖「離騷」已指言, '蕭艾爲惡草'矣. 遊成之曰, "一氣埏埴, 孰測端倪? 烏知古所無者, 今不新出, 而昔嘗見者, 後不變滅矣."

越使者, 執梅一枝, 以遺梁王. 王臣韓子曰, "烏有以一枝梅, 遺君者乎." 梅花寄信始於此.

8 菊花

凡花者以春盛, 實者以秋成, 其根柢枝葉, 無物不然. 而菊獨以秋花, 悅茂於風霜, 搖落之時, 加以花色香態, 纖妙閑雅, 可爲丘壑燕靜之娛. 然則古人取其香以比德, 而配之以歲寒之操, 夫豈偶然而已哉.

歲華晼晚, 草木變衰, 乃獨燁然香發, 傲睨風霜. 此幽人逸士之操, 雖寂寞荒寒, 而味道之腴, 不改其樂者也. 神農氏以菊爲養性上藥, 南陽人飲其潭水, 皆壽百歲. 使夫人者有爲於當年, 醫國庇民, 亦猶是而已. 菊於君子之道, 誠有臭味哉.

圓華高懸, 準天極也. 純黃不雜, 后土色也. 早植晚發, 君子德也. 冒霜吐英, 象勁直也. 盃中體輕, 神仙食也.

堅心得似東籬菊, 到死貪香戀舊枝.

9 蓮花

濂溪「愛蓮說」, "出於游泥而不染, 濯淸漣而不夭, 中通外直, 不蔓不枝, 香遠益淸, 亭亭淨植, 可遠觀而不可褻玩焉. 余謂蓮花之君子者也, 蓮之愛同余者, 何人?"

晉慧遠法師居廬山, 有白蓮花, 與陶潛等十八人, 同修淨土, 名曰白蓮社.

10 果

竹木翳薈, 靈果參差. 張公大谷之梨, 梁侯烏椑之柿, 周文弱枝之棗, 房陵朱仲之李, 靡不畢植. 三桃表櫻胡之別. 二柰曜丹白之色, 石榴葡萄之珍, 磊落蔓衍乎其側. 梅杏郁棣之屬, 繁榮藻麗之飾, 華實照爛, 言所不能極也.

百果甲坼, 異色同榮. 朱櫻春就, 素柰夏成. 若乃涼風厲, 微霜結, 紫梨津潤, 榛栗罅發. 葡萄亂潰, 石榴競裂. 甘至自零, 芬芬酷烈.

11 橘柑

楂橘甘酸, 各效能. 南苞錫貢不同升, 果中亦抱遺水嘆.

晏子使於楚, 楚王進橘, 晏子不剖而幷食. 王曰, "橘當剖去." 對曰, "人主前瓜桃不削, 臣所以不削, 非不知也."

12 瓜 荔枝 櫻桃 李 木瓜

龍蹄獸掌羊骸兔頭, 皆瓜屬.

梁楚邊亭, 皆種瓜. 梁亭劬力數灌, 其瓜美, 楚人稀灌, 其瓜惡. 楚令夜搔梁瓜, 梁大夫宋就, 令人夜往竊, 爲楚灌瓜. 楚令大悅, 因具聞, 楚王乃謝以重幣, 故梁楚之灌, 由宋就也.

宋仁宗一日思生荔枝, 近侍請買之. 上曰, "不可. 令買, 來歲必增上供之數, 流禍百姓無窮."

漢惠帝出離宮, 叔孫通曰, "禮有春嘗果, 願櫻桃獻." 宗廟獻果始此.

唐崔遠, 文才淸麗, 手神俊雅. 人目爲釘坐梨, 言其席上珍也.

「木瓜詩」曰, "久入神農爲藥品, 曾從孔子見苞苴."

13 菜

孔子窮於陳蔡, 顔子擇菜.

公儀休爲魯相, 拔菜而去之, 不與人爭利.

大明王質, 淸操著聞, 在蜀惟蔬食, 人呼爲王靑菜.

郭林宗見友人, 夜冒雨剪韭.

羅大經曰, "西山黃庭堅, 論百姓不可有此色. 余謂百姓之有此色, 正緣士大夫不知此味. 若自一命以上至公卿, 皆得咬菜根之人, 則當必知其職分之所在矣. 百姓何愁無飯喫."

狄靑作眞定副帥, 每設宴劉易喜食, 苦馬菜不得之卽叫怒. 邊城無之, 靑爲求於內郡, 後宴集終日. 惟以此菜啖之易, 不能堪, 方說常饌, 人謂靑善制易.

張詠在崇陽, 坐城門下, 見里人負菜者, 問何從得之. 曰, "買之市." 公怒曰, "汝居田里, 不自種而食耶, 何惰耶." 答而遣之.

宋太宗問蘇易簡, 食品何珍, 對曰, "物無定味, 適口者珍, 臣嘗痛飮, 夜半忽燥, 殘雪中覆生虀盎, 連咀數根, 自謂上界仙廚, 鸞脯鳳胎, 殆不及此". 上笑而然之.

魏徵嗜醋芹, 喫三栖. 太宗曰, "卿謂無所好, 今見之矣." 公曰, "君無爲, 故無所好, 臣執作從事, 獨癖此授斂物."

菜之美者, 崑崙之蘋, 壽木之華, 赤木之葉, 具區之菁.

宋宇種蔬三十品, 時雨之後, 按行園圃曰, "此助子鼎俎."

14　茶

陸羽『茶經』, 不第建安之品. 丁謂茶法, 獨論採造之本.

王濛好茶, 人過輒飮之. 士大夫甚苦之, 每欲候濛, 必曰, "今日有水厄."

宋張詠令崇陽, 見民以茶爲業. 公曰, "茶利厚, 官將榷之." 命拔茶.

李季卿召陸羽煮茶, 取錢三十文酬之, 羽愧之, 更著「毁茶論」.

丘氏曰, "民資五穀以爲食, 所以下食者鹽, 而消其食者茶也. 旣以稅其食, 而又
稅其所下食之具, 及其所消食者亦稅之, 民亦不幸而生於唐宋之世哉.

古無茶字, 只有荼字, 自中唐陸羽者『茶經』, 始變荼而爲茶. 荼是苦菜, 而爲茶茗
之茶, 不見於六經. 王褒僮約云陽武買茶, 晉溫嶠上表貢茶茗. 盖自秦人取蜀而
後始有茗飮之事.

綦母㷟論茶之害曰, "釋滯消壅, 一日之利暫佳, 瘠氣侵精, 終身之害斯大."

蔡君謨進茶法, 歐陽子曰, "君謨士人, 何至作此事?"

賓主設禮非茶不交, 而私家之用, 皆仰於此. 榷商市馬入衙置司, 而公家之利,
專辨於此.

胡寅曰, "茶者人之所用, 其急甚於酒."

高麗及國初, 臺諫只任言責, 不治席務, 且會設茶而罷憲府, 所謂茶時者也.

15　禽獸　幷衆獸諸禽

朱子曰, "虎狼之父子, 蜂蟻之君臣, 豹獺之報本, 雎鳩之有別, 雖得其一偏, 無復
與人通之理. 如獼猴形與人相似, 故便有能解, 野狐能立, 故能怪."

獬豸一角, 性忠直. 見人鬪則觸不直者, 聞人論則咋不直者. 獄疑者令羊觸之,

皐陶敬羊跪坐事之, 一名觟鯱.

元主滅回回國, 進次印度國, 侍衛見一獸. 鹿形馬尾, 綠色獨角, 能爲人言, 謂之
曰, “汝主宜早還.” 元主怪之, 以問耶律楚材曰, “此名角端, 日行萬里, 鮮四夷語,
是惡殺之象. 盖上天惡殺, 遣之以告陛下, 願承天心, 宥此數國人民.” 卽日班師.

駝馳知風候, 又識泉脈.

熊冬蟄飢, 則自舐其掌, 故其味在掌.

玄都觀老鹿, 將有客來, 鹿輒夜鳴.

孟孫獵得麑, 使秦西巴載之, 其母隨之, 巴不忍而與之. 居三月, 孟孫召以爲子
傅曰, “夫不忍於麑, 又且忍吾子乎?”

晏子曰, “鹿生於山, 命懸於廚.”

古者皮幣, 以聘享. 漢武帝乃以白鹿皮方尺, 緣以藻繢爲幣, 直四十萬. 朝覲以
爲屬璧.

餘干縣有白鹿, 晉成諦捕得, 銅牌在角.

捕猿於高凉養之, 名曰巴兒. 極馴不貪, 其後聞舊山猿啼, 不食而死.

晉時帝行, 則以象車導引, 以試橋梁.

『爾雅』云, “犀狀如牛頭似豕, 二角. 一在額上, 爲兕犀, 一在鼻上, 差小爲, 胡
帽犀.

犀角一尺以上, 刻爲魚以水, 水爲開. 三尺, 可得息氣水中.

以犀角爲叉導者, 煮毒藥, 以叉導攪之, 無復毒氣.

『說苑』, 晉平公出朝, 有鳥環平公. 公曰, “吾聞, 霸王之主, 鳳下之. 是其鳳乎?”
師曠曰, “東方有鳥, 名諫珂, 愛狐而憎鳥. 今君必衣狐裘, 以出朝乎?” 公曰, “然.”
曰, “鳥爲狐裘之故, 非君之德義也.”

齊景公問, "治國何患?" 曰, "患夫社鼠. 夫社束木而塗之, 鼠仍往托, 爲薰之則恐燒其木, 灌之則恐敗其塗. 此鼠之所以不可得者, 以社故也. 今君之左右, 出則賣君以要利, 入則逢君以避害, 此社鼠之患也."

晉太康中, 會稽郡蟛蜞及蟹, 皆化爲老鼠. 大食麥, 始成者, 有肉而無骨.

猫鼻常冷, 夏至一日煖, 日暮目睛圓.

隴州將賈家, 猫鼠同乳, 不相害. 崔祐甫曰, "此物之失常也. 以妖稱慶, 臣所未詳."

『淮南子』曰, "大廈成而燕雀相賀."

「鳶賦」曰, "秋背陰以龍潛, 春晞陽而鳳擧. 隨時宜而行藏, 似君子之出處. 諒鳥獸之難群, 非斯人而誰與."

僧道林得雙鶴, 鍛其翮, 鶴軒翥不能復起. 林曰, "旣有凌雲之志, 不肯爲人耳目之玩乎?" 養令翮成, 卽放飛去.

「鶴賦」曰, "體尙潔, 故其色白. 聲聞天, 故其頭赤. 食於水, 故其喙長. 軒於前, 故後指短. 棲於陸, 故足高. 而尾凋, 翔於雲, 故毛豊而肉疏."

稻梁惠旣重, 華池遇亦深, 懷恩未忍去, 非無江湖心.

桓公見二鴻飛, 謂管仲曰, "彼鴻鵠所欲至而至焉, 惟有羽翼之故. 寡人有仲父, 猶飛鴻之有羽翼也."

鴻鸞之凌虛者, 六翮之力也. 淵虬之飛天者, 雲霧之功也. 故招賢用才者, 人主之要務也.

『戰國策』云, "有鴈從東方來, 更嬴虛發而鴈下. 魏王曰, '射可致此乎?' 嬴曰, '其飛徐其鳴悲. 徐飛者, 瘡痛也. 鳴悲者, 失群也. 故聞弦音而下.'"

『淮南子』, "夫鴈從風而飛, 以愛氣力, 銜蘆而翔, 以備戈徼."

「鷹賦」, "資金方之猛氣, 擅火德之炎精." "當白帝之用事, 入靑雲而委質. 忿顧兎之狡伏, 恥高鳥之成群. 翕六翮而直上, 交雙指以迅擊. 奔走者折脇而絶脰, 鳴噪者血洒而毛紛. 雖百中之自我, 終一呼之在君."

唐劉齊賢知晉州, 而或言晉州産佳鷂, 請使捕之. 高宗曰, "齊賢豈捕鷂者耶."

唐太宗得佳鷂, 自臂之, 望見魏徵來, 匿懷中, 徵奏事故久, 鷂死懷中.

左看若側, 右視如傾. 鉤爪懸芒, 足如枯荊. 觜利吳戟, 目潁明星.

『韓子』, 宋人有耕者, 田中株, 兎走觸株折項而死, 因釋畊守株, 冀復得兎, 路人笑之.

楚人握山雉者, 路人問, "何鳥歟?" 欺之曰, "鳳也." 路人請買千金乃與之. 方欲獻楚王, 經宿死, 路人不惜其金, 惟恨不得獻王. 王感之, 召厚賜之.

『列子』, 海人每從鷗遊, 其父曰, "取來吾玩之." 明日之海上, 鷗舞不下.

白露見川中漁, 御史以鷺羽飾車.

宋李昉畜五禽, 皆以客爲名. 白鷳曰閑客, 鷺鷥曰雪客, 鶴曰仙客, 孔雀曰南客, 鸚武曰隴客. 畫五客圖, 各爲詩五章.

魏王園中孔雀, 與衆鳥同列. 其始至也, 甚見奇偉, 而今行者莫眠. 臨淄侯感世之待士, 咸如此, 遂作賦.

漢興平元年, 詔曰, "往者益州獻鸚鵡, 夜食三升麻子. 有損無益, 今歸本土."

鳳凰之初起, 藩籬之雀喔咿而笑, 及其輾轉雲間, 雀自知不及遠矣.

漢制民年八十者, 賜玉杖以鳩爲飾. 鳩者不噎之物, 故欲老人不噎, 所以愛民也.

荊之梟, 將徙巢, 鳩遇之曰, "子將安之?" 梟曰, "將巢於吳." 鳩曰, "何去荊而巢吳?" 曰, "荊人惡予之聲." 鳩曰, "子能革子聲, 則免無爲去荊而巢吳也. 如不能革子之聲, 則吳楚之民, 不異情也. 爲子計者, 莫若完頸戢翼, 終身勿復鳴也."

「鴛鴦賦」, "魂上相思樹, 文生新市之機."

山陰道士, 愛養鵝, 王羲之求市之. 道士曰, "爲寫『道德經』, 當擧群贈之." 羲之寫畢, 籠鵝而去.

陸龜蒙有鬪鴨, 一朝驛使過焉, 挾彈斃之. 龜蒙, "此鴨善人言, 欲附蘇州上進, 奈何斃之?" 使者懼, 盡與橐金, 以窒其口. 使問人語之狀曰, "能自呼名耳."

朱博爲御史, 有鳥集于府.

『高隱外書』, "戴顒春日携雙柑斗酒, 人問何之. 曰, '往聽黃鸝, 此俗耳針砭, 詩腸鼓吹, 知之乎?'"

16 虎

顧少連爲登封主簿, 有虎孼, 移文岳神, 虎不爲害

漢宗均守九江, 舊多虎, 常設檻穽, 而猶傷害. 均曰, "虎今爲害, 咎在殘吏, 而勤勞張捕, 非憂恤之本也."

宋范丞相好談虎, 搆軒曰談虎.

後秦狄伯奇少遊獵得豹, 具其文彩炳煥, 遂自感歎, 始學書藝.

豊狐文豹, 不免於羅網之患, 其皮爲之災也.

17 牛

秦穆公見百里奚牛肥, 曰, "何肥也." 曰, "飮食以時, 使之不暴, 是以肥也."

百里養牛, 蹄上垂肉三寸. 穆公使禽息視之, 息入言之, 公不信. 息跪曰, "養牛者, 願君勿忘也." 公乃問, 百里奚曰, "臣之長非養牛者也, 乃養民也."

劉表有千斤牛, 曹操以享軍士.

程子曰, "甚矣. 小人之無行也, 牛壯食力, 老則屠之." 客曰, "不得不然也." 子曰, "爾知計利而不知義者也. 爲政之本, 莫大於使民興行, 民善俗而衣食不足者, 未之有也."

元世祖禁私宰牛馬.

「五行傳」曰, "思之不容, 是謂不聖. 時則有牛禍, 言牛多死及爲怪也."

宋人好行仁義, 牛生白犢, 孔子曰祥也. 其後其父子皆盲, 以免戰死, 及圍解而疾復.

唐監察御史張廷珪曰, "君所恃在民, 民所恃在食, 食所資在畊, 畊所資在牛, 牛廢則畊廢, 畊廢則民亡."

周益公「田鬼譜序」曰, "三代之時, 祭牛之外, 以享賓犒軍而駕車焉, 未及耕也. 牛若常在畎畝, 武王平天下, 胡不歸之三農, 而放之桃林乎. 『山海經』曰, '后稷之孫, 始作牛耕.' 或曰, '漢趙過始敎牛耕', 皆非也. 盖起於春秋之間, 故冉耕之字, 以牛矣."

劉后村跋戴文進畫牛曰, "曹霸韓幹以畫牛馬, 遇開元天子. 崔白以工翎毛, 待詔熙寧. 易元吉以畫牛猿, 蒙光堯賜詩, 而戴牛雖妙, 未爲人主賞識. 若非吾輩田舍漢, 殆無人領略此黑牡丹也."

『說文』, "牛大物. 天地之數, 起於牽牛, 故物字從牛."

眞臘國俗不殺牛, 死聽腐爛曰, "生用其力, 死不忍食其肉."

國君無故不殺牛, 故左氏載齊國之制, "公膳止於雙鷄", 而詩人言賓客之設, 不過兎首臭鼈之類, 古人之重六牲如此.

立春造土牛, 畊夫立於大門, 外有司爲壇, 以祭先農, 以示勸農.

18 **馬** 并驢

儀氏䮓中, 帛氏口齒, 謝氏脣鬐, 丁氏身中, 皆相馬之法.

『周禮』"禁原蚕", 釋者曰, "原再也." 天文辰爲馬, 蚕爲龍精, 是蚕與馬同氣, 物莫能兩大, 故禁原蚕恐其傷馬歟?

嘗讀『周禮』, 知周公之留意於馬政之切也. 掌邦政者, 以司馬爲之, 盖示戎事之莫急于此. 其屬則有校人掌王六馬, 有庾人掌王十二閑, 趣馬齊其疾馬質平其價, 牧師掌其地, 圉師主其敎, 圉人共其役, 夫周官三百可謂簡矣. 而乃獨於馬而設官, 若是其多立法, 若是其詳聖人之所重, 盖皆知也. 至其取之於民, 則以六千四百井之地而出馬百乘, 積而數之, 誠若不可勝數, 然非之熙寧保馬之法已簡矣.

人乘馬以理天下, 故其字以王爲馬.

洪武四年, 蜀明昇獻貴州養龍坑所生神馬, 不加䩞. 上曰, "天生莫物, 必有神司之." 命太常祀馬祖, 久之漸馴, 帝乘之以名月上淸涼山, 賜名飛越峯.

漢官儀天子六馬, 諸侯五馬, 太守亦五馬.

春祭馬祖, 夏祭先牧, 秋祭馬社, 冬祭馬步.

天子十二閑, 閑爲一廐馬一百一十六, 應乾之以策也. 六廐成校, 五良一駑, 是之謂小備. 校有左右, 閑成十二, 合月之道也. 駑馬三良馬之數, 凡三千四百五十六, 是之謂大備.

秦汧眇眇, 尙想非子之風. 魯野區區, 猶傳史克之頌.

世上豈無千馬? 人中難得九方皐.

必擇其地, 水草美, 風氣寒而馬力勁, 如周之汧渭, 唐之隴右是其地也. 必得其人, 則寒暑時飲食節, 而馬性宜. 如周之非子, 唐之毛仲, 是其人矣.

丘氏曰, "擇地而養, 得人而長, 用之以攻, 則若風雷之震, 物任之以守, 則若虎豹之在山. 將見回紇下馬而躍拜, 胡人不敢南下, 而牧馬符堅鐵騎, 自此而摧斃北陌梟騎自此而來助矣.

桓公伐枯竹, 迷失途管仲曰, “老馬之智可用.”

黃帝服牛乘馬, 引重致遠, 以利天下. 武王放馬蹄牛, 偃武修文, 以示天下.

魯僖公務農重穀, 牧于坰野. 衛文公秉心塞淵, 騋牝三千.

唐造坊於赤岸, 命張萬歲字之, 成六十萬匹.

漢人牧於民而用於官, 唐人牧於官而給於民, 宋朝市於戎狄. 大明兼用前制, 在內則牧於民, 在外則牧於官, 又有茶馬之設, 此卽市於夷者也.

宋高宗聞馬足聲, 而知其良否.

我國濟州, 古耽羅國也, 自新羅內附. 元世祖以爲房星分野, 縱驍馬牝牡於山爲牧場, 至今産良馬, 每歲貢五百餘匹.

第五倫爲會稽太守, 躬自斬蒭養馬. 君子侈不僭上, 儉不偪下. 豈尊臨千里而與牧圉等庸乎?

漢靈帝駕驢, 公卿倣效. 夫驢, 野人之用耳. 何有帝王君子之驂御者乎? 國且大亂, 凡執政者, 皆如驢也.

王安石退居鍾山, 唯乘驢. 或勸肩輿, 公曰, “自古王公貴人, 雖不道未敢以人代畜也.”

19　羊豕

卜式牧羊肥息, 上問之. 式曰, “非獨羊也, 治民亦猶是也. 惡者輒去, 毋令敗群.”

宋仁宗嘗不寐思食羊, 侍臣曰, “何不取索?” 上曰, “恐自此逐夜殺宰, 以備非時供應. 豈不忍一夕之餒, 而啓無窮之殺也?”

楊子云, "羊質虎皮, 見草而悅, 見豹而戰, 忘其皮之虎也."

有攘羊者, 以頭遺晉叔向, 母埋之不食, 後三年, 事發追捕向家, 撿羊, 骨肉都盡, 唯有古在, 國人異之, 以羊舌爲族.

「春秋說」, "斗星時散精爲麁, 四月生, 應天時."

20 犬鷄

君之門兮九重, 猛犬狺狺而迎吠. 楊億曰, "大臣爲猛狗, 迎而齛之, 有道之士所以不用也."

宋皇祐中, 侍御史宋禧, 乞宮中養羅江狗, 以備不虞. 上曰, "養兵百萬, 威制夷狄, 尙慮不虞, 卿令養無謂也". 曹穎叔言"朝言不及犬馬", 禧被黜.

楊朱弟布, 素衣而出, 黑衣而入, 狗吠之, 布將扑之. 朱曰, "無扑. 白而出, 黑而歸, 能無怪哉."

『呂氏春秋』, "齊有善相狗者, 其隣買鼠狗, 數十年不噉鼠. 相者曰, '此志在獐麋豕鹿不在鼠, 欲其噉鼠也, 則桎之.' 遂桎後足, 狗取鼠."

韓侂冑嘗過南原山莊, 顧竹籬草舍曰, "此眞田舍間氣像, 但欠犬吠鷄鳴耳." 俄聞犬嗥叢薄, 視之乃師睪也.

宋度宗養一鷄, 遂作人語, 與度宗談論, 極有玄致, 度宗因此大進.

孟賓見雄鷄斷尾, 問之侍者曰, "自憚爲犧也." 孟賓曰, "鷄其憚, 爲人用乎."

欽禪師說法, 白鷄常聽, 不食生類.

21   麒麟

「春秋保乾圖」云, "歲星散爲麟."

牡鳴曰游聖, 牝鳴曰歸和, 夏鳴曰扶幼, 秋鳴曰養綏.

麟之所以爲麟者, 以德不以刑. 若麟之出不待聖人, 則其謂之不祥也, 亦宜.

徐陵年數歲, 沙門寶誌, 摩其頂曰, "天上石麒麟也."

『說苑』云, "麕身牛尾, 馬足圓蹄, 一角, 角上有肉. 含仁懷義, 音中律呂, 行步中規, 折旋中矩. 擇土而後踐, 位平而後, 不群居, 不旅行."

薛終曰, "懿哉麒麟! 惟獸之伯, 德以衛身, 不布牙角."

宋太宗嵐州之麟, 養之後園曰, "時和爲上, 瑞奇獸, 無益也." 坊州之麟, 養之中苑曰, "民安爲上, 瑞鳥獸何足云也."

麟一角, 明海內共一主也.

歐文忠曰, "麟獸之遠人者也. 魯哀公出獵, 盖索而獲之, 非其自出也. 書曰'獲麟', 譏之也."

22   鳳凰

黃帝施恩修德, 宇內和平, 未見鳳凰, 召天老問之. 對曰, "首戴德, 頸揭義, 背負仁. 必延勁奮翼, 五色備擧. 游必擇所, 飢不妄下." 帝乃齋于中宮, 鳳蔽日而至.

楊子曰, "君子在治若鳳, 在亂若鳳."

雞頸蛇頸燕頷龜背魚尾五彩色, 高六尺許. 凡所樓止, 衆鳥隨集.

五德六像.

少昊紀官, 黃帝調律.

麟體信厚, 鳳知治亂, 龜兆吉凶, 龍能變化, 故謂之四靈.

雖璧沼可飮, 更欲適於醴泉, 雖瓊林可栖, 更憶巡於竹樹.

23 　魚鼈 　并蟹鯨點額魚

伊川「養魚記」曰, "觀古聖人之政禁, 數罟不入洿池, 魚尾不盈尺不中殺, 市不得鬻, 人不得食, 聖人之仁, 養物而不傷也. 物獲如是, 則吾人之樂其生遂其性, 宜如何哉." 又曰, "始舍之洋洋焉, 魚之得其所也. 終觀之戚戚焉, 吾之感於中也. 吾知江海之大, 足使汝可遂其性, 而未得其路, 徒能以斗斛之水, 生汝之命. 魚乎魚乎! 感吾心之戚戚者, 豈止魚而已乎?"

東坡詩, "贈君木魚三百尾", 言木魚者, 夜不合目, 以況修行者, 忘寢修道也.

蕭望之言, 縣官嘗自漁, 海魚不出, 後復與民, 魚乃出.

渴澤而漁, 豈不得魚, 而明年無魚.

太公望傅太子, 太子嗜鮑魚, 而不與曰, "禮鮑魚不登俎, 豈有非禮而可以養太子哉?"

青田溪, 冬日水熱如湯, 衆魚歸之, 名魚倉.

楚人獻魚於王曰, "食之不盡, 賣之不售, 棄之又惜, 故來獻也." 王曰, "漁者仁者也. '廚有肥肉, 廏有肥馬, 民有飢色', 寡人聞之久矣, 未能行也. 漁者知之以喩我也." 於是恤鰥寡存孤獨, 出倉粟振不足, 楚民欣欣大悅.

唐中宗遣使者, 詣江淮贖生. 李乂諫曰, "江南鄉人, 採捕爲業, 魚鼈之利, 黎元所資. 與其拯物, 豈若憂人? 且鬻生之徒, 惟利斯視, 錢刀日至, 網罟年滋. 未若回救贖之錢, 減貧無之賦."

宋仁宗內宴, 有新蟹, 二十八枚. 上問一枚直幾錢, 對直一千. 上不悅曰, "爲錢二十八千, 吾不忍也." 遂不食.

關中無蟹, 秦人收一乾蟹, 以爲異物, 家有病瘧者, 借去懸門遂差, 不但人不識鬼亦不識矣.

『太玄經』云, "蟹之郭塞, 後蚓黃泉." 註云, "雖有郭索多足之蟹, 不如無足蚓, 用心一也."

『埤雅』云, "月黑則肥, 月明則瘦."

蟹, 水族之微者也. 而見于『禮記』, 載于『國語』, 著于『太玄』, 及晉秦『春秋』.

『淮南子』, "靑泥殺鼈, 得莧復生."

鼈隨日, 朝東首, 夕西首.

龜鼈, 皆隔津望卵, 故謂之龜思鼈望.

獵猛虎者不於後園, 釣長鯨者不於淸池. 何則, 園非虎處, 池非鯨淵.

24 龍

『管子』云, "龍欲小則蚕蠋, 欲大則極天地, 欲上則凌雲, 欲下則伏泉."

『說文』云, "龍, 能小, 能大, 能長, 能短, 能幽, 能明. 春分而登天, 秋分而入地."

董父好龍, 能求其嗜欲以飮食之, 龍多歸之.

鄭大水, 龍鬪于時門之外洧淵, 國人請禜. 子産曰, "無求於龍, 龍無求於我." 乃止. 子産可謂智矣.

劉洞微善畵, 一日有夫婦二, 人造門觀畵, 仍曰, "雄龍, 角浪凹峭, 目深鼻豁, 鬐尖鱗密. 雌龍, 角靡浪平, 目肆鼻直, 鬐圓鱗薄." 劉問何以知之. 其人曰, "龍也." 遂化兩龍而去矣.

25 龜

神靈之龜具五色, 色似玉. 背陰面陽, 上隆象天, 下平法地, 轉運應四時. 蛇頭龍頸, 左晴象日, 左晴象月, 故先知吉凶存亡之變.

『周禮』春秋官, 掌六龜.

『埤雅』, "玄龜外骨內肉, 腸屬于肩無雄, 與蛇交匹, 故龜與蛇合謂之玄武."

神龜能見夢於元君, 而不能避豫且之網. 能七十二鑽無遺策, 而不能免刳腸之禍. 如是則智有所困, 能有所不及也.

寧其死留骨而貴乎, 寧其生而曳尾於洽土中乎.

張儀克蜀因築城, 有大龜從䎡而出, 周行旋走, 乃依龜所行築之.

龜, 名洞去先生.

『國語』曰, "人用莫如龜."

26 漁釣

黃帝化天下, 漁者不爭坻.

『淮南子』曰, "聖人以道德爲竿綸, 以仁義爲釣餌, 投之天地間, 又何亡魚失鳥之有乎."

任公子釣東海得若魚, 浙河以北, 蒼梧以東, 無不厭若漁者.

陸龜蒙, "采江之魚, 朝船有鱸. 采江之蔬, 暮筐有蒲. 壽歟夭歟! 貴歟賤歟!"

呂望釣於渭水, 細其綸, 芳其餌, 徐徐役之, 毋使魚驚.

子思居衛, 衛人釣得鯛魚. 子思曰, "鯛雖難得, 貪以死餌. 士雖懷道, 貪以死祿."

龍陽君釣, 十餘魚而泣下, 楚王問之曰, “始得魚甚喜, 後得益多, 而遂欲棄前所得也. 今四海之內, 美人甚多, 聞臣得幸於王, 趨者衆矣, 則臣亦猶前魚, 且將棄矣.”

晉文公出獵, 大澤中迷, 不知所從出. 問漁者曰, “鴻鵠保河海之中, 而徙之小澤, 則有羅網之禍, 君逐獸入此, 何行之大遠也.” 公謂從者曰, “記漁者言.”

太公曰, “魚求於餌, 乃牽於緡, 人食於祿, 乃服於君. 故以餌取魚, 以祿取人, 以小釣釣川, 而擒其魚, 大釣釣國而擒諸侯.”

左挾魚罶, 右執喬竿. 立于潢汙之涯, 倚子楊柳之間, 情不離于魚喙, 思不出乎鮒鯿.

27 田獵 并網罟

梁君獵, 見白鴈欲射之. 道有行者不止, 怒欲射行者, 公孫龍曰, “君以白鴈故而欲殺人, 無異於虎狼也.” 君曰, “人獵得禽獸, 吾獵得善言而歸.”

眞西山曰, “漢人作賦, 鋪陳弋獵之盛曰, ‘風毛雨血, 洒野蔽天.’ 吁! 物生斯時與靈臺之世爲, 何如耶.”

漢桓帝校獵廣成, 陳蕃諫曰, “今有三空之厄, 田野空, 朝廷空, 倉庫空. 豈宜揚旗耀武, 騁心輿馬之觀乎?”

晉文公逐鹿失之, 問農夫, 農夫以足指之, 公曰, “以足何也?” 農夫曰, “不意君之如此也. 詩云, ‘維鵲有巢, 維鳩居之.’ 君放不歸, 人將居之.” 公歸遇欒武子曰, “得獸乎? 何有悅色?” 公曰, “得善言.” 武子曰, “取人之言而棄其身, 盜也.” 公遂載農夫而歸.

符子云, “晉公子重耳奔齊, 遊大澤中, 見蜘蛛布網, 曳繩執豸而食之. 公子顧謂咎犯曰, ‘此虫也, 智之薄者, 猶役其智布其網, 曳其繩執豸而食之. 況乎人之有智, 而不能張垂天之綸, 布絡地之網, 以供方丈之御, 是智不如蜘蛛, 孰謂之人乎?' 咎犯曰, '若終行之, 則有邦有嗣矣.'"

伏羲作網罟, 舜焚山澤, 禹驅龍蛇, 周公駆虎豹犀象. 夫豈不仁哉, 原其誠心正欲, 萬物遂性, 生民奠居而已.

魏王獵於圃田, 徵君曰, "王輕千乘而爲此遊, 將欲士乎? 抑獵禽乎? 獵士, 則士必披羽翼而爭投於王之羅. 獵禽, 則雖鸞鳳騶虞不能益於國也. 王何不念賢士之藪澤, 張仁義之羅而田臘之哉."

大明南山布衣王守仁, 每見蛛網, 必以杖毁裂盡淨曰, "天地之間, 飛走之屬, 捕逐搏擊, 固非一物. 均爲口腹, 以養性命, 獨蜘蛛張羅. 設網機巧以害物性, 吾是以惡之."

28 蟲

『周禮』云, "外骨內骨, 卻行仄行, 連行紆行, 以脰鳴者, 以旁冥者, 以翼鳴者, 以股鳴者, 以胸鳴者, 謂之小蟲之屬."

『淮南子』曰, "凡有血氣之蟲, 含牙帶角, 前爪後距, 角者觸, 齒者噬, 毒者螫, 蹄者趹, 喜相喜怒而相害, 天之性也."

『周禮』贏者, 恒有力而不能走, 其聲大而宏, 故爲鍾虡. 羽者, 恒無力而輕, 其聲淸揚而遠聞, 故爲磬虡.

高麗仁宗時, 蝗蟲食松. 王曰, "古人云臣安保位, 玆爲貪, 厥災蟲食根, 德無常玆爲煩, 蟲食葉, 不黜無德, 蟲食本, 與東作爭, 蟲食莖, 蔽惡生孽, 蟲食心. 昔晉武, 寵任賈充楊駿有蟲蝗, 此不黜無德之致也. 京房曰, '食祿而不益聖化, 天視以蝗蟲.' 無益於人, 而食萬物, 此公卿食祿, 無益之驗也.

靑蠅嗜肉汁, 而忘溺死.

『韓子』云, "以火去蛾, 蛾愈多, 以魚歐蠅, 蠅愈至."

蠅好交其前足, 有絞繩之象, 故蠅之爲字以黽.

麥之爲蛺蝶也. 羽翼生焉, 眼目成焉, 心智存焉. 此自無知而有知, 而氣易也. 蛾以鬚當鼻.

煬帝禁苑一大樹, 雪中忽花葉茂盛, 結實光明. 數日, 皆化爲紅蛺蝶飛去. 明年, 唐高入長安, 此其兆也.

『戰國策』曰, "夫蜻蛉, 六足四翼, 飛翔乎天地之間, 俛啄蚊虻而食之, 仰承甘露而飲之, 自以爲無患, 與人無爭也. 不知夫五尺童子, 將調飴膠絲, 加己乎四仞之上, 而下爲螻蟻食也."

『淮南子』曰, "蟬有五德."

蟬飲而不食三十日而化.

翼似霜餘葉. 聲如雨後泉.

「螢賦」, "燃重陰於已昏, 類君子之有道. 入暗室而不斯, 同至人之無跡."

車胤囊螢讀書, 後有大螢傍書窓, 每讀書訖卽去.

越王將伐吳, 欲人輕死, 見怒蛙軾之. 從者曰, "奚敬也?" 曰, "以其有氣也."

歐陽子云, "蚯蚓食土而飲泉, 其爲生也, 簡而易足. 然仰其穴而鳴, 若呼若嘯若歌, 其亦有所求耶? 抑其易求足而自鳴其樂耶? 若其生之陋而自悲其不幸耶? 將自喜其聲而鳴其類耶? 豈其時至氣作, 不自知其所以然而不能自止者耶? 何其眈然而不止耶? 吾於是乎有感."

高麗太祖八年, 蚯蚓出宮城, 長七十尺, 時謂渤海國, 來投之應.

呂東萊曰, "宴安之適, 聲色之娛, 環麗之玩, 畎畝之佚, 實爲治之大蠹."

宮室崇侈, 山林之蠹也. 器機雕琢, 則用之蠹也. 衣服美麗, 布帛之蠹也. 口腹縱恣, 骨肉之蠹也. 用費不節, 府庫之蠹也.

程子曰, "農夫寒暑, 播種五穀, 吾得以食之. 百工技藝, 作爲器物, 吾得以用之. 無功澤及人, 而浪度歲月, 爲天地間一蠹, 唯綴緝聖人遺書, 庶幾有補爾."

文仲子曰, "凝滯者, 智之蟊也. 忿懥者, 仁之螣也. 纖恡者, 義之蠹也."

壁魚入道經函中, 因蠹食神仙字, 身有五色, 人得而呑之, 可做神仙.

『淮南子』云, "湯沐具而蚤虱相弔."

莊子云 "偸安者, 皆豕虱也."

阮籍曰, "不見之處褌乎, 逃乎深縫, 匿乎敗絮, 自以爲吉宅也."

長喙細身, 晝亡夜存, 嗜肉惡煙, 爲掌指所捫, 名之曰蚊.

宋哲宗盥而避蟻. 程頤曰, "推此心以及四海, 帝王之要道也."

董仲舒云, "河內人見人馬數千萬, 皆如黍米, 遨遊往來, 家人以火燒之, 人皆成蚊蚋, 馬皆成大蟻. 故今人號蚊蚋曰黍民, 名蟻曰玄駒."

『韓子』曰, "千丈之隄, 以螻蟻之穴而潰."

符子云, "東海有鰲焉, 冠蓬萊而浮游於滄海. 群蟻往觀之, 群蟻曰, '彼之冠, 何異我之戴笠也. 逍遙乎封壤之巓, 歸伏乎窟穴之下, 此乃我之自適, 何用數百里勞形而往觀乎.'"

『抱朴子』云, "螻蟻之有君也, 一拳之宮與衆處之, 一塊之臺與衆理之, 一粒之食與衆蓄之, 一蟲之肉與衆咂之, 一罪無疑與衆戮之."

陳司空爲邑宰, 所在幽閑, 獨坐愁苦, 幸賴游蟻, 以娛其意, 以消其憂.

蛇冬輒含土入蟄, 及春出蟄則吐之. 圓重如石.

程伯子頌曰, "殺之則傷仁, 放之則害義."

東海有蛇丘之地, 衆蛇居之, 無人民.

29 蜜蜂

雛湛曰, "猛獸在前, 荷戈而出, 凡人能之. 蠭蠆懷, 神勇士爲之驚駭, 出於意外故也."

蜂採芳釀蜜, 其房如脾, 今謂之蜜脾. 其王之所居, 疊積如臺, 語曰蜂臺.

蠟主於蜜, 天下之味, 莫甘於蜜, 莫淡於蠟. 盖厚於此者, 必薄於彼, 理之固然也.

朝夕排衙, 必群聚喧鬧. 朝衙畢方出採花供工課, 晚衙畢則入房. 三四月生黑色, 蜂名曰相蜂. 蜂王乃相蜂, 但能釀蜜. 七八月間, 相蜂盡死, 俗謂相蜂過冬, 蜂族必空.

吳明國, 鸞蜂聲如鸞鳳, 而身被五彩, 重十餘斤, 爲巢於深山石峻嶺, 國人探其穴, 取蜜不逾二三合, 如過則有風雷之異, 食之令人長壽, 顏如童子.

採得百花成蜜後, 到頭辛苦爲誰甜.

가

가충(賈充) 347
갈형(葛衡) 71
감덕(甘德) 36
강무손(姜武孫) 177
경방(京房) 347
경수창(耿壽昌) 123
계문자(季文子) 131
고소련(顧少連) 302
고염무(顧炎武) 32, 63, 136, 137, 183,
  216, 284, 309
고요(皐陶) 286
고윤(高允) 116, 117
『고은외서(高隱外書)』 301
고후(高詡) 45
공민왕(恭愍王) 202, 219, 311
공손룡(公孫龍) 342
공손청(公孫靑) 261

공영달(孔穎達) 63, 134
공의휴(公儀休) 231, 277
공자(孔子) 23, 34, 50, 79, 129, 132,
  134, 163, 208, 225, 228, 249, 254,
  261, 276, 277, 306, 307, 312, 325
『공자가어(孔子家語)』 40, 210, 254,
  255
곽수경(郭守敬) 115, 117, 124, 179
곽숭도(郭崇韜) 59
곽임종(郭林宗) 217, 277
곽자의(郭子儀) 184
관랑(關朗) 113, 114
관로(管輅) 46
『관자(管子)』 54, 294, 334
관중(管仲) 54, 132, 274, 294
광형(匡衡) 186
구래공(寇萊公) 206
구문충(歐文忠) 325
구씨(丘氏) 32, 314

구양수(歐陽修) 107, 191, 222, 278, 284, 325

구준(丘濬) 21, 64, 128, 141, 173, 175, 237, 240, 277, 283, 315

『국어(國語)』 74, 75, 93, 215, 216, 332, 337

기자(箕子) 98, 99

기척(紀陟) 235

나

나대경(羅大經) 268, 278

나필(羅泌) 236, 237

낙하굉(洛下閎) 115~117, 123

난무자(欒武子) 343

남헌(南軒) 161

노성자(老成子) 92

노자(老子) 210, 250, 273

다

『다경(茶經)』 199, 282, 283

당도(唐都) 116, 117

『당육전(唐六典)』 220

『대대례(大戴禮)』 209

『대명일통지(大明一統誌)』 174

대문진(戴文進) 307, 308

대옹(戴顒) 301

도림(道林) 293

도연명(陶淵明) 121, 270, 313, 357

『독단(獨斷)』 82, 185

동방삭(東方朔) 71, 256

동숙중(董叔重) 51

동자(董子) 29

동훈(董勛) 149

두보(杜甫) 61, 81, 108, 158, 265, 266, 308, 313

두예(杜預) 105, 127

두우균(竇禹鈞) 140

등평(鄧平) 115~117

등훈(鄧訓) 209

마

마료(馬廖) 186

마자재(馬子才) 75

맹손(孟孫) 288

맹자(孟子) 52, 65, 92, 224

맹헌자(孟獻子) 227

명승(明昇) 311

명종(明宗) 256

모용황(慕容皝) 45

무왕(武王) 59, 65, 98~100, 105, 183, 217, 306, 315

무함(巫咸) 36, 106

묵자(墨子) 240

문왕(文王) 23, 65, 75, 183, 217, 228, 272

문자(文子) 227

『문자(文子)』 191

문종대왕(文宗大王) 50

문중자(文仲子)　352

바

『박물지(博物志)』　67, 74, 200, 251, 253
반고(班固)　31, 58, 71, 116, 177, 342
방등(方等)　203
방씨(方氏)　57, 64
방옹(放翁)　120
백리해(百里奚)　304
백이(伯夷)　199, 225
『백호통(白虎通)』　31, 48, 55
번쾌(樊噲)　103
범문정(范文正)　131, 140, 207
범조우(范祖禹)　142
범질(范質)　61
『법언(法言)』　47, 72, 191, 231, 236, 326
보지(寶誌)　323
복식(卜式)　318
복희(伏羲)　23, 65, 344
봉맹(逢萌)　211
부견(符堅)　179, 314
부열(傅說)　253
부자(符子)　343, 354
『비아(埤雅)』　331, 332, 336, 356
비자(非子)　313, 314
빈맹(賓孟)　322

사

사광(師曠)　249, 290
『사기(史記)』　38, 42, 70, 71, 77, 78, 105, 106, 116, 120, 127, 156, 157, 171, 190, 196, 217, 231, 249, 253, 266, 276, 277, 289, 337, 339
사마씨(司馬氏)　238
사마천(司馬遷)　116, 171
사역(師睪)　321
사줄(士茁)　233
사혜련(謝惠連)　259
『산해경(山海經)』　68, 80, 87, 169, 192, 193, 306, 307
상술(向戌)　227
『서경잡기(西京雜記)』　20, 103, 104, 155, 210
서릉(徐陵)　323
석신(石申)　36, 177
선우망인(鮮于妄人)　123
『설문해자(說文解字)』　27, 130, 208, 334
『설원(說苑)』　50, 54, 98, 215, 231, 233, 268, 274, 288, 290, 291, 304, 324, 336, 337
설종(薛綜)　324
섭시(葉時)　182
『성경(星經)』　70, 73, 177
성도(盛度)　172
세종대왕　90, 122
소노천(蘇老泉)　222
소동파(蘇東坡)　80, 131, 146, 200,

206, 207, 221, 222, 251, 266, 313, 328, 357

소망지(蕭望之)　329

소백온(邵伯溫)　144, 209, 214, 331

소송(蘇頌)　120

소자(邵子)　19, 167, 214, 263, 264

소자경(蘇子卿)　266

손경(孫敬)　231

손적(孫覿)　132, 133

손중모(孫仲謀)　238

손태(孫邰)　185, 186

손흥공(孫興公)　259

송단보(宋單父)　263

송도종(宋度宗)　322

『송서(宋書)』　71, 154, 301

송희(宋禧)　320

숙손통(叔孫通)　276

숙종(肅宗)　87

숙향(叔向)　318, 319

순임금　45, 65, 75, 104, 105, 118, 123, 344

『시경(詩經)』　41, 47, 104, 105, 118, 131, 132, 143, 163, 211, 214, 216, 228, 229, 249, 261, 266, 267, 276, 313

신농(神農)　65, 276

『신어(新語)』　45, 46

신풍(申豊)　91

심괄(沈括)　66

심덕부(沈德符)　188

『십주기(十洲記)』　256

아

안자(晏子)　274, 288

안자(顔子)　52, 65, 277

야려씨(野廬氏)　215

야율초재(耶律楚材)　287

양란(楊爛)　125

양렴(楊廉)　115

양만리(楊萬里)　101, 261, 267

양억(楊億)　320

양웅(揚雄)　47, 72, 191, 213, 231, 236, 318, 326

양준(楊駿)　347

여대방(呂大防)　143

여동래(呂東萊)　196, 351

『여씨춘추(呂氏春秋)』　77, 84, 227, 280, 321, 329

여자약(呂子約)　24

여정(余靖)　191

『열자(列子)』　35, 36, 92, 108, 212, 297, 306, 313, 321

염제(炎帝)　266

오씨　67

『오월춘추(吳越春秋)』　240

온교(溫嶠)　284

완적(阮籍)　251, 253, 353

왕륭(王隆)　113

왕몽(王濛)　282

왕봉(王鳳)　171

왕세정(王世貞)　223, 224

『왕손자(王孫子)』　86

왕수일(王守一)　344

왕순(王恂)　117, 118

왕안석(王安石)　80, 95, 100, 146, 206,
　　207, 264, 284, 311, 313, 317

왕양(王陽)　211

왕양명(王陽明)　140

왕존(王尊)　211

왕주(王周)　220

왕질(王質)　277

왕철(汪澈)　79

왕포(王褒)　283

요임금　45, 65, 104, 110, 113, 118,
　　182, 223, 251

용양군(龍陽君)　339

우왕(禹王)　65, 169

『운선잡기(雲仙雜記)』　80, 281, 301

원소(袁紹)　60, 120, 304

위고(韋皐)　212, 213

위상(魏相)　53

위소(韋昭)　74, 102, 103

위징(魏徵)　150, 280, 296, 352

위청일(魏淸逸)　206

유대하(劉大夏)　215

유동미(劉洞微)　334, 335

유성지(游成之)　268

유송(劉松)　60

유식(劉寔)　218

유역(劉易)　278, 279

유종원(柳宗元)　224, 256, 263, 280

유지형(劉之亨)　139

유표(劉表)　304

유향(劉向)　49, 54, 89, 99, 260, 288,
　　304, 330, 336

유후촌(劉后村)　307

유흠(劉歆)　49, 103, 210

육가(陸賈)　45, 46, 103

육구몽(陸龜蒙)　300, 338, 339

육기(陸機)　267, 272, 349

육상산(陸象山)　99, 138

육수성(陸樹聲)　201

육우(陸羽)　199, 282, 283

육지(陸贄)　93, 145

『율력지(律曆志)』　116

음갱(陰鏗)　266

이격비(李格非)　207

이고(李固)　187

이공택(李公擇)　146

이덕유(李德裕)　60, 226

이문원(李文元)　147

이방(李昉)　297

이백(夷伯)　79

이백(李白)　265~267, 313

이사겸(李士謙)　138

「이소(離騷)」　268

이순풍(李淳風)　123, 180

『이아(爾雅)』　20, 283, 290, 326, 340

이예(李乂)　330

이청신(李淸臣)　100, 101

이필(李必)　113

이항(李沆)　230

『일지록(日知錄)』　32, 136, 137, 183,
　　185, 216, 220, 284, 309

일행(一行)　115, 124, 174, 175, 178,
　　181

임공자(任公子)　338

임치후(臨淄侯)   298

자

자공(子貢)   50, 228
자로(子路)   216
자복 경복(子服 景伯)   239
자사(子思)   65, 339
자산(子産)   45, 216, 319, 334
장거정(張居正)   28
장건(張騫)   67, 196
장돈(章惇)   260, 264
장만세(張萬歲)   315
장영(張詠)   279, 282
장영실(蔣英實)   122
장의(張儀)   337
장자(莊子)   53, 353
장자〔張載〕   62, 255
장정규(張廷珪)   306
적백기(狄伯奇)   302
적청(狄靑)   278, 279
『전국책(戰國策)』   93, 230, 260, 261,
  294, 339, 340, 348, 349
전낙지(錢樂之)   71
전목재(錢牧齋)   52
「정몽(正蒙)」   49, 62, 135
정위(丁謂)   282
정이(程頤)   19, 85, 92, 108, 142, 214,
  260, 352, 353
정인(鄭絪)   236
정자(程子)   19, 65, 163, 305

정초(鄭樵)   175, 180
정현(鄭玄)   49, 63, 251
『제감도설(帝鑒圖說)』   28
제오륜(第五倫)   316
조단(曹端)   26
조랑씨(條狼氏)   215
조보(趙普)   180, 181
조빈(曹彬)   139
조여우(趙汝愚)   230, 321
조영숙(曹穎叔)   320
조조(曹操)   120, 134, 157, 298, 304,
  305, 308
종균(宗均)   302
종택(宗澤)   184, 185, 236
주공(周公)   23, 65, 74, 102, 118, 132,
  168, 200, 310
주공근(周公謹)   187
주돈이(周惇頤)   23, 25, 63, 271
주량규(朱良規)   129
『주례(周禮)』   32, 44, 70, 77, 89, 173,
  174, 177, 215, 218, 220, 237, 310,
  312, 336, 346, 347
주박(朱博)   300
주양(周楊)   217
『주역(周易)』   24, 28, 41, 44, 46, 57,
  64, 81, 83, 115, 150, 191, 235,
  239, 315
주원소(周元素)   172
주익공(周益公)   306
주자(朱子)   21, 53, 65, 167, 225
진공공(陳恭公)   164
진동보(陳同父)   129, 225

진북계(陳北溪) 53
진서파(秦西巴) 288
진탁(陳卓) 36, 177

차

차윤(車胤) 350
채계통(蔡季通) 224, 225
채구봉(蔡九峯) 111
채군모(蔡君謨) 284
채서산(蔡西山) 62, 112
채양(蔡襄) 131, 282, 284
채옹(蔡邕) 82, 185
천로(天老) 252, 326
최원(崔遠) 276
최호(崔浩) 116
추담(鄒湛) 356
『춘추공양전(春秋公羊傳)』 77, 134
『춘추번로(春秋繁露)』 29, 94
「춘추보건도(春秋保乾圖)」 323
『춘추좌전(春秋左傳)』 45, 59, 75, 77,
    79, 91, 105, 227, 228, 235, 239
『춘추(春秋)』 54, 92, 94, 96, 134,
    149, 211, 300, 325, 352

타

탕왕(湯王) 65, 110, 111
태공(太公) 74, 217, 339, 340
『태사공서(太史公書)』 171

태조 351
『태현경(太玄經)』 236, 331, 332

파

『포박자(抱朴子)』 156, 290, 294, 355
포선(鮑宣) 97
『풍속통(風俗通)』 108, 156, 159

하

하손(何遜) 266
한기(韓琦) 131, 278, 284, 321
한문공(韓文公) 90
『한비자(韓非子)』 260, 288, 291, 296,
    314, 320, 321, 348~350, 354
『한시외전(韓詩外傳)』 102, 132, 208,
    299
한자(韓子) 268
한탁주(韓侂胄) 321
항탁(項橐) 229
허노재(許魯齋) 34
허형(許衡) 34, 67, 115, 117
현종(顯宗) 258, 259
혜숙야(嵇叔夜) 253
혜원(慧遠) 271, 357
호계수(胡季隨) 135
호안국(胡安國) 21, 92, 96, 135, 182,
    239
호치당(胡致堂) 21, 80, 161

홍경로(洪景盧) 24
『환우통구(寰宇通衢)』 171
『황극경세서(皇極經世書)』 19, 23, 24,
　29, 32, 52, 62, 67, 109, 110, 112,
　117, 128, 130, 143, 148, 167, 191,
　214, 256, 263
황극내편(皇極內篇) 111, 112
황정견(黃庭堅) 131, 266, 267, 278,
　313
황제(黃帝) 29, 36, 53, 56, 78, 82, 92,
　93, 95, 125, 129, 139, 157, 159,
　161, 169, 171, 174, 179, 210, 223,
　224, 228, 232, 252, 259, 260, 263,
　275, 276, 279, 280, 289, 298, 305,
　311, 315, 318, 326, 338, 348

『회남자(淮南子)』 20, 40~43, 56, 59,
　68, 77, 108, 203, 212, 229, 288,
　292, 295, 306, 312, 338, 346, 349,
　352, 353
회소(懷素) 255
회흘(回紇) 184, 314
『후한서(後漢書)』 31, 82, 154, 187,
　211, 218, 251, 310, 316, 317, 343

재단법인 실시학사

실학사상의 계승 발전을 위해 설립된 공익 재단법인이다. 다양한 학술 연구와 지원 사업, 출판 및 교육 사업 등을 수행하며, 실학사상의 전파와 교류를 위해 힘쓰고 있다. 1990년부터 벽사 이우성 선생이 운영하던 '실시학사'가 그 모태로, 2010년 모하 이헌조 선생의 사재 출연으로 공익 법인으로 전환되었다.

경학 관계 저술을 강독 번역하는 '경학연구회'와 한국 한문학 고전을 강독 번역하는 '고전문학 연구회'라는 두 연구회를 두고 있으며, 꾸준하게 실학 관련 공동연구 과제를 지정하여 그에 맞는 연구자들을 선정·지원함으로써 우수한 실학 연구자를 육성하고 연구 결과물을 사회에 환원하고 있다. 이번에 상재하는 '실시학사 실학번역총서'도 그의 소산이다. 앞으로 아직 세상에 제대로 드러나지 않은 실학자들의 문헌을 선별해 오늘날의 언어로 옮기며, 실학의 현재적 의미를 확인해 나갈 것이다.

홈페이지 http://silsihaksa.org

실시학사 실학번역총서 03

순암 안정복의 만물유취

1판 1쇄 인쇄 2014년 5월 20일
1판 1쇄 발행 2014년 5월 30일

기획 | 재단법인 실시학사
지은이 | 안정복
옮긴이 | 박지현

펴낸곳 | 성균관대학교 출판부 · 사람의무늬
등록 | 1975년 5월 21일 제1975-9호
주소 | 110-745 서울특별시 종로구 성균관로 25-2
전화 | 02)760-1252~4 팩스 | 02)762-7452
홈페이지 | http://press.skku.edu

ⓒ 2014, 재단법인 실시학사
ISBN 979-11-5550-048-4 94150
      979-11-5550-001-9 (세트)
값 26,000원

잘못된 책은 구입한 곳에서 교환해 드립니다.
사람의무늬 는 성균관대학교 출판부의 인문·교양·대중 지향 브랜드의 새 이름입니다.